民航运输系统运行解码

（第二版）

刘 成 编著

上海交通大学出版社
SHANGHAI JIAO TONG UNIVERSITY PRESS

内容提要

本书可作为民航运输业相关领域的通识教材。

本书通过大量的历史资料、现实案例和前沿探索的最新数据,系统地介绍了民用航空运输发展及其技术基础、国际民航与国际航空法、民航当局的职能和作用、航空公司的架构和运行、民用机场的管理和运行、空中航行系统的运行及民用航空运输的系统运行等。本书撰写目的是使航空运输业内人士全面熟悉整个系统整体运行的方法,也使航空运输的乘客和用户了解系统运行的基本状况。本书既有专业性,又不乏可读性,图文并茂。

图书在版编目(CIP)数据

民航运输系统运行解码/ 刘成编著. —2 版. —上
海:上海交通大学出版社,2020
ISBN 978 - 7 - 313 - 23338 - 7

Ⅰ. ①民… Ⅱ. ①刘… Ⅲ. ①民用航空—航空运输—
教材 Ⅳ. ①F560.6

中国版本图书馆 CIP 数据核字(2020)第 097828 号

民航运输系统运行解码(第二版)
MINHANG YUNSHU XITONG YUNXING JIEMA(DI-ER BAN)

编   著:刘 成
出版发行:上海交通大学出版社   地   址:上海市番禺路 951 号
邮政编码:200030   电   话:021 - 64071208
印   制:苏州市越洋印刷有限公司   经   销:全国新华书店
开   本:710 mm×1000 mm   1/ 16   印   张:23
字   数:450 千字
版   次:2008 年 7 月第 1 版   2020 年 8 月第 2 版   印   次:2020 年 8 月第 3 次印刷
书   号:ISBN 978 - 7 - 313 - 23338 - 7
定   价:78.00 元

第二版自序

斗转星移，生肖过了一轮，岁月长了一纪。

自本书第一版出版至今已有十二年，而回望这门课的开设则在不经意间已经走过了近二十年。"交通兴则经济兴"，经济兴交通也将更繁荣。进入新世纪的这二十年是中国经济蓬勃发展的二十年，也是中国民航运输业高速发展的二十年，两者互相促进。二十年，沧桑巨变，中国经济从9万亿人民币上升到99万亿人民币的规模，中国民航的旅客运输总周转量也从1 000亿客（人）千米上升到近12 000亿客（人）千米水平，中国民航与中国经济一样创造了举世瞩目的奇迹。

正是由于这种快速发展，民航运输走入了千家万户、走近了寻常百姓，这使得渴望了解民航如何运营的人越来越多，不仅是民航从业者，也包括普通旅客和社会大众。本书第一版出版后，这本原先作为内部培训教材的图书得到了更广泛的传播，也得到了读者的共鸣和回应，更有个别酷爱航空的航粉，由于近年来市场上第一版图书断货，专门到我科普讲座的现场积极参与互动，就为求得一书，令我十分感动。我真心感谢读者的厚爱、鼓励和支持，也让我有了重新修订此书、更新数据、再出第二版的想法和力量。

这个冬春之交特别不寻常，尤其是对航空业和服务业而言。正如美国西南航空公司年复一年在其年报中反复警示的那样，"航空产业是史上最不稳定的产业，会受到来自各方面的挑战，它具有周期性、能源密集性、劳动密集性、资本密集性、技术密集性、高度管制性、重税赋性、高竞争性及其他各种各样的特性。航空产业也极易受到来自恐怖主义、恶劣气象、自然灾害的影响，造成不可挽回的损失"。这个风险预告再次不幸言中，一场突如其来的新冠疫情打乱了人们的生活节奏，将世界拉入混乱和停滞。航空业在遭受逆全球化风暴的迎面痛击、波音737Max技术停飞滑铁卢事件之际，为阻止疫情传播而进行的全球隔离措施使客运市场再遭重创，运输航空的黄金十年就此落幕。

冬春之交是一个容易突变的季节。但我们都清楚，百花齐放的春天也将必然到来!

在遍地哀鸿的荒原,我们要做什么呢？我们需要的不是哀叹,我们需要的是保存生命,我们需要的是积极进取,我们需要的是积蓄力量、寻找机遇、茁壮成长。

在科学研究领域分工越来越细的今天,要想在集各种现代技术于一体的航空系统运行中拥有突出表现,要想当一名合格的航空人,最需要的是全球视野和高瞻远瞩的综合能力,是互相理解共同奋斗的集体意识,是埋头苦干迎难而上的奉献精神,而这恰恰是在当下新冠疫情危难中、航空业萧条危机中可以更好锤炼的品质。抓住这个时间窗口,以学习为本,在反思中进步和成长,更好地筑牢安全之基。风雨过后,阳光更加灿烂。地球村里,更多交流、更频繁旅行的趋势不会改变。

衷心希望本书第二版的出版能为随之而来的大学习、大提高贡献一分力量!

编 者

2020 年 7 月

第一版前言

中国东方航空公司培训中心最早可以追溯到 1986 年,是中国民航业内除养成教育外,企业界自主成立的较早的专门围绕提高内部员工素质的培训机构。经过20 多年的艰苦努力,与航空运输相关的各个专业培训分支都得到了长足的发展,特别是在公司重新进行组织再造的过程中,公司从企业战略发展考虑出发,于2005 年组建了新的集公司培训规划职能和培训实施职能、包含六个专业的综合培训中心,从此,东航的培训工作翻开了崭新的一页。

东航培训中心各个专业培训部均拥有一批富有实干经验、素质优秀的培训师,他们开拓发展了大量的内部培训课程,这些课程涵盖了航空公司业务及管理的方方面面,范围很广,但是由于其行业的特殊性,这一切并不为外界所熟知。

中国民航自实行政企分开的改革以来,民航运输的各个系统都发展很快。特别是进入 21 世纪后,中国的经济腾飞更是带动民航每年以 14% 左右的速度高度增长,到 2005 年,中国民航的总运输量已经跃升到全球第二,仅次于美国。但是,中国充其量现在只能算是民航大国,还远远称不上民航强国。因为就航空运输量的人均水平而言,中国还非常低,不仅与发达国家和地区差别很大,就是和一些发展中国家相比也有差距。当然,是航空大国还是航空强国最重要的评判指标是民航运输业的总体运行质量水平。虽然从总体的航空事故率水平来看中国已经与欧美发达国家很接近,但是我们的运行质量主要是靠大投入、机龄年轻和高密度人员去保障的,因此总体效率有待于进一步改善。

那么是什么造成航空运输业的低效率运行呢?追根溯源应该是两个。一是系统失调,二是人才匮乏。高速增长带来整个系统膨胀,原有的运行节拍被打破,而新的稳定协调的运行节拍没有建立。系统运行需要的人才与其发展速度相比更是稀缺。目前不仅是航空运输的专业人才缺乏,而且航空运输业需要的通才也非常匮乏。

另外,由于中国的航空运输发展很快,很多以前采用其他运输方式出行的旅客开始选择航空运输作为出行的方式。所以与刚入市的股民需要进行教育一样,对于旅客的教育也刻不容缓。因为航空运输确实有其独特性,一是不适合采用这种出行方式的人员很多(如很多疾病患者),二是整个运输过程需要旅客更紧密的配合,因此旅客需要了解更多的信息。

本书撰写的目的就是为了使航空运输业内人士全面熟悉整个系统整体运行的方法,提高专业水平;也使航空运输业的乘客和用户了解系统运行的基本状况,为更顺利地实现旅行提供帮助。因此本书不仅关注专业性、应用性,也关注可读性,力图成为一本既对业内工作者有帮助的书籍,又成为一本航空旅客和航空运输业新进员工愿意看的书籍。当然由于编者的能力和水平有限,是否能实现这些目标,还需拭目以待。

《民航运输系统运行解码》全书共分为八章,第一章"民用航空运输发展及其技术基础",按照航空运输发展的演进过程,着重分析了现代民航运输技术的发展来源。第二章是"国际民航与国际航空法",研究国际民用航空运输运行开展的环境。第三章到第六章按照民航运输系统的主要子系统进行分类,分析各个子系统在整个系统运行中所起的作用和运行方法,这四个子系统分别为民航当局、航空运输企业(航空公司)、机场和民航航行导航系统。第七章"民用航空运输的系统运行"则是将民航运输系统的四个主要子系统联系起来进行分析,以使读者熟悉和了解民航运输整个系统的运行情况。第八章"民用航空运输业走向未来"介绍了未来民航运输运行和发展可能出现的新问题。概括起来全书有以下几个特点:

一是编排新。传统的"航空概论"或者"民航概论"内容虽然全面,但是很少按照系统和子系统运行的方式来编排,特别是第七章"民用航空运输的系统运行"根据整个民航运行的方式和旅客体验的经历为主线,把民航运输系统中的大多数子系统串起来叙述,使读者可以有身临其境的感觉,能够对民航运输的系统运行有一个更好的理解和把握。

二是内容新。讲到民用航空运输系统的运行就一定离不开航空运输系统运行的环境,特别是法制环境。民航运输是一个高风险行业,为保障民航安全和有效运行所制定的法规很多,通常在"民航概论"这一类书中很少涉及,但是不论作为一个业内人士还是航空乘客都有必要了解。因此,在本书中特别用了专门的章节来论述。另外,很多"概论"书籍很少写正在发生的现实问题,所以无法切中培训的实际需要。而本书专门为培训编写,所以对于民航运输系统发展中的一些前沿问题,如国际民航组织正在全球推行的有关缩小垂直间隔飞行的空域结构调整和机场收费改革等问题都有涉及,也引述了关于世界民航和中国民航的很多最新运行数据。

三是编写手法新。本书的目标读者分别为航空业的从业者和航空旅客,其中从业人员又分为新员和专业人员。对于新员而言,本书希望成为一本能够快速了解民航运输各系统基本状况,适应新岗位工作的培训教材。对于各子系统的专业人员来说,本书希望能够给大家提供一个了解其他子系统运行情况的窗口,以利于相互之间的工作配合和衔接。对于旅客而言,则可以通过对本书的学习,熟悉民航运输系统的运行方法和运行条件,增进互信和理解。因此,本书在编写中除保证各系统的内容能够叙述清楚外,还力图保持较好的可读性。书中不仅配发了较多图片,同时在行文时分成正文与插文两类,正文叙述主要内容,插文辅以故事和参考资料,使整本书更加生动活泼。

另外,本书在编写过程中除了参照现有的图书外,还参考了很多机构和组织的官方网站资料信息。网站上引述的内容都有标注,也便于大家进一步查阅研究。由于编者的能力和水平有限,书中可能存在很多不足,如蒙不弃,读者能给予批评指正,则荣幸之至。

编　者

2008 年 7 月

目　　录

第一章 民用航空运输发展及其技术基础

第一节 探索时代

一、风筝发明

远古时代开始人类就一直在幻想像鸟类一样飞翔，但是始终没有明白飞行的奥秘，人们把鸟类能够飞翔归结为自然的奥秘、上帝的赐予，因而鸟也是神灵的化身之一。

因此制造像鸟儿一样能够飞行的飞行物成了多少代人不懈的追求，而这种追求最初就是从制造风筝（见图1-1）开始的。

图1-1 飞入云端的风筝①

①　图片资料来源：中国网，http://travel.china.com.cn/。

关于第一只风筝是如何发明的事实现在已经难以追溯,在互联网上键入"风筝"(或"Kite")一词进行搜索,我们可以找到数以百万计的网页,但是对于何时由何人发明风筝一说并无定论,而如此之多的关于风筝的论述和记载却反映出风筝作为第一代飞行物,除了其对飞行研究的历史贡献外,其本身特有的魅力使其为广大群众所喜爱,仍具有较强的生命力。

比较典型的关于第一只风筝来历的说法有以下两种:

(1) 风筝大约出现在3 000年以前的中国,人们以竹或者丝绸为原料来制作。最初的灵感来自在草帽上绑上两根飘带可以防止草帽被吹落[1]的偶然发现,因此风筝的原型出现了。

(2) 传闻春秋战国时(距今两千四百多年前),东周哲人墨翟(前478—前392年),曾研究试制了三年,终于用木板制成了一只木鸟,并且飞了一天[2],这就是世界上最早的风筝。

至此,虽然人们仍然不知道空气动力学的原理,但是通过风筝的发明,人们在实践上验证了重于空气的人工制造的物体在空中飞行的可能,飞行不再是上帝带给鸟儿的唯一赏赐,这为未来的航空探索创造了广阔的想象空间。

风筝的其他用途

风筝除了娱乐以外,还有其他用途:

军事上,在中国古代风筝曾被用作武器、侦察工具、通信工具、风向测查工具和测距工具等。春秋时期,鲁班"制木鸢以窥宋城",即作侦察。南北朝梁武帝时,侯景围台城,简文尝作纸鸢,飞空告急于外,结果被射落而败,台城沦陷,即为通信用。而汉朝名将韩信曾令人制作大型风筝,并装置竹哨弓弦,于夜间漂浮楚营,使其发出奇怪声音,以瓦解楚军士气;同时还制作风筝用于在攻城时测量攻城天梯上的士兵与城楼上的敌人之间的距离。明代以风筝载炸药,依"风筝碰"的原理,引爆风筝上的引火线,以达成杀伤敌人之目的,这是风筝用作武器的例证。

16世纪,风筝通过意大利进入欧洲,在约翰·贝特的《神秘的艺术和自然》中(大英博物馆藏书,1635年出版,原名 *The Mysteryes of Art and Nature*)就有关于使用风筝作为火鸭(Fire Drake)或者火龙一说。1749年,科学家亚历山大·威尔逊使用6个载有温度计的风筝放飞到从0到3 000英尺[3]的不同高度,测量出随

---

① 参见"history of Chinese Invention-kite",http://www.computersmiths.com。

② 参见《韩非子·外储说左》"费时三年,以木制木鸢,飞升天空……"且"斫木为鹞,三年而成,飞一日而败"《鸿书》记载:鲁班也曾制作过木鸢,曰:"公输班制木鸢……"

③ 1英尺≈0.304 8米。

着高度的增加,空气的温度逐步下降。意大利发明家马可尼则使用风筝的帮助(将天线绑在风筝上)实现了第一个跨洋无线广播,最终使得在 1920 年诞生了现代无线通信和无线电广播①。

在美国,富兰克林曾经借助风筝进行雷电的实验,证明了雷电与闪光是空中放电的现象,从而发明了避雷针。而二次世界大战中美军也曾用特技风筝做活动靶,训练打靶。

突出贡献:飞行从神化走向现实。

二、氢气球和热气球的出现

1766 年,一种只有空气密度十四分之一的气体"氢"被英国科学家亨利·卡文迪成功分解②,这种简单的元素因为密度比空气小,或者说在空气中有"负"的重量而可以被用来提升地球上的物体。但是如何实现重力提升的目的,则需要制造出合适的容器。由于氢气的密封困难,气体很容易泄漏,所以虽然理论上可行,在操作上仍然难以实现。后来法国造纸商蒙戈菲尔兄弟因受碎纸屑在火炉中能够升腾的启发(原以为火炉中升起的烟中包含有氢气的成分),用纸袋聚热气做实验,使纸袋能够随着气流不断上升,认识了空气受热膨胀而变轻的空气热力学原理,并在1783 年制造出第一架使用热空气能够飞到 1 000 英尺以上的实验热气球。同年11月 21 日下午,蒙戈菲尔兄弟又在巴黎穆埃特堡进行了世界上第一次载人空中航行,热气球飞行了 25 分钟,在飞越半个巴黎之后降落在意大利广场附近。这次飞行比莱特兄弟的飞机飞行整整早了 120 年。

与此同时,氢气球的发明也取得了进展,捷克斯·查尔斯制造的第一架氢气球于 1783 年 8 月 27 日做了不载人飞行试验。查尔斯后来改进了他的气球,使他的气球成为现代氢气球的一个原型,如具有安全阀、压舱平衡物(沙),以及覆盖在气球上部进行重力平均分布用的网绳和下部的吊篮。

蒙戈菲尔和查尔斯的成功激发了人们继续进行氢气球和热气球研究和开发的热情,到 19 世纪,气球开始在很多地方出现,并用于各种用途。人们可以站在气球上登高远眺,尽情享受空中随风而飘的感受,有人用它来做交通工具,如让·皮尔·布兰查德使用气球横渡英吉利海峡;还有人用它来执行军事任务,美国内战时期双方都曾用过热气球,而气球也帮助过法兰西和普鲁士对阵(1870—1871 年);气球还帮助科学家研究大气层,1862 年英国的气球航行家亨利和詹姆斯乘坐气球

---

① 参见"history of Chinese Invention-kite",http://www.computersmiths.com。
② 参见"Hot Air Balloon",http://www.ideafinder.com/。

升到 37 000 英尺的高度，对风的流动、温度的变化、湿度和地球引力进行了研究。而热气球的燃料也从木材逐渐转向氢气、煤气和甲烷气。

19 世纪以前最大规模的一次热气球飞行是在 1878 年的巴黎世界展览会上，一架称为卡普提夫的大气球（Le Grand Ballon Captif）成功地载运 52 人并升到 2 000 英尺的高度俯视巴黎全城。

氢气球和热气球的发明使人们对于空气和各种气体的成分有了更进一步的认识，空气热力学的知识也得到了更深入的研究。

氢气球和热气球在近代的发展

图 1-2　气球升空①

进入 20 世纪，由于飞机的发明，氢气球和热气球的使用频率开始下降。但是气球（见图 1-2）仍然有其用武之地。

首先，作为大气科学研究的工具，气球开始越飞越高。1930 年，瑞士科学家皮卡德为研究宇宙射线，开始设计具有密封舱的气球，并于 1932 年成功地升到 51 961 英尺（15 848 米）的高度；而 1961 年美国海军为测试宇航员的太空舱所设计的气球则创造了气球飞到 113 000 英尺（34 465 米）高度的新纪录。

其次，在 20 世纪，作为一项体育运动，气球仍然是许多冒险爱好者的首选。特别是在美国的新墨西哥，聚集了众多的气球爱好者并组成了气球俱乐部。1978 年，安德森成为第一个使用气球作为交通工具而横跨大西洋的气球爱好者。

突出贡献：飞行的实践获得成功。空气热力学和物理学的研究得到了提高。

三、滑翔机时代

从风筝到气球，虽然这两种装置都可以称得上是"飞行器"，但是其飞行原理却是大相径庭的。风筝的飞行原理与鸟儿滑过天空自由飞翔的原理相似，而气球却

① 图片资料来源：https://pixabay.com。

更像是气泡在空中飘浮。

经历了一千多年的理性思考，当人类走出中世纪的思想牢笼，禁锢的创造力再次开始闪现它耀眼的火花。文艺复兴时期的大师带着他的幻想和憧憬，也描绘出一个新的飞行的"幻想时代"。除了艺术家的美誉外，本身也是科学家的达·芬奇，于 1485 年按照鸟类飞行的特性，用木头、绳子和羽毛设计了类似于鸟的飞行器。这种飞行器现在也称"扑翼机"，其设想是人趴在上面，用手脚带动一对翅膀飞起来。实际上这个想法在古代的中国人、希腊人、巴比伦人和印度人中都曾经有过，他们也作过类似的尝试，而达·芬奇更是做了细致的研究，还从人体解剖学里算出人类双手肌肉可以鼓动 850 磅①重量的极限。但是由于人没有类似鸟的肌肉和骨骼，所以这个理想无法实现。

但毕竟时代不同，科学和文明之光已经将欧洲照亮。1801 年，英国的乔治·凯利爵士研究了风筝和鸟的飞行原理，于 1809 年试制成功了第一架真正意义上的滑翔机。他在他的记述中写道：滑翔机不断地把他带起，并把他带到几米外的地方。1847 年，76 岁的凯利又制作了一架大型滑翔机，并两次把一名 10 岁的男孩子带上天空（一次是从山坡上滑下，一次是用绳索拖曳升空，飞行高度为 2—3 米），完成了无人驾驶的自由滑翔。

四年后，有人操纵的滑翔机第一次脱离拖曳装置飞行成功，凯利的马车夫成为第一个离地自由飞翔的人，飞行了约 500 米远。而凯利也成为对飞机进行系统科学研究的第一人。他系统地研究了飞行原理、空气升力，及为了获取升力，飞机机翼的角度、机身的形状、方向舵、升降舵、起落架等结构应该采用的方式，把飞行从冒险的尝试上升为科学的探索。

继凯利之后，德国的土木工程师李连塔尔所设计的滑翔机把无动力载人飞行试验推向高潮。1891 年，他制作了第一架固定翼滑翔机，两机翼长 7 米，用竹和藤作骨架，骨架上缝着布，人的头和肩可从两机翼间钻入，机上装有尾翼，全机重量约 2 千克，很像展开双翼的蝙蝠。他把自己悬挂在机翼上，从 15 米高的山冈上跃起，用身体的移动来控制飞行。滑翔机在气流作用下，轻盈地滑翔，在 90 米外安全降落。这是世界上第一架悬挂滑翔机。1891—1896 年间，李连塔尔共制作了 5 种单翼滑翔机和 2 种双翼滑翔机，先后进行了 2 000 多次飞行试验。1896 年 8 月 9 日，他驾驶滑翔机在里诺韦山遭遇强风坠落而亡。

后滑翔机时代

滑翔机的研究为人类研究动力飞机，为莱特兄弟的第一架真正的动力飞机的

---

①　1 磅≈0.453 6 千克。

起飞打下了坚实的理论基础。在动力飞机发明并大力使用以后,虽然滑翔机也一度作为具有实用性的载运工具使用(在第二次世界大战期间,滑翔机曾用来空降武装人员和运送物资),但更多的是,滑翔机在其逐步完善的过程中,作用也发生了改变,逐步演变成为一种运动项目和训练飞行员的一种工具。

现代滑翔机(见图 1-3)是从 1914 年德国人哈斯研制出的第一架滑翔机开始的。现代滑翔机不仅能水平滑翔,还能借助上升的暖气流进行爬高飞行,并且其操纵性能更加完善。现代滑翔机也和动力飞机一样,不仅飞机的材料有很大的改变,而且飞机设计的流线更加合理。

图 1-3 飞行中的滑翔机①

20 世纪 60 年代以后,随着全球主要战争的结束和经济的发展,滑翔机作为一项运动呈现出迅猛的发展势头。其中德国的格罗斯于 1972 年从德国的卢比克起飞到达法国毕亚里兹,成为使用滑翔机飞得最远的人。1980 年,美国人斯科特使用滑翔机飞行到 3 655 米的高度,成为使用滑翔机飞得最高的人②。

突出贡献:系统地研究和完善空气动力学,并获得实现飞行应该具备的基本条件。

第二节 先 锋 时 代

一、动力飞行时代

1903 年 12 月 17 日,莱特兄弟发明的世界第一架载人动力飞机"飞行者一号",

---

① 图片资料来源:https://pixabay.com。
② 参见《滑翔运动的发展》,全国文化信息资源共享工程网,http://www.ndcnc.gov.cn。

在美国北卡罗来纳州的小鹰市飞上蓝天。他们驾驶的"飞行者一号",长 6.5 米,翼展 13.2 米,以 12 马力①的 4 缸活塞发动机为动力,用链条带动 2 个螺旋桨。飞机总重 280 千克。首次试飞的驾驶员是弟弟奥维尔·莱特,他在空中飞行了 12 秒,飞行距离为 36 米。奥维尔·莱特在空中飞行的这 12 秒,被人们称为改变世界的 12 秒。就这 12 秒,预示着一个动力飞行时代的来临。

　　莱特兄弟的飞行灵感是从继承和发展德国李连塔尔所设计的滑翔机而来的,他们详细学习了李连塔尔的《鸟类飞行是航空的基础》一书,并从 1900 年起开始滑翔飞行,亲身累积上千次的实践经验,并制造了三架滑翔机。在制造和飞行滑翔机的过程中,他们感受到了滑翔机飞行的巨大不足,认识到只有动力飞行才能给飞机带来革命性的进步。他们先用"脚踏车链条原理"使得设计的螺旋桨能够实现高速旋转。然后,莱特兄弟自行设计了一台汽车上流行的动力装置——轻便汽油发动机。他们根据滑翔飞行时取得的数据,采用这台四缸活塞式汽油发动机去带动螺旋桨实现了这架翼展 12 米、重 340 千克的双人动力飞机的成功飞行(见图 1-4)。

图 1-4　莱特兄弟制造的飞机(原照片)及复原图②

----

① 1 马力≈735 瓦。

② 图片资料来源,美国国家航空航天博物馆网,https://airandspace.si.edu/。莱特兄弟的飞机总共只留下两张照片,这是其中一张。

和莱特兄弟同时代的先锋们

一个历史就这样被开创了,几千年的梦想在这一刻得到了展现。其实,莱特兄弟第一架动力飞机的飞行有其偶然性,也有其必然性。技术发展到 20 世纪,从理论和实践上来讲都已经为这个时刻的到来做好了充分的准备。

但是,20 世纪初期的飞行还是以生命为代价的一场冒险,"飞上天空"可以说是当时一项难以抗拒的个人成就挑战,"飞行"绝对是勇士行为,而"飞机"就是专供运动和表演用的"一种机械马匹",这个时候的飞机制造还是个人行为,是个人的创造发明,除莱特兄弟外,比较突出的先驱还有以下几位:

一是巴西出生的阿尔贝托·桑托斯·杜蒙。他从研究热气球和飞艇开始,其研究的飞艇于 1901 年 10 月 19 日成功地绕巴黎埃菲尔铁塔一周,引起了巨大轰动。后来,在莱特兄弟的成功鼓励下,开始研究飞机,他研制的"14 比斯"飞机集中了当时包括莱特兄弟及其他飞机设计师所研制飞机的优点,构成了一种箱形风筝式双翼机,机长 9.7 米,翼展 11.2 米,总重约 300 千克,装一台安东尼特发动机和直径 2.5 米的双叶螺旋桨。并于 1906 年 10 月 23 日飞行成功,飞行距离近 60 米,这是被官方承认的欧洲首次持续、有动力、可操纵的飞行。而新成立的国际航空联合会承认的第一项飞行世界纪录是于 1906 年 11 月 22 日由桑托斯·杜蒙驾驶"14 比斯"飞机创造的连续飞行 21.2 秒 220 米。

出生于丹麦,原是一名钟表匠的雅各布·埃尔哈默,对鸟类飞行研究多年并计算出飞行所需的马力,后来他把计算结果用于自己设计的星形发动机,在不知道莱特兄弟 1903 年 12 月的首次飞行的情况下,于 1906 年 9 月 12 日在林霍尔姆岛完成首飞,飞行距离 42 米,飞行高度仅为 50 厘米,成为第一个驾机飞行的欧洲人[①]。

出身于汽车工业的法国飞机设计师布雷里奥,从 1896 年起从事航空,并于 1900 年开始制造滑翔机和扑翼机。他于 1906 年开始制造飞机,1907 年驾驶自制的单翼机首次完成 40 千米的越野飞行。1909 年 7 月 25 日驾驶重 227 千克、装有 25 马力发动机的布雷里奥 11 型飞机从法国加莱飞到英国多佛尔,成为世界上第一个乘飞机飞越英吉利海峡的人[②]。

另一位法国造船业出身的法布尔成功研制出水上飞机。水上飞机主要是在飞机的机身下方安装浮筒,以达到在水面上起飞和降落的目的。1910 年初,法布尔研制出一架取名"水机"的水上飞机。该机总重量为 475 千克,装有一台 50 马力的内燃发动机。其翼展为 14 米,机长为 8.5 米,其最大的特点就是在机头和左右翼

---

① 参见发现频道《航空先驱》,http://www.discoverychannel.com.cn/。

② 参见美国航空航天博物馆网《布雷里奥》,https://airandspace.si.edu/。

的下部装有三个浮筒。飞机于 1910 年 3 月 28 日，在马赛附近的海面由法布尔自己驾驶试飞成功。

南非布兰德堡出生的土木工程师约翰·韦斯顿，于 1907 年建造了他的第一架飞机，该机安装有一台法国产 50 马力的"土地神"发动机，于 1910 年成功地完成首飞。

中国的冯如于 1907 年秋，在华侨的资助下，于旧金山奥克兰设厂研制飞机并设计制造了"冯如 1 号"，该机于 1909 年 2 月试飞但未获得成功。1911 年 1 月研制成功了"冯如 2 号"，并于 1 月 18 日试飞成功。其最高时速为 104 千米，飞行高度达 200 余米。

突出贡献：发现将动力与飞机相结合的方法并实现动力飞行。活塞发动机开始普遍运用，发明了螺旋桨作为推进器，着陆装置也有了改进。

二、从冒险走向商业运营

能不能实现从冒险到商业运营这一步，是决定飞机成为少数人的玩具还是多数人的工具的关键。从 1903 年莱特兄弟飞机的首飞到 1914 年第一次世界大战爆发的十年时间内[1]，飞机发生了翻天覆地的变化，不仅在性能上，而且在功能上都取得了重大突破，最终为第一次世界大战期间飞机作为战争机器作了铺垫。

动力飞机改变了整个世界，这是我们回顾 100 多年来航空发展史发出的由衷的感叹。装上动力的飞机发展迅猛，但是由于早期的飞机可靠性低，所以经常出事故。这也是商业航空首先在邮政货运领域取得突破的重要原因。

世界上第一家航空公司是德国飞艇运输公司，它成立于 1909 年，使用齐伯林飞艇在城市之间提供服务。虽然这不是使用动力飞机运作的航空公司，但是航空作为一个运输的概念开始了自己的旅程。

1911 年 2 月 17 日美国飞行员维斯曼驾驶载有邮件的飞机从佩塔鲁马起飞，开通了从佩塔鲁马到圣塔罗萨的第一条邮政航路。他使用的飞机是结合了莱特、法曼和寇蒂斯三种飞机优点的一种新飞机。1911 年 9 月 9 日，英国官方第一条正式的空中邮递航路，即总长为 20 英里[2]、从伦敦到温莎城堡的航路也正式开通，首航

---

① 第一次世界大战实际上没有一个准确的爆发时间。1914 年 6 月，奥匈帝国皇位继承人斐迪南被塞尔维亚族青年用手枪打死。7 月 28 日，奥匈帝国以这事为借口向塞尔维亚宣战，几天后，德、俄、法、英等国也相继卷入战争。奥匈帝国在德国支持下，决定乘机吞并塞尔维亚，俄、法两国表示支持塞尔维亚，而英国则在暗中支持俄、法。至此，第一次世界大战全面爆发。

② 1 英里≈1.609 3 千米。

由哈密尔使用布雷利奥单翼机飞行,机上载有 23 磅重的邮件①。

早期商业飞行中的邮政服务是非常重要的,邮政航空的开通不仅提升了邮政服务的速度,同时给航空的商业发展带来了巨大的契机。因为,那个时代很少有人愿意勇敢地承受巨大的风险去乘坐飞机,所以邮政服务就变成了商业航空的重要出路。在美国,邮政基金支持美国的航空业,他们建立了基于航空的新的运输框架,给当时处在起步阶段的航空业以巨大支持。

载客飞行一直都是飞机制造者们不懈的追求,其实早在莱特兄弟第二次试飞的时候就有一名冒险者爬上了莱特兄弟的飞机。但是真正意义上的第一个载客商业定期航班是从 1914 年 1 月 1 日开始的,由彼德斯堡/坦帕水上飞机公司使用一架双座水上飞机,从坦帕飞往圣·彼德斯堡(是佛罗里达州的两个城市,只隔着坦帕海湾),航程 22 英里,飞行时间 23 分钟,它的第一名乘客是圣·彼德斯堡市的市长,该航班每班只能载客一名,收费 5 美分,每天飞两个来回。

这段时间内,除美国和英国以外的其他国家也都纷纷开展了自己的航空探索飞行,有些还开始了商业飞行。在这段时期,飞机从外形到动力都表现得五花八门,进入航空时代的人们正用前所未有的热情掀起一场交通革命。

20 世纪初的重要航空事件

图 1-5 一战开始时的寇蒂斯飞机②

除了上述事件外,在 20 世纪初还有一些重要的航空事件:

1910 年第一个航空竞赛在美国洛杉矶举行。这一年寇蒂斯(见图 1-5)花了 150 分钟从阿尔巴尼飞到纽约,创造了一个新纪录。

1911 年全美已经拥有超过 400 架全新的飞机。这一年罗杰斯从纽约起飞花了 49 天,飞了 69 个航段(其中他有 16 次的着陆是摔机式的硬着陆),用一辆火车运送他的备件和各种后勤支持,帮助他实现了跨越美国大陆的飞行(从纽约到洛杉矶),其飞机的平均时速为每小时 51.5 英里。11 月 5 日,成千上万的人在加利福尼亚的帕萨德纳见证了这次成功的飞行。也是在同一

---

① 参见"The Early Airplanes",http://www.postalmuseum.si.edu/。
② 图片资料来源:美国国家航空航天博物馆网,https://airandspace.si.edu/。

年,《莱斯莉》杂志的女编辑奎莫比则成为第一个持有飞行员执照的女飞行员。

1911 年,一位名叫约瑟克里斯甸的英国人,代表英国殖民地公司到新加坡示范动力飞机。由于当时没有机场,因此飞行表演就在跑马场举行。据当时《海峡时报》的报道,"飞机离地约有 20 英尺(约 7 米),凌空优雅地转了几圈,有位英国淑女惊叹地说,真有趣,我不介意坐上去。"

1913 年 5 月法国军队的单发双座侦察机科德伦三号投入使用。

1910 年还有一个非常重要的事件是:罗马尼亚航空先驱之一亨利·柯恩达制造了世界上第一架喷气飞机,这架飞机被命名为"柯恩达号"(见图 1-6),在巴黎第二届航空展上展出,其优美的金属构造线条和没有螺旋桨的发动机,令世人为之惊叹。柯恩达最著名的发现,是在"柯恩达号"飞机上所示范出的"柯恩达效应"[②]。这一效应得到后人的广泛研究和应用,使其成为现代喷气飞机的教父。

图 1-6　第一架喷气飞机——柯恩达号[①]

"柯恩达号"喷气发动机采用一台活塞发动机来驱动一台轴流式压缩机,压缩后的空气进入一个单独燃烧室,通过向燃烧室喷射燃油并点火,使高压混合气排出产生推力,该发动机可以产生 220 马力的推力[③]。

突出贡献:飞机功能和用途拓展,各种各样的飞机层出不穷。

第三节　战争机器

研究人类的战争史,我们会惊奇地发现,很多重大的发明和改进都是与战争分

---

①　图片资料来源:http://www.fiddlersgreen.net/。

②　参见"Coanda effect",https://www.sciencedirect.com/。"柯恩达效应"是指喷管喷出的蒸汽随着附近的曲面走向流动。你可以在自己的家中进行试验。如果水蒸气沿着略微弯曲的固体表面流动,水会沿着表面走向。拿一把汤匙放在微微滴水的水龙头下,观察水沿着器具表面的流动情况。这对飞行意味着什么呢? 许多科学家提出,由于机翼的外形带有曲面,沿机翼表面流动的空气会因"柯恩达效应"而向下偏离。当空气离开机翼时,会向上推动飞机升空,给飞机以升力。

③　参见"Coanda 1910",虚拟航空博物馆网,http://www.luftfahrtmuseum.com。

不开的。而航空毫无疑问是最好的一个佐证。不论是第一次世界大战还是第二次世界大战都给航空发展注入了超常的强心剂,飞机通过参与战争由弱小到强壮,由简单到复杂,最终成为当今世界各国空中力量的中坚,也使飞机成为现在中远距离旅客运输的主要力量。

从前面的描述可以看出,到第一次世界大战开始前,欧洲和美国等主要国家都已经出现商业航空飞行的事件,然而这些飞机的技术发展总体表现为个体的、独立的、小规模的改进,技术发展的速度相对缓慢。特别需要指出的是,当第一次世界大战开始时,飞机仍然以木结构配合布蒙皮居多,这种结构的飞机无法承受子弹和炸弹的冲击;飞机的载重能力也很小,无法装载炮弹等战斗物质。所以受当时飞机技术的影响和当时死板的地面作战战略思想的影响,陆军仅把飞机看作是骑兵巡逻队的一个附加部分,主要用于侦察和瞭望。

随着战争的不断激烈和扩大,置于战争防线位置进行瞭望侦察的飞机受到敌方攻击的次数越来越多,所以飞行员和观察员开始配置手枪、步枪,直至机枪。为了有效地在前进方向上防止敌人的袭击,而不使子弹损害飞机,就必须对原有的飞机系统进行改进。

最早的几项改进是在桨叶上安装了钢板偏导板,以及发明了机枪协调器,然后全金属蒙皮的飞机开始出现。渐渐地,飞机作为重要的战争机器,奠定了其在战争中的地位。

一、第一次世界大战期间飞机的演变和发展

真正将飞机第一个用于战争任务的是意大利军官皮亚扎上尉[1],在意大利与土耳其之间为争夺奥斯曼帝国北部非洲省份的战争爆发后,他于 1911 年 10 月 23 日驾驶布雷里奥 X1 型飞机,从利比亚沙漠边缘飞往的黎波里与阿齐齐亚之间的土耳其军队上空执行侦察任务,侦察飞行时间达到一小时,从而拉开了飞机参战的序幕。同年 11 月 1 日,意大利军官加沃蒂上尉驾驶"鸽"式飞机飞往土耳其军队阵地,投下 4 枚 2 千克重的手榴弹,开创了用飞机轰炸杀伤敌军的历史。

第一次真正的空战则发生在法国和德国之间,1914 年 10 月 5 日,法国飞行员用机枪将一架德国侦察机击落。

1915 年,第一架战斗机被敌方俘获。这架飞机是由法国制造的,其木质螺旋桨叶片表面包有金属片,以适合于机枪射击。德国俘获这架战斗机后,服务于德国的荷兰飞机设计师福克先生在这种偏导片的基础上设计出机枪射击协调器,从而使机枪对敌攻击的能力得到很大的提高(见图 1-7)。

---

① 谢础,等.航空航天技术概论[M].北京:北京航空航天大学出版社,2005.

图 1-7 第一架带机枪的侦察战斗飞机(Morane-Saulnier L 型)①

其后,飞机功能继续演变,从一般的战斗机概念中衍生出驱逐机、歼击机、轰炸机、强击机、侦察机等。一战期间,全世界总共生产了 18 万架飞机,全世界的飞机工厂达到 200 个,配套发动机生产厂 80 个。

第一次空战的趣话②

1914 年 10 月 5 日,法军飞行员约瑟夫·弗朗茨和机械员兼观察员路易·凯诺中士驾驶一架瓦赞飞机在己方阵地上空巡逻。这种飞机结构紧凑,有两个座位,采用螺旋桨发动机。观察员位于靴形短舱的前部,操纵一挺 0.303 英寸③口径的能活动的刘易斯式轻机枪。刘易斯式轻机枪是当时最先进的机载机枪之一。这种机枪是美国人艾萨克·刘易斯上校于 20 世纪初设计的一种轻型气冷式武器,它有一个内装 47—90 发子弹的鼓形弹匣,插在机匣顶部。拆掉枪筒套筒以后,机枪的重量便减轻许多,因此它是一种很好的机载武器。凯诺中士把这挺机枪架在机头上,机枪的底座是活动的。他摆弄着这挺机枪,怀疑它是否真的有效,很想有个机会试一试。正当他手痒难捺之际,一架倒霉的德国阿维亚蒂克双座侦察机闯入了他的视野。弗朗茨驾机冲了过去,德机并未急着逃跑,因为飞行员没看到那挺可怕的机枪。当两机距离接近时,可怕的机枪吐出了"火舌",惊慌失措的德国飞机一会儿工夫就被击中坠毁。这是战争史上第一次用机枪进行的空战,空中追逐与歼击的时代由此开始。

突出贡献:金属蒙皮出现,发动机性能继续提升,飞机载重量提高。

---

① 图片资料来源:二战航空网,http://www.wwiaviation.com/。

② 参见猎讯军情网《机枪、手抛炸弹加母舰:一战中空军的作战方式》,http://www.1n0.net。

③ 1 英寸≈0.025 4 米。

二、第一次世界大战后的民用航空发展

第一次世界大战后大量的军机被闲置,因此人们开始考虑这些飞机的出路。首先在欧洲出现了几家利用改装的军机来提供载客及邮政服务的公司。1919年2月德国开通了柏林至魏玛的航班,这也是世界上第一条定期客运航线;3月,法国首先出现第一条国际客运航线,来往巴黎和布鲁塞尔。同年的8月,巴黎和伦敦之间已经有了定期的航班。到1919年底,欧洲有六家较大的航空公司成立,早期的航空运输网络基本形成。1919年8月25日,英国、丹麦、挪威、德国、瑞典的五家航空公司领导人在海牙聚会,成立了国际航空业务协会。

20世纪20年代欧洲飞行的飞机主要是德国的容克斯F-13(见图1-8)和荷兰的福克飞机。这两种飞机在欧洲的运输机队中占有很大的比例,但这时候的飞机总体来说飞行速度慢、噪声大,而且受气候的影响和地面设施的影响很大,乘坐非常不舒服。

图1-8 第一架真正的运输机——容克斯F-13①

与欧洲相比,美国在一战时期的军用飞机生产落后于欧洲,但是在民用飞机生产方面发展却更加迅捷。1918年5月14日,由美国国会拨款10万美元开通从华盛顿经停费城飞往纽约的邮政航路,自此,邮政航路开始跨大陆飞行。

同时,美国的商用飞机制造也得到了很大的提高。首先是1927年,福特锡鹅(5-AT)飞机问世,这种飞机使用硬铝作为材料,能装载12名旅客,且座舱内高度较高,能方便旅客行走,这样就大大改进了旅客的舒适性。为了使乘坐者感觉更尊贵,第一次出现了"空中小姐"的服务。

① 图片资料来源:容克斯飞机网,https://www.junkersaircraft.com/。

1933 年波音公司推出了世界第一架现代化客机 B-247。这种飞机由双发轰炸机改型而来,飞机拥有流线型金属机身和大马力引擎,它是最快速的多引擎运输机,低风阻且合乎空气动力学原理。它所用的大黄蜂式发动机加装了三片汉米尔顿标准型变距螺旋桨,这使得 B-247 起飞时矫捷轻松,在巡航时既快速、平稳、安静又省油,它外部呈下单翼、起落架可收放,巡航速度可达到每小时 155 英里,它的内部结构像一艘缩小的战舰。由此建立了飞机坚固度的标准。

真正改变了航空运输业的飞机是 DC-3 飞机(见图 1-9)。1926 年 4 月查尔斯·林德伯格与其他两位飞行员一起①从圣路易斯起飞到达芝加哥,掀开了美国航空公司(AA)历史的第一页。美国航空公司在使用 DC-2 进行运行时发现了很多不足,因此其工程师要求道格拉斯公司开发一种符合航空公司要求的飞机,这就是后来的 DC-3。DC-3 飞机不仅改变了美国航空公司,给美国航空公司带来赢利,同时也改变了整个民用航空业。实际上 DC-3 是航空历史上最具有传奇色彩的、服役时间最长的飞机,直到现在仍然有为数不少的这种飞机在继续使用。

图 1-9　DC-3 运输飞机②

除了民用型的 DC-3 外,DC-3 还被改成军用型飞机,其军用型号为 C-47 和 C-53 型,而苏联按照专利生产的大量 DC-3 则被命名为 PS-84(后改称里-2)。DC-3 的总产量约为 11 000 架,是世界上单个型号飞机中数量最大的一种运输机。

DC-3 为什么有这样辉煌的表现呢?这是因为 DC-3 第一次成功地融合了五项关键飞行技术,即变距螺旋桨、可收放起落架、轻质硬铝机身、星形气冷式发动机和摆动式副翼。

突出贡献:现代民航运输机的标准基本建立。流线型金属机身、可收放起落架和多台发动机配置出现,飞机开始具有低风阻、高爬升梯度、安全、舒适的性能,

---

① 参见美利坚航空公司资料 *Dream of flight*。

② 图片资料来源:波音公司网,https://www.boeing.com/。

同时驾驶舱布局得到改进。另外,活塞式发动机从传统的水冷向风冷转变,硬铝的采用使飞机的重量更轻。

三、第二次世界大战期间的飞机技术发展

从莱特兄弟首飞开始,仅仅用了 30 年左右的时间,活塞式发动机驱动的螺旋桨飞机技术已经走向了成熟阶段。事实上,到第二次世界大战爆发前,活塞式发动机驱动的螺旋桨飞机已经能够达到最大速度为 500 千米每小时、升限约 7 000 米、航程超过 3 000 千米、运载能力超过 2 000 千克以上的水平。

1939 年,第二次世界大战全面爆发。由于在第一次世界大战中飞机表现出的无可比拟优势,再加上一战后十几年的技术发展,各国对于空军的作用都非常重视。战斗机生产的速度一浪高过一浪,飞机架数从战前的几千架迅速扩大到几万架,最后到几十万架。据统计,美国、苏联、德国和英国四国在战争后期可以年产飞机 20 万架,整个战争期间生产的飞机总数超过一百万架①。

第二次世界大战期间,不仅参战的飞机数量多,飞机的种类也特别多,这其中有很多著名的飞机。战斗机中包括英国的"飓风"和"喷火",德国的 Me‐109,美国的P‐47、P‐51,苏联的拉‐5、雅克‐9,日本的"零"式飞机;轰炸机有苏联的伊尔‐4、图‐2,德国的容克斯(或容克)Ju‐88、Ju‐87,美国的 B‐17、B‐29(见图 1‐10)等。

图 1‐10 美国波音公司研制的当时载量最大、航程最远的 B‐29 轰炸机②

---

① 谢础,等.航空航天技术概论[M].北京:北京航空航天大学出版社,2005.
② 图片资料来源:空军之翼网,http://www.afwing.info/。

第二次世界大战期间装配有活塞式发动机的螺旋桨飞机发展达到了其顶峰，由于激波的阻碍作用和流过翼尖的气体分离带来的整个机翼升力下降的影响，活塞式发动机驱动的螺旋桨飞机的飞行速度在800千米每小时左右时达到极限。

但是，人们追求速度的欲望并没有停滞，随着1939年德国第一架装有涡轮喷气发动机的飞机He-146的成功试飞，人类在飞机发展的道路上又迈出了新的一步。

随后，英国、美国、苏联也分别制造出各自的喷气发动机飞机（见图1-11）。由于喷气发动机的出现，飞行速度突破了"音障"的限制。

图1-11　苏联米高扬-格列维奇飞机设计局设计的第一代喷气式战斗机米格-15 ①

1950年，后掠翼飞机的出现，将飞机的飞行速度进一步提升，飞行技术迈入了超声速时代。

突出贡献：活塞式发动机驱动的螺旋桨飞机得到了极大的完善，认识到激波和音障的存在，生产出喷气式发动机（轴流式和离心式两类），后掠翼战斗机开始出现。

第四节　喷气时代

第二次世界大战是人类历史上规模空前的一场战争。在这场战争中，逐步成熟的空军的地位得到了确立，飞机作为战争机器用于战争彻底改变了战争的面貌，

---

①　图片资料来源：空军之翼网，http://www.afwing.info/。

引起战争革命。如果说空军在第一次世界大战是初登历史舞台,那么,在第二次世界大战中,空军则是大显身手。两次世界大战空军的作用充分体现出了夺取制空权的意义,二战后制空权理论很快引起了全世界各国的普遍重视,成为两次世界大战后空军建设的主题。但是自1945年第二次世界大战落下帷幕以后,半个多世纪以来,像莫斯科保卫战、斯大林格勒(伏尔加格勒)保卫战、库尔斯克空战①、诺曼底登陆战以及不列颠空战②这种数以千架战机在空中激烈鏖战的场面再也没有出现过。从表面上看,战争的结束似乎意味着航空的发展到了尽头,但事实上,航空带来的革命远没有结束,新技术方兴未艾。在二战后的十几年内,不仅战斗机技术有了突飞猛进的发展,而且,更为重要的是,民用航空的广泛开展也给了航空技术、给了飞机一种新的历史机遇。

首先是航空技术飞速发展。二战结束前开始发展的超音速和喷气技术在战后继续得到完善。其次是民用航空运输量的迅猛增长。有数据显示,从1903年莱特兄弟从沙滩上起飞到44年之后的1947年,世界各地的航空乘客总数已经从个位数增长到超过2 000万人次。但仅仅只过了10年,这个数字就又被梦幻般地修改。从1947年到1957年的10年间,航空乘客就迅速增至近亿人,而这个时代更是被誉为"全球搭乘飞机的时尚年代"。

到底是什么改变了人们的出行习惯?答案很显然,那就是喷气时代。

一、战后航空运输的迅速发展

航空运输的发展在二战前主要还停留在国内运输,部分地出现在某一块大陆内。而二战的结束为世界范围内的航空运输发展创造了良好的条件。

1945年初,二战欧洲战场的主要战事结束,就在主要战胜国还沉浸在胜利的喜悦中时,作为中立国的荷兰发现了航空大发展的商机,荷兰皇家航空公司(KLM)首先从美国政府手中租用了14架C-54运输机(DC-4的军用型)改装成客机,开辟了从阿姆斯特丹到雅加达的新航线。其后,军机改客机的市场开始显著增长,战后的许多闲置下来的军用运输机摇身一变成为客机投入商业运营。

值得一提的是,战后国际航空运输的迅速发展得益于1944年签署的《芝加哥公约》和按照该公约成立的国际民航组织。《芝加哥公约》中有关第一航权和第二航权的定义为国际航空运输的安全飞行提供了保障(具体内容参见本书第三章)。

---

① 据记载,在这场战争中,苏德双方每天有两千架以上的飞机在空中活动。参见中国国防部网《东线上空的转折——库尔斯克空战》,http://www.mod.gov.cn/。

② 据记载,这一天,仅德国一方就同时出动近600架次轰炸机和1 300架次战斗机对伦敦实施空袭。电影《伦敦上空的鹰》反映的就是这场战斗。参见飞行之梦网,《20世纪最著名的空战》,http://www.dof.cn/。

荷兰皇家航空公司(KLM)
——国际间航空运输的先行者

荷兰是欧洲大陆上的一个小国,其航空业的发展历史较早,由于其特殊的地理位置和奉行开放的战略,自然使其成为国际间航空运输的先驱。1920 年 5 月 17 日,靠着租用的德哈维兰 DH-16 飞机,荷兰皇家航空公司开辟了成立(成立于 1919 年 10 月 7 日)后的第一条航线,而这条航线就是从阿姆斯特丹到伦敦的国际航线①。其后 KLM 又通过与其他国家的航空公司合作开通了到丹麦哥本哈根和德国汉堡的航线。

福克飞机制造公司为早期的荷兰航空运输业做出了突出的贡献,除租用德哈维兰飞机外,KLM 公司的主要机队均为福克飞机,从 1920 年的 F-2、F-3,到后来的 F-7、F-20、F-36 等。KLM 坚持快速更新机型、提供准点服务、实现快捷运输,因此在欧洲大陆 KLM 也是优质服务和前卫的代表。到 1939 年,荷兰是欧洲除德国、苏联、英国外的第四大航空运输国,每年运送的旅客数达到 16 万人次。

KLM 同时也开通了一系列亚洲航线,这些航线主要到达荷兰东印度公司所扩展到的国家。1931 年,KLM 使用 F-12 飞机开通了从阿姆斯特丹到雅加达的定期航班,该航班需要飞行 81 小时,历时 10 天,是世界上最长的定期航班线路。

1940 年,德国占领荷兰,但是 KLM 仍继续运营到亚洲和纽约的部分航线。1945 年战争结束后,KLM 迅速恢复到达全球(包括 1945 年到印尼的雅加达、1946 年到美国的纽约等)的主要航线,并获得了空前的发展,阿姆斯特丹机场也成为欧洲重要的枢纽港。

KLM 是一个运行平稳、收益丰厚的国际性航空公司。到 2003 年为止,荷兰皇家航空公司运行近 200 架飞机,可以到达全球 250 个目的地,拥有员工约 3 万人,也是拥有最多亚洲地区航线的欧洲航空公司。

2004 年,在欧盟决定建立欧洲单一航空市场的战略影响下,荷兰皇家航空公司与法国航空公司合并成立新的法航-KLM 集团,成为欧洲最大的航空公司,其年营业额超过 200 亿欧元,旅客运输量超过 7 000 万人次;2018 年,法荷航旅客运输量超过 1 亿人次。

突出贡献: 世界范围内的航空运输出现大发展。

---

① 参见世纪飞行网,"KLM-Royal Dutch Airlines",http://www.centennialofflight.net。

二、喷气飞机的出现

在战后航空运输迅猛发展的同时,飞机的技术也有了新的进步。

继 1939 年德国成功试飞第一架装有涡轮喷气发动机的 He-178 飞机以后,英国也成功研制出喷气发动机。战后,美国和苏联也各自开发出采用喷气发动机的新一代战斗机,如 F-80、雅克-15、米格-9、米格-15、F-86、F-100 及米格-19 等,其中米格-15 和 F-86 战斗机的速度都突破了 1 000 千米每小时,F-100 和米格-19 则首次超过声速。

飞机发动机的发展和进步不仅带来了战斗机速度的提高,同时也给运输机的发展注入了新的活力。与活塞式发动机相比,涡轮喷气发动机能够在相同的发动机本体重量下提供更大的推力(推重比大),而且涡轮喷气式发动机运动部件比活塞式发动机更少,这也就意味着运行更可靠、寿命更长。在这种条件下,1949 年,第一架装备有涡轮喷气发动机的民用客机诞生了,这就是英国的德哈维兰 DH-106 彗星号。

1956 年苏联的涡轮喷气客机图-104 试飞成功。1954 年美国的波音 707(即 B-707)首飞(见图 1-12),1958 年进入商业运营。

图 1-12 1954 年 5 月 15 日,首架波音 707 飞机下线的盛大场面①

突然之间,人们意识到世界好像变得更小了。当飞行出现的时候,人们还是以调侃的眼光看待它;短短几年的时光,长途旅行就从数以月计的概念降到了数以天计;紧接着,喷气时代到来了,人们的航空旅行时间已经不再按天计算,而是按小时

---

① 图片资料来源:航空史上的今天网,https://www.thisdayinaviation.com/。

计。特别是波音 707 的诞生,9 000 千米连续近 10 小时的续航能力,150 吨的起飞全重,装饰豪华的客舱,足以在 20 小时之内抵达全球各大城市的能力(实际上,泛美航空公司于 1958 年 10 月 26 日采用波音 707 首飞纽约到伦敦只用了不到 6 小时),使人们眼前一亮,一个更辽阔的世界展现在面前。

幸运和不幸的"彗星"号

彗星闪亮地划过蓝天,留下它的足迹,但不幸的是,彗星很快会坠落!

人类第一架喷气客机"彗星"号和彗星一样,也是闪亮地划过天空,而又快速地坠落。

1949 年成功首飞的德哈维兰"彗星"号,在 1950 年英国举行的范堡罗航展上,引起巨大的震动。当"彗星"号飞机以贴着屋顶的高度在会场上空呼啸而过时,来宾们发出阵阵惊呼。眼看那蔚蓝的天空上,"彗星"号划过,留下一道长长的白色航迹。这么快的速度,这么高的高度,这岂不就是以前在科幻小说中才可能见到的怪物?"彗星"号飞机成为第二次世界大战后欧洲航空工业第一颗闪亮的明星。

1952 年 5 月 2 日,只安装豪华 36 座头等舱的"彗星"号喷气客机从伦敦呼啸而起,第一次跃上云层,平稳地在万米高空的蓝天白云之间翱翔,旅客们心平气和(因为是密封座舱)、心旷神怡地鸟瞰白云下的美丽大地,只用了两小时,罗马城就出现在人们眼前。罗马轰动了,甚至连皇室成员也想尝尝乘坐喷气式客机的滋味。

全程 10 821 千米,从伦敦到南非的约翰内斯堡,中间经停罗马、贝鲁特、喀土穆、恩德培和利文斯敦,总飞行时间(包括中间经停的时间)23 小时 34 分,巡航速度为 788 千米每小时,一个历史性的纪录诞生了。

但是好景不长,刚投入航线运行不久的"彗星"号就接连发生了空难。从 1952 年 10 月到 1954 年 4 月的 18 个月里,在交付给 4 家航空公司的 17 架"彗星"Ⅰ中,就有 6 架相继发生事故,总共 99 名旅客和机组人员遇难,创造了航空运输中机型事故率最高的一个纪录。由此开始"彗星"渐渐远去。

几年后,人们从"彗星"号的失事中终于找到了原因:飞机金属结构出现疲劳损伤。由于飞机是密封舱,内外压力差不停地作用在机体结构上使结构发生疲劳,从而造成疲劳损伤。

突出贡献:涡轮喷气发动机的应用,使得飞行速度大幅提高,开始更注重运输机的内部环境。同时,认识到了飞机结构会产生疲劳损伤。

三、宽体喷气时代和涡轮喷气时代的到来

波音 707 的出现,在技术上已经为更大型的飞机做好了准备。同时,欧美国家

战后经济也得到了快速发展。到 20 世纪 60 年代末,世界形成了以美苏两个超级大国为首的两个军事体系,并形成冷战局面,但是从总体上来说,世界格局趋于平静,人们出行的欲望更加强烈,旅行的需求有了大幅度的增长,这也要求航空运输能够满足这种要求。

1970 年,更大的波音 747 下线。该飞机安装有高涵道比涡轮风扇发动机,是继波音 707、波音 727 后的第三代喷气式飞机。其突出的特点是飞机的大载客量和高舒适性。由于人们开始关注飞行对于环境的影响,因此飞机比以前更加安静,长途旅客的舒适度有了极大的改善。

20 世纪 70 年代是大型宽体飞机辈出的时代,先是道格拉斯公司推出 DC-10 飞机,然后是洛克希德公司的 L-1011,再是空中客车公司(简称空客公司)推出了 A300。特别值得一提的是空客公司的崛起和空客飞机的推出。由于空客公司是按照欧共体的思路,集欧洲所有力量参与世界竞争,因此彻底改变了民机市场的竞争格局,促进了民机制造市场的重新洗牌,为民机制造的寡头垄断格局埋下了伏笔。

需要纠正的几个概念错误

很多人对喷气发动机的概念其实并不理解,把喷气和螺旋桨看作是一对概念,即相对于喷气发动机的另一种发动机概念是螺旋桨发动机。其实这是错误的,与喷气发动机(见图 1-13)相对应的应该是活塞式发动机(见图 1-14),这才是两种不同的内燃机技术。活塞式发动机的燃烧过程在气缸内进行,喷气式发动机的燃烧过程在燃烧室内进行,所以都是内燃。但是这两种内燃有很大的区别,活塞式发动机的燃烧是脉冲式的,即在四个冲程中只有一个冲程中产生动力,且在这一个冲程的动力产生中提供的也不是均衡的动力,有峰值、有低谷。所以为了平滑这种波动,一般采用多个气缸,且气缸数越多,动力输出的波动越小。但是,由于受气缸数目的限制,动力的输出始终处在波动的状态下,无法实现真正的稳定和连续。而且由于活塞式发动机的运动部件多,可靠性较低。还有,气缸的燃烧效率和气缸数的限制也决定了活塞式发动机很难实现单机大推力输出。

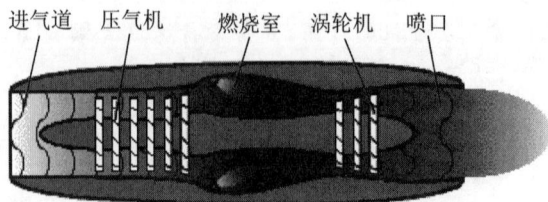

图 1-13 涡轮喷气发动机工作原理图

喷气发动机正好弥补了活塞发动机的这些缺陷,一是喷气发动机的燃烧过程是连续的,换句话说,动力的提供也是连续的,稳定性好;二是喷气发动机大推力提供能力较强;三是喷气发动机的推力提供可以不需要借助螺旋桨,所以受"音障"或者"激波"的影响要小得多;四是喷气发动机运动部件更少,摩擦少,噪声小,寿命更长。

螺旋桨是核心发动机提供推力的一种形式,活塞式发动机在飞机上运用时必须加装螺旋桨或者旋翼(直升机),在汽车上运用时则可以通过驱动齿轮、链条或者皮带传动的方式把动力传动到车轮上。

核心机为喷气发动机的飞机可以将推力通过直接喷气、加装风扇、加装螺旋桨、加装旋翼等多种方式进行传递。由于传递推力时还要通过涡轮技术,所以按照推力传递方式的不同,可以有涡轮

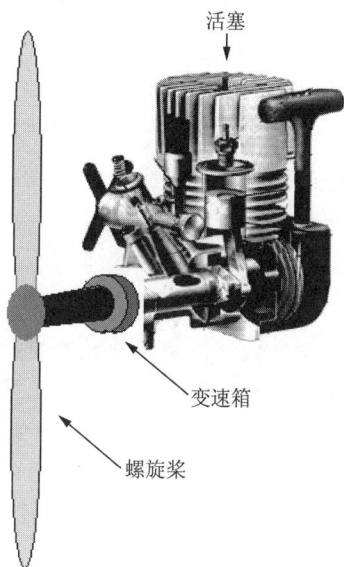

图 1-14 活塞式发动机工作原理图

螺旋桨、涡轮喷气、涡轮风扇、涡轮轴、涡轮桨扇发动机等多种类型的发动机。这些发动机,理论上而言,都应该可以称为喷气发动机,而现代运输客机,无一不是由这些类型发动机来带动的。

既然这些发动机都可以算是喷气发动机,那么为什么一种机型要安装涡轮螺旋桨发动机(如冲八、新舟 60 等),而另一种机型要安装涡轮风扇发动机(A320、B737 等,也可写为空客 320、波音 737,A 为空客的简写,B 为波音的简写,后同),还有的要安装涡轮喷气发动机(协和飞机)呢?这主要取决于飞机设计速度和与速度相匹配的发动机效率。根据研究,人们发现,在低于 500 千米每小时速度的飞行状态下,涡轮螺旋桨发动机是最有效率的,即其经济性最好;而在高亚声速(1 000 千米每小时)飞行时则必须采用涡轮风扇发动机才更有效率;而到了超声速飞行时则必须采用涡轮喷气发动机才可以获得应有的推力。

所以,没有最好,只有最适合。采用何种类型的喷气发动机其实取决于飞机的航程、飞行速度和经济性要求。

其实,人们通常所说的喷气飞机缩小了涡轮发动机的范畴,主要指采用涡轮风扇发动机和涡轮喷气发动机的飞机。

民用飞机制造业的霸主——波音公司

波音公司制造飞机的历史要从威廉·波音(1881—1956 年)开始说起。威

廉·波音是从观看莱特兄弟飞机的航展上受到航空业的吸引并立志制造飞机的。1914年,威廉·波音购买了第一架飞机,1916年,在他的工程师朋友乔治·康拉德·韦斯特维尔特的帮助下,他们制造出了第一架 B&W(两人姓氏的第一个字母)海上飞机(命名为"蓝鸟"),并成立太平洋航空制品公司,后改名为波音飞机公司。第一次世界大战期间波音生产了部分战斗机。二战开始前,波音把主要精力放到研究商业飞机上并制造出首架批量生产的民机波音40和世界上首架现代化民机波音247,从而奠定了其在民用飞机制造业中的重要地位。

1945年,二战后德国首次引入了后掠翼机翼结构[①],正在致力于为美国空军研制新一代同温层运输机的波音公司迅速采用了这种新布局,并设计出将喷气发动机悬挂于机翼吊舱中的后掠翼飞机,由于后掠翼在高亚音速飞行中所具有的优势,这种设计现在仍然是大型运输机的标准设计。1947年,世界上第一架带后掠翼的喷气飞机——波音47诞生。

进入20世纪50年代后,波音研制喷气运输机的步伐进一步加快。1954年,一种原型机编号为367-80的运输机研制成功。这款运输机先是为军方研制的,但由于民航的迅速发展,很多航空公司急于订购新的大型运输机,因此这种原型机的衍生型——波音707诞生了。

波音707的诞生,对于现代民航运输机的研制而言具有划时代的意义。其后,各种民航喷气飞机如雨后春笋,迅速发展。波音先是在20世纪60年代初推出波音727,60年代中期又推出了较小的波音737双发飞机(见图1-15),同时麦道公司、洛克希德公司以及福克公司也先后推出自己的后掠翼喷气飞机。

图1-15 商业航空最成功的机型——波音737系列飞机[②]

---

① 参见航空历史网,"The Swept Wing"和"Boeing B-47 Stratojet",http://www.aviation-history.com。

② 图片资料来源:波音公司。

承接 20 世纪五六十年代迅速发展的势头,70 年代和 80 年代是波音无比荣耀的 20 年。1968 年,波音推出了世界上最大的飞机——波音 747 巨型飞机。1969 年,波音完成了阿波罗 11 号运载火箭的一级火箭推进器,将宇航员送入太空。然后又推出了多个载量和航程级别的客机,如波音 757、767 等。

进入 20 世纪 90 年代,由于空客公司的崛起,民机制造市场的格局发生了变化,1997 年,波音与麦道公司合并,成为全球民机市场的巨无霸,占据全球民机市场 55% 的份额。

民用飞机制造业的后起之秀——空客公司

法国的飞机制造业在一战之前曾经是闻名遐迩的,航空先驱布雷里奥①和瓦藏一起于 1903 年建立了飞机制造公司,1914 年布雷里奥建立了 SPAD 航空制造公司,在一战时期为盟国建造了超过 5 600 架战机并出口到包括英国在内的很多国家。还有 1911 年建立的布雷盖飞机公司和 1916 年创办的航空设计公司(法国达索集团的前身)②都为二战以前的法国航空做出了杰出的贡献。

二战期间德国对法国的侵略重创了法国的航空业,直到 20 世纪 50 年代初,航空制造业才开始恢复元气,但仍然无法与美国航空制造业几十年的欣欣向荣状况相提并论。到 20 世纪 60 年代为止,美国依赖二战期间建立起来的雄厚的航空工业基础逐渐取得大型民机的绝对统治地位。世界民航运输机的制造基本上由三家美国公司垄断③。他们分别是洛克希德·马丁公司、麦道公司和波音公司。因此,在民机制造业的竞争中,欧洲处在非常劣势的地位。

1967 年英、法、德三国签订了共建空中客车公司的《谅解备忘录》,决定集三国在民机制造业上的经验,共同出力联合研制大型中短程客机 A300;1970 年,位于法国图鲁兹的空客公司总装线正式开始生产,翻开了欧洲民机制造业的新篇章。空客走过的道路并不平坦,在起步之初,先是碰到了经济衰退,然后又有石油危机的影响,虽然空客公司起步时有政府的支持,但是在最危难的时候,也曾出现过 18 个月(1976 年中到 1977 年末)没有获得一份订单的最差纪录。然而,空客公司在总经理亨利·齐格勒的带领下仍然意志坚定、不屈不挠地前进。继 A300、310 后,

---

① 参见世纪飞行网,"Louis Bleriot",http://www.centennialofflight.net/essay。

② 1971 年航空设计公司与达索飞机公司兼并布雷盖飞机设计制造公司,成为达索-布雷盖飞机公司。

③ 翟冬青.空客模式在哪里[J].南风窗,2007(4):38—42.数据显示,1970 年欧洲民机的总销售额为 38 亿美元,而美国三大民机制造商的总销售额是 250 亿美元。欧洲民机制造业仅为美国民机制造业的六分之一。

成功地开发出具有多项技术优势的 A320 机型(见图 1-16),终于在 20 世纪 90 年代获得了巨大的发展机遇,一举甩掉亏损 23 年的帽子,成功地步入快速发展的轨道。从 1970 年起步,到 1976 年只占世界市场 3% 的份额,再到 2002 年,一举压倒波音占有全球民机市场的 56%,空客完成了自己的涅槃。

图 1-16 为空客带来巨大成功的 A320 客机(首次采用电传操纵的方式,到 2020 年,
A320 系列飞机共销售 16 000 余架,其中 9 000 余架已交付用户)①

如今,空客公司已经拥有了包括 A320、A330、A340、A350 和 A380 在内的短、中、长航程全系列飞机设计和制造能力,并且在飞机制造的许多技术领域内取得了领先地位。特别是新一代更节油的 NEO(A320NEO、A321NEO)系列飞机也已加入各个航空公司的机队,使航空运输的节能减排工作实现了新的跨越。

突出贡献:更加关注速度与经济性的衡量,关注环境的影响,关注人机工程的研究。高亚音速飞机设计概念形成,人性化的驾驶舱设计和中央仪表系统引入。涡轮喷气发动机继续发展,形成了涡轮喷气、涡轮风扇、涡轮轴、涡轮螺旋桨等以喷气发动机为核心机的喷气家族。

第五节 航空运输现在时

根据国际民航组织和国际民航运输协会的统计,进入 20 世纪 90 年代,航空进入又一个高速发展期,这次高速发展与以往相比有几个显著的特征。一是航空安全得到更有效的保证,航空成为所有交通运输方式中最安全的运输方式(见

---

① 图片资料来源:空客公司。

图 1-17)。航空安全已经从 1945 年的每亿客千米 4.5 个旅客伤亡减少到 1995 年的 0.04 个旅客伤亡(或者每百亿客千米 4 个旅客伤亡[1]的安全水平)。美国联邦航空局的统计报告称,在 20 世纪 70—80 年代,美国航空安全的水平是:旅客死亡率约为两百万分之一,到 20 世纪 90 年代美国航空安全的水平有了近四倍的提高,即旅客死亡率减少到八百万分之一[2];进入 21 世纪,特别是近 10 年来,中国民航在安全上更是取得骄人的业绩,截至 2019 年 12 月,中国民航运输已经连续保持 112 个月无事故,累计安全飞行 8 000 多万小时(见图 1-18)。二是主要航空公司普遍开始机队更新,以提高自身在安全、正点、服务各个方面的运营能力。中国民航在 20 世纪 80 年代后期开始转制,90 年代初许多新兴的航空公司成立,飞机需求大量增加;同时 20 世纪 80 年代以前的苏式飞机和小型飞机的淘汰工作也按照计划进行,所以机队更迭很快。而包括美国在内的全球其他主要航空公司也在进行机队更迭,比较显著的改变是:在客运领域,波音 727 飞机、MD-80 飞机大面积淘汰和转向货运市场,取而代之的是波音 737、757 和空客 A300、A320 等系列飞机;进入 21 世纪后,随着燃油价格持续上涨及满足绿色节能要求,飞机更新的步伐进一步加快,新飞机主要从气动外形和发动机技术两方面进行改进,空客公司陆续推出 A330、A350 客机和 A320 的改进版 A320NEO,而波音则用 B787 和 B737 的改型 B737NG 和 B737Max 来占领市场。三是航空运输总量快速上升(见图 1-19),其中发展中国家的航空运输发展尤为迅猛,成为航空运输市场增长的动力,其中尤以亚太和拉美的增长最为强劲。在 20 世纪 90 年代及 21 世纪的头几年,除 2003 年 SARS 的影响外,中国民航继续保持了两位数的增长。2008 年金融风暴后,虽然受全球经济增速放缓影响,中国民航的增长速度有所放缓,但依然继续保持较快的稳定增长(见图 1-20),这种持续增长将会使中国民航运输在 2025 左右的某个时点超越美国成为第一大航空运输国。四是通用航空的发展速度明显加快,成为民用航空运输的重要组成部分,仅美国一国,据 2016 年的数据统计,其通用航空飞机的总架数就达到 21.1 万架以上[3]。中国的通用航空在经历严管以后,目前也处在逐步开放阶段,2018 年底达到 2 415 架[4],预计 2019 年将增长 10% 以上,达到 2 600 多架。

---

[1]　参见国际民航组织秘书处工作报告 Directors General of Civil Aviation Conference On a Global Strategy for Aviation Safety[R]. (2006-09-01)[DGCA/06-WP/2]。

[2]　参见美国 FAA《安全报告》,详情参见 http://www.faa.gov/。

[3]　仅美国一国,到 20 世纪 90 年代,已经有超过上千个通用航空机场和十万多架私人飞机。而按照 2006 年末的统计,通用航空机场数目已经上升到 2 573 个。2000 年数据显示,世界上使用中的通用飞机总数约为 34 万架,其中美国约占 2/3,约 21.1 万架。参见 FAA. Report to Congress 2005—2009[R]。

[4]　参见《中国民航局 2019 年 1 月安全通报》。

中国各种交通运输事故死亡率对比(单位：人/亿人千米，2018年数据)

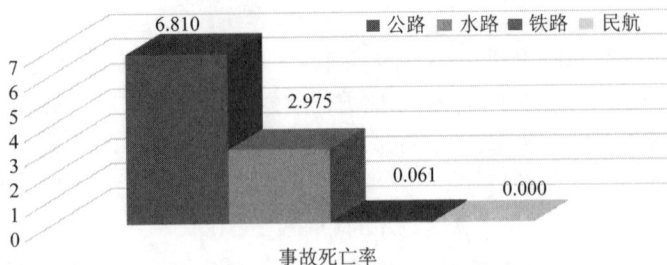

图1-17　四种不同类型交通运输工具事故死亡率对比①

中国民航事故死亡率/(人/亿人千米)

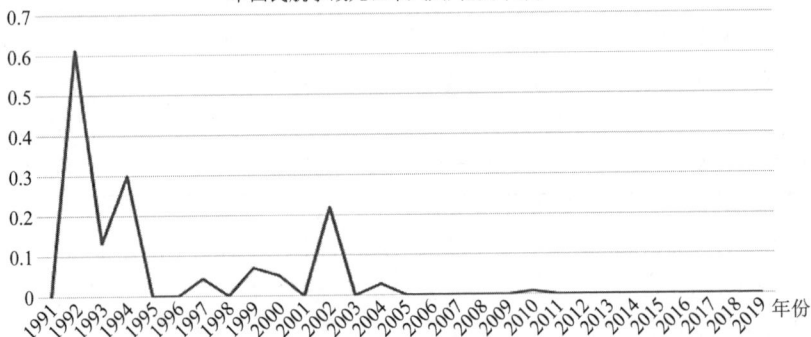

图1-18　中国民航运输事故及死亡率趋势(从2010年以后未再出现过死亡事故)②

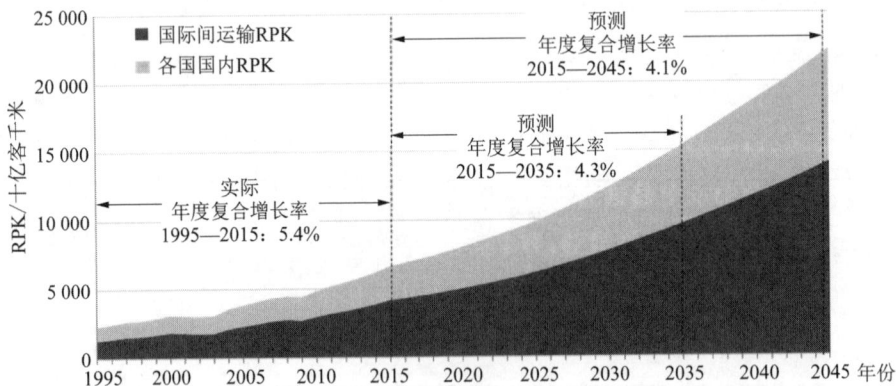

图1-19　世界航空运输的发展趋势③

---

①　参见国家统计局《中国统计年鉴2018》《2018年国民经济和社会发展的统计公报》，交通运输部国家铁路局《2018铁路安全情况公告》，交通运输部海事局《2018年水上交通安全形势报告》。

②　参见中国民航局《年度安全报告》，国家统计局《国民经济和社会发展的统计公报》。

③　参见国际民航组织2018年4月份发布的"旅客和货物运输长期预测"("Long-term Traffic Forecasts for Passenger and Cargo")，https://www.icao.int/。后同。

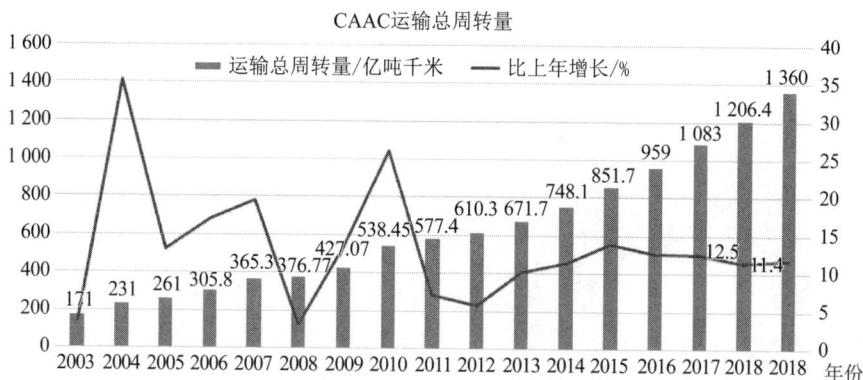

图 1-20　从 2003 年开始的中国航空运输市场增长情况①

一、20 世纪 90 年代后的航空技术新特点

20 世纪 90 年代的科技发展的显著特点是计算机技术的进步，从第一台计算机的发明到 80 286 苹果计算机的发展用了 30 年左右的时间。但是从 286 技术到奔腾芯片的开发只用了十年。而这些最新的技术发展无疑促进了航空技术的快速进步，其中最显著的技术进步如下所述。

1. 计算机的大量应用

自动控制概念在很早的技术设计中已经开始应用，早期自动化控制技术主要采用机械控制方式。比如，早期的自动驾驶仪就是机械式的，它能操纵的范围非常小，当遇到飞机波动时，跟随反馈很慢，更无法实现按照大气数据的自动修正。随着计算机的进步，真正的自动化时代到来了。首先在飞机上出现的是计算机控制的飞行管理系统。飞行员在地面将预定的计划输入其中，起飞后，飞行管理系统能够通过计算自动发出指令来控制飞机的轨迹和前进方向。然后，大气数据计算机和能够整合各个飞机系统性能的飞行控制计算机出现了。

2. 模拟电路向数字电路的转变

计算机的出现和应用，同时也使得飞机自动控制的信号实现了从传统模拟电路向数字电路的转变。虽然这只是伴随计算机出现的产物，但是对飞机来说特别值得一提的是，小小的信号转变不仅使所有飞机系统的显示和控制集成成为可能，同时给飞机的经济性留出了巨大的空间，因为采用总线结构的数字信号的传输方式减少了数以吨计的飞机电缆重量，从而在同等起飞重量、同等耗油状态下大大提升了飞机的商载能力。

---

① 参见国家统计局《国民经济和社会发展统计公报》及中国民航局年度报告。

3.电子飞行仪表系统(EFIS)的出现

20世纪八九十年代以前的飞机上普遍采用的是中央仪表板加开关板的布局。这种布局下的驾驶舱仪表已经比二战后的传统仪表布局有了很大的改进,各系统的仪表进行了初步整理和归类,布局能够使飞行员较好地兼顾各个系统。但是,总体来看,这种分布式的仪表布局需要的空间比较大,而且即使在一个比较大的空间内仪表仍然显得特别密集,一般需要三人以上机组才能完成对飞行仪表的管理和对飞机的控制。电子飞行仪表系统(见图1-21)的出现很好地解决了这个问题,电子飞行仪表将所有的飞行仪表进行了再整合,通过一块可以集成多个系统数据的显示器简化了驾驶舱的仪表布局,并与相关计算机相连。在各个飞行阶段,通过自动选择需要显示的数据,使飞行员在同

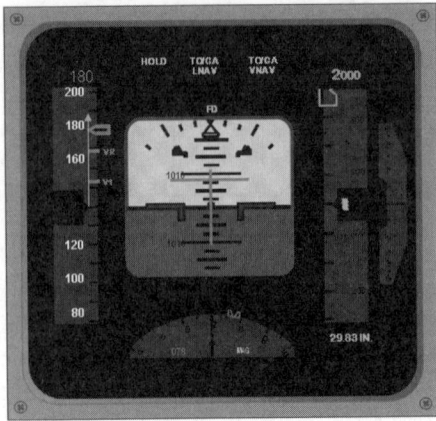

图1-21 多功能的电子飞行显示仪表
(可在不同页面内切换)

一时间内需要管理的信息大幅下降。同时,通过与飞行控制计算机、系统诊断计算机或维护计算机的连接实现了故障处理的程序优化,大大减轻了飞行员的工作负荷,更可靠地保障了飞行的安全。

4.发动机电子控制组件(ECU)

同样得益于计算机发展的还有航空发动机。传统的飞机发动机采用的是电气加机械式的控制方式,所以发动机操纵的精确性较低,跟随环境参数变化的能力较弱,燃油燃烧的经济性较差,系统控制调整滞后。有了电子控制组件后,发动机的控制精度和燃油燃烧效率都大大提高,不仅使发动机的寿命延长,而且使用经济性也有了很大的改进。

5.电传操纵概念(Fly-By-Wire)

操纵系统的结构是飞机的技术进步中变化最少的一个系统。从莱特兄弟发明飞机开始,飞机的操纵一直延续了机械操纵杆和脚蹬舵,操纵杆和脚蹬舵连接着飞机的方向舵、升降舵和副翼,操纵杆和脚蹬舵的位置改变直接操控飞机的飞行姿态,它们是飞机能否安全飞行的重要考量。因此,飞行员把驾驶飞机的工作也简单称为"一杆两舵"的把握,他们习惯于杆、舵的操纵,并把对于杆和舵的把握作为飞机技术中最重要的一项。然而,就是因为这项最重要的技术只能人工地掌控,使得飞行安全随着飞行员之间技术的差异、飞行员本身心理状态的变化而波动很大。在这种情况下,20世纪90年代由空中客车公司首先在A340飞机上引入的电传操纵概念给飞行安全增加了新的保护措施。传统的操纵杆不见了,取而代之的是一

个类似电子游戏杆的操纵杆(见图1－22);脚蹬舵虽然存在,但是只作为一个备用操纵方式。以前需要手脚共同配合协调的操纵方式(如传统飞机转弯过程中必须转动驾驶杆、使用脚蹬协调才能防止侧滑)改变为只操作电传操纵杆就可以实现飞机的协调飞行。操纵飞机,特别是在多机型之间进行切换变得更加容易。

6.导航系统的改进

导航系统的改进也是飞机的安全性、经济性、便捷性得到显著改进的重要因素。从飞机出现事故的概率来看,70%以上的航空事故都伴随有气象和环境条件的恶化,因为在复杂气候条件

图1－22　类似电子游戏杆的飞机电传操纵杆[1]

下,识别飞机的状态和位置,判断飞机与飞机之间、飞机与地面以及地面的障碍物之间的相对位置关系非常困难。最早的导航系统是无线电台、无方向信标台和全向信标台及一次地面监视雷达,这些导航系统的发展都有很长的历史。逐渐地,计算机出现后二次雷达系统开始引入,然后当计算机发展加速时,导航系统也开始突飞猛进。增强型的二次雷达和飞机机载应答机(ATC)系统配合,使地面控制人员能够更准确地掌握飞机位置。在此基础上,飞机防互撞系统(TCAS)出现了,然后是直接测量与导航台之间距离的测距机(DME)、具有自动计算飞机与地面位置的近地警告系统(GPWS)、在能见度很小的状态下进近着陆使用的仪表着陆系统(ILS)、微波着陆系统(MLS)、远距离自主导航的惯性基准系统(INS)、利用卫星进行导航的全球卫星导航系统(GNSS)、帮助飞行员更精准对准跑道的平显系统(HUD)、能够综合集成各种导航设施信息计算出飞机轨迹的基于性能的导航(PBN)和能够判断前方复杂气象条件的气象雷达也一一登场。

7.合金和复合材料的应用

飞机的材料是飞机性能好坏的关键要素之一。由于必须考虑飞机结构的重量,所以飞机机身主要材料是铝和铝合金。但是,在几十年的飞机研制过程中,寻找替代材料的努力一直没有停止。20世纪八九十年代,随着材料技术的发展,除了合金技术的推陈出新外,一种被称为复合材料的特殊材料也开始崭露头角。复合材料一般以一种材料为基体,另一种(或几种)材料为增强体组合而成,它的特殊构造能够保证各种材料在性能上互相取长补短,产生协同效应,使复合材料的综合性能优于原组成材料而满足各种不同的要求。基体材料分为两类,一类是铝、镁、铜、钛及其合金构成的金属基体,另一类是由合成树脂、橡胶、陶瓷、石墨、碳等组成

---

① 图片资料来源:空客公司。

的非金属基体。基体材料添加上玻璃纤维、碳纤维、硼纤维、芳纶纤维、碳化硅纤维、石棉纤维、晶须、金属丝和硬质细粒等及其混合物组成的增强材料,形成内部构造更加复杂的多种复合材料。这些复合材料不仅质量轻,而且材料的耐冲压、耐抗击、耐腐蚀能力都很强。同时,合金技术和复合材料的应用也给飞机发动机的发展带来了契机,使发动机的叶片技术更加完美。

二、20 世纪末及 21 世纪后航空运输的运营管理

航空运输发展与其他运输方式发展所走的道路不同,虽然在航空发展的最初期有过自由运营的历史,但是航空运输业真正开始规模化运作后就是以政府指导为基础,到了二战后,航空运输的发展更是以政府主导方式存在。各国成立的航空公司要么完全国有,要么处在政府的完全管制之下,缺少竞争,因此航空公司虽然发展很快,但是自身运营的效率并不高。1978 年,美国首先开始取消政府管制,即取消市场准入,取消统一定价,取消航线专有。其后,欧洲各国也开始了航空公司私有化进程,并与美国一起就完全放松管制、自由飞行和开放航权进行讨论。而私有化以后的航空公司,虽然管理和服务有了大幅度的提升,但是由于竞争的激烈,也使得利润不断下降。航空公司的经营水平更是随着两次中东战争、"9·11"恐怖袭击、伊拉克战争等一系列事件的发生而大幅波动和震荡,显示出其脆弱性。航空公司也认识到,为了更有效地防范风险,获得经营上的成功,进一步降低运营成本和进行跨地域一体化运作是关键。所以全球范围内的联合和联盟成为全球航空公司都在认真考虑的新战略。

1. 飞行管制的放松

航空运输作为一种运输方式在开始时其力量极其弱小,在 20 世纪二三十年代的运输发展初期,航空运输在总运输业中的比重可以忽略不计,航空公司的运营也呈无管制状态。20 世纪 40—60 年代,由于二战的影响,战后各国把航空运输业普遍作为国家安全战略的一部分,使航空运输业的地位大大提升,因而政府主导、政府介入是主流,我们称为这段时期是政府管制年代。到 20 世纪 70 年代末,美国航空运输业取得了大发展,航空运输业成为很重要的一种运输方式,航空运输的效率得到更大的重视,因此航空公司首先提出要求放松管制。80 年代后期,随着美苏对抗的逐渐弱化,世界呈现更加和平的格局,欧洲也开始寻求更加有效的航空运输,因此欧盟开始制定分三阶段实现的航空运输的自由化。

所谓政府管制,主要是对航空运输的各种资源进行控制,以减少相互之间的竞争。管制方式通常有航权专有、市场准入要求、政府定价和国家垄断等形式。

2. 私有化

20 世纪 70 年代以前的航空运输业,除美国外,不论航空公司还是机场当局,国家拥有是主要形式。这种现象一方面是由于欧洲各国传统上对航空运输业相当

重视;另一方面也是由于航空运输业的安全性和经济性很差,需要政府对航空运输业进行扶持。到了 20 世纪 80 年代,由于全球经济的增长带来的需求旺盛,航空企业的实力大为增强,航空运输业走向成熟,使航空运输市场的整体趋势向好,利润空间上升,逐利资本参与的热情增高。而相对而言,政府运营的效率较低,所以私有化的呼声逐渐增高。私有化通常是指所有权的转让,其方式有减少国有控股、整体上市、整体转让、租赁等多种形式。目前,国际骨干航空公司的私有化率达到近80%,完全私有化的航空公司约占 60%,同时还出现了跨国所有的趋势。

3. 航空联盟

航空联盟是伴随着放松管制带来的新的竞争格局而产生的。在放松管制以前,航空运输几乎没有竞争,航空公司主要依照政府定价,通过依靠飞机和相关技术来经营,只要有足够的好飞机就能盈利。而在放松管制后,航空公司在自由市场条件下经营,由于竞争日益激烈,运输价格下降很大,传统的利润空间不再存在;而单纯通过技术改进和革新取得的收益已经无法抵消价格下降带来的影响,所以航空公司必须寻求新的经营战略和管控模式来实现盈利,航空联盟正好满足了这一需求。航空联盟的形式除兼并外,通常有一体化合作、互换股权协作、联合市场营销、联合常旅客计划、共同采购、共用设施和基地、包租舱位、代码共享以及航线联营等多种形式。

突出贡献:20 世纪 90 年代以来进行的这些技术的和管理的改进,都使得飞机运营的安全性和经济性得到显著改善。仅从经济性而言,按照国际航空运输协会(IATA)的统计,20 世纪 80 年代末至 90 年代初,全球航空公司要想实现赢利,必须使航油价格保持在每桶 35 美元以下的水平,在此基础上,航油每桶每增加 1 美元,全球航空业将亏损约 10 亿美元;而通过飞机减重、采用耗油量更少的新一代发动机和提升航空公司管理水平,到 2005 年,航空公司的盈亏平衡点提升到每桶航油 50 美元的水平,大大增强了航空公司的抗风险能力。

第二章

国际民航与国际航空法

第一节 民航国际化的历史

一、萌芽中的民航国际化

民航国际化的历史可以追溯到 1785 年。这一年,一个对于历史来说很小的事件,但对于航空业来说可以称得上伟大壮举的事件发生了。继 1783 年在城市广场放出的第一个静态气球之后,1785 年 1 月 7 日英国人布朗夏尔和美国人杰弗里斯驾驶的气球第一次飞跃英吉利海峡,从英国多弗尔飞到法国加莱附近,在没有经过任何批准的情况下悄悄地飞跃国界,来到开放的法国,完成了国际化的第一步。

然而,气球的飞越毕竟有限。尽管 19 世纪初在欧洲兴起的气球经常挑战国家边界,从一国飘落到另一国的领地,但是,由于气球方向主要受到风向的影响,人们无法控制飞行方向,所以航空的国际化并没有引起足够的重视。1884 年,在距离第一次飞行 101 年以后,一架完全能够驾驶的飞艇"法国"号诞生了,从此能够机械控制飞行的日子到来,飞越国界成为许多航空爱好者的行动目标,一个真正国际化的问题开始呈现,法学家不得不把目光投向航空,投向国际法。1880 年,一个由许多国家的知名法学家组成的私人组织"国际法研究所"在英国牛津成立并召开会议,将航空列入了议事日程。1889 年第一次国际航空大会在巴黎举行,来自世界各国(12 国)的代表第一次详细讨论了航空发展产生的新的法律问题:谁来批准飞行(政府是否应该发民航执照)?是否应有特殊立法规定飞行员对乘客、公众、降落地所有人所承担的责任?救捞航空器残骸是否应有海事法管辖?对确定飞行员的失踪和死亡是否应有新的规定?

　　1903 年，随着莱特兄弟的第一架动力飞机的发明，航空进入了一个新时代。这一次是法国航空先驱布雷里奥，他也在未给大英帝国任何信息的情况下，驾驶飞机从法国加莱起飞跨越英吉利海峡到达多弗尔，对大英帝国的王权进行挑战。从此以后，飞越国界的行动越来越多。在这种情况下，1910 年 5 月受法国政府邀请，有 18 个国家参加的国际空中航行会议在法国召开。准备最充分的德国带着一个完整的国际公约草案来到会议，这个公约草案包括 43 个条款和 2 个附件，是历史上曾准备过的第一个空中航行多边公约。虽然最终由于参会各方对其中的某些条款有不同意见而未能达成最终协议，但是草案中的许多条款写得非常出色，并成为后来许多公约的基础。

　　1919 年 11 月，第一次世界大战落下帷幕。一战中，飞机被快速地运用在战场的侦察和打击任务中，使航空业得到迅猛发展，到一战结束时，全世界各国已经生产了超过 18 万架飞机，同时战后各国的航空公司如雨后春笋，纷纷成立，使 1919 年成为公认的"创造航空奇迹年"。多项航空"第一"产生，第一个不着陆跨越大西洋的飞行，第一个开拓欧洲到澳大利亚航线的飞行等。

　　终于，人们发现"战后民航的发展要么是国际性的，要么就根本不能发展"。欧洲大陆的人们越来越感觉到必须有一个国际性的民航组织来协调航空的发展。

　　1919 年，在协约国航空委员会前任秘书的建议下，法国航空总长向法国政务委员会主席克雷蒙梭提交的建议获得批准，协约国政府首脑一致同意在和平委员会中设立一个航空委员会。委员会于 3 月 6 日召开第一次会议，起草了 12 条关于公约和附件草案的原则并获得一致通过，同时成立了三个委员会具体负责公约草案的起草。1919 年 10 月 13 日，巴黎和会最高理事会通过了国际航空公约——《巴黎公约》并开放签字。1922 年 7 月，按照公约条款要求，第一个国际航空组织国际空中航行委员会（ICAN）在巴黎成立[①]，宣告航空运输业国际化态势初步形成。

《巴黎公约》的精神

　　《巴黎公约》[②]（也称作《空中航行规则公约》）是第一个航空领域内的国际协定。《巴黎公约》是在 1919 年的巴黎和会上制定的，它为国际航空业的法规打下了基础。《巴黎公约》主要阐述了关于领空主权的原则，即国家拥有自己国土上方的空域。参加巴黎和会的 32 个国家中有 26 个在这第一个国际航空公约上签了字，

---

　　①　D. W. 弗利尔.国际民航发展史[M].张志良，译.北京：北京航空航天大学出版社，1991.

　　②　1919 年《巴黎公约》中的很多条款实际上在 1910 年的巴黎飞行规则外交会议上已确定，只是未签署协议。参见 John Cobb Cooper. The International Air Navigation Conference (Paris 1910)[J]. The Journal of Air Law and Commerce，1952，(19)2：127‑143.

并建立了国际空中航行委员会以监控民航业的发展。它的主要内容包括43个条款和8个附件,条款的主要精神有:

① 建立了领空主权的原则。承认各国对其领土和领水上空具有完全和绝对的主权和相应的拒绝外国航空器的权利。

② 定义了飞机登记的方针。

③ 军队飞机的移动被限制。

④ 建立了飞机适航和飞行员执照的基本规则。至少用于商业飞行目的的航空器必须满足此规定,同时缔约国之间对这种登记和执照必须相互承认。

⑤ 定义了空中航行规则并建立了国际航路。还制定了包括信号、灯光和防止相撞规则在内的多部规章。

⑥ 定义了飞越外国领土的飞行规则。承认不降落的过境权,但被飞越的国家有权保留自己的国际商业空中飞行的权利。

8个附件则分别为航空器标志和信号,适航证,航行日志,灯光、信号和空中交通规则,驾驶员和领航员执照的条件,航图和地面标志,收集和散发气象情报,海关。

《巴黎公约》是国际民航史上的第一部大法,对国际民航的发展产生了重要的影响。它第一次确立了领空主权原则,规定了无害通过领空的权利和限制以及国际航线的规则和条件,并对航空器的分类、国籍登记、适航性、出入境、机组人员执照以及禁运物品等作了具体的规定。

二、民航运输的区域合作

一战后,虽然国际性民用航空组织 ICAN 和第一个民航公约《巴黎公约》在1919年产生,但是这并不意味着全球各国都开始转向国际化。事实上,由于《巴黎公约》中存在的冒犯性条款,使一些国家对公约产生反感。而各国政府出于对航空业的保护,在执行公约时大打折扣,即使那些参与《巴黎公约》的发起国,也有部分未能最终签字。而战后的两个大国苏联和美国以及欧洲的西班牙等国由于各种原因都没有加入《巴黎公约》。

1926年,西班牙趁伊比利亚-美洲大会在马德里召开的时机制定了《伊比利亚-美洲航空公约》。而在美洲,为落实1923年智利圣地亚哥召开的泛美会议精神,1928年泛美各国在哈瓦那重新集中,与会各国共同签订了《泛美商业航空公约》(即《哈瓦那公约》)。这样全球形成了以泛欧洲、泛美洲和一个欧美混合体在内的三个航空运输法律框架,欧洲和美洲民航运输的区域合作得到有效的开展。但是由于三个公约的存在,特别是某些拉美国家同时是这三个公约的签订者,面对航空规章的多样性,进行国际合作非常困难。

国际空中航行委员会首先看到了《巴黎公约》中存在的问题,为了使更多的国家遵守公约和吸引其他国家加入公约,委员会于 1929 年召开特别会议对《巴黎公约》的内容进行了修改,从根本上消除了它的冒犯性条款和战时精神状态。

但是修订后的《巴黎公约》还未完成各国送签,欧洲又一次陷入战争之中。

三、芝加哥会议

在二战即将结束的 1944 年,美国政府向 52 国政府(包括同盟国、与同盟国友好的国家和战争中立国)发出了邀请,讨论战后国际民航在政治和外交上的安排。会议于 1944 年 11 月 1 日在美国芝加哥召开,经过三次全会和 5 个星期的讨论,最后制定出 6 个重要文件,于 1944 年 12 月 7 日闭幕,同时大会重要文件《国际民用航空公约》(因其在芝加哥签订,又称为《芝加哥公约》)开放听任签字。1945 年 5 月 6 日 25 个国家签字接受公约,公约开始生效并诞生了临时国际民航组织(PICAO)。1947 年 4 月 4 日,国际民航组织(ICAO)正式成立。

充满温情的世界[①]

芝加哥会议是民航国际化发展过程中最重要的一次会议,这次会议不仅制定了影响深远的《芝加哥公约》,同时在会议选举过程中显示出来的友好氛围融化了雪花飞舞的芝加哥带给与会人员的寒意。

根据大会议程,芝加哥会议结束前的最后一次全体会议的重要议程之一是选举参加临时理事会的理事国。按照大会意见,理事国分为三类:第一类为在航空方面占主要地位的国家;第二类为未包括在其他项下的对提供国际民用航空航行设施作出最大贡献的国家;第三类为未包括在其他项下,其当选可保证世界各主要地理区域在理事会中均有代表的国家。理事会中共 21 个席位[②],由于苏联因为特殊原因代表团未能参加会议,所以空缺一个席位预留给苏联外,其他 20 席均经过选举产生。但是遗憾的是世界上人口最多的国家之一,正在走向独立,而且被认为在战后民航中会起重要作用的印度,在候选第二类和第三类理事国时都落选了。使会议惊讶的是,挪威宣布理事会中没有印度是非常遗憾的,因此主动提出退出理事会,把在理事会中空出来的席位交给理事会处理。

正当人们还在津津乐道挪威的奉献精神时,古巴代表团发言表示愿意代替挪威让出自己的席位,这样不仅可以使印度得到它应得的利益,同时可以使理事会更

[①] D. W. 弗利尔.国际民航发展史[M].张志良,译.北京:北京航空航天大学出版社,1991.

[②] 理事国的数目随着成员国(contracting state,也称缔约国)的增加而增加,现在国际民航组织(ICAO)理事国数目为 36 个。

好地进行地区性平衡。

这是外交史上的奇迹,是外交领域中一次真正的奉献。挪威和古巴的真诚和大度,体现出战后凝聚起来的新世界精神。人们怀着美好的记忆和信念离开芝加哥,这个充满温情的世界不仅地理上被航空联成一体,而且在精神和意志上也连成一体,航空的国际化精神已经深入人心。

第二节 国际性的民航组织

最早的时候,国家以领土上的地形作为边界来定义范围(称自然划界法),实际上指的是领陆,因为只有陆地是可以按照物理方法严格界定的。后来,人们认识到水域内也蕴藏着巨大资源,领水的概念被提出来,领水指的是国家陆地疆界以内的水域和与陆地疆界邻接的一定宽度的水域,包括内水和领海。而不论何种方法设定的领土和领水,对于在云端上飞来飞去的人们来说没有任何意义。所以就有了航空国际组织和国际协定,因为如果没有国际组织和国际协定,在不同国家上空飞越是不可能的,这样国际飞行也就不存在了。几个国际性的组织就是这样建立的,它们的目的是为了增进国家间的合作,为航空业建立世界标准。因此了解这些组织的目的和它们在航空运输系统管理中的作用是非常重要的。

一、国际民航组织(ICAO)

民航运输业的最重要的一个国际组织是 ICAO,它是按照 1944 年签署的《芝加哥公约》要求而建立起来的一个监控民航发展的新组织。从历史延续性来看,ICAO 可以被认为是代替了《巴黎公约》成立的国际空中航行委员会(ICAN)的一个更大范围的国际性组织。ICAO 作为《芝加哥公约》的一个产物正式成立于 1947 年 4 月 4 日。同年的 10 月,ICAO 变成联合国的一个特别机构(专业分支机构)。从成立一开始,它的总部就设在加拿大的蒙特利尔。除此以外,它在巴黎、达卡、开罗、内罗毕、曼谷、墨西哥城和利马七个城市设有地区办公室。目前,ICAO 已经成为拥有 193 个成员国[1](或缔约国,指同意和支持它的基本原则的国家)的大型组织。

ICAO 的宪章是 1944 年在芝加哥起草的,通常又称为《芝加哥公约》,在芝加

---

① 参见 ICAO 网,http://www.icao.int/,下同。到 2019 年 4 月为止共有 193 个成员国。1947 年 ICAO 成为联合国的一个专业机构后,凡是联合国成员国(Member States)都可以成为 ICAO 的成员国(Contracting States)。同样是成员国,但表述不同,因为有些国家不一定有航空,所以联合国成员国叫 Member States,ICAO 成员国叫 Contracting States。

哥,全世界主要国家的航空领导人对航空需要的基本的法律和技术标准达成了协议,这些标准涉及了民用航空国际化的各个方面。正式的 ICAO 机构创立于 1947 年,它的职责是发展这些标准并监控这些标准的实施。每个协议国家从法律上来说有遵守这些标准的义务。ICAO 的最主要的职责是支持国际航空能够安全(包括安保方面的安全)、高效、经济上可持续,且对环境负责任地开展运行,以实现一个可持续增长的全球民用航空体系①。其中重要的一点是确保受航空影响的所有人的安全,这些人包括旅客、雇员和住在航空器运行区域或航路附近的普通人。

ICAO 的创立实际上为国际民航建立了一个平台。在这个平台上,人们可以对民航运行的要求和程序在进行标准化之前用论坛的方式进行研究和决策。按照《芝加哥公约》第 44 条,ICAO 的目标之一是开发国际航空航行的原则和技术。为了实现下述目标,ICAO 同时也必须进行国际航空运输的规划和发展工作:

① 保证在全球范围内的国际民用航空得到安全、有序的增长。

② 鼓励用于和平目的的飞机设计和运营的新技术。

③ 鼓励用于国际民用航空的航路、航空港和导航设施的发展。

④ 满足世界上的人们对安全、正常、有效和经济的航空运输的需求。

⑤ 防止由不合理的竞争产生的经济性浪费。

⑥ 保证成员国的权利得到尊重,每个成员国都有公平运营国际航班的机会。

⑦ 避免成员国之间的差别待遇。

⑧ 在国际空中航行范围内提升航空安全。

⑨ 逐渐全方位地提高国际民用航空事业的发展。

图 2-1 显示的是 ICAO 的组织机构。

按照公约的条款,整个组织由大会和有限成员数的理事会加上其下属机构和秘书处组成。最高领导为理事会主席和秘书长。由各个成员国代表组成的大会是 ICAO 的权力主体。大会每三年召开一次全会,回顾本组织各项工作的细节并为未来几年确立政策。同时也对每三年一度的预算进行表决。理事会是由大会选举的每三年一任的管理主体,共由 36 个国家组成。理事会的主持工作由秘书处承担,秘书处处理日常工作。

---

① 参见 ICAO 网。ICAO 的愿景和战略目标做过多次调整,这是理事会对愿景和职责的最新描述(achieve sustainable growth of the global civil aviation system),在此愿景指导下,ICAO 有五大战略任务,即加强全球民用航空安全,增强全球民用航空体系的能力并提高效率,加强全球民用航空保安与简化手续,将民航发展成为健全的、有经济活力的体系,将民航活动对环境的不利影响减至最小。

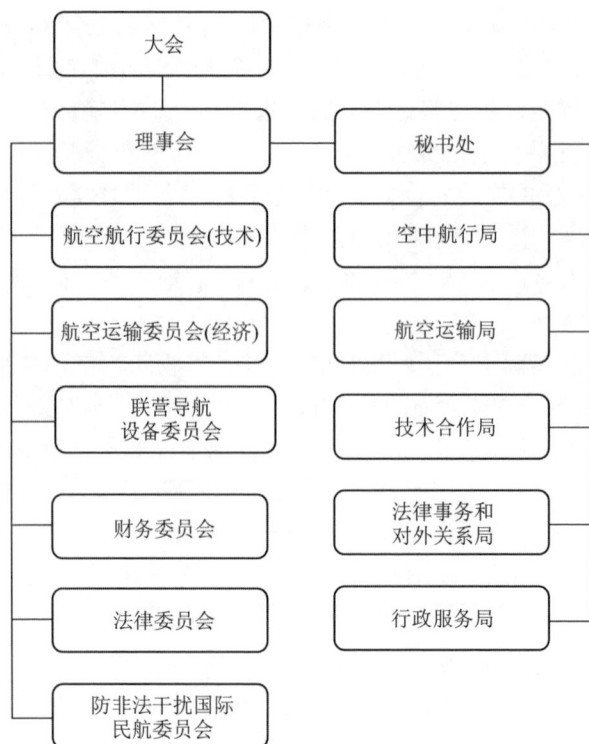

图 2-1　国际民航组织(ICAO)组织机构图

大会使用以下原则进行理事会选举：

① 在航空运输业起重要作用的国家。

② 对导航设备提供做出了最大贡献的国家。

③ 代表国的分配还考虑能够确保世界范围内的各个主要区域都有代表。

作为管理主体，理事会将对 ICAO 的工作进行连续指导。理事会采用标准方法和建议方法两种形式(简称 SARPs)以保证航空运输在安全、安保、有效和正常的条件下运行并把其作为公约的附件。当理事会中有三分之二的国家同意对附件内容进行修改时，理事会将采纳，并对附件进行修订。

理事会由下列组织协助工作：

① 空中航行委员会。该委员会是一个负责研究技术标准和各种规则的主要机构。它的作用是向理事会就空中航行问题提出建议。

② 航空运输委员会。它的主要责任是关注与机场、航路和航空承运人相关的经济性事务。这些信息用来为所有国际承运人提供公正和平等的机会。

③ 联营导航设备委员会。它是用来在成员国资源不足的情况下，对某一种航空设施和服务提供经济性安排。它的资金来源主要是对直接使用设备的航空承运

人的收费。这个委员会研究航空服务中出现的问题,然后在用户和提供的国家之间进行适当的安排。

④ 财务委员会。该委员会负责制定预算、结算和财务政策及程序;按照规则、规定及大会和理事会的指令检查受批准的财务预算的管理情况。

⑤ 法律委员会。负责解释与《芝加哥公约》、公法和私法相关的问题。主要关心的问题包括劫机和其他恐怖主义行动,航空公司责任,国际飞行权力的触犯等。

⑥ 防非法干扰国际民航委员会。该委员会为理事会提供与航空安保有关的咨询。

由秘书长指定的一个理事领导的秘书处负责为 ICAO 提供日常的行政支持。需求最大的一项工作是外语服务。其他工作包括会议文件准备和特别研究。

① 空中航行局。它提供进行标准制定需要的人员,以及秘书处的服务。

② 航空运输局。它根据大会、理事会、航空运输委员会、防非法干扰国际民航委员会和空中航行服务委员会的要求提供专家帮助。它同时也为 ICAO 办公室和其他组织提供经济性建议,对其他关心的领域进行政策研究并为政策指导提出建议。它负责对附件 9(便利性)和 17(安保)的修订,为大会准备程序性文件,并对成员国提出的与附件不同的内容进行编辑。

③ 技术合作局。它在项目的发展和实施上全程给成员国提供建议和帮助。这些项目的目的是从标准化的视角(按照 ICAO 的 SARPs 说明的标准化)为国家的和国际的民用航空改进安保、效率、正常和运营安全性。

④ 法律事务和对外关系局。它给法律委员会提供支持并协调与其他国际组织的关系。

⑤ 行政服务局。它的责任是为组织提供与人事、语言、出版物、会议和办公事务、信息和沟通技术、注册、配给和销售、网络、图书馆和研究成果、大会和理事会秘书处、质量管理相关的行政支持。

在 193 个成员国内部,有许多不同的法律哲学体系和法律系统。ICAO 必须解决这些分歧,制定出所有成员国都能接受的法律。

当然,不是所有的问题都能够在世界范围内被解决,有些问题应该以地区为基础来考虑。因此,ICAO 按照地理位置划分出九个地区去规划空中航行设施以满足该地区的要求。这种规划工作是在 ICAO 的地区空中航行会议上进行的,目的是为整个地区制定出综合的、有效的又与全球系统相兼容的系统。

ICAO 的专家来自世界各地,ICAO 与世界上其他国际组织有良好的合作关系。在航空领域内,与 ICAO 合作的非政府组织包括国际航空运输协会(IATA)、国际机场理事会(ACI)、民用航空导航服务组织(CANSO)、航空航线飞行员协会国际联盟(IFALPA)、航空交通管制员协会联盟(IFATCA)、飞机所有者和飞行员协会国际理事会(IAOPA)等。ICAO 在技术规则领域有重要的影响力,但是对于经济问题则只具有咨询和建议作用。

ICAO 徽章①的变迁

从 1944 年《芝加哥公约》签订后国际民航成立其临时管理机构,到 ICAO 正式成立的初期(1950 年),ICAO 使用过三种徽章,这三种徽章的核心是一个分成东西方的地球仪加上一对机翼。1950 年为了和联合国的徽章更加接近,ICAO 徽章增加了橄榄枝和五轮同心辐射圆的背景。1952 年,ICAO 第 21 次大会准备协调委员会一致认为,为更准确地反映 ICAO 作为联合国特别机构的含义,ICAO 必须有一个与联合国徽章更接近的新徽章。1954 年,一个在联合国徽章上增加一对机翼的新徽章设计产生,并在 1955 年 1 月进行了布局调整后通过国际民航组织秘书处的同意。为避免新 ICAO 徽章与联合国徽章相混淆,加拿大人马里斯·圣·昂哥提出了一个对称的缩写字母方案,即采用 ICAO 和 OACI 缩写。它正好能在英语、法语和西班牙语三种语言中代表国际民航组织的意思,而英语、法语和西班牙语当时正好是 ICAO 的三种正式工作语言,因此在联合国徽标上增加机翼并带有 ICAO/OACI 缩写语的徽章设计被采纳,最后在 1956 年第十次联大会议上通过并正式启用。

1970 年苏联加入国际民航组织。应苏联要求,俄语被列为国际民航组织的正式工作语言。1972 年国际民航组织秘书长同意更改徽章,将俄语设计到徽章上。由于俄语关于国际民航组织的用语比较复杂,它的缩写无法与 ICAO 和 OACI 匹配,所以最后决定采用 ICAO 四个字符在俄语中的对应字符。

1974 年为考虑众多的阿拉伯成员国工作的便利性,阿拉伯语被引入到 ICAO,并于 1984 年经过大会批准正式成为工作语言。而随着中国的实力增强,1977 年中文也进入国际民航组织并于 1994 年建立中文工作组。

1995 年,ICAO 徽章上的缩写字被重新进行了设计。这一次,为使整个徽章对称,采用了中文"国际民航组织"六个字符和阿拉伯语,而阿拉伯语并不反映国际民航组织的意思,只是英文缩写的一个字面翻译。最终这个带有中文的 ICAO 徽章在国际民航组织的第 31 次大会上获得通过并使用至今,图 2-2 给出了 ICAO 徽章的变迁过程。

---

① 参见 ICAO 网。

图 2-2 国际民航组织(ICAO)徽章的变迁①

二、国际航空运输协会(IATA)

除 ICAO 外,国际民航中最重要的组织就是 IATA 了。每天,世界上数以万计的飞机在天空中飞翔,而其中的数千家飞机轻松穿越国界。这一切的实现,除了需要有效的规章外,还需要一个有效的协调机构,以保证从事国际飞行的航空公司的利益得到公正的保障。

IATA(徽标见图 2-3)就是这样一个组织,它把全球大约 290 家③航空公司聚集在一起,这些航空公司的飞行量占了全球航空运输量的 82%,IATA 的使命是"代表、领导和服务航空业"。

图 2-3
国际航空运输
协会(IATA)徽标②

IATA 的总部在蒙特利尔,另外在日内瓦有一个执行办公室,在迈阿密、新加坡、北京、马德里和阿曼设有五个区域办公室。IATA 平衡各方的利益,为多方服务④:

① IATA 保证人员、货物、邮件能够在很广阔的全球航空网络范围内像在一个国家的一个航空公司内移动那样容易。

② IATA 保证它的成员航空公司的飞机能够安全地、受保护地、有效地、经济地在清晰定义的规则下运行。

③ IATA 作为航空公司与旅客和代理商之间的中间人,中立地制定代理服务标准和进行财务系统的集中化。

---

① 图片资料来源:ICAO 网。

② 图片资料来源:IATA 网。

③ 成员航空公司数目根据航空公司的并购与新成立情况相关,2005 年的成员数目为 270 个,2008 年为 250 个,2018 年底为 290 个(分布在 120 个国家)。另外,由于航空运输各种业态的发展,运输量的统计口径有了变化,从原来"成员公司飞行量占所有国际定期航空交通运输量"的 98%,变为"全球所有航空运输量"的 82%。

④ 参见国际航协网,"Vision and Mission",http://www.iata.org,下同。

④ IATA 帮助政府了解航空业,为政府提供与航空公司工作的有效方法,贡献他们的经验和专业知识,为世界范围内的政府的政策制定服务,以便政府能够更好地制定政策和决策,也使政策能够满足更长期发展的需求。

⑤ IATA 建立航空业供应商网络并作为服务提供商向航空公司提供各种专业解决方案。IATA 发展航空业内部的工作标准,培养安全和有效的航空运输。

作为一个领导性的重要国际组织,IATA 不仅引领和密切关注航空业技术和经济的发展,其自身也在持续变革中。按照"共同塑造安全、平安和可持续航空运输业未来"的愿景,IATA 与很多国际组织、政府组织和非政府组织以及业界关键利益相关者结成了战略合作伙伴关系,共同推动标准建设、描绘未来蓝图。

IATA 成立的意义

IATA 的前身是 1919 年在海牙成立的国际空中交通协会,那一年第一个国际定期航班开通。但是国际空中交通协会成立后的发展速度并不快,而且其主要工作中心在欧洲,全力为欧洲的航空业制定技术标准以保障航空公司运行的安全性和可靠性。

1939 年,泛美航空公司加入该协会,使协会的活动领域迅速拓展。1945 年,来自 31 个国家的 57 个航空公司(主要是欧洲和美洲的航空公司)在古巴哈瓦那成立新的国际航空运输协会(即 IATA),为航空公司之间的合作提供安全、可靠和经济的服务。

协会的主要任务是:

① 协商制定国际航空客货运票价,防止恶性竞争。

② 统一国际航空运输的规章制度、作业程序、文件的标准格式。使国际空运顺利运转,提高效率。

③ 通过清算所,统一结算各会员间以及会员和非会员间的联运业务,实行分级联运,使一张票据可通行全球。

④ 进行技术合作。

⑤ 协助会员改善机场条件提高运营效率。

⑥ 规定承运人法律上应负的责任和义务。

⑦ 开展业务代理。

⑧ 允许援例竞争,保护会员公司的利益。

IATA 从组织形式上是一个航空企业的行业联盟,属非官方性质组织,但是由于世界上的大多数国家的航空公司是国家所有,即使非国有的航空公司也受到所属国政府的强力参与或控制,因此 IATA 实际上是一个半官方组织。它制定运价的活动,必须在各国政府授权下进行。它的清算所对全世界联运票价的结算是一项有助于世界空运发展的公益事业。因而它发挥着通过航空运输企业来协调和沟通政府间政策、解决实际运作困难的重要作用。

第一个国际定期航班

1919 年对于航空发展史来说是一个非常重要的年份,很多航空重要事件发生。这其中,商业航空的定期化为以后航空公司提供的服务设定了标准。

1919 年 5 月 6 日,德国首先开通了从柏林到魏玛的定期航班,这是世界上开通的第一条定期的客运航线,由德国的 Reederei 航空公司(采用德哈维兰 4A 型飞机,见图 2-4)承运。

图 2-4　执行第一个定期国际航班的德哈维兰 4A 型飞机①

1919 年 8 月 25 日,也就是来自英国、丹麦、挪威、德国、瑞典的五家航空公司的领导人正在海牙召开会议,准备成立国际航空业务协会的时候,第一个由不列颠飞机运输和旅行公司承运的定期国际航班上午 9:10 分从伦敦出发,经过 2 小时的飞行后到达巴黎,这个航班上装满了报纸、邮件、货物和一名来自《标准晚报》的记者②,公布的单程票价为 21 英镑③。从此,正常和准点成为商业定期航班的标准。而在空中航行委员会(ICAN)和国际航空业务协会的协调下,以公布时刻为准的定期国际航班飞行开始得到快速的发展。

---

① 图片资料来源:飞机图片网,http://1000aircraftphotos.com。

② 参见"The Beginnings of British Commercial Aviation",世纪飞行网,http://www.centennialofflight.net/。下同。

③ 参见"Aviation History Facts:August",世纪飞行网。

三、国际机场理事会(ACI)

ACI(徽标见图2-5)是世界各机场的国际协会。它的前身是1948年在美国华盛顿特区建立的机场运营者国际委员会(AOIC)。1962年一个新的代表机场的组织——国际民航机场协会(ICAA)在巴黎建立。1991年,AOIC和ICAA经过整合成立了新的国际机场理事会(ACI),总部设在瑞士的日内瓦。2010年,为了与ICAO及IATA更好地开展协作,ACI总部搬迁到加拿大蒙特利尔[②]。

图2-5
国际机场理事会
(ACI)徽标[①]

ACI是一个非赢利性组织,它的主要目的是代表机场的共同利益与航空运输业的其他伙伴展开合作。有了ACI,航空运输系统中的机场这一方就有了在世界协商的舞台上代表自己说话的组织,它可以代表来自世界五大洲的机场运营商作为一个产业,用同一个声音说话,在航空运行系统的关键问题上发表自己的意见,以取得自己的合法利益和提出合理的要求。

ACI的日常工作是与其他国际组织展开对话,而其中最主要的是处理好与国际民航组织(ICAO)的关系。特别是关于航空运输标准方面的制定和修改,ACI需要保护机场的地位,以使机场安全、安保和环境方面的标准和技术符合机场提出的运行规范。同时,在机场运行规则和机场收费方面,ACI也代表机场同航空公司进行协商,以保护自己的利益。

ACI也与航空公司协会、政府和航空规则制定者之间合作,在机场开放、私有化、容量设计、特别限制、环保行动方面保护机场的利益,支持各个机场的工作。

ACI同时帮助提高和促进机场在管理运营方面的专业化能力。ACI组织的成员[③]包括在全世界176个国家内的646个成员所运营的1 960个机场。ACI成员机场每年共接待约88亿旅客进出港,处理1.277亿吨货物。

ACI成员分成5个地区,拥有5个地区办公室。分别为非洲区(卡萨布兰卡)、亚洲区(香港)、欧洲区(布鲁塞尔)、拉丁美洲和加勒比海地区(巴拿马)、北美洲和太平洋地区(华盛顿)办公室。

专业机场的诞生

北卡罗来纳州基蒂·霍克附近的海滩成为莱特兄弟的第一架飞机起飞的"跑

---

① 图片资料来源:国际机场协会网。

② 参见"History of Airports Council International",国际机场协会网站,https://aci.aero/。下同。

③ 截至2019年1月数据。参见"Mission, Objectives and Structure",国际机场协会网。

道"，而大多数航空先驱们的飞机则是从草地上起飞的。早期的飞机由于起飞重量轻，起飞速度小，没有考虑到需要专门的机场进行起降，因此也没有建设专业机场的必要，一块大小合适的空间就足以解决起飞问题，所以开阔的草地通常是理想的起飞地，只要风向允许，任何方向起飞和落地都没有问题。后来，考虑到草地对飞机起落架的阻力较大，因此开始使用专门铺筑的土跑道。但是，土跑道雨天的泥泞状况会严重影响飞机的起飞，渐渐地硬路面的跑道开始形成，这种机场跑道适合全天候的飞行。

第一个真正的专业航空港应该是 1910 年建立的位于意大利米兰的塔利多机场，该空港不仅有供飞机起飞的跑道，还有机库、飞机维修设施和供人们参观的观光台。该机场于 1920 年左右改建后向商业航空开放，但是由于其容量太小，1930年被关闭。

因为专门铺设的跑道具有方向性，所以为了引导飞机按照特定方向降落到跑道上，机场就需要建立飞机助航设备，跑道灯光和下滑坡度指示器等机场设备应运而生。

第一个国际机场是 1922 年开放的伦敦克罗夫顿机场，这时候的机场都是从军用机场转型而来的。真正意义上为民航营运而建立的第一个机场是德国的柯尼哥堡机场，它拥有第一个永久的机场站坪楼（候机楼）。而特别为民航设计的机场是 1925 年 4 月 20 日开放的哥本哈根机场（见图 2-6）。至此，民用航空机场完成了其转型，成为航空运输系统中的重要组成部分之一。

图 2-6　哥本哈根机场全景①

① 图片资料来源：历史中心网，https://historycentral.com/。

四、国际民用航空导航服务组织（CANSO）

CANSO（徽标见图 2-7）是一个于 1996 年成立的代表民用航空导航服务提供商（ANSPs）利益的全球性组织。它的目标是提升全球和区域空中交通管理的绩效表现，并在全球和区域空中交通管理方面代表其成员发声，为成员创造价值②。

在航空运行之初，大多数国家的航空导航服务是由政府提供和保障的。随着航空事业的发展，越来越多的国家把提供航空导航服务的责任从过去单纯由（政府）民用服务部门负责转换到形式不同的、独立程度不同的各种非政府机构。现在导航服务机构既有直接由政府控制的航空导航服务组织，也有类似于向政府汇报的一个委员会控制下的国有企业，还有部分上市公司或完全由不同股东投资的私人实体。

图 2-7
国际民用航空导航服务
组织（CANSO）徽标①

各种新型的组织现在拥有更大的自主权自由管理自身的业务，这使得航空导航服务的安全和效率都得到了提高。这些组织建立了自己的贸易协会性质的组织：CANSO。任何为民用航空提供航空导航服务的机构都可以加入 CANSO。CANSO 的总部设在荷兰的胡多普（Hoofddorp），另外，还在非洲、亚太、欧洲、拉美和加勒比海及中东地区各设有一个办公室。

CANSO 与 ICAO、IATA、ACI 一起共同为世界民航的发展服务。特别是 CANSO 与 ICAO 的航行委员会紧密联系，以保证 CANSO 的成员能够在航班飞越各个空域时，为飞机提供完善的服务。

北大西洋上的导航气象船站

自从 1919 年英国的阿尔科克上校与布朗上尉驾驶一架维克维梅双引擎双翼飞机，从纽芬兰直接飞到爱尔兰西部，创下首次中途不落地飞越大西洋的纪录以后，跨越北大西洋的飞行数逐年增加。早期跨越北大西洋航路主要依靠的导航手段是飞机上配备的准确度并不很高的航向仪，这种导航模式由于精度较低，在跨越大洋（远程飞行）时经常出现迷航和偏离航线的情况。然后，位于北极附近的冰岛和芬兰两国在冰岛、格陵兰岛、法如岛分别建立了陆基导航设施为穿越北大西洋航

---

① 图片资料来源：http://www.canso.org。

② 参见"Transforming Global ATM Performance-about CANSO"，http://www.canso.org/。

线的飞机提供部分航段的空中导航服务。二战爆发后,来往北大西洋航路的飞机进一步增加,同盟国开始在北大西洋设立大西洋气象船站以保障战时过往北大西洋的航路得以畅通。

1946年9月,临时国际民航组织在伦敦召开特别会议[1],讨论继续保留战时设立的北大西洋导航气象船站的问题。会议决定,临时国际民航组织中受影响的9个成员国将直接参与并在财政上支持经营这些船载导航气象站。1949年,所有13艘导航气象船站全部安排就绪并开始工作。船队中7艘由美国经营,2艘由英国经营,1艘由荷兰和比利时共同经营,1艘由挪威和瑞典共同经营,1艘由加拿大经营,1艘由加拿大和美国共同经营。另外,芬兰和冰岛虽然没有经营飞越北大西洋航路的航班,但是仍然为北大西洋航路提供空中导航服务的地面支持。

北大西洋导航设施的建立是临时国际民航组织时代的一项主要成就,如果没有13艘导航气象船站提供的气象、导航、辅助空中交通管制及搜寻和救援服务,早期在北大西洋上空安全进行航空运输飞行是不可能的。如果没有这些安全可靠的服务,国际航空运输的迅速发展将会受到严重影响。

北大西洋导航气象船站的建立也是国际民航在空中交通管制领域的一次成功合作。1976年,由于技术的变化,航空公司对海洋导航站的需求减少,世界气象组织接替国际民航组织对这些导航气象船站进行协调和管理。1986年,在经历了近40年的风风雨雨之后,随着陆基导航设备功率加大,机载导航设备精确度和稳定性的持续提高,所有的北大西洋导航气象船站退出服务。

五、其他有关国际航空运输的国际组织

1. 国际航空电信协会(SITA)[2]

SITA是一个于1949年建立,与航空公司、机场及航空运输各组织有着密切合作关系的承担国际航空公司通信和信息服务的合资性组织。由于国际航空运输业对通信需求的迅速增长,促进了SITA的发展,使SITA成为国际电信服务业的先驱。SITA会员多达400个以上,其会员包括航空公司、机场、以机场为基地开展工作的组织和空中交通管制部门。SITA的网络连接了95%的国际目的地和超过13 500个地点,是航空运输体系这个社区的中心。中国民航于1980年加入,此后中国民航通信网和SITA联网,这样中国的航空通信可以及时地与国外的航空公司和驻外办事处进行通信及处理国际航空运输业务。

---

① D. W. 弗利尔.国际民航发展史[M].张志良,译.北京:北京航空航天大学出版社,1991.
② 参见"Who we are",SITA网,http://www.sita.aero/。

2. 国际航空货运协会(TIACA)①

TIACA 是运输业内的最大的非政府组织,也是航空物流链上的唯一一个国际组织,该组织的成员包括货运航空公司、机场、海关报关代理公司、运输设备制造商、货运代理。该组织代表、支持、连接和知会全球货运供应链上的会员,使全球货运业更加高效、现代化和一体化。

3. 国际货运代理人协会(FIATA)②

FIATA 是一个各国货运代理人协会和发运公司的组织,是运输系统中最大的非政府组织。它的会员除了发运公司(正式会员)之外,还包括港口、机场、仓库、代理公司(准会员)及各类运输和物流业企业。FIATA 下设三个研究院和五个咨询体,通过开发和提升统一的发运文件、交易条件等标准,提升货运代理业的服务质量,FIATA 的最高机构为全球大会。

4. 国际虚拟航空组织(IVAO)③

IVAO 是致力于虚拟环境创造、改进飞行模拟技术的一个国际组织。航空运行的高风险性要求航空从业人员,特别是飞行员和管制员有很高的技术素养和处理突变事件的能力。因此 IVAO 通过改进飞行模拟技术,提供高实时航空环境的仿真,再现飞行运行中的环境,为飞行员和管制员的技术水平提高服务。其手段主要是通过在线方式。

国际航空的发展促进了各种国际民航组织的形成,而国际民航组织又反过来帮助了国际航空的进一步发展。ICAO、IATA、ACI 和 CANSO 是民航运输业中最重要的四个组织,它们不仅为国际民用航空的安全、有效运行提供了技术保证,同时也帮助协调包括联合国在内的各个组织,为民航的有序、健康发展提供了支持。

第三节　国际航空法

只要有国家边界就会有控制人流和物流的边界检查站存在。但是飞机的发明使得传统意义上的检查站失去了作用。第一次世界大战后,随着航空技术的发展及飞机穿越国界行为的增多,关于谁拥有某个特定点上空的空域、谁拥有权力去飞越某个国家领土上空等问题成为国际关系中出现的新热点,也成为国际争论的焦点。

---

① 参见国际货运协会网,http://www.tiaca.org/。
② 参见国际货运代理人协会网,http://www.fiata.com。
③ 参见国际虚拟航空组织网,http://www.ivao.aero。

但是不管要飞越的上空属于谁,飞机运营者希望的是他们飞机的飞行计划能够选择最安全、最经济和最有效的航路,换句话说,飞机的运营者需要自由选择飞行路线的权力。而作为对本国公民安全和本国国土不受侵犯肩负责任的国家,需要的则是一种控制别国飞机进入本国领土(含领空)的权力。经过一连串的国际会议的讨论,国际航空法建立,同时国际民航组织也成立,目的是为了监察技术标准的实施情况以保证国际民航的安全性、正常性和有效性。

一、国际法、航空法及国际航空法

按照法学定义,国际法指适用主权国家之间以及其他具有国际人格的实体之间的法律规则的总体,因此国际法又称国际公法。

航空法则是一套调整人类航空活动中各种法律关系的规则体系[①]。

由于航空从发展之初就体现出来的国际性,事实上任何一国的航空法都体现出国际特点,无怪乎阿根廷著名航空法学者文斯卡拉特定义航空法是:"一套关于飞机、空中航行、航空商业服务,以及由国际国内空中航行引起的,公法或私法的全部法律关系的国内国际规则。"

从这个定义可以看出,航空法除了牵涉国际公法的概念外,还牵涉国际私法的问题。国际公法就是传统意义上的国际法,它解决的是诸如主权、领土、国籍、国家关系等;而国际私法则用于处理不同国家的国内法之间的差异。从国际航空法范围而言,1919 年签署的《巴黎公约》和 1944 年签署的《芝加哥公约》是国际公法的范畴,而 1929 年在华沙签署的《统一国际航空运输中某些规则的公约》重在处理原来存在的对航空损害赔偿责任不统一的问题,因此属于国际私法的范畴。所以我们可以看出国际航空法与传统的国际法不同,国际航空法是调节在民用航空运输工作中出现的与公共的、私人的、国际的和国内的法律均有关系的法律和规则体系。它囊括了国际公法和国际私法两个范畴。

国际航空法存在多种形式,包括公约、条约、协定等。

二、条约和公约

条约是国际法主体间依据国际法所缔结的据以确定其相互权利与义务的协议,条约可分为多边条约和双边条约[②]。

国际公约是多边条约的一种,它是在若干国家举行国际会议时缔结的规定一些行为规则和制度的多边条约,通常公约是造法性的。比如 1969 年签署的《维也

---

① 赵维田.国际航空法[M].北京:社会科学文献出版社,2000.

② 中国大百科全书编委会.中国大百科全书·法学卷[M].上海:中国大百科全书出版社,1985.

纳条约法公约》就是关于在国家之间如何签订正式的、完全形式的条约而做出的造法规则。

国际法除了条约和公约，还可以是专约、宪章、盟约、协定、议定书、换文、宣言等形式。尤其要注意的是，多边协定或者双边协定中的附件也具有等效法律效应。比如《芝加哥公约》的附件(也称"国际标准及建议措施"，即 SARPs)。

三、国际公约、多边协定的缔结和执行程序

(1) 谈判：由于多边协定牵涉多方的利益，所以多边协定的缔结通常要经历一个很长时间的谈判过程。受各方委派的代表对协定所涉及的事项在专门为此召开的国际会议上进行协商和交涉，最后达成广泛的共识，通过起草的共同文件(也可能是参会一方或多方起草的草案)将协定的内容确定下来并草签。

(2) 签署：草签的协定按照规定必须经代表本国的全权代表确认并签字才生效，但有些协定则根据协定本身规定还需要得到本国权力机关的批准才能生效。对于开放性公约而言，除参加协定谈判的代表国签署外，通常该公约还会开放一个时期，甚至长期开放，由未参加的国家进行签署。但公约的签署通常只代表该国家对公约的原则支持。

(3) 批准：公约完成签署后将由参加谈判的相应政府机构提交给各国政府的法律制定委员会或专业委员会，在中国为全国人民代表大会。在法律制定委员会经过充分讨论，认为该法律能够在本国政府的法律框架下进行推行后，则法律制定委员会批准此公约，并通过一项正式的工具(通常是一封批准信、接收书或批准书)的方式回复给对该特别公约负责的国际组织。

(4) 生效：当一个国际公约获得足够数目的签署国的批准后，在其确定的日期开始才会生效。生效日开始该国际公约对该国具有法律效应。如《芝加哥公约》第九十一条规定：本公约一经二十六个国家批准或加入后，在第二十六件批准书交存以后第三十天即在各国间生效，以后每一个国家批准本公约，在其批准书交存后第三十天起对该国生效。

(5) 整合：由于一个国家的公民在其本国领土生活时并没有执行国际公约的义务，或者说民众没有遵守国际法的责任和义务，该公民只有承担本国法律责任的义务，因此，当公约得到本国法律制定委员会的批准后，该公约中的相关责任条款应该融合到该国自身的法规框架内，成为该国法规体系的一部分。例如：ICAO 标准要求国际航空港必须取证。对一个特定国家而言，只有当该国法规中也写明的时候，本条法规才会对该国的航空港产生法律的要求。对于国际航空法而言，各国的民航当局对在本国的法规中反映国际公约的一致性负责。

(6) 执行：本国的自然人和法人按照与国际法相一致的本国法规执行。执行情况的好坏由本国法律执行监督部门负责。

四、国际航空法的分类

国际航空法是国际航空运输中的基本准则。按照国际航空关心的主题来分类，一般分为四类：第一是有关在空中的人和在地面上的人的安全问题的法律。由于航空是一个全球性产业，技术标准和操作程序必须达到全世界一致，否则安全就无法保障，所以 ICAO 通过制定"国际标准和建议措施"来实现标准的统一，这也是 ICAO 关心的重点。第二是有关航空运行中的国际公法，即国际主权问题的法律。按照国际公法的惯例，国际航空法也肯定每个国家拥有它上空的空域主权（领空权）的概念。但是，除此以外，为保证民用航空的国际运行得以安全开展，国际航空法同时确认民用飞机具有飞越其他国家的领空的飞越权。当然，更多的有关商业利益的权力则需要进行双边的谈判。第三，因为有劫机和破坏飞机的企图存在，安保已经变成全球关心的问题，全球必须有一个统一的对安保问题的基本解决方案来保卫飞行的安全。第四个方面则是由于飞越国界的普遍性和在一国飞机上出现他国公民的普遍性，也需要定义作为承运人应该为不同国家的公民承担什么样的责任。这一部分被广泛认为是国际私法的范畴。

表 2-1 显示的是四种类型的国际航空法对应的有关法律体系。

表 2-1　四种类型的国际航空法对应的法律体系

国际协定			
安　全	交通权	安　保	责　任
《芝加哥公约》	《国际航空运输协定》（国际航空服务过渡协定）	《安保公约》	"华沙体制"
⇓	⇓	⇓	⇓
包括公约内容及 17 个附件内容（不包括附件 9 和附件 17）	航权双边协定	附件 17"国家的安全大纲"	航空公司责任

五、《芝加哥公约》

《芝加哥公约》是在国际航空发展史上具有重大意义的芝加哥会议上通过的一个公约，是现行国际航空法的基础性文件。根据公约第八十条规定，该公约取代了 1919 年的《巴黎公约》和 1928 年的《哈瓦那公约》，并废止一切与该公约相抵触的协议（公约第八十二条），从而确立了该公约成为国际民航运行的基础性法规文件的地位。

1.《芝加哥公约》的目的

关于《芝加哥公约》的目的,在《芝加哥公约》的导言中进行了清楚的描述:

鉴于,国际民用航空的未来发展对建立和保持世界各国之间和人民之间的友谊和了解大有帮助,而其滥用足以威胁普遍安全;

又鉴于,需要避免各国之间和人民之间的摩擦并促进其合作,因为世界和平有赖于此;

因此,下列各签署国政府议定了若干原则和办法,使得国际民用航空按照安全和有秩序的方式发展,并使得国际航空运输业务建立在机会均等的基础上,健康地和经济地经营;

为此目的缔结本公约。

事实上,芝加哥会议的原因之一是建立防止飞机在穿越国界时被拦截和击落的某种安排。同时试图在国际层面,就如何控制民用航空的各个方面建立基本的法律和技术标准。最后,会议通过建立一个国际组织,即国际民航组织(ICAO)去制定标准和监控执行情况。公约于 1944 年 12 月 7 日签署。到今天为止有 193 个国家批准《芝加哥公约》。

《芝加哥公约》草案的来源①

在第二次世界大战转入战略反攻后,鉴于国际航空的迅猛发展,很多国家开始考虑战后国际民航的政治和外交安排。

1942 年,加拿大悄悄成立了一个国际民用航空委员会,研究加拿大在欧洲与北美之间可能要建立的北大西洋空中航线中的战略地位以及在战后国际民航中要扮演的角色。委员会认为需要有一套有力的国际管理体制来控制商业性的飞行活动。

大约在相同时间,英国也出台了一份名为《民用航空的国际化》(也称作《谢尔摩丁报告》)的秘密报告。这份报告主张民用航空应该完全国际化,同时建立一个国际机构来监督和管理国际民航航班的各个方面。

而在美国,美国民航委员会的成员爱德华·沃纳博士(1944 年成为临时国际民用航空组织理事会主席和国际民航组织理事会的第一任主席)在 1942 年的《外交季刊》上发表了一篇名为《用于和平的航路》的文章,鼓吹国际航空的"空中自由",主张产生一个竞争环境,使国家的和自由经营的航空公司都能在其中得到

---

① D. W. 弗利尔.国际民航发展史[M].张志良,译.北京:北京航空航天大学出版社,1991.

发展。

1943 年,英国出台的《谢尔摩丁报告》被分送到了加拿大。同年,加拿大驻华盛顿使馆的参赞秘密会见了美国新成立的航空委员会主席。同年 8 月,美国罗斯福总统与英国丘吉尔首相在加拿大魁北克会晤。会上除讨论了诺曼底登陆等二战计划外,还讨论了战后国际民用航空问题。1943 年 11 月,美国航空委员会的主席,助理国务卿阿尔道夫·伯里被召进白宫,草拟美国战后建立全球性民用航空政策的指导方针。罗斯福总统亲自对关于国际民航发展的要点作了指示并被记载在备忘录内,其中包括:轴心国不能拥有航空制造业和任何国内和国际航空公司的条款以及各国应十分自由地交换对空域的使用和着陆权,美国公司应该自负盈亏,美国航空的运输不能被一家航空公司所垄断等条款,确立了“航空自由”的主张。

1944 年初,伯里向联合国提议召开一次邀请中苏两国在内的航空政策讨论会议,但未得到中苏的及时响应,美国改提双边会谈。1944 年 8 月,苏联对双边会谈做出反应,希望前往苏联的所有国际客、货都须在指定的境外入境点装载,提出其主张的“封闭和自足的商业航空体制”。

至此,关于国际民航的发展方向共出现了四个版本,加上澳大利亚、新西兰在芝加哥会议上联合提出的方案一起有五个版本。它们分别是:

第一,美国的“航空自由”论,主张在国际航空运输中不受任何限制,各国自由竞争,国际航空组织目标主要是制定技术标准。

第二,英国的协调论,主张“航空秩序”,建立一定的国际机构协调国际航空运输,分配运输资源。

第三,澳大利亚-新西兰方案,主张建立一个超国家性质的国际机构,完全拥有和经营世界干线上的民航航班。[1]

第四,苏联的封闭论,主张自足的商业航空体制。

第五,加拿大关于建立有权力的国际机构以分配航线、规定运价和决定航空运输班次的协调论。

由于苏联代表团在去芝加哥途中被召回,加拿大观点与英国观点接近,澳大利亚-新西兰观点不切实际,因此在 1944 年召开的芝加哥大会上(见图 2-8)主要讨论美国的“航空自由”论与英国的“航空秩序”论。最后绝大多数国家赞同英国的“航空秩序”论并反映在公约的序言中,即公约的目的是“使得国际民用航空按照安全和有秩序的方式发展”和公约第一条重申的“各国对其领土之上的空气具有完全的和排他的权利的原则”。

---

[1]　赵维田.国际航空法[M].北京:社会科学文献出版社,2000.

图 2-8　芝加哥会议现场图片①

2.《芝加哥公约》的内容

《芝加哥公约》自 1944 年签署以来,到目前为止共进行了十次修改,最近一次修改为 2013 年。为了保持条约的一贯性,条约的每一次修改都保留了原来的结构,如果条款内容有所增加,则一般通过分条的方式出现。

《芝加哥公约》共分为四大部分二十二章九十六条②。

第一部分为空中航行,其中包括六个章节四十二条。

第一章:公约的一般原则和适用。其中第一条:缔约各国承认每一国家对其领土之上的空气空间具有完全的和排他的主权;第二条:本公约所指一国的领土,应认为是在该国主权、宗主权、保护或委任统治下的陆地区域及与其邻接的领水。这两条是对《巴黎公约》中关于主权、领土概念的延续。第三条第一款:本公约仅适用于民用航空器,不适用于国家航空器。则进一步把属于军事、海关、警察等国家机器使用的航空器与民用航空器区分开来。同时,在 1984 年通过的对《芝加哥公约》的修正案中增加了一部分关于强化国家主权的内容③,包括在不危及航空器内人员的生命和航空器安全的情况下,如航空器未得到许可入侵,可以采用不使用

---

① 　图片资料来源:ICAO 网。

② 　参见"Convention on International Civil Aviation",ICAO 网。

③ 　修改内容出现在 2000 年发行的第八版《芝加哥公约》中,共有英语、法语、西班牙语、俄语四个正式版本文件。

武器的拦截的规定。这些规定成为第三分条。

第二章：在缔约国领土上空飞行。第五条：不定期飞行的权利规定：缔约各国同意其他缔约国的一切不从事定期国际航班飞行的航空器，在遵守本公约规定的条件下，不需要事先获准，有权飞入或飞经其领土而不降停（不着陆飞越一个国家领空的权利）；或作非商业性降停（非运输目的的落地权力），但飞经国有权令其降落。这是为了保障国际航空的飞行安全而做的技术要求，被普遍称为第一（过境）和第二（技术经停着陆）航权，也称第一种和第二种自由权。该章节还对定期航班、国内载运权、无人驾驶航空器、禁区、在设关机场降落、空中规章的使用、空中规则、入境及放行规章、防止疾病传播、机场费用和类似费用、航空器的检查做了相关规定。

第三章：航空器的国籍。强调航空器只能在一个国家登记，并且航空器应该标示出经登记的国籍标志和登记标志。

第四章：便利空中航行的措施。为了使飞机能够在各国便利地进行飞行，该章节对简化手续、海关和移民程序、关税、航空器遇险、事故调查、不能因专利权的主张而扣押航空器、航行设施和标准制度等问题做了较为详尽的规定。

第五章：航空器应具备的条件。该章阐述了一架适航的航空器在各国飞行时应该具备的基本条件。包括：航空器应备文件、航空器无线电设备配备、适航证、人员执照、互相承认证书和执照、飞行记录本、货物限制以及对照相机的限制等。

第六章：国际标准和建议措施。主要讨论哪些领域必须采用国际标准及程序、背离国际标准和程序，以及执照和证书签注、现行适航标准的承认等问题。

第二部分为国际民用航空组织，即 ICAO 本身的设置和运作。共七章二十四条。

第七章：组织。包括：组织名称、组成、目的、地址和法律地位等问题。其中第四十四条"目的"指出国际民航组织（ICAO）的宗旨和目的在于发展国际航行的原则和技术，并促进国际航空运输的规划和发展，同时提出 9 个方面的保证措施。第八、九、十章分别阐述国际民航组织中的权力机构工作方式和职责，包括大会、理事会、航行委员会的产生办法和职责。第十一、十二章是与组织机构相关的在运行时需要考虑的人事和财务问题。第十三章则阐述了与其他国际协议的关系，其中第六十五条规定，理事会可以代表本组织同其他国际机构缔结协议。实际上，1947 年正式的 ICAO 成立以来，它作为联合国的一个专业分支机构一直在履行着这样的职责。

第三部分为国际航空运输。分为三章十三条。

本部分主要内容为机场及航行设施的建设和使用，以及国际航班运营的方式安排。在第七十九条中规定：一国可以通过其政府或由其政府指定一家或几家空运企业，参加联营组织或合营安排。此种企业可以是国有、部分国有或私有，完全由有关国家自行决定。所以，到目前为止，各国的国际航空公司在产权关系上仍保留了各自不同的模式,私有、国有、部分私有形式并存。

第四部分为最后条款。包括六章十七条。分别为其他航空协定和协议、争端和违约、战争、附件、批准、加入、修正、退出程序和定义。其中确保《芝加哥公约》在国际航空法中基础地位的一条是第八十条巴黎公约和哈瓦那公约:缔约国承允,如该国是一九一九年十月十三日在巴黎签订的空中航行管理公约(《巴黎公约》)或一九二八年二月二十日在哈瓦那签订的商业航空公约(《哈瓦那公约》)的缔约国,则在本公约生效时,立即申明退出上述公约。在各缔约国之间,本公约即代替上述《巴黎公约》和《哈瓦那公约》。

《芝加哥公约》给所有签约国建立了权力和限制,提供了可以进行实施的"国际标准和建议的实施方法"以调节国际航空运输。《芝加哥公约》重申了在各个国家领土上方的领空权的原则,并表述:所有的定期航空服务需要得到飞越国的授权。

《芝加哥公约》前的三个航空公约

在 1944 年召开的芝加哥会议之前,各地区的航空发展非常不平衡,在航空比较发达的欧洲和北美地区,人们逐渐形成共识,需要有一个统一的规则来引导航空的发展,这样 1919 年《巴黎公约》诞生(《巴黎公约》内容已在本章第一部分做了介绍)。

但是在《巴黎公约》中未能取得平等发言权的西班牙拒绝加入《巴黎公约》,它单独发起一个外交上的反行动,即邀请所有拉丁美洲和加勒比地区国家及葡萄牙一同于 1926 年在马德里举行了伊比利亚-美洲大会,并制定了《伊比利亚-美洲航空公约》。但由于该公约在开放签字期间,批准书送交很慢,最后也未能达到该公约生效所必需的数量,所以《伊比利亚-美洲航空公约》最终未能生效执行。

1923 年泛美大会在智利的圣地亚哥举行,会议决定成立一个委员会来拟定一个符合美洲实际需要的航空公约,该公约于 1928 年签署,简称为《哈瓦那公约》。西半球的 21 个国家在《泛美公约》上签了字。它的主要声明内容是:

① 重申领空权的原则。

② 本国和外国的飞机要同等对待。

③ 授予各国可以要求任何飞越禁飞区的飞机落地的权利。

④ 飞机需要根据各国的法律进行登记。

⑤ 提出在一个国家取得的适航证可能在另一国无效。

⑥ 认可在一个国家的不同地方落地再继续前往其他国家的权力。

⑦ 根据各国的法律授予飞行指挥官(机长)相应的权力和责任。

⑧ 在国家之间出现争议时提供仲裁。

《哈瓦那公约》没有任何附件,所有规则都写入公约本身;《哈瓦那公约》也没有规定任何常设机构,每个缔约国每月必须相互提交注册、注销和进行一系列管理行动;《哈瓦那公约》也没有关于国家航空器的规定,没有规定保证国家注册代号统一的规定,所以在实践中导致一定程度的不确定性和混乱。

虽然《巴黎公约》《伊比利亚-美洲航空公约》和《哈瓦那公约》都有各自的缺点,但是这三个公约无疑都为国际航空规则的发展进行了有益的探索,为《芝加哥公约》的发展奠定了良好的基础。

3.《芝加哥公约》的附件及其内容

《芝加哥公约》作为国际航空法的基础文件给出了国际间航空运行应该遵循的一些基本原则。但是这些粗线条的原则还不足以保证国际间航空的安全、有序和有效运行。ICAO还必须采用一种方法设定一个能够建立起全球最低安全水平的技术标准,使飞到世界各国的飞行员可以预期所有程序、机场信号、交通服务和许多其他重要的服务都是标准化的。如果提供服务的所有航空公司都能达到同样的安全标准,那么旅客的旅程可以得到保证。这些标准出版在《芝加哥公约》的 19 个附件内,各国民航当局把这些标准作为其制定国家法规的基础。如果该国民航当局决定不采用这些标准,那么它必须通知 ICAO,ICAO 会公布各种信息以通知其他国家的航空公司人员。ICAO 不仅制定强制的标准,也出版用于帮助国家和航空运营者的文件,这些文件可以提供安全的全球航空运输系统。

ICAO 就是通过国际标准和建议措施(SARPs)的建立实现标准化的。当 ICAO 签署 SARPs 时,这些标准和程序已经结合进入《芝加哥公约》的某个附件内,因此成员国必须遵守。公约内 19 个附件①中的 17 个是由空中航行局负责的,它的主要作用是在航空导航问题上给理事会提供建议。另两个附件:便利性和安保,则由航空运输局负责。

表 2-2 列出了 19 个附件和它们的内容。

表 2-2 《国际民航公约》(即《芝加哥公约》)附件及其内容

附录	标 题	内 容
1	个人执照(颁发)	有关机组、航空交通管制员、飞机维修人员的要求
2	航空规则	与实施目视和仪表飞行有关的规则
3	为国际航空导航提供的气象服务	国际航空导航气象服务规则和从飞机获得的气象观察报告
4	航图	国际航空使用的航图规范

① 在 1944 年确定的《芝加哥公约》(或《国际民航公约》)中只有 12 个附件,随着航空运输发展的需要,附件经过不断修订,其中 2013 年第十次修订时,增加了附件 19:安全管理。

(续表)

附录	标 题	内 容
5	航空和地面运营使用的测量单位	在空中和地面使用的测量系统
6	飞机运营	保证在全世界范围内都采用能够高于预设的最低安全保证的类似的运营规范 第一部分：国际商业航空运输—飞机 第二部分：国际通用航空—飞机 第三部分：直升机的国际运行
7	飞机国籍和登记标志	登记的要求和飞机的识别
8	飞机适航	按照统一的程序颁证和检查
9	便利性	飞机的进入和离港,旅客处理设施
10	航空电信	通信设备和系统的标准化(第一卷)和通信程序(第二卷)
11	空中交通服务	空中交通管制的建立和运营,飞行情报和警告服务
12	搜寻和急救	设施的组织和运行,搜救需要的服务
13	飞机事故和事故调查	在飞机事故的通知、调查和报告上的统一性
14	航空港	航空港的设计和设备规范 第一卷：航空港设计和运营 第二卷：直升机场
15	航空情报服务	飞行运行需要的航空情报的收集和分发方法
16	环境保护	飞机噪声取证、噪声监控和噪声暴露单元(第一卷)的规范,飞机发动机辐射(第二卷)的规范
17	安保、护卫,国际民航反非法干扰	保证机场需要的安保措施,包括停机坪、登机桥、行李传送区、行李检查和旅客安全检查的安保问题
18	航空危险品的安全运输	危险品的标识、包装、运送规范
19	安全管理	国家安全项目,安全管理系统,安全审计

4. 国际标准和建议措施(SARPs)

"标准"定义为任何有关物理特性、形态、材料、性能、人员或程序的规范。为了实现国际空中航行的安全性和正常性,必须建立和应用这些统一的标准。而"建议措施"则是指在 SARPs 采用后,需要各成员国让其生效。各国的民航当局必须修订各自国家的法规以反映 SARPs 的要求并在本国领土内实施。如果一个国家不能遵守,按照公约的第三十八条规定,要求本国的民航当局向 ICAO 报告。附件有时还有一些附录或手册,这些附录或手册是用来解释一些复杂的系统或解释一些在 SARPs 中没有列出来的详细的技术规范。

5. 其他形式的 ICAO 法律文件

除去附件以外,ICAO 的法规将以下列形式出现:

① 用于航空导航服务的程序(PANS)。

② 区域补充程序(SUPPs)。

③ 各种格式的指导材料。

PANS 是一些详细的运营实践方法,对于 SARPs 来说,PANS 太详细了。它们一般是对照 SARPs,把它的基本原则放大、解释详细。为了保证 PANS 的质量,PANS 中的内容应该适合在世界范围内进行应用。SUPPs 类似于 PANS,但是只适用于一个特定的 ICAO 区域。

ICAO 制订了一些指导材料以补充其出版物。这些指导材料可能会与附件装订在一起或单独以手册和通告这种文件方式出版。在互联网上,可以查到 ICAO 的出版物和视觉辅助材料的清单。

六、定期国际航空运输相关协定和航权

《芝加哥公约》主要解决了以国家名义进行控制的主权、领土、国籍等国际公法关注的最基本问题和以飞行安全为目的建立起来的第一(过境)和第二(着陆)自由权,但是《芝加哥公约》中本身规定的第一和第二自由权不能用于定期国际航班。所以要使国际航空运输成为可能,还需要对运输的权利进行规定。因此,芝加哥会议除了《芝加哥公约》外,还产生了一系列直接对国际定期航班起作用的法律文件。其中包括:《国际航班过境协定》《国际航空运输协定》和各国对航班、航线进行交换的"双边协定标准格式"。

1. 航权

芝加哥会议的成果之一是建立了交通权或者航权概念。航权就是在国家之间的不同类型的交通权或特权。由于国家对于他们领土的上空也具有主权,外国航空公司在提供到该国的航空服务之前必须获得许可。不同类型的航空服务能够连接国家,这些航空服务被分为不同的航权类型。除了多边协定外,在大多数情况下,两个国家相互协商讨论交换交通权的问题,他们使用双边协定,在这个协定中必须列出双方各授予对方何种类型的航权或交通权。

2. 多边协定和协议

多边协定是在两个或多个国家之间进行的协定。《芝加哥公约》就是多边协定的一个例子。进行多边协定的一个优势就是国家之间可以避免无休止地进行许多

双边协定谈判。多边协定的一个例子就是欧洲经济区(EEA)。在欧洲经济区内，共同航空市场替代了传统航空服务的双边系统。在容量和航线上没有任何经济控制规则，票价规则也很少，定期航班和包机航班也没有区别。因此，多边协定的效率更高。

3.《国际航班过境协定》

《芝加哥公约》规定了非定期航班的过境和着陆权。但是对于国际航空运输而言，定期航班才是国际运输中最重要的部分。所以保障定期国际航班的有效运行需要一个新的法律文件。由于并非每个国家都会有定期航班飞抵或过境(技术经停)另一个国家，因此在1944年的芝加哥会议上单独出台了《国际航班过境协定》，旨在帮助那些有多个国家的航班飞越本国或者本国有航班需要飞越多个国家的国家简化飞越和着陆(技术经停)程序。《国际航班过境协定》是一个多边协定，它总共有六条，在第一条第一节中就明确规定每一缔约国给予其他缔约国两种关于定期国际航班的空中自由，即不降停而飞越其领土的权利(第一航权)和非运输业务性降停的权利(第二航权)，保障了定期国际航班在国际间的安全运行。

《国际航班过境协定》于1945年1月30日生效，在国际民航组织成为永久性机构时，已经有36个国家接受了该协定。现在已经有100多个国家接受了该协定，大大便利了定期国际航空运输的运营。

4.《国际航空运输协定》

为了促进国际航空运输更快地发展，与《国际航班过境协定》同时制定的还有《国际航空运输协定》。该协定将航权的范围进行了扩大，变为五种航权。在协定的第一条第一节中描述为：每一缔约国给予其他缔约国以下述关于定期国际航班的空中自由：第一种为不降停而飞越其领土的权利(第一航权)；第二种为非运输业务性降停的权利(第二航权)；第三种为卸下来自航空器所属国领土的客、货、邮的权利(第三航权)；第四种为装载前往航空器所属国领土的客、货、邮的权利(第四航权)；第五种为装卸前往或来自任何其他缔约国领土客、货、邮的权利(第五航权)。

由于该协定在制定时主要为了满足美国"航空自由论"的需要，所以当时就认为很多国家不会接受该协定。不过这个协定最后还是得到了19个国家的签字，并且相互间均执行了该协定的条款。二战后的几十年来，由于各国经济发展的不平衡，促使越来越多的国家采用双边协定来保护本国的航空业，因此19个协定参加国中的某些国家后来退出了该协定。

5. 双边协定和协议

双边协定是在国家之间谈判取得的，国际航空服务的双边协定给予航空公司提供国际服务的机会。他们是在两个国家之间提供航空服务权的一个交换。双边协定将定义准备提供服务的航路，定义取得同意后所进行服务的容量控制原则(服务频率乘以提供服务所使用飞机的载运量),定义各自政府运价批准的程序。双边航空协定一般通过高层协议、条约、交换外交照会等方式签署。双边协议控制(提供的)两国航空服务的经济性方面。有限制的双边协定可以让政府调节服务的容量、价格和市场。更自由的双边协定会对容量和价格放开,但是仍然会定义服务的范围。

1944年芝加哥会议也给交换航班和服务制定出了"双边协定的标准格式",后来这种格式被广泛采用,在全世界双边协定的一致性方面做出了很大贡献。1946年,美国和英国签署百慕大Ⅰ号协议,该协议通过授予双边各方在特定航路上从第一到第五的航权和批准以多个承运人方式进行航权交换。这是芝加哥会议确定双边协定框架后签署的第一个航空双边协定,后来该协定成为其他国家在签署双边协定时的样板。

6.九种航权的描述

前面已经论述了航权是国家之间不同的交通类型。当一个国家授予另一个国家提供商业服务的特权时,它一般授予一个或多个航权。每个航权就定义了它被授予的服务。按照国际公约,国际间航权只分为五种。因为在一个国家内,承运国内两个点之间的交通的权力一般是为本国航空公司保留的,所以后面的第六、七、八、九航权因为被延伸到国内运输上,所以是"所谓的",是经过双边协定的道路发展出来的。但为了大家能够了解每一航权代表的意义,一并将其定义罗列如下:

第一航权(见图2-9)——一个国家授予另一个国家(或多个国家)不着陆飞越其领土的权力,也称第一自由权或领空飞越权。

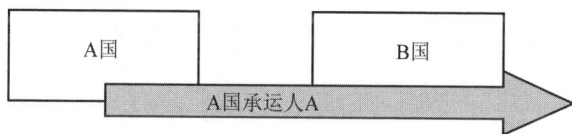

图2-9 第一航权

第二航权(见图2-10)——一个国家授予另一个国家在其领土内着陆的权力(非商业性目的技术经停),也称第二自由权或技术经停权。

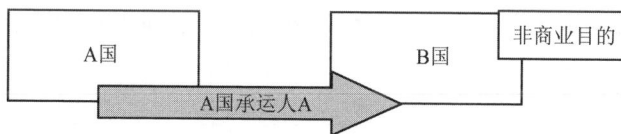

图2-10 第二航权

第三航权(见图2-11)——一个国家授予另一个国家卸下来自航空公司本土国(进入的)交通到第一个国家,也称第三自由权。

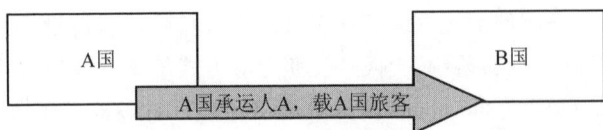

图 2-11　第三航权

第四航权(见图2-12)——一个国家授予另一个国家在第一个国家的境内,承载飞向承运人本土国为目的地的交通,也称第四自由权。

图 2-12　第四航权

第五航权(见图2-13)——一个国家授予另一个国家在第一个国家境内,卸下进入的交通并承载目的地为第三国的交通,也称第五自由权或桥梁权。

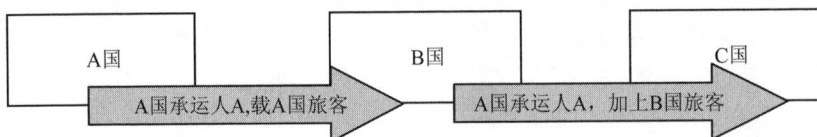

图 2-13　第五航权

第六航权(见图2-14)——通过承运人本国,在两个其他国家之间进行交通移动的运输权力。也称第六自由权。实际上是与其他两个国家之间的三、四航权相加。

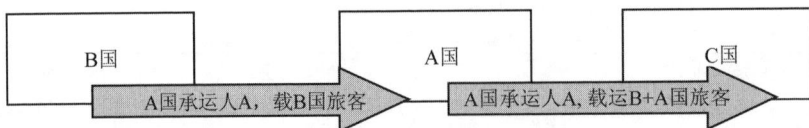

图 2-14　第六航权

第七航权(见图2-15)——在授予国的国土内和任何第三国之间(不需要在接收的国家内有任何运行点)运输的权力,也称第七自由权。如:服务不需要同承运人的本土国相连或进行延伸。

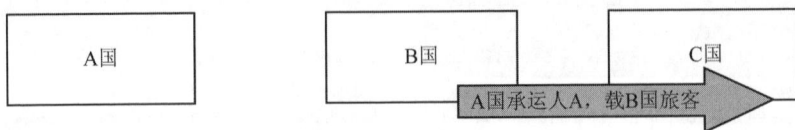

图 2-15　第七航权

第八航权(见图2-16)——在授予国国土的两个点内提供来自或终止于承运人本土国(第一个国以外的地方)的具有(授予国)国内运输服务权的服务,也称第八自由权。

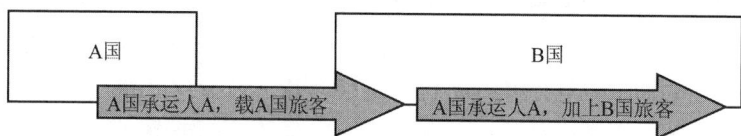

图2-16　第八航权

第九航权(见图2-17)——在授予国提供国内运输服务的权力,这个服务完全是在授予国的国内进行的,也称第九自由权或独立国内航班运行权。

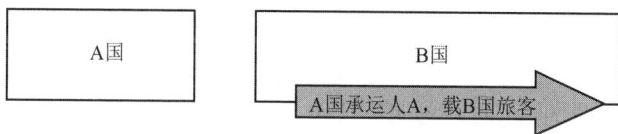

图2-17　第九航权

注意:航权适用于定期国际航空服务,不适用于包机服务。因为在《芝加哥公约》中,成员国同意允许在其他成员国登记的飞机,不需要先经过外交许可便可以飞入境内进行旅客、货物和邮件的运输服务。这是航权为什么只适用于定期航班的原因。实际上,有些国家对外国包机有严格的限制,而另一些国家则没什么限制。第一航权和第二航权又称为"技术自由权"(在国际航空服务过境协定中达成协议的),第三、第四、第五航权称为"商业权力"(在国际航空运输协定中定义的)。

7. 自由化和"天空开放"

自由化是减少经济限制的过程。航空运输的自由化是指减少航空运输的经济性规章限制。放松管制也是同样的意思,但一般指一个行业规章的减少和技术限制的减少。

在《芝加哥公约》签署后的几十年内,与经济性规则有关的航权(不包括第一和第二航权,因为这两个航权是技术性的)一直受到严格的限制和保护。双边协议系统的重要出发点是保护一个国家的国内航空运输系统,减少国际竞争,以实现其自身的发展。但是双边协议产生的航权保护并未给航空公司带来赢利,有时甚至需要来自政府的补贴,或者还需要政府制定一些防止竞争对手进入的障碍提供间接的支持。因为双边协定使航空公司不从商业角度考虑去发展自己的航线网络,系统的效率不高。双边协议也会阻止航空公司建立在海外的服务系统,因此竞争和兼并都会受到限制。

正是由于双边协定中对商业运行范围、数目、频次的限制过于严格,使航空承运人难以快速变更以适应经济条件的变化,限制了国际民航的发展,因此美国率先在1978年对航空工业放松管制的前提下,提出了进一步放松市场政策的"天空开放"协定构想。

"天空开放"协定的设想是给两个国家的航空公司运营从一个国家的任何一点到另一个国家任意一点的权力,也包括对第三国的服务。这些规定可以用于旅客、货物和包括定期及包机航班在内的混合航空运输方式。这些协定可以是双边的,也可以是多边的。美国已经进行了59个双边"天空开放"协定的谈判。

美国的"天空开放"政策给了国际市场一种新的思路。"天空开放"是自由化的一个明显例子。从1990年开始,这种自由的双边协定模型已经被应用于美国和很多其他贸易伙伴之间的谈判,现在变成了通用的协定框架。

2000年12月,在亚洲,四个亚太经合组织(APEC)国家和美国达成多边"天空开放"协议。它的最重要的特征是:

① 它采用了现存的美国"天空开放"双边协定的内容,即允许在美国和其伙伴国之间无限制地提供国际航空服务。

② 它不再使用传统的所有权要求,因而使外国航空承运人进入了国外的资本领域。

③ 它是按照单线机制进行的,这样增加了参与国的机会。

欧共体(EC,即现在的欧盟EU)内部航空运输市场的出现标志着在创造自由的航空服务区域市场上取得了新的成就。在EC,从20世纪80年代中期开始的近十年内,三个系列改革方案被引入,妨碍自由提供航空服务的障碍被消除。只要物质上由在欧洲经济区(EEA)范围内一国公民拥有和有效控制的航空公司就可以在EEA的任何地方建立公司、提供服务,即使是一个区域内的国内航线。

1999年11月,非洲联盟组织也在多哥聚会达成了"亚穆苏克罗(科特迪瓦首都)决定",该决定于2000年8月生效。它为非洲内部航空运输的自由化建立了法律框架,目前在各国的实施情况参差不齐。

七、航空安全、可接受的安全水平确定以及附件13的内容

安全是ICAO制定标准时的最重要指针,但ICAO制定的标准不可能自动转化为安全的保证,各国航空主管部门有责任按照ICAO的安全标准实施立法并进行监督。因此,航空安全不仅是航空运行者的责任,同样也是民航当局的责任。

绝对的航空安全是不存在的,绝对的航空安全不仅在技术上是不可实现的,而且在经济上也是无法承受的。航空安全是指其安全性处在一个相当的水平。航空安全是与航空运输相关的各个利益群体的认知水平和接受度密切相关的。在当前的技术和可接受的水平下,找到可以实现的、基本令人满意的安全水平,并保障航空得到持续的发展,是所有与航空运输相关的利益相关者的共同目标。

1. 安全和可接受的安全水平

安全定义为没有风险的一种状态，意思就是没有受伤害出现的可能性。绝对的安全，即风险为零的状态是不可能实现的。因此，我们强调的安全是指风险已经减少到一个发生概率很低，与其他事件相比处在不显著的水平。

一般来说，风险等于出现危险的概率乘以危险造成的损失，可接受的风险是通过计算获得的风险值与一个风险阈值（心理量）进行对比的结果。由于生命的不可重复性，生命的价值是无法估量的，因此风险的直接的量的计算非常困难。因此，我们更多地会把这种出现危险的概率与其他类似事件相比，以检验其显著性，并获得可接受水平。

谁决定这个可接受的水平呢？

国家法规反映出一个国家和地区对于安全的可接受水平。而这个可接受的水平就是通过民航当局参与立法来完成的。为了航空运输能够有效运行，ICAO已经开发出一系列标准，这些标准给会员国建立了一个可接受的安全最低标准供每个国家参考。当然，一些国家为了能够获得更高的安全水平，可以制定更严格的标准。但是有些国家目前还没有能力完全执行ICAO的标准，因此使该国的航空运输系统运行处在一个较低的安全水平。

实际上，每个国家都会基于政治的优先性和公众压力，通过他们的规则、政策和程序定义出什么是他们可接受的安全水平。一般来说，可接受的安全水平有以下几点考虑。第一，政治家在政治层面上决定什么是可接受的。第二，进一步提高安全水平和减少风险的代价是否能够承担。第三，与其他方式产生的可接受的风险的比较风险程度如何。第四，与原来定义的风险相比，是否已经达到标准。

当然，各个运营者可以选择制定自己公司的程序，以保证比规则要求更高的安全水平。但是运营者不能选择低于法规要求的能接受的安全水平，否则民航当局将会对他们进行惩罚。

2. 安全责任的承担

安全责任是由每个国家的调控者——民航当局和航空运输系统的运行者共同承担的。民航当局通过基于ICAO的SARPs的规则制定出最低安全标准。民航当局通过确证员工的能力，检查运营者的设备，然后进行执照颁发和证件颁发，并进行持续的监控检查以保证安全责任得到落实。

航空运行系统中的每个运营者按照适用的法规进行运行，每个执照和证件的持有者必须持续保持自己的能力水平以满足民航当局的要求。运行者的责任就是确保这种符合性，以保证可接受的安全水平的实现。

3. 事故调查与安全水平的改善和提高

航空事故是多种因素混合共同作用的后果（见图2-18），单一原因导致事故发生的情况少见。而通过调查事故、事件的发生原因和机理，找出改进方法，采取预

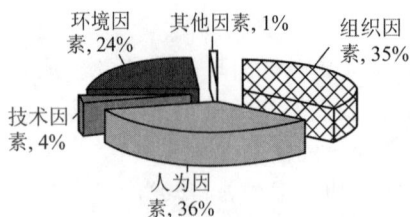

图 2-18　航空事故原因分析①

防措施,是避免事故重新出现、减少安全风险的有效方法。因此《芝加哥公约》的附件 13 强调:事故出现后必须对事故出现的原因和出现的环境进行调查,但事故调查的目的不是为了责备谁和追究责任,事故调查的结果不能被民航当局用作法律行为上的证据,如诉讼案件中的赔偿或纪律处分措施等。

事故调查是对事故发生的环境进行评估,对事故发生的原因进行清理。事故原因被查明后,事故调查者必须写出事故报告,并在报告中为防止类似事故再次发生而提出一系列建议。

民航当局负责制定法规并强化监督法规的执行,所以民航当局需要参与事故的调查中去,这样民航当局就能够发现法规中的漏洞并进行改善。但是在某些国家,其民航当局同时也是航空运输系统中的一个运营者(如航空港或航空公司)的角色时,让当局评估自己的表现并作为事故的一个潜在因素来看待会变得很困难。在这种情况下,事故调查的责任者通常被指定给另一个独立的组织,比如中国中央政府中的应急管理部②。

安全研讨会也是提高安全管理水平的一种方法。在研讨会上,集中很多航空专业人员进行讨论、交换信息、提出建议以减少安全风险。

经过各个国家和国际组织的努力,航空现在是世界上最安全的交通方式。但是我们不应该满足于目前的安全水平。事实上,最近 50 年来总体的事故率确实呈现出不断下降的趋势③(见图 2-19),特别是在 2010 年国际民航组织引入安全管理

①　统计图形显示的是在 2003 年出现的 43 次欧美喷气机事故的原因分析。其中组织因素主要指航空公司的工作环境,包括公司管理结构、公司文化和管理方法等;人为因素指的是人的错误;环境因素指的是气象条件;技术因素指的是飞机系统和部件。事故调查生成的数据可以引导我们通过关注高风险的领域制定事故预防策略。其中组织和人为因素是事故发生中的最常见的两个因素。

②　十八大改革前,为国家安全总局,改革后职能整合到应急管理部。在美国,国家运输安全委员会(NTSB)负责执行事故调查任务,如果它发现法规框架可能跟事故有关,它将向联邦航空局(FAA)提出改变的建议,但 FAA 可以选择不接受 NTSB 的建议,也可以部分应用或者完全接受。由于所有事故报告都会公开,因此如果 FAA 选择不接受建议就必须有非常有效的原因。有些事故调查中提出的建议被拒绝的原因也可能是实施起来成本太高,而增加的(能够评估出的)安全性增加量很小。当然,随着技术的进步,也有可能在下一阶段会被采纳。

③　参考波音网。第一条是"所有事故率"曲线。事故率是按照每百万离港次数中出现的事故次数进行计算的,事故会按照经济损失量、飞机是否报废、是否有人员死亡等情况分类。由于技术创新,1960 年至 1970 年间事故率下降非常明显,1970 年后事故率基本上保持稳定,2010 年后安全管理系统的建立使得事故率进一步降低。第二条是"有人员死亡的事故率"水平曲线。第三条是"有飞机报废的事故率"曲线,而柱状线是出现事故的死亡人数统计,采用右侧坐标。

系统和安全审计项目以后,整个民航的安全水平显著提升(事故率下降)。但不可否认,安全水平还存在着波动①(见图 2-20),发展也不平衡。按照 ICAO 的预测,下一个二十年交通流量还将持续增长,如果以年均 5% 增长的乐观估计,到 2038 年飞机数还将翻一番。因此,长期来看,我们仍需要不断努力,特别是解决安全能力不平衡的问题,以持续提高飞行安全水平。

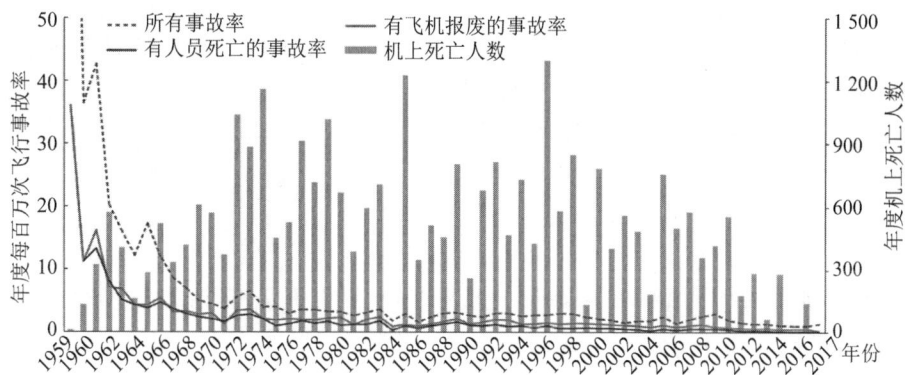

图 2-19　航空运输事故变化(1959—2017 年)

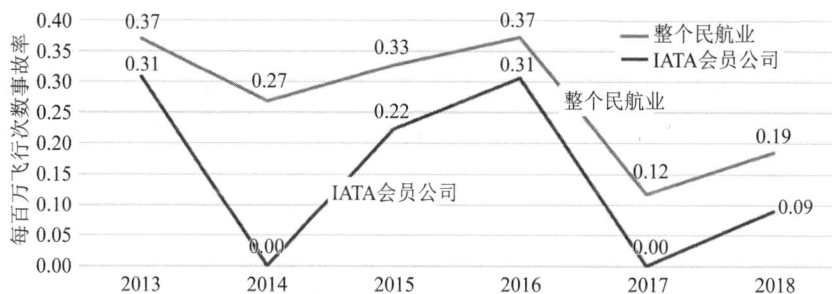

图 2-20　2013—2018 年民航事故率曲线图

八、航空安保以及相关法规

1931 年秘鲁发生了第一次劫机事件以后,非法干扰航空运行安全的问题开始成为航空运行出现的危险中最不稳定的人为因素。特别是在冷战时期,由于意识形态的不同,劫机事件大量出现,严重干扰了正常的运输飞行。在这种条件下,由 ICAO 主导,签署了多部关于安保问题的公约。如 1963 年的《东京公约》、1970 年《海牙公约》和 1971 年《蒙特利尔公约》。

---

①　参考国际航协网。根据统计,2017 年全球民航共有 46 起飞行事故,其中 6 起有人员死亡;2018 年有 62 起飞行事故,其中 11 起有人员死亡。

随意干扰航空会使航空运输系统的用户们陷入危险,只有通过严格的安保,采取各种可能的措施防止出现这种行为并对这些犯罪者进行惩罚才能实现航空安保的安全。

1. 航空安全保卫和措施

安全保卫(指针对非技术性的人为原因如犯罪等引起的安全问题而采取的措施,简称安保)的目标是自由而且没有危险的状态。

航空系统安保有两类措施:一类是预防性安保措施,它在非法干扰行为出现之前阻止它发生。另一类是抑制性安保措施,它是指限制和牵制非法干扰的行为。之所以称"抑制",是因为它可以减少或抑制那些已经发生的非法干扰行为带来的冲击。

2. "安保、护卫和国际民航反非法干扰"措施

在《芝加哥公约》附件17,即"安保、护卫和国际民航反非法干扰"一文①中,包含了诸多保证机场需要的安保措施,包括停机坪、登机桥、行李传送区、行李检查和旅客安全检查的安保措施。它指导各国在考虑安全、正常、有效飞行的前提下,建立保卫民航、使民航免于非法干扰行为需要的相应的组织,制定法规、方法和程序并进行实施。它指导各国建立并实施一整套书面化的国家民航安保计划。同时也指导航空港的运行者和航空公司建立书面的安保方案。ICAO呼吁在安保程序上,航空公司、机场和其他有关各方应该协调合作。ICAO建议在与所有国家进行双边谈判时也应该考虑到安保条款,并把旅客安检和行李安检作为ICAO的强制要求。

2018年3月,ICAO对附件17进行了第16次修订并通知成员国进行实施确认。第16次修订②包括了信息分享方面的要求,也包含了在旅客和客舱行李箱方面采取的措施,在货运、邮件和其他货物上采取的措施,以及应对网络威胁采取的措施等方面的要求,通过这些措施,航空安保能力及便利性将得到加强。

另外,2018年ICAO还出版了第十版《航空安保手册》(ICAO文件8973号)以帮助航空安全管理部门在实施附件17的相应条款(包括第16版的条款)方面给予指导。未来,ICAO还将通过推进全球安保审计项目(USAP)以使各项安保措施得到更好的落地。

3. 与安保有关的公约

有关安保的公约共有六个。

第一,《东京公约》。

"在登机中出现的冒犯和其他行为公约"是于1963年签署的《东京公约》的内

---

① 附件17是在1974年经过ICAO大会同意后编入《芝加哥公约》的,最新的修订版本为2018年修订的第16版。参见ICAO网。

② 参见ICAO《国际民航公约》"附件17:安保"(2018年3月14日第16次修订)。

容。该公约把登机过程中危及飞机、人员和财产安全的行为定义为冒犯而进行处理。

《东京公约》适用的"冒犯和其他行为"是指引起秩序混乱、登机缺乏纪律和飞机在高空飞行或在公海上空以及本国区域以外的其他区域的犯罪。飞机指挥官、机组成员和在特定情况下也可能是机上旅客,都可以被授权阻止这样的行为发生和把其(指行为不当者)从飞机上撤离出去。如果冒犯行为很严重,飞机指挥者可以在飞机落地后将冒犯者交给成员国的有能力管理的权力机构。公约给飞机指挥者、任何机组成员和在飞机上帮助采取必要措施处理问题的旅客以法律保护。飞机登记国①对飞机上的犯罪可以采取法律行动。

第二,《海牙公约》。

对非法夺取飞机的行为采取镇压的公约是 1970 年 12 月 16 日在海牙签署的《海牙公约》。该公约把空中抢夺飞机控制权,对飞机、飞机上的人员和财产的安全造成危险的行为定义为构成犯罪。

《海牙公约》定义了非法夺取飞机的行为并且成员国有责任对这种应该受惩罚的犯罪行为采取严厉惩罚。在《海牙公约》的规定中,不管你是不是飞机登记国,国家都必须建立对犯罪者的权威,当所谓的犯罪者出现在它的领土上时,国家必须采取措施,并同时通知以下相关组织和人员:① 罪犯国籍国的代表。② 飞机登记国。③ 其他有相关利益的国家(选择)。④ 国际民航组织(ICAO)。

公约也要求当飞机和旅客及机组出现在任何成员国的国土上时,该国必须帮助旅客和机组尽快地继续他们的行程并把飞机和货物没有任何延误地返回到合法的所有者手中。

第三,《蒙特利尔公约》。

"关于对危害民航安全的非法行为的镇压公约"是 1971 年 9 月 23 日在蒙特利尔签署的《蒙特利尔公约》。该公约把在空中对别人使用可能给飞机安全性造成危险,或直接对飞机进行损坏且对空中飞行安全造成威胁的暴力称为犯罪。

该公约所称的非法行为与东京和海牙公约所提及内容有所不同,《蒙特利尔公约》定义的犯罪违反民用航空安全的非法行为范围更广,而且成员国要承担使应受惩罚的犯罪者得到严厉惩罚的责任。公约包括了类似于《海牙公约》中关于对犯罪者在司法权、拘留、起诉和引渡等问题上的具体内容。不论飞机是进行国际或国内飞行,只要满足两个条件,公约就适用:① 飞机的起飞或着陆地(实际或准备进行的)是位于飞机登记国之外的区域。② 犯罪不发生在飞机登记国的国土内。

《蒙特利尔公约》也适用于国际空中航行中的航空导航设施被损坏、损害或干

---

① 在安保公约上使用的一个重要俗语是"登记国家",指的是飞机被登记注册的国家。飞机任何时候只能在一个国家登记,国际法规定登记国对这架飞机负责。

扰的情况。

第四,《蒙特利尔议定书》。

"关于制止对国际民航使用机场上的非法暴力行为的协定"是关于"制止危害民航安全的非法行为公约"(1971 年签订的《蒙特利尔公约》)的一个补充,它于1988 年 2 月 24 日在蒙特利尔签署,称为《蒙特利尔议定书》。该协定把在机场对人们的安全,或对机场的安全运营造成威胁的暴力称为犯罪。

在该协定中,关于"在国际机场对别人进行非法和有意的暴力行为"这一条被加入 1971 年的《蒙特利尔公约》内。1971 年签订的《蒙特利尔公约》主要针对的是对"飞行中"和"使用中"的航空器进行犯罪的防止。"飞行中"指装载完毕,舱门外部各门都关上到再次被接管的全过程。《蒙特利尔议定书》把要防止的非法暴力行为扩大到"国际机场"。当"非法暴力行为危及或足以危及国际机场上人员的安全,或者危及这类机场的安全运转时",都可定性为公约必须制止的范畴。这种给机场或者非常可能给机场的安全造成危害的犯罪将被严惩,且成员国有责任在犯罪发生在他们领土内时,和(宣称的)罪犯在他们境内出现时,建立起对犯罪的司法权。

第五,《爆炸品标志公约》。

关于爆炸品的标志公约是 1991 年 3 月 1 日在蒙特利尔签署的《爆炸品标志公约》。它要求每个国家在他们的国家内禁止和防止生产未标识的塑料爆炸品。塑料爆炸品应该在制造过程中通过引进在公约的技术附件内定义的几种探测剂(料)来标识。公约也要求每个国家禁止和防止未标识的爆炸品运入或运出该国的领土,并对任何已经存在的未标识的爆炸品的拥有进行严格和有效的限制和控制。不是在执行军事和警察职能的当局(权力政府)手中的储存塑料爆炸品(包括标识和恢复无效的)必须按照公约要求的一致目标进行销毁和使用,即在公约开始生效的三年内完成。

第六,《北京公约》。

为防止全世界针对民用航空的非法行为的升级,全球民航需要各国采取新的协调一致的努力与合作政策来应对不断出现的关于航空安保方面的新挑战。2010年,ICAO 在北京召开了"航空安保外交会议",讨论对 1970 年在海牙签订的《制止非法劫持航空器公约》(《海牙公约》)进行补充并形成《北京公约》。公约于 2018 年达到法定生效标准①。《北京公约》根据技术发展和非法干扰的新形势,对发生在航空器上的犯罪进行了新定义,阐明"任何人如果以武力或以武力威胁、或以胁迫、或以任何其他恐吓方式、或以任何技术手段,非法地和故意地劫持或控制使用中的航空器,即构成犯罪"。

---

① 截至 2019 年 5 月已有 28 个国家批准《北京公约》。参见 ICAO 网。

《北京公约》及其意义

2010 年 9 月 10 日,由 ICAO 主办,在中国北京举行的"航空保安外交会议"通过了《制止与国际民用航空有关的非法行为的公约》(简称《北京公约》)[①]和《制止非法劫持航空器公约的补充议定书》(简称《北京议定书》)。这部公约是根据 9·11 恐怖袭击事件以后国际民航安保形势出现的新变化,是对经 1988 年在蒙特利尔修正《制止危害民用航空安全的非法行为的公约》(即 1971 年的《蒙特利尔公约》)形成的议定书和《制止非法劫持航空器公约》(即 1970 年的《海牙公约》)的新修正案。该条约草签后即开放各国签署和批准,2018 年 6 月 14 日土耳其向国际民航组织交存其批准件,使得该条约达到法定生效标准,条约于 2018 年 7 月 1 日生效。

《北京条约》的签署不仅在国际民航安保领域弥补了之前航空安保公约存在的空白和不足,强化了现有国际反恐法律框架,是世界民航史上首次以中国城市命名的国际多边条约,也是近现代史上首次以中国首都冠名的全球性法律文书,对于中国这样一个曾经饱受不平等条约践踏的民族,有着不同寻常的意义,将更加有力地激发全国人民在迈向民族复兴的道路上奋发努力。

九、航空运输运营者责任与国际航空私法

解决国际民事法律冲突的两种办法分别是[②]:冲突法解决办法和实体法调整办法。冲突法解决办法是指通过制订国内或者国际的冲突规范来确定各种不同性质的涉外民事法律关系应适用何国的法律,从而解决民事法律冲突。这种解决方法是一种"间接调整"的方式,没有明确指出当事人之间的权利义务,特别是对于普通当事人而言,在纠纷产生之前对于自身的权利和义务的了解不是十分具体的,只有在诉诸法院之后才能知晓最终适用于自己的实体规则。实体法调整办法则是指通过国家之间的双边或者多边国际条约的方式,制定统一的实体法,以直接规定涉外民事关系当事人的权利义务关系,避免或者消除法律冲突。实体法明确规定了当事人的权利和义务关系,使当事人在纠纷产生之前就能对自己的权利和义务有比较清晰的概念。

国际航空私法的出现就是为了解决冲突法的调整办法在解决国际航空运输问题中出现的法律困境。在一项国际航空运输中,可能涉及多个国家(起飞国、经停国、目的地国),涉及多个当事人(承运人、承运人的受雇人和代理人、旅客、收货人、

[①]　参见 ICAO 文件 *FINAL ACT of the International Conference on Air Law*(*Diplomatic Conference on Aviation Security*,即《北京公约》)。

[②]　唐明毅,陈宇.国际航空私法[M].北京:法律出版社,2004.

转运承运人、机场管理人员等),这些主体又有可能分属多个国家。特别是航空联盟的出现,当事人的范围更广,造成在单纯的一项航空事故的处理中将会涉及各国各地区的很多适用的法律。在这种条件下,制定一套国际遵循的统一航空运输规则来协调各国的实体规则,直接规定各当事人的权利和义务关系就显得尤为必要。

1. 责任

责任一词在法律上指处在负责的状态。当对某个个体产生损害的时候,引起损害的人必须补偿受害者。责任的原则取决于疏忽的证据。当当事方因为没有按照要求的小心程度来行动时称为疏忽。如果原告(起诉人)证明被告在他的工作上有疏忽,被告对损失负有责任。

责任有三种制度安排:第一,失误的责任是必须由受害者提出证据证明被告的错误。第二,推测的责任指被告被假定有责任,必须自己提出证明他没有过错。第三,严格的责任指不需要证明有这个疏忽或伤害的意图存在,只要出现损失,被告就有责任。

责任分为刑事责任和民事责任两类。刑事责任的惩罚包括罚款和监禁,民事责任根据权限不同可以包括对受害者的物质性和经济性赔偿。在航空运行过程中的国际航空私法主要关注的是民事责任。

航空私法的责任条款的目的是通过限制航空承运人的责任以达到保护航空事业发展的目标。

2.《华沙公约》①

《华沙公约》是第一部定义航空公司责任的文件。

1929 年,31 个国家的航空专家聚集在波兰的华沙,制定了关于国际空运重要规则——《华沙公约》的法律框架。这个公约确定了一个国际范围内普遍接受的关于在飞行事故出现时应该对旅客、行李和货物承担的责任标准。也设定了航空运输文件要求的格式和内容,并建立了相应操作程序的最基本标准。

《华沙公约》共分为五章四十一条。第一章:范围和定义;第二章:运输凭证;第三章:承运人的责任;第四章:关于联合运输的规定;第五章:一般和最后条款。其中的主要精神包括:

① 适用于由航空运输公司提供的旅客、行李和货物的航空运载。

② 整合有关航空承运人责任的标准。

③ 制定了承运人对发生在飞机上、登机和离机运营过程中的事故的责任。

④ 限制航空公司责任最大为 12 万 5 千法郎(一万美元)。但是由于故意错误行为或考虑为故意行为的一种错误而造成的损失,责任将不受限制。

---

① 中国航空法学研究会.国际航空法华沙体制文件汇编[M].北京:中国法制出版社,1999.在本书中汇编有《华沙公约》。

⑤ 定义了运载使用的文件和内容：客票、行李检查和运单。如果缺失此类合适的运载文件,责任将是无限制的。

⑥ 阐述当航空承运人证明承运人自身或其代理已采取所有必要的措施去避免损失,或者对于它们来说不可能采取此种措施的("不可抗拒"辩护免责),不承担责任(第二十条)。

⑦ 如果受害者自己的疏忽造成损失,承运人免责(第二十一条)。

⑧ 要求损失必须在两年之内书面提出(第二十二条)。

"巴黎空难案"司法实践①和国际航空私法的发展

1974 年 3 月 3 日,一架土耳其航空公司的大型 DC - 10 客机满载 336 名旅客从巴黎国际机场起飞后不久在空中爆炸坠毁,机上所有旅客和 11 名机组人员全部遇难。这架客机是从土耳其的伊斯坦布尔经停巴黎到伦敦的航班。当它经停巴黎时,适逢英国航空公司飞往伦敦航班因机械师罢工停飞,原乘英国航班的 200 名英国旅客临时转移到这架飞机上来。事故调查发现,飞机失事主要原因是 DC - 10 的货舱门出现问题,当飞机上升,货舱内外压差变大时,舱门冲开,导致整架飞机爆炸性释压而使飞机结构损坏产生解体。

从适用法律来看,当时土耳其没有加入《华沙公约》,因此凡购买伊斯坦布尔至伦敦单程或者往返程机票的旅客,《华沙公约》的赔偿责任规则不适用。而法国和英国当时都是《华沙公约》缔约国,因此凡购买巴黎至伦敦单程往返程机票旅客,均适用华沙规则,诉讼法院只限于英、法两国法院。而少数联程的美国旅客可以在美国法院起诉。

由于公布的飞机事故原因中包含有飞机制造商麦克唐纳-道格拉斯公司的制造质量责任,而当时遇难旅客中有一名英国著名记者霍普,其夫人很快了解到此案可以在美国洛杉矶以产品责任为诉因,将飞机机体制造商告上法院并附带美国联邦航空局产品检验错误将美国政府也列为被告,这样就能突破《华沙公约》的限制,取得高额赔偿②。霍普夫人联合了许多遇难者家属,一时间到加州联邦法院要求上诉的旅客家属不计其数。而土耳其航空公司由于律师顾问团的决策失误,也在加州联邦法院向道格拉斯公司提起诉讼,这导致原本在伦敦、巴黎或者伊斯坦布尔向土耳其航空公司起诉的受难者家属也纷纷转到美国向土耳其航空公司索赔,使

---

① 赵维田.国际航空法[M].北京：社会科学文献出版社，2000.

② 美国于 1965 年威胁退出《华沙条约》，因为按照《华沙条约》赔偿规定，航空公司的责任上限为 8 300 美元，1955《海牙议定书》将赔偿限额上升到 16 600 美元。而美国当时执行 1966 年签署的《蒙特利尔协议》责任要求，赔偿额为 75 000 美元。

案件变得加倍复杂。

根据加州中心联邦法院统计,"巴黎空难案"共有 1 123 个原告,涉及了包括美国在内的 25 个国家(美国旅客又分别来自 12 个州,适用 12 个不同的法律),共提起 211 桩诉讼案,需要审判 337 场。经过试审发现每案至少需要 15 天,共计需要超过 5 000 个审判日。而更困难的是,即使司法效能很强的美国,法官们也很难在较短时间内熟悉如此众多的外国法和外州法。"巴黎空难案"真正变成了一场"司法噩梦",成为一场不可能的司法案。

最后,"巴黎空难案"的大部分赔偿问题是在法院调解下,在法庭外由当事各方协商解决的。即使采用这种办法,整个案件足足花了三年半时间。

"巴黎空难案"教训了各国政府,让大家认识到在航空领域内,如果不实行国际统一规则,其后果步步难行。而《华沙公约》正是国际私法领域制定国际统一规则的成功范例。在巴黎空难发生前,承认和加入《华沙公约》的国家并不多。巴黎空难发生后出现的复杂诉讼案推动了各国加入《华沙公约》的步伐,使《华沙公约》得到快速推广,也为《华沙公约》后一系列关于承运人责任的公约、协议的签订铺平了道路,并促使《华沙公约》过渡到更加完善的"华沙体制"文件,并最终过渡到《新华沙公约》。

3.《华沙公约》以后的其他公约

在《华沙公约》签署后的 20 年,全球的经济得到迅速的发展,发达国家,尤其是美国对《华沙公约》责任条款的反对呼声日趋升高,对公约进行改变的形势逐渐成熟。1955 年,ICAO 在海牙召开外交会议,该会议形成了《海牙议定书》。这个协定被 110 个国家承认,但是美国未能同意,原因是对进行人员载运的责任限制额太低。《海牙议定书》有以下改变:

① 对运输文件的要求被简化。

② 对人员伤害和死亡的责任限制调整为 25 万法郎(2 万美元)。

③ 对条款 25 中关于无限责任规定的内容进行了修改。

④ 将责任限制的机制延伸到适用于承运人的雇员和代理人。

《海牙议定书》未涉及将整个运输任务或部分运输任务通过二级合同关系转移给另外一个承运人的问题。1948 年国际航空法律大会第十次会议上曾提出了此问题。1961 年瓜达拉哈拉会议上再次讨论上述问题并签订了《瓜达拉哈拉公约》①,该条约主要解决关于《华沙公约》是针对合同承运人还是实际承运人的问题。合同承运人是指订立运输合同协议的航空承运人;而实际承运人指进行实际承运的承运人。该条约最后规定公约在这两种情况下都适用。因此此公约下的责

---

① 瓜达拉哈拉,英文名 Guada la jara,墨西哥北部的一个城市。

任圈扩大了。

1965 年,美国发表声明,从 1965 年 5 月 15 日(生效)起退出《华沙公约》。这个问题在 1966 年签订了《蒙特利尔协议》(也称为"CAB1966")后得到解决。《蒙特利尔协议》不是一个公约或协定,它只是美国民航当局和航空公司之间的一个协议。同意《蒙特利尔协议》的航空公司调整了他们的运输条件,这就是:

① 关于旅客死亡、受伤和其他有关于人员伤害的责任限制调整为 5.8 万美元[不包括法律(诉讼)费用]和 7.5 万美元[包括法律(诉讼)费用]。

② 关于万一出现旅客死亡、受伤和其他有关于人员伤害的索赔,将不能引用公约的第二十条第一段(不可抗拒力免责)。

③ 该协议只适用于飞进、飞出美国或者协议经停美国的航班。

《蒙特利尔协议》最终于 1966 年 5 月 13 日建立,比美国声明从 1929 年的公约中退出的最终生效日期早两天。而美国在最后时刻也撤回了它从《华沙公约》中退出的计划。

1971 年的《危地马拉协定》是对《华沙公约》的另一个修订。该协定主要关于旅客和行李的运输,而不牵涉货运和邮件。该协定:

① 简化关于载运文件的要求。

② 引入了关于人员伤害,行李的损坏、破损和丢失的严格的责任制度。

③ 增加了责任限制(13.9 万美元)并允许一段时间后进行调整。

④ 当承运人在同一领土内也建立有业务点时,给予旅客居住国法庭以权力。

1975 年在蒙特利尔,签订了四个议定书同意使用按照国际货币基金组织(IMF)规定的特别提款权(SDR)的方式代替原来的现金计算方式。

① 议定书一修订了《华沙公约》。

② 议定书二修订了《海牙公约》。

③ 议定书三修订了《危地马拉议定书》。

④ 议定书四修订了在《华沙公约》中处理货运和货运文件的条款。

1992 年,日本航空公司单方决定在他们的航空运输条件下放弃原来关于旅客赔偿的责任限制标准,放弃不可抗免责辩护,把赔偿提高到 10 万特别提款权(13.9 万美元)。在 1995 年 IATA 的年会上制定了关于旅客责任的航空公司间协议。签署该协议的航空公司将放弃它们的责任限制,而按照旅客声明的价格进行赔偿。很多航空公司都签署了该 IATA 协议,其中进入美国的航空公司全部签署了该协议。该协议不是一个国际协定,而是一个加在航空公司身上的严格责任(严格责任,指严格的责任,见名词解释,以下同),限制的最高限被定为 7.5 万美元。

另外,为保证遭受外国飞机在地面伤害人员时这些人员能够得到足够的赔偿,同时也能限制承运人责任的程度和范围,1933 年 5 月 29 日,关于"飞机引起的对地面第三者损害相关的规则整合的国际公约"(称为《罗马公约》)在罗马签署并于

1958 年 2 月 4 日生效。它适用于由一签约国登记的飞机产生对另一缔约国领土上的人员造成损失的情况。该条约给飞机运营者一个强制的严格责任,按照飞机重量对造成损失的财产负有限的责任。对应于死亡、人员受伤的最高责任限额为每人(死或伤)50 万法郎(约 4 万美元)。该条约共得到 43 个国家的签署,非缔约国的飞机将承担无限(严格)责任。

4.《新华沙公约》和"华沙体制"文件

从 1960 年开始,ICAO 就一直想安排进行"华沙体制"文件的重新修订和加强。在 1997 年的大会上,ICAO 提出了一个"国际航空载运规则整合的公约草案",在 1999 年 5 月的蒙特利尔会议上,公约进行了签署,被称为《新华沙公约》,即《统一国际航空运输某些规则的公约》。该公约代替华沙体制文件,是华沙体制文件的整合版,2003 年 11 月 4 日,该公约生效。

到目前为止,《新华沙公约》已经获得全球 136 个国家[①]的批准和加入。《新华沙公约》以中文、英文、阿拉伯文、法文、俄文和西班牙文写成,各种文本同等作用。

《新华沙公约》包含七章五十七条,其中各章分别为:第一章:总则;第二章:旅客、行李和货物运输的有关凭证和当事人的义务;第三章:承运人的责任和损伤赔偿范围;第四章:联合运输;第五章:非缔约承运人履行的航空运输;第六章:其他规定;第七章:最后条款。

根据《新华沙公约》第二十一条规定,对于事故产生的旅客伤亡的最高赔偿额上限为 10 万特别提款权(13.9 万美元),且承运人不得免除或者限制其责任。

综合来看,自 1929 年《华沙公约》签订到 1999 年《新华沙公约》的签订,形成了一系列关于承运人责任的文件,我们称这些文件为"华沙体制"文件。体制文件包括:《华沙公约》(1929)、《海牙议定书》(1955)、《罗马公约》(1958)、《瓜达拉哈拉公约》(1961)、《蒙特利尔协议》(1966、1975)、《危地马拉协定》(1971)、《蒙特利尔第一号附加议定书》(1975)、《蒙特利尔第二号附加议定书》(1975)、《蒙特利尔第三号附加议定书》(1975)、《蒙特利尔第四号附加议定书》(1975)、《国际航空运输协会关于旅客责任的承运人间协议》(1995)、《关于实施国际航空运输协会承运人间协议的措施的协议》(1996)和《新华沙公约》(1999)。各个国家根据自身的实际情况选择加入全部或者部分公约、协定,到目前为止,这些法律文件仍是保护航空运输消费者,保障国际间航空运输,限制承运人责任的有效文件。

5. 航空运行体系中其他各方的法律责任

《新华沙公约》和华沙体制文件只适用于航空公司的责任限制。到目前为止,国际民航还没有出台有关航空运输系统中其他各个组成部分的统一的责任文件,航空港和航空导航服务运营者可以求助于本国的司法系统以解决责任问题,而不

---

① 参见 ICAO 网,为截至 2019 年 5 月的数据。

需要国际公约进行指导。

现在还没有任何与航空港和航空导航服务提供商责任相关的国际公约和协定,因此他们的责任将由国内法规来确定。由于这些服务既可以由一个私人组织来承担,也可以由国家自己来承担,因此问题很复杂。1983 年 4 月 12—27 日,在蒙特利尔召开的 ICAO 法律委员会的第 25 次大会上,阿根廷提交了一个"空中交通管制组织的责任国际公约草案"。空中交通管制组织的责任其实三十几年来一直是 ICAO 法律委员会的日程上的议题,但是几乎没什么进展。也有人建议干脆放弃对空中交通管制机构在责任制度上的考虑,因为事实上没有任何实际需求。只有当一个国家的航空导航服务提供商从本国为另一国的上空提供导航服务时,它才需要有这种责任问题的协议来保障。

而航空港的运营者责任可以更单纯些,通常航空港的运营者的责任可以分为三大类:

① 航空港允许性责任覆盖了所有者(承租者)责任中在允许范围内发生的丢失、损失和伤害责任。

② 产品类型的责任险包含了航空港所有者、运营者和其他实体(包括维修,服务,修理、加油设施和在航空港提供飞机部件的组织)的责任。

③ 机库所有者的责任是按照飞机(或相关财产)而加的责任,即当飞机或设备在地面承保状态下或在承保的维修和服务期内受到的损害和丢失。

另外,除非航空港运营者被法律免除责任,它可能对噪声和其他不利因素给周边环境的恶化承担责任。这些责任条款应该可以由一个国家的国内法来进行规范。

第四节　中国的航空运输法规体系

根据《巴黎公约》和《芝加哥公约》[①]的精神,每个国家对其领土之上的空气空间具有完全的和排他的主权,因此每个国家具有独立管理其领土领空的权力。虽然航空运输是国际化程度最高的一个领域,而且一个国家对于其航空运输业的管理必须考虑到该国根据双边和多边协定和协议所承担的国际义务,应当注意其他

---

① 中国于 1944 年 12 月 9 日在《芝加哥公约》上签字并于 1946 年送交了批准书。1971 年 11 月 19 日,国际民航组织(ICAO)七十四届理事会第十六次会议通过决议,承认中华人民共和国政府的代表为中国的唯一合法代表,驱逐了台湾国民党政权的代表。1974 年 2 月 15 日,中国外交部通知 ICAO:中国政府决定承认 1944 年签订的《芝加哥公约》并从即日起参加该组织的活动。中国也是 1929 年《华沙公约》的缔约国(当时的"中华民国"政府),中华人民共和国于 1958 年 7 月 20 日交存加入书,同年 10 月 18 日对中国生效。现在中国是 ICAO 的一类会员国。参见当代中国编委会《当代中国的民航事业》。

国家的行为和关注,但是各国对于本国航空运输业的管理方法仍有很大的区别,法律法规体系的差距也很大。

中国的航空运输业管理体系具有自己的特点。由于中国的空域被授权给中国人民解放军进行管理,只有民用机场、小部分干线航路和特别划定的范围由中国人民解放军转授给民用航空管理,因此通常的航空运输业概念转而由民航运输业一词所代替。中国政府对于民用航空运输业的管理手段基本上可分为基本法、行政规章、民航规章和对规章执行进行解释性补充的通告等。

一、《中华人民共和国民用航空法》①

民用航空运输业的基本法就是《中华人民共和国民用航空法》,在该法律条文中,不仅有关于主权、领土、领空、中国与其他国家在航空问题上的相互关系问题的规定,还有《芝加哥公约》中约定的关于飞机国籍、民用飞机的权利、适航管理、从业人员及航空运输业其他相关部分的运行做出的相关规定。根据本法的要求授予国务院民航管理部门对民用航空活动进行管理。本法同时也整合了中国承认的大多数国际公约和协定的主要精神。全文共分十六章二百一十五条。由全国人大通过后颁布实施。

第一章:总则。共四条,阐述了制定本法的原因、管理范围(主权)、授权管理部门和目的。特别是第四条中指出"国家扶持民用航空事业的发展,鼓励和支持发展民用航空的科学研究和教育事业,提高民用航空科学技术水平。国家扶持民用航空器制造业的发展,为民用航空活动提供安全、先进、经济、适用的民用航空器"。说明本法制定的依据是目前中国的民用航空市场还未走向成熟,所以仍需要政策支持。

第二章:民用航空器国籍。共五条,主要对应于《芝加哥公约》第一章的一般原则和第三章航空器的国籍。主要给出了本法适用的航空器的定义、登记范围和一般要求,特别强调不承认双重国籍(第九条):"民用航空器不得具有双重国籍。未注销外国国籍的民用航空器不得在中华人民共和国申请国籍登记。"

第三章:民用航空器的权利。共二十四条,分为一般规定、民用航空器所有权和抵押权、民用航空器优先权、民用航空器租赁等四节,主要解释有关民用航空器运行期间的产权关系以及民用航空器管理人出现债务纠纷情况下的债权处理问题。

第四章:民用航空器的适航管理。共五条,主要是关于民用航空器从设计、生产、使用和持续运行阶段的基本要求。

---

① 《中华人民共和国民用航空法》颁布于 1995 年,共经历了 2009 年、2015 年、2016 年、2017 年、2018 年 5 次修正。参见中国民航局网。

第五章：航空人员。共十四条，分为一般规定、机组两节，是对民用航空运行从业人员的一般要求。这类人员不包括不与飞机直接接触和联系的地面保障人员。在本章中尤其关注机组人员的责任和权利，强调机长负责制。本章不仅融入了《芝加哥公约》第五章航空器应具备的条件的内容，同时也包含了与安保有关的国际公约（《东京公约》《海牙公约》）的内容。

第六章：民用机场。共十七条，阐述了机场的定义、机场的建设和使用要求、机场的运行要求以及为保护民用航空器在机场的安全运行机场所应该采取的措施等。

第七章：空中航行。共二十一条，分为空域管理、飞行管理、飞行保障、飞行必备条件四节，包含了《芝加哥公约》中第五、第六章的航行要求以及在《芝加哥公约》附件中有关航行的基本要求。

第八章：公共航空运输企业和第九章：公共航空运输。两章共五十四条，主要是解释作为为公众提供航空服务的企业具有什么权利和责任，公共航空运输企业应该如何运行。条款内容除了对应于《芝加哥公约》中关于国际航空运输的有关内容外，主要内容为"华沙体制"文件中规定的内容。这两章也是民航法的重点关注点，其中对如何开展公共航空运输有非常详尽的规定，分别从一般规定、运输凭证、承运人的责任及特别规定四个方面进行阐述。

第十章：通用航空。共六条，解释在中华人民共和国内开展通用航空活动应该遵循的规则。

第十一章：搜寻援救和事故调查。共六条，是对于民用航空出现紧急情况和灾难问题时的原则要求。

第十二章：对地面第三人损害的赔偿责任。共十六条，是"华沙体制"文件中《罗马公约》的一个反映。

第十三章：对外国民用航空器的特别规定。共十一条，本章除了声明对本国领空主权的管理权外，第一百七十七条中规定外国民用航空器的经营人，不得经营中华人民共和国境内两点之间的航空运输。它是对国内运输企业的一个保护，它排除了第八和第九航权的赋予权。

第十四章：涉外关系的法律适用。共七条，强调在中国境内的民用航空活动除用本法规范外，中国加入的国际公约具有优先适用性。

第十五章：法律责任。共二十二条，解释违反本法所需要承担的责任，包括民事的与刑事的。

第十六章：附则。共三条，标注与本法实施相关的说明及实施时间。

美国的国内《航空法》和法规体系

自莱特兄弟开创动力飞行的历史后，动力航空得到了迅速的发展，1919 年，第一部航空国际公约《巴黎公约》诞生。但是相对国际民航的法规制定而言,国内法相对滞后,即使是早期航空比较发达的美国,在1926年才出现了首部航空法,即《航空商业法案》①,用以规范外国飞机及联邦内一个州到另一个州的飞机注册登记和取证问题。

1938年,美国国会将航空商业法案进行了修订并得到通过,这就是《民航法》。依照该法案联邦政府成立了一个所谓"民航当局",即一个由五人组成的仲裁小组来管理航空运行的各个方面。五人仲裁小组后来改称民用航空委员会,其主要管理职能被移交给美国商务部。

1958年,《联邦航空法》在国会通过,按照该法案要求,美国联邦航空局同时成立。其后,一系列航空相关法案相继出台,如1970年通过的《机场和航路开发法》、1978年通过的《航空公司自由法案》以及2001年"9·11"事件后出台的《航空和运输安保法》等法案。

除了联邦法以外,自美国联邦航空局成立起,联邦航空局就开始制定一系列航空运行的标准和要求,这些标准和要求最后形成的法规文件就是《联邦航空法规》,简称FAR。FAR后来成为各国民航当局在制定法规时除国际民航组织的"国际标准和建议措施"(SARPs)以外的主要参考模本。

二、行政法规和规章

由于《中华人民共和国民用航空法》作为一部航空运行的基本法对大多数问题的规范比较原则,所以需要有很多解释性的文件来补充说明。按照《中华人民共和国民用航空法》的要求,为保持航空业安全、健康和持续运行,民航局代表国家对民航业进行管理时,对很多法规要进行细化,这就产生了一系列相应的、适用的运行标准。这些运行标准包括:规章、规定、规则、条例、通知等。最主要的运行标准由中国民用航空"规章""规则""规定"和"条例"来规范,变化较快的或者临时性的标准和规范用"暂行规定""通知""通告"来规范。其中我们比较熟悉的有《公共航空运输承运人运行合格审定规则》(又称CCAR-121部)、《民用航空器驾驶员、飞行教员和地面教员合格审定规则》(又称CCAR-61部)、《民用航空签派员执照管理规则》(又称CCAR-65部)、《民用航空器维修人员执照管理规则》(又称CCAR-66部)等,这些规章会根据民航运行条件和环境的变化而进行修订和重新发布,如CCAR-121部已经颁布了第五个修订版,即CCAR-121-R5。

---

① 参见康涅尔大学法律学院(Cornell University Law School)网站"Air Commerce Act of 1926",http://www.law.cornell.edu/。

第三章 民航当局的职能和作用

第一节　民　航　当　局

为了实现在一个国家内的民航运输业的安全、经济和有效运行，每一个国家都需要一个相应的组织对航空运输业负责进行相应的管理和监督。根据国家政体设计不同，各个国家的民航当局的组织架构设计也不尽相同。

一、民航当局组织结构

一国的民航当局(CAA)是在这个国家内对民用航空运输系统的安全运行起监管作用的专业权力组织，即民航当局的最主要的职能是进行安全运行监管。但是由于不同的国家设计的政府管理架构不同，在某些国家，民航当局也对民航的经济性法规或者说运行的经济性规范负责。一般来说，由于经济性法规和安全性法规的出发点不同，目标也有可能发生冲突。如在一个国家的航空安全状况不是很好的情况下，当局的基本责任是限制民航业的速度，使行业安全状况得到显著改善；但是如果该国处在高速发展期，其经济性法规的出发点极有可能鼓励高速发展航空运输业，可以看出这两者之间的矛盾是存在的。

为了防止由于经济性规则而带来的对安全性的妥协，一些国家非常强调应该把这两项职能分开，比如美国和加拿大。在美国，联邦航空局(FAA)只负责对航空安全运行进行监管，而经济性法规则由商务部负责。但是在另一些国家，特别是非常小的国家，把这两项职能分开可能既不实际、也不经济。在这种情况下，则至少要求该组织中分设两个互相独立的不同部门来分别规范航空运输业的安全责任和经济性秩序。

当然,不论各国的民航当局组织架构是否相同,但是组织要执行的职能是相同的。大多数国家的民航当局都会有六项主要职能:对人员和飞行器办照、管理机场的安全运行、管理飞机的初始适航性和持续适航性、对航空运输的承运人进行管理、对本国的航行和导航设施运营商进行管理以及对本国长期航空运输发展进行规划。

根据民航当局管理范围的大小,民航当局可能还需要有其分支机构提供支持。如大的国家可以分出多个地区办公室。

除监管职能外,有些国家的民航当局还没有进行政企分开,也就是说民航当局可能既负有监管责任,同时还会有运行责任。在这种情况下,民航当局至少必须将运营部门和监管部门分开设置。最重要的一点是,一个国家的事故调查工作必须由一个独立于民航当局的组织来主持。否则,事故中由于监管原因而导致的责任差错就无法被暴露和纠正。

另外,在一些航空不发达国家和地区,由于专业人员缺少,需要通过合作来完成民航运输的某个系统的运行,如非洲国家共同协作的非洲和马达加斯加航空安全局(ASECNA)为非洲16个国家提供空中航行服务。而在另一些很发达地区,由于国际化非常盛行,各国的民航当局可能会共同承担民航当局的某种职能,以减少协调成本和人力成本,如欧洲联合航空局(JAA,已改名为EASA),它在欧洲为欧洲的一体化运行建立标准。

表3-1和图3-1分别反映的是民航当局的基本职能和典型民航当局架构。

表3-1 民航当局的责任和职能

CAA 部门	职　　能	相关的《芝加哥公约》附件
颁照	个人执照 飞机登记注册 飞行训练 通用航空	附件1:个人执照 附件7:飞机国籍和登记标志
机场	机场取证 机场检查 机场运行(如适用)	附件14:机场 附件9:便利性 附件17:安保、保卫,国际民航反非法干扰行动 附件19:安全管理
工程和适航	适航证 飞机和零部件制造 飞机维修大纲 维修组织 飞机型号证 服务通告	附件8:飞机适航 附件16:环境保护(主要是处理发动机的噪声和辐射)

（续表）

CAA 部门	职　　能	相关的《芝加哥公约》附件
航空承运人	承运人取证 审计、检查、航线检查 飞行员熟练检查 模拟机批准	附件 6：飞机运营 附件 18：危险品货物的航空安全运输 附件 19：安全管理
空中航行服务	导航助航点维持 空中航行规划 空中交通管制程序 飞行情报服务 障碍物标记	附件 11：空中交通服务 附件 2：航行规则 附件 10：航空通信
财务和战略计划	民航总规划 业务计划 资本项目计划 年度预算 规划和计划 主要项目控制 内部审计	没有适用的附件
航空安保管理	防止航空器上出现的非法干扰事件，以及对随机安保人员的资质提出要求和管理	附件 17 及《北京公约》要求

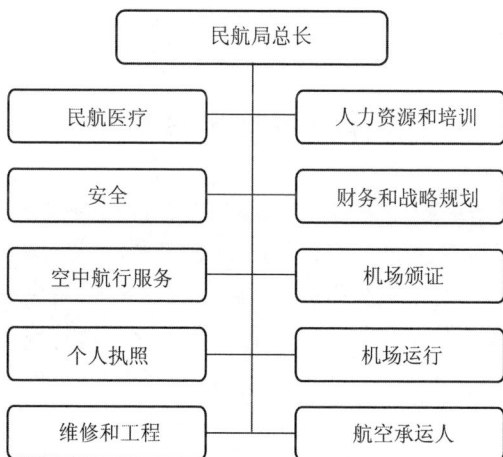

图 3-1　典型的民航当局组织架构①

---

①　只有当政府拥有机场和管理机场时，机场运营部才存在。如果所有机场都已经私有化，这项职能就不再需要。机场运营应该与机场检查和取证分开，因为很明显这会产生利益的冲突。对于航空导航服务而言也一样。

二、中国民航局机构

中国民航局的机构图如图 3-2 所示,它具有以下五项主要工作内容:

① 为全国人民代表大会关于民用航空的立法提供支持。

② 代表中华人民共和国参与国际民航事务的谈判和决策。

③ 按照民航法的要求制定政策、规则和规定。

④ 对中国民用航空领域的相关企业进行审核、发放牌照、持续监督。

⑤ 按照国家经济发展的总体要求对本行业的经济性条件进行专案审批。

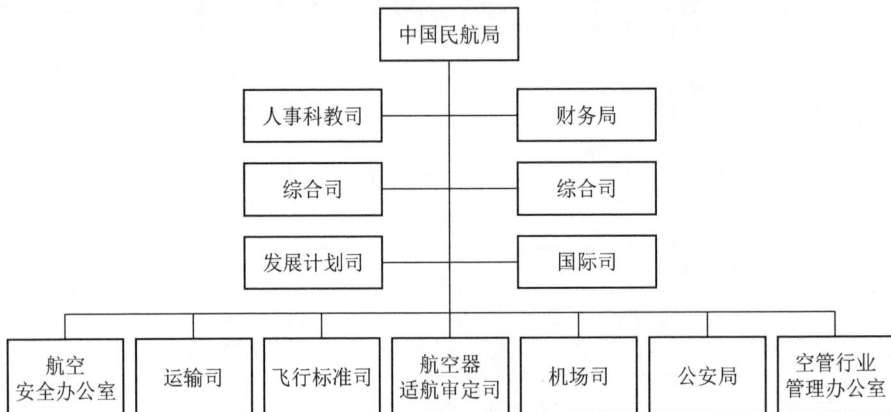

图 3-2　中国民航局机构图①

民航局的历史沿革②

中国共产党和中国政府十分重视民航事业的建设。在新中国成立前夕召开的第一届中国人民政治协商会议制定的《共同纲领》中,提出了"有计划、有步骤地建造各种交通工具和创办民用航空",1949 年 11 月 2 日中共中央政治局作出决定:"为管理民用航空,决定在人民革命军事委员会下设民用航空局,受空军司令部之指导,钟赤兵为民用航空局局长"。开创了中国民用航空的新纪元。

自 1950 年到 2010 年的 60 年间,民航局的归属共进行过八次调整:

---

① 中国民航局除进行运行规则制定和监督以外,也与其他政府部门一起负责民航经济性规则的制定,如运价管理等。中国民航体制经历多轮改革,最近的改革将民航局并入交通部范围内,成为部属局,名称从"中国民航总局"改为"中国民航局",其经济性管理职能减弱,安全和市场监管的职能逐渐增强。

② 当代中国编委会.当代中国的民航事业[M].北京:中国社会科学出版社,1989.

1950 年,即在成立之初,直接归军委。

1952 年,民航局整编改为空军建制,直属空军司令部。

1954 年,民航局改为国务院直属局。

1958 年,民航局划归交通部领导,成为交通部部属局。

1962 年,民航局建制从交通部部属局划归为国务院直属局。

1969 年,民航局划归中国人民解放军建制,归空军管理。

1980 年,民航局撤销军队建制,改为国务院直属局。

1994 年,民航局改名为民航总局,仍为国务院直属局。

2008 年,民航总局划归交通部,为部属国家局,改名为民航局。

在民航局建制的变化中,主要呈现三种性质,即军事化、半军事化和非军事化。军事化的目标是为了备战目的,如 1952 年由于抗美援朝的需要民航局改为空军建制;半军事化主要考虑的是在计划经济的条件下如何与其他交通运输业协调发展和兼顾效率与国际影响的问题,如新中国成立之初的经济振兴和 20 世纪 60 年代贯彻周总理"飞出去"的方针;非军事化则是考虑利用多方力量办民航,引入竞争机制有效办民航和进入国际市场办大民航的目标,改革开放后呈现的就是这个特点。最近的改革则是按照中央"放管服"的统一部署,精简政府职能的结果。

三、民航当局运行资金的来源

在大多数国家,民航当局一般作为政府的一部分,理所当然应该由政府拨款进行支持。但是,有些国家认为民航当局的活动和工作可能只给某些团体、私人组织或者一部分群体带来好处,而不是给所有公众带来好处,所以不应该由全民缴纳的税收来支付该部门的运转。还有一些国家因为财政预算拨款的不足(政府在不同的发展时期发展重点不同,所以政府拨到民航当局的财政预算额根据其是否把民航业确定为优先发展地位而有所不同,这种资金总量的变化对民航业这样一个需要长期规划的行业而言非常不利)妨碍了民航当局的有效监管和整个民航运输系统安全运行水平的提高。在这些情况下,该国的民航当局可能会要求对监管体进行收费服务。

民航当局收费的目的是为了保证能够获得连续稳定的资金来源以保证民航当局能够不间断地提供监管和服务,并有利于本行业的长期稳定发展。所以收费应该以服务成本为基础而进行,这种收费方法称为成本覆盖性收费,即尽可能地把成本进行覆盖而不是为了赢利。当然,作为一个国家的监管机构,其安全监管责任是不容推卸的,所以并不是民航当局的每项工作都可以进行收费,哪些部分的服务可以收费也需要严格规范。一般而言,发个人执照、运营证审核和发放、飞机注册和登记等服务是针对单个组织和个人而进行的,这些服务可以进行收费。

中国民航当局的部分收费服务价格

民航当局提供服务的种类很多,因此收费的种类也很多。中国民航局的服务收费价格需要得到国家发改委和财政部的许可,具体可参见国家发改委、财政部共同颁发的发改价格[2004]90号"国家发展改革委、财政部关于发布民航系统行政事业性收费标准的通知"和国家发改委、财政部共同颁发的发改价格[2007]475号"国家发展改革委、财政部关于调整民航系统行政事业性收费标准的通知"文件,2008年全球金融风暴后,为恢复经济,政府采取了降费减税措施,财政部先后对民航的收费服务进行了调整,具体可参照国家发展改革委、财政部共同颁发的发改价格[2011]3214号《关于重新发布民航系统行政事业性收费标准及有关问题的通知》和发改价格[2012]4142号《关于民用航空从业人员考试收费标准等有关问题的通知》以及民航局转发和细化的相关文件。

另外,各国民航当局根据本国的实际情况制定出的收费标准也不尽相同,但归结起来基本上有五个方面:登记费、颁证费、产品批准费、维修和制造监督审查费、运行监察费。出现的方式大体分为登记费、占有费、工本费、业务补偿费和检查/审查费等。表3-2列出了中国民航和加拿大民航的部分收费项目和标准。

表3-2 民航当局部分收费服务项目标准(中国,加拿大)①

类　别	项　目	中国民航/人民币:元	加拿大民航/加元
国籍登记费	除限制类以外	1 000	45
占有/所有权费	除限制类以外	1 000	110
工本费	个人执照颁发	10	80/115
	考试(理论/实践)	理论每科70,口试每人每次80,实践150—300	105/200
补偿费	航空业务	按国际通行标准	航空公司新机型引进20 000

----

① 参见中国国家发改委网及加拿大运输网。发改价格[2012]4142号《关于民用航空从业人员考试收费标准等有关问题的通知》、发改价格[2011]3214号《关于重新发布民航系统行政事业性收费标准及有关问题的通知》。发改委网址:https://www.ndrc.gov.cn/。加拿大交通部网"aviation:TP14984",https://www.tc.gc.ca/。1加元约合5.14人民币(2019年12月)。

（续表）

类　　别	项　　目	中国民航/人民币：元	加拿大民航/加元
检查费/审查费 （以工时为基础或 由计算公式确定）	如以工时为基础	每人工时 200	每人工时不少于 120
	初始适航证	每人工时 200	1 260/按项目
	飞机制造型号审查 （最大起飞重量 5 700 kg 以上）	（575＋0.07×最大起飞 全重）×人数×天数	＜504 680/按项目
	发动机型号合格 审查费（最大推力 2 000 kg 或 2 000 kW 以上）	［183＋0.09×最大推力 （功率）］×人数×天数	/
	宽体机年检	每人工时 200	＞180/按项目
	EMB145 以上所有机型		
	维修单位审查 （按公式或按项目）	每人工时 200	300—6 090/项目

备注：相比于加拿大适航当局，欧洲适航当局（EASA）收费标准①较高，其人工时收费为 247 欧元，并且准备在 2020 年继续调高。

第二节　民航当局在国际关系中扮演的角色

一、民航当局与国际民航组织（ICAO）的关系

为实现航空运输业的协调发展，国与国之间需要在多边和双边对话机制下展开磋商和谈判。民航当局就是这样一个代表本国民用航空运输领域的利益与各种组织打交道的机构。在所有的国际组织中，民航当局特别需要关注的是国际民航组织（ICAO）。自 1947 年 ICAO 成为联合国的一个特别机构（专业分支机构）以后，联合国成员国都可以成为 ICAO 的会员国，到目前为止，ICAO 已经是一个拥有 193 个成员国的大型组织。

民航当局与 ICAO 的第一种关系是参与权。在承认《芝加哥公约》并成为 ICAO 缔约国的前提下，各国的民航当局均可以派遣成员参加 ICAO 理事会、秘书处的工作，也可以推荐本国专家参与 ICAO 的各种工作小组和派遣代表参与区域

---

① 参见 EASA 网"EUROPEAN UNION AVIATION SAFETY AGENCY FEES & CHARGES REVIEW"，https://www.easa.europa.eu/。

空中航行规划的制定。

民航当局与 ICAO 的第二种关系是平等协商。各国民航当局在 ICAO 制定新规则的时候,需要与 ICAO 保持密切接触,传达本国政府的立场,反映本国政府的利益,并体现在 ICAO 的各种会议文件上。

民航当局与 ICAO 的第三种关系是执行。在 ICAO 通过相应的标准和建议措施后,由于 ICAO 的标准是强制的,因此 193 个在《芝加哥公约》上签字的国家必须实施这些标准。本国民航当局必须确保本国的法规能够反映芝加哥公约附件中所作的改变,并按照执行。如果本国的相应技术标准和规则与 ICAO 的标准和建议措施有不同时或者本国由于条件限制不能执行此标准时,本国民航当局应即时通知 ICAO 可能存在的区别。注意,这一点至关重要,因为飞到全球各地的飞行员们预期在所有的地方都会按照 ICAO 的"国际标准和建议措施"(SARPs)进行飞行,各国具有同样的程序、标识和规则。而一旦出现非标准化的程序和标准,如果飞行员不知道的话,飞行将会冒很大风险。本国民航当局还必须与 ICAO 持续保持接触的另一个原因是,本国民航当局的决定可能会影响到其他缔约国的航空运输运行。比如,飞机制造国的民航当局必须在批准的制造标准被改变时通知 ICAO。

二、民航当局与国际政府组织之间的关系

本国民航当局除需要与 ICAO 进行联系外,还会与许多其他国际组织有联系,特别是本国所处地区的区域合作组织。当然,一个国家的航空运输系统是否发达和其飞机制造工业在国际上所扮演的角色会直接影响该国民航当局参与国际组织事务的多少。像美国、法国、德国、加拿大、巴西这几个民用飞机制造大国的民航当局在很多国际组织中都会起作用。如美国、巴西、加拿大、澳大利亚和欧共体的民航当局会参与亚洲太平洋经济合作组织(APEC)、美洲峰会、美洲国家组织(OAS)、经济合作组织(OECD)和欧洲运输部长会等国际论坛。另外民航当局可能也会与诸如世界银行一类国际金融机构合作。

三、民航当局与其他各国民航当局之间的关系

本国的民航当局与其他国家的民航当局之间也需要经常性地进行互相交流。例如,飞机的重要性要求在重要国家(标准原型国)的民航当局和出口国家的民航当局之间交换信息,飞机购买国的民航当局也要与飞机制造国的民航当局进行交流。

随着飞机维修业务外包的普及,维修也变为一项全球业务。75%的航空公司至少会把部分维修工作外包给处在另一国或地区的公司。例如,新加坡航空公司、日本航空公司和香港国泰航空公司已经把维修工作移到中国的厦门。长

荣公司,作为台湾的一个维修公司,定位把台湾建成亚太地区的航空技术维修中心。(美)西北航空公司(现已合并至达美航空)撤除了原来位于明尼阿波里斯圣保尔国际机场的两个机库,把波音 747 飞机的大修移到了亚洲。中国国内的情况也很类似,很多航空公司把机队规模较小、本身维修能力较弱的飞机、发动机和零部件送往其他国家维修,而同时专攻某个机队、发动机型号或者部、附件的深度维修,吸引全球各国的航空公司把飞机、发动机和零部件送到中国修理。近年来,亚洲的飞机维修业(MRO)蓬勃发展,根据《航空周刊》2016 年调研①,北京飞机维修有限公司、广州飞机维修有限公司位列全球机体维修企业前十,而新科宇航、香港飞机工程有限公司更是以年度机体维修千万工时领先 MRO 企业,排名第一、第二。

对一个航空公司机队进行维修的组织必须获得航空公司飞机登记国的民航当局的批准。拿前面的例子来说,其他国家的维修组织如果想取得美国的航空公司机队的维修业务,就必须首先获得美国联邦航空局,即 FAA 的批准。这种批准通常需要一国民航当局的人员到另一个国家去检查对方的维修机构和维修设施后方能进行。这种政府间跨越国界的行动应该首先获得对方国的民航当局的认可才比较妥当。

四、具有重要地位的民航当局

1. 美国联邦航空局(FAA)

FAA 是按照美国国会在 1958 年通过的《联邦航空法》法案促成的"美国联邦航空组织"(Federal Aviation Agency)的基础上于 1966 成立的。FAA 随着航空形势的发展其职能也几经变迁。现在 FAA 的目标是提供世界上最安全、最有效的航空系统。FAA 成立后,一直致力于改善航空安全工作,在过去几十年间制定和开发了一系列航空运行的标准和要求,这些标准和要求最后形成的法规文件就是《联邦航空法规》(FAR)。FAR 现在是各国民航当局在制定法规时除国际民航组织(ICAO)的"国际标准和建议措施"(SARPs)以外的主要参考模本。它的具体职责有:管理民用航空,提高安全,执行国家防卫要求;鼓励和发展民用航空,包括新型航空技术;开发和运行适用于民用飞机和军用飞机的公共航空交通管制和导航体系;致力于国家航天体系和民用航空的研究与开发;研究和实施控制飞机噪声和对改善环境有效的各种方法;管理美国商用航空运输。

FAA 不断改善自身的服务,其奉行的价值观②:保持对安全的激情,让所有的航空和太空旅行者安全抵达目的地;不断追求卓越,用结果证明我们的专业、透明

① 参见航空周刊网,https://aviationweek.com/mro。

② 参见美国联邦航空局网"Mission",https://www.faa.gov。

和可信赖；把诚信作为试金石，以最高的道德标准和态度履行我们的职责；相信员工的力量，成功来源于多元个体之间对团结和合作的承诺；以创新作为标签，培养创造力和远见，提供超越今天界限的解决方案。

2. 欧洲联合航空局(JAA)和欧洲航空安全局(EASA)①

欧洲联合航空局源于欧洲联合适航局。20 世纪 70 年代初，欧洲国家决定通过整合欧洲的技术和资源，联合设计、制造大型商用飞机，同美国分享庞大的世界航空业市场。为此欧洲成立了"联合适航局"，它最初成立的目的是为了建立对大型飞机和发动机的通用型号代码，以满足欧洲航空业的需要，尤其是几个国家间相互协作制造飞机(Airbus)的需要。到 1987 年，该机构的工作已经扩展到飞机的运营、维修、人员执照和设计认证等领域，覆盖生产、设计、维修机构的认证和通用程序。

1990 年，在塞浦路斯会议上，"联合航空局"(JAA)正式成立，签署《联合航空局协议》的国家成为 JAA 的成员。它的主要职责就是制定和完善联合航空规则(JAR)。JAR 的内容涉及飞机的设计和制造、飞机的运营和维修以及民用航空领域的人员执照等内容的相关管理和技术程序的制定。JAA 的成立，保证了成员国间的合作，使各成员国之间的航空安全水平达到一个较高的水准。同时 JAA 的另一项职责是：同世界上在民用航空领域有影响力的区域或国家航空当局进行交流与合作，并通过缔结国际协议，促使世界范围内的民用航空安全标准和要求达到 JAA 的安全水平。

由于 JAR 的所有要求对其成员国仅作为建议而并不具有法律效力，所以各国的航空当局还会根据自己国家的情况或高或低地制定自己的航空法规，欧洲各国间的航空规则标准还是不能完全统一，这不利于欧洲区域一体化的进一步的发展，也不能满足欧洲航空领域未来的需要。因此，2002 年 6 月，欧盟十五国在布鲁塞尔的会议上决定成立"欧洲航空安全局"(EASA)。EASA 是一个对成员国具有约束力的组织，它统一管理欧洲的航空领域。

截至目前，EASA 的成员有包括德、法、英在内的 32 个国家。EASA 的任务是：起草安全立法，给欧盟和其成员国提供有关航空方面的技术建议；通过检查、训练和标准化工作，保证欧洲航空安全立法在所有的成员国得到一致的贯彻；对飞机、发动机和其零部件的安全性和环境适应性进行型号认定；批准和监控世界范围内的飞机设计组织和欧盟以外的维修组织；收集、分析和研究数据以改善航空安全；代表欧盟委员会管理欧盟外国飞机安全评估(SAFA)项目。图 3-3 为 EASA 组织机构图。

---

① 参见欧洲航空安全局网站，http://www.easa.eu.int。

图 3-3　EASA 组织机构图

FAA 对外国运营商的检查

　　安全问题始终是航空运输领域内最关心的问题,但是并不是所有国家都处在同一个安全运行水平,各国的民航当局的监管水平和力度也不尽相同。

　　1992 年,FAA 开始实施一项"国际航空安全评估"(IASA)计划,该计划针对服务于美国的外国航空公司。但是目标却是确保所有在美国境内的航空承运人都已经取证并且其所在国的民航当局是持续按照 ICAO 标准进行安全监管的。

　　所以,这项评估不是用来判断每个航空公司是否安全,而是通过对航空公司的检查来反映外国民航适航当局是否符合了 ICAO 的标准(而不是 FAA 的标准)。

　　检查结果发现三分之二的公司不符合 ICAO 的标准,主要问题类型有:没有法规(当局没有立法)或者法规不足;缺少有经验的适航管理人员;缺少对适航指令、最低设备清单和服务困难报告调查的保证和强化,相关重要适航问题控制不足;缺乏足够的技术数据;缺乏航空运营取证系统;与航空运营取证系统的要求不符合;缺少经过足够训练的飞行运营检查员;没有足够的有效的检查程序等。

五、各国民航当局对规则之间的协调

　　国际民航的运行需要一个协调一致的航空规则,这就要求各国的民航当局之间经常性地进行协调和沟通,更需要国际组织发挥积极的作用。自第 29 届国际民航组织大会上起,ICAO 就一直关注国家之间的规则协调,呼吁国家和国家联盟之间制定出协调一致的航空规则。

　　部分地区和国家规则之间的规则现在已经得到了一致。例如欧洲国家通过欧盟这个平台以及 JAA 和 EASA 的帮助,经过多年的努力,建立了一致的称为 JAR

的民用航空规则。EASA 也正在全力推进单一标准的实施。

在北美,以 FAA 的 FAR 规则为标准模板的航空安全规则也已经得到贯彻。

在世界的其他地区的还没有足够法规框架的国家,现在也在积极参照 ICAO 附件以及 FAR 和 JAR 的规则来建立自己的法规体系。在可以预见的将来,我们认为,世界上的航空运行的整套规则可能实现基本一致。但是要实现完全协调一致则需要国家之间进行持续协商。各国由于其自身的利益点和战略考虑不同,规则之间的差别还是普遍存在的,如何在多方的利益下取得平衡需要有力的协调,在这方面,ICAO 和世界上主要的民航当局需要起更积极的作用。

第三节　民用航空总规划

航空运输系统是一个复杂的系统,其发展不仅存在着要素与要素之间的互相牵涉制约,同时针对各个要素的政策之间也存在相互关联的问题。所以,必须把航空运输系统作为一个整体来看待并协调解决其中的问题。同时,由于航空运行的国际化是航空运输的基本特征,因此国际政治事件和其他国家的经济状态以及新技术的发展和变化也会给本行业带来重大的影响。预测各个子系统及相关因素的变化从而制定出在一个阶段内适合的发展计划是保障航空运输系统顺利运行的重要前提,这项工作就是"民用航空总规划"的制定,一般由本国的民航当局牵头制定。

一、民用航空总规划(CAMP)

所谓规划,就是制定出一条行动的道路。所以总规划的制定就是整个系统的行动方案的制定。民航总规划(CAMP)则是一条为了改善和发展民用航空运输系统而制定的行动道路。制定总体规划的责任一般由本国民航当局(CAA)来承担。

通常,CAMP 应包含四个组成部分:即航空公司、机场、空中航行服务和民航当局的发展规划。CAMP 是一个面向未来的远景战略计划,一般至少为 5 年以上直至 20 年的总体规划。

总规划必须包括下列要素:规划目标、规划期、规划的依据和假设条件、规划实施的关键要素、配套的主要战略等。

首先,规划目标的确定。CAMP 是国家整个远景规划中的一部分,因此它的目标不能违背整个国家未来总体发展规划和布局的要求,它必须反映政府的优先发展顺序,确保与政府的经济目标相一致。

其次,在规划过程中必须明确该系统的每一个子系统的目标,实现该子系统目标的主要手段以及各个子系统目标之间的相互关系。CAMP 的制定也要考虑交通运输大系统中其他运输方式的系统规划和社会经济活动的影响,如旅游业的发展战略、陆地交通、海上运输方式的发展战略等。这些因素的漏失可能会造成总规划的严重缺陷,比如陆上交通已经规划在两个城市之间建立高速列车,在两城市距离不是很远的情况下,航空交通运输就可能受到很大影响,因此预测时必须把这个因素考虑在内。

第三,任何规划都是依据现在的条件和对过去一段时间内观察到的经验来进行推断的,而这种条件随着时间的推移可能会不断变化。另一方面,我们在做预测时使用的推断模型也是我们的一种假设,所以规划中对远期目标的定位准确性与推测条件和推测模型是密切相关的,为了使后人方便了解规划的合理性和科学性,在规划中必须把我们做规划时基于的条件、依据、假设以及采用的论证方法交代清楚。

第四,总规划制定完成后也不是一成不变的,也需要做动态管理。作为一个大系统的总规划,一般而言都具有相当的前瞻性,但是,这并不能成为我们固守不变的一个理由,好的规划也需要随着时间变化、环境变化适时而变。民航当局应该设定调整和更新 CAMP 的门槛点和关键因素以保障 CAMP 的总体的持续有效性。

第五,总规划按照时间长度也可以分为五年规划、十年规划或者二十年规划。总规划还会给出一个战略实施时间表,这个时间表应该是现实可行并具有成功实施的可能性。

总之,CAMP 是一个用来帮助民用航空行业主要管理层进行决策的支持文件。它包含对目标的全面描述和将来的打算,包括了该目标预测基于的假设和条件,也会提到制定规划时缺少哪些数据支持,从而未能考虑的变量因素,还会有为实现该目标而应该采取的战略方法。可能还会特别提到要想实现该系统的规划目标,可能的瓶颈是什么。换句话说,CAMP 的总目标就是实现民航系统的协调发展,防止资源浪费。

二、CAMP 的内容与范围

航空公司、机场、空中航行服务和民航当局的调控系统是航空运输系统的四个组成部分。对于每个组成部分,CAMP 会按照以下内容来进行描述:它们分别是设施、设备、人员、组织结构、规章和程序。具体到各个子系统的实际内容又有差异,表 3 - 3 分别列出了各个子系统规划时应该涉及的主要内容。

表 3 - 3　CAMP 的主要内容

航空运输系统	CAMP 对各子系统规划时涉及的主要内容
航空公司	主要航空运营者 运营的执照和类型 用于运营和维修用的机场清单 主要航路 飞机机队 旅客和货运的统计 主要声明

（续表）

航空运输系统	CAMP 对各子系统规划时涉及的主要内容
机场	所有机场(跑道等)设施和物理特性的描述 新建(扩建)机场的需求 机场设备 进近助航设施 航站楼
空中航行服务	国家空域 导航助航点(设施) 进近助航设施 设施：区域管制中心、塔台、维修 人员(特别重要,因为训练周期长,离职率高)
民航当局	组织(安全和经济) 立法 服从性 规章标准 系统安全 事故调查 国际和双边义务

三、政府政策和战略规划

　　航空运输不仅是把旅客和货物从一个点运送到另一个点的简单运输方式,它还是国家战略的一个重要组成部分,是实现政府目标的一个工具,特别是航空运输能够在空中自由、快速飞越,所以这种交通方式对国家安全的影响比其他的交通方式的影响要大得多,同时跨越边境的飞行还会牵涉国家主权、政府与政府之间的关系问题,因此航空运输的总规划必须严格执行政府政策,在政府政策的指导下进行规划。

　　政府对于宏观经济的把握,政府制定的关于对本产业的政策,乃至政府的财政来源和预算都可能影响民用航空运输业的产业方向。宏观的关于民航运输业的产业方向的问题包括：是否应该将航空运输业进行私有化、是否允许多种经济成分参与航空运输业、是否应该放弃对该行业的严格控制等,关于这些问题的答案在不同时代也迥异。20 世纪 70 年代如果谈航空运输业的自由飞行和放松管制,那是天方夜谭;而到 21 世纪,放松管制则是全球化的要求;航空运输业的私有化也进行得如火如荼。当然,在私有化方面也必须根据本国、本地区航空运输业需要满足的目标考虑是部分还是对所有的航空运输系统进行私有化,从而制定私有化的战略和策略。

除了政府经济政策外,影响航空的因素还有很多,但不是每种因素都会在制定主计划(CAMP)时需要考虑的。各种因素应该经过检测,看哪些因素对于航空运输业的影响是重要的,哪种趋势才应该被考虑进去。主要应该考虑的因素包括旅游的发展、其他行业的改变对交通业的影响、国内(或国民)生产总值(GDP)、人口量、居民可消费的收入、国家和地区的政治因素和经济条件等,这些都会给航空业的增长带来冲击。还应该注意本国民航当局的政策和法规框架与最新的 ICAO 的 SARPs 是否一致。如果进行了"普遍安全监督审计项目"(USOAP),那么审计的建议也必须反映在 CAMP 中。

四、空中交通预测

交通预测是在制定 CAMP 时特别需要关注的指标。如果预测不准,那么基于此预测得来的未来的交通情况也不准,决定就会出现错误,规划就会产生失误。当研究交通量时,在所有机场必须收集这些统计数据:出发(始发)飞机的运转、离港(含中转)飞机的运转、出发(始发)旅客的运转、离港(含中转)旅客的运转、出发(始发)货物的运转、离港(含中转)货物的运转、飞越(过境)飞机的数目等。当然交通预测不仅仅是统计现在的数据,同时也需要加入过去的历史数据,建立适当的模型来进行趋势分析。空中交通的预测还会根据数据得出保守型预测和激进型预测,这两个预测数据确定了预测分析的上下限。

五、航空运输各系统的协调

CAMP 还需要正确分析和处理民用航空运输各子系统之间的相互关系,使各个子系统得到协调发展。在政府运行民航运输业所有的要素(或子系统)时,政府可能可以根据未预见的变化将重点进行调整,比如发现流量上升而飞机投入数不够则加大对飞机的投入数目。但是在大多数民航运输系统的要素或子系统被私有化之后,在市场经济体制条件下,就有一些更为复杂的因素需要判断和分析,比如各子系统的进入和退出障碍、各子系统或组成部分的相互转换、投资市场的偏好、旅客市场需求变化、产业投入产出周期等。

举例来看,一个由政府运作的新机场,如果跑道不够,可以从政府运作的其他不紧急的项目中挪动资金来修建新的跑道;但如果机场已经私有化,那就不可能从政府控制的塔台项目中拿出资金去给急需资金的机场修跑道,而机场可能就会出现修建跑道的资金短缺。即使政府投资的新塔台建立好,整个民航运输系统的运力仍然无法提高。

当然,整体而言,民航运输业的各个子系统之间是需要得到同步发展的。需求的变化通常会首先传递到航空公司,然而航空公司航班运行数目的增加或减少又会传递到机场,进而传递到空中交通管理,最后这种影响也会传递到民航当局的法规建设和监督检查上。

但是这些影响之间通常会出现时间差。时间差产生的最重要的原因是民用航空运输系统的各个子系统的自我调整时间很长。比如航空公司因为客户数目的增加需要购买新的机种和扩展机队,而制造厂研究、制造直至交付飞机的周期却很长,所以在客户数目增加的时候首先压力被传递到航空公司。随着航空公司飞机订货的交付,机场和空中飞行的流量开始增长,经过一两年的累积,机场趋于超负荷,扩展机场和空中管制的能力成为当务之急,而新机场和跑道的建设周期也需要两三年。

所以,进行民用航空运输系统总规划时应该特别注意到民航运输业投入产出周期长的这个重要特征,争取在总规划时进行平衡发展,只有这样,才能减少民用航空运输各个子系统之间的相互矛盾。

六、CAMP 报告

最终撰写的 CAMP 报告是经过一系列的研究和调查而形成的。为了使 CAMP 对民航运输业的各组成部分(各子系统)有更大的指导和参考作用,与 CAMP 颁布的同时,还应该提供通过实地考察、查阅文件资料、统计调查所获得的支持总规划形成的信息和与政府有关官员、业界专家就总规划问题进行深入讨论取得的意见和建议以及他们对此问题做出判断的依据。

CAMP 提供的预测将被用于定义未来航空运输系统的需求,根据预测的需求和目前的需求满足情况进行比较做出未来规划。规划者还将根据规划的规模决定满足目前和将来需求而要求的设施、人员、设备、组织、规章和程序。

CAMP 除了对所有这些内容进行详细阐述外,同时也要对规划成本(投入)进行评估,对实施需要的时间进行估算。一般而言,实施期与规划投入的成本是互相影响的,CAMP 最后必须提交给民航当局的高级管理层进行最后评估、修订和批准。

CAMP 一旦获得最后批准和颁布,就成为本国民航运输业发展的一个指针。但是这并不意味着 CAMP 不可修改,对 CAMP 负责的当局和规划制定部门必须对其进行周期性的评估和更新以准确反映航空运输系统的状况和管理 CAMP 的执行情况。

中国民航的 CAMP
——中国民航"十三五"发展战略规划

中国民航局按照中国政府(国务院)对于经济发展的总体规划来规划本行业的发展。目前中国正处在第十三个五年计划期间。

2016 年 3 月 16 日第十二届全国人民代表大会第四次会议批准了《中华人民共和国国民经济和社会发展第十三个五年规划纲要》(简称《十三五规划》)。按照该纲要的规划①,在"十三五"期间,交通运输业的主要任务是完善现代综合交通运输体系,目标为坚持网络化布局、智能化管理、一体化服务、绿色化发展,建设国内国际通道联通、区域城乡覆盖广泛、枢纽节点功能完善、运输服务一体高效的综合交通运输体系。

《十三五规划》对于民航发展,重点从"构建内通外联的运输通道网络""打造一体衔接的综合交通枢纽"和"推动运输服务低碳智能安全发展"三方面进行了任务细化。在"构建内通外联的运输通道网络"方面,民航的目标是增强枢纽机场和干支线机场功能并加强通用机场建设;在"打造一体衔接的综合交通枢纽"方面,主要任务是优化枢纽空间布局,建设北京、上海、广州等国际性综合交通枢纽,提升全国性、区域性和地区性综合交通枢纽水平,加强中西部重要枢纽建设,推进沿边重要口岸枢纽建设,提升枢纽内外辐射能力。完善枢纽综合服务功能,优化中转设施和集疏运网络,强化客运零距离换乘和货运无缝化衔接,实现不同运输方式协调高效,发挥综合优势,提升交通物流整体效率;在"推动运输服务低碳智能安全发展"方面,民航的主要任务则是加快推进空域管理体制改革。

同时,《十三五规划》对民航需要重点发展的领域也设定了具体目标。

在机场建设方面的具体目标:打造国际枢纽机场,建成北京新机场,建设京津冀、长三角、珠三角世界级机场群,加快建设哈尔滨、深圳、昆明、成都、重庆、西安、乌鲁木齐等国际航空枢纽,强化区域性枢纽机场功能。实施部分繁忙干线机场新建、迁建和扩能改造工程,建设支线机场和通用机场。建设郑州等以货运功能为主的机场,新增民航运输机场 50 个以上。

在交通枢纽建设方面的具体目标:以高速铁路、城际铁路和机场等为重点,打造一批开放式、立体化综合客运枢纽,推进同台换乘、立体换乘,加强城市内重要客运枢纽间的快速通道建设,减少换乘距离和时间。建设一批多式联运货运枢纽,提升换装效率,鼓励依托交通枢纽建设城市综合体,推进整体开发。

在智能交通方面的具体目标:推动铁路、民航、道路客运"一站式"票务服务系统建设,建设综合运输公共信息服务平台和交通大数据中心。

《十三五规划》同时确定了年均不少于 6.5% 的国民生产总值发展速度。

按照国家对十三五计划期间总体的增长和发展要求,中国民航研究了本行业目前的发展状况和发展环境,结合本行业的特点和在国民经济生产中的地位制定出中

---

① 　参见中国中央政府官网《中华人民共和国国民经济和社会发展第十三个五年规划纲要》第二十四章(加快推动服务业优质高效发展,加快开放民航行业的竞争性业务)和第二十九章(完善现代综合交通运输体系),http://www.gov.cn。

国民航业的十三五发展规划(即中国民航的 CAMP),并以民航总局文件形式下发①。

《中国民用航空发展第十三个五年规划》(以下简称《民航十三五规划》)规划全文分为七章 30 节。

第一章,发展环境和指导思想。在本章中,《民航十三五规划》全面回顾了《民航十二五计划》取得的成绩和《民航十三五规划》应该实现的目标。"十二五"期间,尽管世界经济总体增长放缓,中国民航的体制环境没有根本改变,机场保障能力也存在明显不足,但在中国经济强劲增长(增长率 7.8%)背景下,民航发展仍取得了年均 9.6%的增长率。

表 3-4 为"十二五"计划目标和实际达到的目标。

表 3-4 "十二五"时期民航发展计划主要指标完成情况

类别	指　　标	2010 年	2015 年目标	年均增长	2015 年	年均增长
业务规模	航空运输总周转量/亿吨千米	538	830	9.0%	852	9.6%
	旅客运输量/亿人	2.68	4.5	10.9%	4.4	10.4%
	货邮运输量/万吨	563	670	3.5%	629	2.2%
	通用航空生产作业/万小时	14	30	16.5%	28.8	15.5%
	旅客周转量在综合交通中的比重/%	14.5	16	—	24.2	—
发展质量	运输飞行百万小时重大事故率	[0.05]	<[0.20]	—	[0.00]	—
	航班正常率/%	75	≥80	—	67	—
	载运率/%	71.6	>70	—	72.2	—
	运输飞机日利用率/(小时/天)	9.4	≥9.6	—	9.5	—
	吨千米燃油消耗/千克	[0.306]	<[0.294]	—	[0.293]	—
保障能力	保障起降架次/万	605	1 040	11.4%	857	7.2%
	全国民用运输机场/个	175	≥230	—	207*	—
	运输机队规模/架	1 597	2 750	11.5%	2 650	10.7%
	通用机队规模/架	1 010	>2 000	—	1 904	13.5%
	全年航油供应/万吨	1 600	2 850	12.2%	2 580	10.0%
	飞行员数量/万人	2.4	4	10.8%	4.6	13.9%
	民航院校在校生/万人	5.0	6.3	4.7%	6.3	4.7%

注:带[ ]的数据为 5 年累计数;* 不含 3 个通勤机场。

---

① 参见中国民航局《中国民用航空发展第十三个五年规划》(2017 年 2 月 15 日印发)。

基于《民航十二五计划》的完成情况,在充分分析面临的形势后,确定的"十三五"期间的发展目标是:到 2020 年,基本建成安全、便捷、高效、绿色的现代民用航空系统,满足国家全面建成小康社会的需要。航空运输持续安全,航空服务网络更加完善,基础设施保障能力全面增强,行业治理能力明显加强,运输质量和效率大幅提升,国际竞争力和影响力不断提高,创新能力更加突出,在国家综合交通运输体系中的作用更加凸显。

"十三五"时期是民航强国建设的关键期,也是中国实现第一个百年目标的攻坚期,民航在推进法治建设,增强保障能力,强化科技支撑,着力提升运输质量和国际竞争力的同时,按照适度超前的原则,构建安全、便捷、高效、绿色的现代民用航空系统,充分发挥民航战略产业作用,更好服务国家战略,更好满足广大人民群众需求,为实现民航强国奠定更加坚实的基础的指导思想,民航发展规划仍将保持 10%左右的增长速度。表 3-5 为"十三五"时期民航发展的预期指标。

表 3-5 "十三五"时期民航发展主要预期指标

类别	指　　　标	2015 年	2020 年	年均增长
行业规模	航空运输总周转量/亿吨千米	852	1 420	10.8%
	旅客运输量/亿人	4.4	7.2	10.4%
	货邮运输量/万吨	629	850	6.2%
	通用航空飞行量/万小时	77.8	200	20.8%
	旅客周转量在综合交通中的比重/%	24.2	28	—
发展质量	运输飞行百万小时重大及以上事故率	[0.00]	<[0.15]	
	航班正常率	67%	80%	
	平均延误时间/分钟	23	20	
	中国承运人占国际市场份额	49%	>52%	
保障能力	保障起降架次/万	857	1 300	8.7%
	民用运输机场/个	207*	≥260	
	运输机场直线 100 km 半径范围内覆盖地级市	87.2%	93.2%	
绿色发展	吨千米燃油消耗/千克	[0.293]	[0.281]	
	吨千米二氧化碳排放/千克	[0.926]	[0.889]	

注:带[ ]的数据为 5 年累计数;*不含 3 个通勤机场。

第二章,确保航空持续安全。航空安全是航空业的生命,安全包括飞行安全和安保安全。航空安全主要通过落实安全责任、健全安全法规标准、创新安全管理机制、夯实安全运行基础、强化重点风险管控、提升安全技术能力等手段和方式来实现。

第三章,构建国家综合机场体系。民用机场建设是民航运输业的发展基础,"十三五"期间将重点构建覆盖广泛、分布合理、功能完善、集约环保的国家综合机场体系。完善华北、东北、华东、中南、西南、西北六大机场群建设,突出建设与京津冀、长三角、珠三角三大城市群相适应的世界级机场群,并计划新增布局一批运输机场和通用机场,新建成运输机场超过 50 个,使运输机场总数达 260 个左右,通用机场数达到 500 个以上。同时以枢纽机场为重点打造智慧机场,综合运用大数据、云计算、物联网、移动互联网等技术,推动机场安全防范、生产运行、旅客服务和商业运营等业务环节的集成创新,实现机场管理的精细化,提升旅客出行体验。

第四章,全面提升航空服务能力。构建以运输航空和通用航空为两翼、覆盖广泛、通达通畅的航空服务网络,使得国内航线网络实现高联通、广覆盖、便捷经济,全球的航线网络能支持的全面对外开放的新格局。在提升航班正常率、完善服务质量体系、加强航空服务产品创新的同时,鼓励大型网络型航空公司发挥"走出去"的主力军作用,并通过联营合作、资产并购、布局海外基地等方式拓展国际市场,积极参与国际竞争。

第五章,提升空管保障服务水平。空中交通管理是保障民用航空安全高效运行的中枢。"十三五"期间将建设以空中交通管理现代化与绩效型组织为目标的运行机构,通过引入新技术和科学合理规划空域、灵活高效使用空域、改善空管基础设施等措施实现空管运行安全水平、精细化水平、有效性水平的全面提升。

规划的第六、七章分别为改革创新推动转型发展和为实现"十三五"民航发展目标需要的保障措施和工作机制。

CAMP 是一个国家航空运输系统的蓝图,它是在本国国民经济发展总蓝图指导下形成的关于民用航空运输领域的一个战略规划。基于对航空交通流量和经济预测的考虑,该文件将帮助高层管理人员做出实现政府政治和经济目标的决定。CAMP 的全面性要求我们要从航空运输的四个组成部分全面收集信息,同时也要收集互相影响的各种陆地和海运交通方式的信息。总规划也必须不断和当前情况进行比较,相应地进行修改,这样才能保证一个持续更新的、有效运行的航空运输系统的形成。

第四节　航空运输的经济性法规

早期的航空运输由于其安全性能不高,乘坐的风险大,所以敢于乘坐的乘客很少,运输量也小,行业管理主要针对技术安全,而商业运行管理并没有提到议事日程上来,所以运价是由各个航空公司自行制定的。美国的第一个载客商业定期航班,即 1914 年 1 月 1 日由彼得斯堡-坦帕水上飞机公司使用一架双座水上飞机从佛罗里达的坦帕飞往海湾对面的同属佛罗里达州的圣·彼德斯堡的航班,其航程为 22 英里,运价为 5 美分。

随着商业飞行的次数和密度增大,航空作为一种运输工具,其所具有的地位也越来越突出。特别是通过两次世界大战,全球所有国家普遍认识到,民用航空运输业不仅在本国的经济发展中占有重要的地位,而且对本国的战略安全具有重要的意义。因此,民用航空运输的发展受到政府的关注也越来越多。

民用航空运输业的所有制上,又可以分为两大系统。一种是以美国为代表的以私营股份为主的航空运输市场,一种是以欧洲德国、法国为代表的以国有、部分国有或者国家特许形式为主的公司结构。这两种模式不同的航空企业出现在同一个国际市场上开展运营。

国际航空的运营是根据一系列国际航空法(公法和私法)的要求,以国际民航组织(ICAO)和国际航空运输协会(IATA)为平台,通过多边或者双边航权协定和运价协调来实现的。这种多边或者双边的协定都有一个重要的特点,就是各国政府都会竭力保护本国航空公司的利益。

正因为航空运输业一开始就表现出来的国际性,促成了各国的国内航空业的运行和调控机制与国际运行规则的一致性。这其中最需要讨论的是航空运输的经济性法规。

一、什么是经济性法规

经济性法规指的是政府为了实现本国航空运输方面的经济政策目标而制定的一系列规则和规定。经济性政策的目标是:一方面促成有效和经济的航空运输系统,一方面保护本国的航空公司和使用航空产品的消费者。

国际航空运输的经济性法规主要是交通权或者航权的交换,它一般通过双边或多边谈判取得。这些法规主要涉及双方航空运输的准入、运价和容量限制。

国内航空运输的经济性法规则主要针对航空公司(如果机场和导航服务商已经私营化,则也需要相应经济性法规),因为航空公司通常私营化(或商业化),规则的制定可以防止私人运营者利用他们垄断优势获取暴利,损害消费者利益。如果是国家运营航空公司,则由于政府可以完全控制运价(政府定价)、控制交通流量来服务消费者,一般就没有制定经济性法规的必要。

航线准入、运价调控和容量限制这三种经济性法规也同样可以用在国内航空运输市场上。除此之外,国内航空运输市场上还有补贴管理、控制班期、控制所有权和控制航空公司兼并等经济性法规来进行限制。

中国民航的经济型法规由从 CCAR-271 至 CCAR-325 的若干部法规,国务院及其部委和民航局系列行政法规构成。

二、运价法规

运价主要是指航空运输的价格,是运输旅客、行李或货物收取的价钱和关于其可用性和使用的条件。

在自由市场经济条件下,运价通常是由客户需求和供给双方的均衡来确定的。在交通运输的需求和供给方面,航空运输的运价还必须考虑其他交通运输方式的运价。因为如果航空公司要价太高,顾客就会选择别的交通方式。另一方面,运价的高低还与这一地区的航空运输布局相关,如果市场有很多不同的公司,并且是一个完全竞争市场,则旅客将有更多的选择,运价可能变化的幅度就很大。还有,运价的选择还会与公司的商业属性、公司采取的竞争策略和竞争的理性程度相关。但是无论如何,运价设定不是件容易的工作。如果价格太高,旅行的公众就被剥削;如果运价太低,航空公司就受损失并导致破产。

为了实现航空运输业的良性发展并保护消费者的利益,运价就需要采用法规来管理。国际航线的运价,一是通过承运此航线的几家航空公司协议取得的协议运价(需要报各自政府批准),二是航空公司通过 IATA 的运价协调会议来讨论和确定的。一个国家为什么要管理运价,一般有以下理由[1]:

① 确保其国家承运人具有公平的机会经营国际航班。

② 确保该国一家或者几家承运人具有公平均等的机会在提供国际航班方面进行竞争。

③ 支持达到国家相关的目标和目的,诸如促进国际旅游和贸易。

④ 以通过为单一航空承运人使用其选择的运价寻求灵活性为例,目的是促进国际航空运输方面的竞争。

⑤ 对国际航空运输使用人的需要做出回应。

⑥ 在定期和非定期航班之间保持一种差别。

20 世纪 80 年代后随着国际民航逐渐放松管制,现在 IATA 制定的国际运价也基本上只是运价的一个参考价。各个航空公司和承运人在同一条航线或者不同航线但同一方向的航线上的竞争异常激烈,纷纷根据自己的竞争策略,按照标准运价制定出种类繁多的运价以适应不同消费者的需求。

国内航班的运价则通常是通过一个当局的经济性法规体来制定和调控的,除分定期航班和包机服务的区别外,定期航班主要采取指导运价和运价限制手段,运价限制又分为"过高运价"禁止和"过低运价"禁止。

指导运价,也就是一条航线的初始运价一般是由首先开辟这一航线的运营商

---

① 参见《国际民航运输管理手册》第 148 页(即 ICAO9626 号文件),中国民航出版社,李江民译,北京,1997。

根据运营航线结构,通过本利分析计算后,上报运价管理部门批准后确定的。由于在受保护的(垄断)航线上,航空公司(运营商)可能会使用高价策略;而在不受保护(竞争性)的航线上,航空公司(运营商)会使用低价策略,相对应地,运价管理部门分别会制定出"过高运价"禁止,或者"过低运价"禁止。如果价格结构处在预定的价格范围内,一般航空公司将自行决定运价。

运价并不是只有价格一个要素,一项运价的条件或规则也是运价的一个组成部分。条件和规则通常涉及运价的适用性和支付的手续费。这些条件包括:可以免费随身携带的行李件数和/或重量(以及超重行李的收费),能否改变航程或航班或中途分程以及能否退票。限制型条件有:省略、限制或对能够改变航程或类似好处收取额外费用,履行之前规定期限付款的要求,限制航段和/或将该运价与其他运价组合使用。

三、市场准入法规

市场准入法规是对能够进入某条特定航线的航空公司数进行控制。

在一条航路上有太多的航空公司将导致飞机载运(旅客)率大大下降,从而不盈利,航空公司数目太少又会导致服务不能满足大众旅行的需要。在一个调控的环境里,为了运营一条航线,航空公司必须首先获得调控部门颁发的许可证或者授权。而为了取得许可证,航空公司则必须证明"公众需要",即建议的服务是有公众需求的。

国际航班的市场准入权通常是国家之间以某种协定或安排的方式交换类似的权利(参见本书第二章)。其基本的市场准入权是一个国家授予另一个国家供该另一个国家指定的一家或者几家承运人有条件地或者有限制地使用权利或特权。这种准入权利内容包括:航班所飞航线的地理规定,关于指定一家或几家航空承运人的具体规定和一家指定空运企业应该如何使用飞机,以及可以载运的各类业务的具体规定。

一个航空承运人在国内航班的市场准入同样需要当局授予或者批准给予基本权利并办理牌照。权利可能受到许多限制,如:飞行距离、业载限制、机场时段、飞行航路等。

四、容量控制

容量控制是由航路数的限制、飞机大小的限制和飞行频率的限制来实现的。

一旦航空公司申请的航路被批准,为了保持其许可证,航空公司必须持续运行。一般来说,航空公司会通过飞行频率和飞机机型的调整来满足需求。不过,如果一个国家管制比较严格,则可能要求航空公司在初始授权之外的任何改变都需要得到局方的重新批准。

如果需求下降到航空公司的盈利水平之下,调控的当局必须重新评估公众的需求,如果确实不需要时,允许航空公司停止服务(停航)。

容量过大的情况出现在竞争对手把航班频率增加到多于需求的情况,因为各个航空承运人对这部分的市场十分看重,不能承受减少服务的风险。在这种情况下,在这条航线上运营的所有航空公司可能都会出现财务问题(亏损)。这时,负责调控的当局可能就会增加限制以保证容量处在适合的水平,避免出现巨大的资源浪费。

五、补贴

受隔离或者非常偏远的社区,由于没有其他运送给养的通道和可行的旅行办法,因此必须要有定期的航空服务。但是,从一般的商业运营角度出发,由于这种航线旅客太少,为了保持盈利,航空公司必须把票价定得很高,从而远远超出了这些地区人们的承受能力。负责调控的当局应该对这种情况进行分析研究并有一个正确的判断。如果这些航空服务是最基本的,那么可能决定对这些不盈利的运营进行补贴。当然,为了保持政策的连续性,调控当局必须对基本的航空服务和必须提供的服务水平有一个清晰的界定指标。比如,美国国会把补贴航空服务的标准进行限定,标准禁止调控当局补贴那些离中型或大型航空港 70 英里范围内的社区,并且补贴被限定为每个旅客最多不超过 200 美元。法律还指定除了阿拉斯加以外的其他需要航空补贴的地区,每周最少有 12 个往返,即每天 2 个,每周 6 天,并在飞到中心机场的过程中单程不超过 1 次中转。

还必须十分注意,当采取补贴手段的时候,应该确保受到补贴的航空公司不会与不受补贴的航空公司或别的不受补贴的交通方式产生不公平竞争。例如,一个偏远地方有铁路和飞机两种交通方式,如果航空有补贴,而铁路没有,就形成了不公平竞争。

也有一种情况需要政府进行补贴。当经济不景气时,航空公司的收益水平下降(一般反映为需求弹性。即价格下降,但是需求没有明显上升;或者是由于需求不足,运量较小,即使价格已经上升到旅客能够接受的最高水平,总收益仍然低),航空公司不盈利(亏损),这时候政府就遇到了一个是让航空公司倒闭还是进行补贴的难题。有些国家考虑到本国航空公司是满足社会经济需要的基本要素,因此可能不管代价是多少,都会让公司生存下去;其他国家可能会放松市场进入,让更有效的航空公司替代它们的航线。

中国政府对航空运输的补贴通常采用两种办法。如果地方政府要求开辟航线,而本地又没有充足的客源以保证运营的航空公司能够获得利润或者保持持续运行,那么地方政府可以提出采取补贴的方式与航空公司达成开航协议,这种补贴通常以每班补贴额或者补足到客座率为某个定额状态下的费用。当然,除这种补贴方式外,地方政府还可以通过民航局的渠道进行补贴。通常,中国民航局并不会直接采用现金补贴的方式,而是采用航线捆绑,即将此不盈利航线与某些盈利航线的航权共同绑定的方式来提供给航空公司。还可以通过机场费用减免或者税负减免的方式来间接进行补贴。

六、航空运营人所有权控制

1. 所有权归属

虽然政府完全拥有航空公司所有权的情况已经越来越少,但是并不表明政府对航空公司放弃控制。一般而言,为了保持本国的政治经济利益的需要,大多数国家都设定有所有权保护的限制条款。即使在航空公司私有化的国家,政府通常也会要求大部分的航空公司的所有权的归属权为本国居民,这样可以保证公司控制在本国居民手中。通过这种保护条款,实际上就是限制了外国人的拥有权。例如在美国,现在的法律要求只能有 25% 的股权(公司所有权)可以由外国(人)控制。同时公司也必须由美国公民运营和控制。而在欧洲,虽然控制权的范围延伸到整个欧盟范围内,但是欧盟以外国家的人员对欧盟内航空公司的所有权控制是受到严格限制的。

对机场和导航服务的拥有权就更加严格。特别是在中国,因为机场缺少竞争性,基本处于完全的垄断状态下。航空导航服务更由于其关系到国家领空安全问题,所以所有权问题就更为重要。

但这并不是说不可以存在跨国的合作,对于经济欠发达的地区和国家而言,外部资本仍然是改善民航基础设施的重要依托。因此,不仅外国人控制和拥有权在机场运行方面是可以接受的,而且我们也发现,区域内,如非洲和拉美及加勒比国家也出现了统一的航空导航组织来运作地区的空域资源。

2. 兼并、收购和产权转换

既然所有权归属有限制,因此航空公司的控制权转移需要政府的批准就不奇怪了。控制权转移首先需要防止转移到国外控制人手中,其次还要保证像航空公司这样的以安全和效益并重的公司不能出现不利于消费者的垄断局面。在美国,从 1978 年国家航空业开始放松管制以来,理论上存在着一个公司可以通过购并把所有的竞争公司买下来形成超级航空公司的可能性。但由于这种做法与放松管制、实现自由竞争和降低价格的目标相违背,如果万一出现这种局面,政府将不予批准。同样,航空公司还可以通过控制枢纽港的方法实现不公平竞争,以不公平的票价取得在该枢纽的垄断利润。所以航空公司的并购需要经过一定的批准程序,也需要经过调控部门的审核。新的公司开辟的单飞航路中的每条原始航线和运价也需要得到批准。

但是航空公司作为企业,兼并不可避免。除了因为财务问题造成的困难需要得到注资引起的兼并外,兼并还可以实现共享资源、分担成本、减少风险,使组织运行得更加有效。2008 年全球金融危机后就出现了一系列大规模的兼并整合,在美国形成了具有更大优势地位的美利坚航空、美国联合航空、达美航空三大集团,在欧洲,则形成了跨国的法荷航空集团。

七、私有化后的机场和航空导航服务的经济性法规

为机场和航空导航服务制定经济规则是私有化带来的产物。政府必须确保私有化的所有者不滥用其垄断优势。航空导航服务是完全垄断的,机场有时彼此之间会有些竞争,但是总体来说,旅行者能够选择比较方便的机场只是最近的一个。

所以政府为机场制定的规则可能包括

① 保证本国公民拥有大部分所有权。

② 限制航空公司拥有的机场数目。

③ 调控机场收费:费用包括航空公司承担的起(飞)降(落)费、停机费和对旅客直接收取的到港或者离港费。政府可能必须审核和授权机场的收费并附加收费条件。

④ 与公众利益有关的问题,如防止竞争行为。

⑤ 要求审计财务报表。

⑥ 调控当局对向机场运营者提供的服务进行收费。

⑦ 保证没有歧视情况。

⑧ 保证没有针对别的机场的不公平竞争。

⑨ 提供消费者保护。

政府对航空导航服务制定的政策包括

① 调控收费以保证公正。

② 对财务报表进行审计。

③ 确保空域容量和导航/通信服务设施能够提供足够的服务能力。

④ 确保在公平和平等的基础上进入预期的服务领域提供服务。

根据政府政策不同,政府对私有(私营)化的机场和航空导航服务的控制程度也有差别。

八、航空联盟、第六航权等新课题对法规的影响

航空联盟其实是航空公司为了应对当局对产权和拥有权严密监管而出现的新的合作运营方式。因为航空公司购并非常困难,所以需要找到一种新的形式来实现资源利用效率的提高,而航空联盟正好不涉及如兼并、重组和产权转换等问题,跨越了这个过程中的诸多限制,而又同样可以实现效率提升和运营一体化的目标。航空联盟的形式很多,从松散型的代码共享到紧密型的联盟、联营,各航空公司根

据自己的承运能力、市场地位和战略目标要求,采用不同的方式。

　　同样,在无法取得第五航权的情况下,立足现有的双边协议,开展与另一国的航空承运人之间的竞争,还可以采用第六航权的运营模式。第六航权是经过承运人自己的国家来运输两个其他国家之间流动业务的权利或者特权,实际上就是把本国当作桥梁来运营其他两国之间的旅客。世界上大多数枢纽港和枢纽航空公司的主要盈利点都来源于这一部分旅客,枢纽港和枢纽航空公司之间互相配合,实现无缝联结是这项业务成功的关键。

中国民用航空运输的经济性法规

　　民航运输业的经济性法规主要是准入、运价和容量限制三类。

　　中国民航运输业的准入制度主要是通过《中国民用航空国内航线经营许可规定》①来规范的。按照《中国民用航空国内航线经营许可规定》第四条的要求,中国民航运输在国内航线上实行国内航线经营许可管理,根据空运企业经营类别的不同,分为核准和登记两种管理制度,核准和登记工作由航线经营许可评审委员会执行。

　　中国民航运输的运价管理则是由国家的宏观经济调控和指导机构,国家发展和改革委员会主管。因此有关运价的调整一般由民航局评估经国家发展和改革委员会批准后颁布实施。按照最新的《民航国内航空运价改革方案》②要求和《关于深化民航国内航空旅客运输票价改革有关问题的通知》③《关于进一步推进民航国内航空旅客运输价格改革有关问题的通知》④及《关于印发实行市场调节价的国内航线目录的通知》⑤,中国民航的国内航空运价以政府指导价为主,以现行航空运输企业在境内销售执行的各航线公布票价为基准价(平均每客千米 0.75 元),实行浮动幅度价格管理且票价上浮幅度最高不得超过基准价的 25%(下浮幅度原则上

---

　　①　参见《中国民用航空规章 289 部-中国民用航空国内航线经营许可规定》(CCAR－289TR－R1)。该规定于 2016 年以交通运输部令第 38 号进行了第一次修订,主要修改了"申请国际航班经营范围的空运企业的条件要求""公共航空运输企业申请扩大经营许可证及联合重组申报要求"等。

　　②　参见中国民航总局 2004 年第 18 号公告《民航国内航空运输价格改革方案》。

　　③　参见中国民航局民航发[2016]110 号《关于深化民航国内航空旅客运输票价改革有关问题的通知》。

　　④　参见中国民航局民航发[2017]146 号《关于进一步推进民航国内航空旅客运输价格改革有关问题的通知》。

　　⑤　参见中国民航局民航综计发[2019]3 号《关于印发实行市场调节价的国内航线目录的通知》。

不限,但需要备案)。航空运输企业在政府规定的幅度内,自行制定具体票价种类、水平、适用条件,提前 30 天通过航空价格信息系统报民航总局、国家发展改革委备案,并对外公布后执行。部分高竞争性航线和替代性强的航线实行完全市场价调节机制。关于公布运价的详细信息可以参考中国民航航空运价信息网或中航信 Eterm 系统①。

关于中国民航运输业的容量限制的管理文件主要有《民航航班时刻管理暂行办法》②。容量限制可以转变为时刻管理,无法取得有效时刻表明容量已经被限制。按照《民航航班时刻管理暂行办法》第二章的要求,航班时刻管理机构分别为民航总局(改革后为民航局,下同)、地区管理局和空管局。其中,民航总局统一负责全国民航航班时刻管理工作,地区管理局负责辖区内机场的航班时刻管理工作。民航局空管局和地区管理局承担航班时刻的具体协调、分配与使用监督工作。在时刻的具体分配上,以地区管理局成立协调机场航班时刻的协调委员会为载体,通过投票制开展工作,协调管理时刻的分配。从 2010 年开始,按照《关于进一步做好航权航班和时刻管理工作的通知》③要求,民航局主要负责北京、上海、广州三大城市四个机场的航权和航班审批许可,其余机场的航权和航班审批许可由相关地区管理局负责。

容量限制还会与准入要求进行配合,这样可以保证在本来客流量小、不盈利的航线上避免增加新的进入者,减少过度竞争,减少资源浪费。如《中国民用航空国内航线经营许可规定》第三十四条明确规定,民航总局和民航地区管理局对新辟独飞的"老""少""边""穷"(也包括"红")地区支线航线采取市场培育期保护措施,在两年内不再核准或登记其他空运企业进入经营。

除此之外,为了实现民用航空运输业的均衡发展,特别是为了鼓励航空运输企业开辟"老""少""边""穷"(也包括"红")地区的航线,帮助这些地区发展经济,中国民航还相应地制定了包括《民航发展基金征收使用管理暂行办法》《支线航空补贴管理暂行办法》④《民航中小机场补贴方案》(每年度确定)等文件在内的一系列优惠措施。

关于所有权的控制,目前在机场服务领域和导航服务领域,国有资本占完全控制地位的情况在相当一段时间内不会改变。特别是导航服务,由于中国国家领空

---

① 参见 airtis 和 Eterm 航空运价信息网。
② 参见中国民航局民航发[2007]120 号《民航航班时刻管理暂行办法》。
③ 参见中国民航局民航发[2009]102 号《关于进一步做好航权航班和时刻管理工作的通知》。
④ 参见中国民航局民航财综[2012]17 号《民航发展基金征收使用管理暂行办法》及民航发[2013]28 号《关于修订印发支线航空补贴管理暂行办法的通知》。

的管理归属于中国人民解放军,民航导航服务是经过特别授权仅在限定的区域内对民用航空运输提供服务,因此其归属权由国家控制的性质不会在短期内改变。相对而言,由于国有资本的投入不足,民航运输业承运人的规模普遍较小,本身有扩大规模的迫切愿望;同时随着中国经济改革成果的显现,人民收入水平的提高,民间流动资本的规模相当大。在这种条件下,民航业积极鼓励民营资本投入航空运输业的发展,航空运输业的所有权结构发生了很大的变化。现在,国家除了仍然对几家主要的航空承运人实行控股以外,中小承运人的所有权对本国公民而言已经是完全开放的。尤其是十八大以来的新一轮改革开放,国有航空企业混改也已列入日程表中且已取得部分成效。

　　总之,为了促成有效和经济的航空运输系统所采用的经济性法规一般有限制航空公司数目、给特定的航线授权和控制班期等方法。经济性规则还会通过限制外国承运人的进入的方式来保护本国航空公司。其中双边协定就是用来保证不让本国航空公司陷入危机而采取的经济性法规之一。

　　经济性法规的另一个重要目标是保护消费者的利益。如经济性法规规定:为了取得执照,新航空公司必须证明他们具有承担在一定时期内出现运营亏损的财力。这是为了防止航空公司倒闭,而使得给机票持有人(旅客)造成服务中断或财务损失。

　　航空运输业的经济性调控框架是国家政策的一部分,根据国家宏观政策对民用航空运输运营的要求,通过对本国航空运输业的状况、应该受保护的程度、运行方式的研究,制定出本国适用的经济性法规框架。该法规需要明确对国内和国际承运人的管理应该有什么不同,当局应该进行干预的程度要多大,管理当局能否有效执行等问题。政策的细则可能关系到运价控制、准入限制、容量限制、所有权和并购者。还要考虑到是选择高度控制还是希望更自由化的管理。必须产生一个民航运输业的经济法规控制体,这个控制体一般设在民航当局内,但是也可以单独设立一个控制体。传统上来说,机场和航空导航服务一般由政府或者政府授权的组织来运营,但是现在机场和航空导航服务也开始进行私有化,因此需要相应制定确保这两个航空运输系统组成部分的财务安全和杜绝垄断滥用的政策。最后一点是,航空运输业的经济性政策还必须与交通运输业中的其他交通方式的相关政策进行协调,这样才能使本国的整个交通运输业得以健康发展。

第五节　安全监察、系统安全和事故调查

　　保证生产安全、保证民用航空运输业的安全运行是一个国家民用航空运输业得以健康发展的首要条件。因此,航空运输业中的所有利益相关方,包括民航当

局、航空公司、机场、空中航行服务和我们提供服务的旅客都应竭尽全力,为实现这个安全目标而共同协作。从更大的范围来说,建立一个安全的航空运输系统不仅是各个国家自己的目标,也是国际民航组织(ICAO)所有成员国的目标。因此,我们在制定减少事故的措施时,也要求把与航空运输相关的所有组织和所有流程都考虑进去,并通过系统化的方法实现。

民用航空运输业的安全运行分为几个环节:一是安全系统建立(包括安全法规制定),二是安全监察,三是事故调查和分析,四是安全系统回顾和修订。

一、系统安全的保证

安全可以定义为没有风险。绝对的安全是不存在的,安全工作就是通过采用风险预测、风险评估、风险防范、风险控制的一系列办法将风险降到尽可能低的、安全管理层和公众能够接受的程度。系统的安全性保证是通过安全系统的建立来实现的。安全系统包括保证系统安全规则的建立、安全规则的落实、安全规则落实程度的监察、出现安全事故的调查和对安全规则和安全系统的重新修订。安全规则,有时也称为技术规则,就是用来起尽可能消除风险的作用。安全规则的落实程度也需要监察,航空运输系统的安全监察就是监督航空运行活动保证其按照安全规则进行。

二、安全管理系统(SMS)与系统安全

在任何一个经济运行层面,不可能存在一个只为了实现整个系统安全而设立的安全管理系统,因为安全管理系统的存在首先是为了保障经济运行的必要。安全管理系统是随着经济发展、生产力的发展而提出来的一个要求,安全并不是人们在一开始生产实践时首先提出的问题,当然系统的运行离不开安全,新的系统的建立也逐渐把系统安全同时考虑在内。系统安全不是静态的,而是动态的。

安全管理系统是整个系统安全中的一个核心部分,安全应该贯穿在每项工作中。当然,安全管理系统的建立有助于全面降低风险,提高安全水平。因为安全管理系统除了有安全规定和安全规则来控制系统安全外,还会要求有一个积极的、清晰的安全管理方法、思路和程序来保持或改善航空安全水平。系统安全的一个基本概念是即使在有人为因素出现的情况下,组织因素也是事故的根本原因。为了消除这些因素,我们必须用建立安全战略的方式来设计航空活动和系统。换句话说,我们不仅要检查而且要设计安全。

上述这种对安全进行管理的思路我们称为"安全管理系统",简称 SMS。"安全管理系统"的定义是"管理安全风险的一个系统化的、清晰的和完全的流程"。

按照国际民航组织 SARPs 附件 14(机场)、附件 19(安全管理)的规定,从 2005

年 11 月 24 日开始国际民航组织对所有机场获得取证的一个基本要求就是建立 SMS 系统。中国民航局在 CCAR - 140《民用机场运行安全管理规定》①的第二章第九条也明确"机场管理机构应当建立机场安全管理体系"。不仅如此,由于 SMS 可以带来的潜在好处,各国民航当局都已要求航空公司和航空导航服务实施这项计划。现在,对航空公司而言,SMS 系统是其获得运行许可的基础。

三、安全监察

安全规则的落实及系统安全的建立需要监察。航空运输系统的安全监察就是监督航空运行活动保证其按照安全规则进行。

由于航空运行中的安全属于公共安全的一部分,所以政府应该是保证航空运输系统安全运行的主要责任人,即安全监察是国家的一项基本责任。航空运输系统安全责任包括航空运输系统中的安全和其他公众的安全。为了保持高水平的安全,国家必须建立安全监察系统,安全监察系统包括以下要素:

① 进行航空立法,因为立法是保障安全的基石。立法必须和《芝加哥公约》这样的国际责任相一致,立法是民航当局开展其工作所需的法定权力的来源。

② 建立操作性规则以定义操作者应该遵循的程序。一般而言,一个要求的程序也就定义出了一种可接受的安全水平。

③ 作为航空立法工作的执行者,民航当局负责更新规则,监控航空运输系统以保证其符合性。

④ 航空立法中应该包括合格的技术人员,即具备其工作领域的专业知识的人员要求。

⑤ 为了方便操作者保持与立法要求的一致性,文件和指导性材料应提供如何应用规则的详细方法。

⑥ 立法还采用颁照和发证的形式保证只有那些能够满足规则要求的人员和操作者能够得到操作许可。

⑦ 民航当局的监督人员采用检查、审计等持续监控工作手段保证规则符合性的持续性。

⑧ 关于安全工作改进的决定是从各个运营者身上出现的飞行事故、事故调查和事故报告中分析得来的,这些分析结果的唯一作用是采取纠正措施。

四、普遍安全监督审计项目(USOAP)

为了保证各国民航当局对安全进行足够的监察和监督,使民航运输系统符合

---

①　参见《中国民用航空规章 140 部》——《民用机场运行安全管理规定》(即 CCAR - 140 - R1,2018 年 11 月份修订)。

安全标准,ICAO 于 1999 年 1 月启动实施了一项称为普遍安全监督审计项目,即 USOAP 的计划。这项计划的目标是针对民航当局的。2003 年,蒙特利尔航行会议提出扩大普遍安全监督审计计划的要求①,把对民航当局的审计工作扩展到附件 11 和附件 14 的范围,即增加对空中航行服务和对机场的审计;2005 年安全审计范围进一步扩大,形成全系统审计要求,即 USOAP - CSA(Comprehensive Systems Approach)项目,要求对芝加哥公约中所有与安全相关的附件中的有关安全条款进行审计。

USOAP 包含由国际民航组织在其缔约国内展开的、定期的、强制性的、系统的和协调一致的安全监督审计,以便评估对国际民航组织标准和建议措施(SARPs)的执行水平,查明安全关切或缺陷,并提供解决建议。2007 年 9 月,在 ICAO 第 36 次大会上又形成了关于 USOAP 项目在 2010 年以后推进规划的决议,该决议要求在对安全风险因素分析的基础上,采取系统的、更积极的监控行动以确保航空运行的安全,同时使 ICAO 的资源得到有效和高效的利用,也减少重复审计对缔约国造成的负担,这个项目也被定义为 USOAP - CMA(Continuous Monitoring Approach)②。在 2010 年 10 月举行的 ICAO 第 37 次大会上,USOAP - CMA 项目作为对成员国连续监察能力的监督机制正式写入 A37 - 5 决议中并从 2013 年 1 月开始执行。该项目主要通过对成员国民航当局管理的运行现场和非现场活动审计来评估成员国安全监察系统是否有效地管控住了安全关键要素(CEs),是否对发现问题采取了修正行为,从而判断一个国家的监察能力③。

USOAP 审计主要包括以下 8 个方面:
① 关键的航空立法和特定的运行规则制定。
② 民用航空组织机构。
③ 人员取证和培训。
④ 飞行运行。
⑤ 飞机适航。
⑥ 飞机事故和事件调查。
⑦ 导航服务。
⑧ 机场和地面助航系统。

ICAO 通过发起一系列安全举措并在各国民航当局的共同努力下,使全球运输航空的安全形势得到提升(见图 3 - 4)。面向未来,国际民航组织将推动实施全

① 参见 ICAO 文件 AN-conf/11-WP/32。
② 参见 ICAO 文件 *USOAP Results Report 2016 - 2018*。
③ 参见 ICAO 文件 *Doc 9735 — Universal Safety Oversight Audit Programme Continuous Monitoring Manual*。

球航空安全计划(GASP),并按近期、中期、长期三个阶段实施,近期主要完善
USOAP-CMA 中有关安全监察系统的 8 个关键安全要素(CEs)的实施工作,中
期(到 2022 年)将在各成员国推动国家安全项目(SSP)的开展,远期(到 2028 年)则
计划在所有成员国实施包括预测性风险管理(Predictive Risk Management)在内
的先进安全监察系统(Advanced Safety Oversight Systems)。

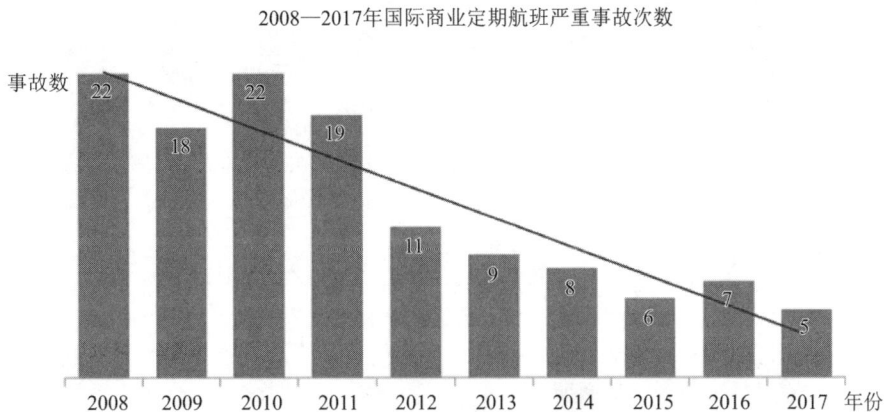

图 3-4　安全性——国际商业定期航班严重事故统计①

USOAP 持续审计(CMA - Continuous Monitoring Approach)情况②

　　根据 ICAO 第 37 次大会要求确立的 USOAP-CMA 项目,委员会开展了对
各成员国监察能力和监察情况的持续监督,监督覆盖 USOAP 审计要求的八大
领域以及八个关键指标,从 2017 年对审计的监控结果来看,全球 185 个国家总
体达到了 65.03% 的有效性水平,各国总体上能够承担起对本国航空系统进行持
续审计的责任,八大领域中对航空港和地面助航系统的审计有效性还不高,低于
60%。而在八个关键指标的执行上并不平衡,CE4(有资质的技术人员)、CE7(监
控责任落实)、CE8(安全问题的解决方案)明显低于 60% 的容忍水平(见图 3-5、
图 3-6)。

---

①　参见 ICAO《2018 年安全报告》。
②　参见 ICAO 运营安全和持续适航合作发展项目委员会(COSCAP)《2018 年年会报告》。

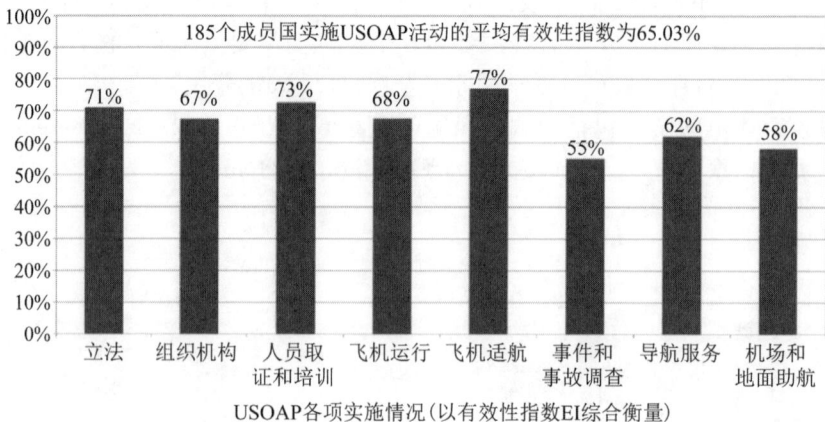

USOAP各项实施情况(以有效性指数EI综合衡量)

图 3-5　USOAP-CMA 项目实施情况

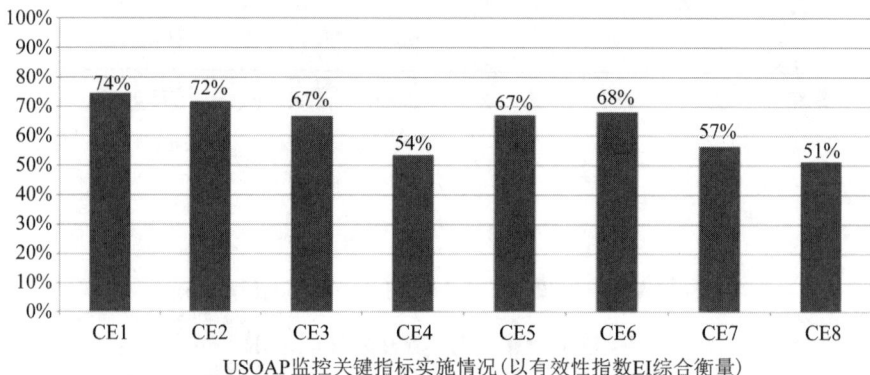

USOAP监控关键指标实施情况(以有效性指数EI综合衡量)

图 3-6　USOAP-CMA 关键指标满意度水平

五、国际航协运行安全审计计划(IOSA)

除了加强对民航当局的审计外,国际民航组织也要求加强对航空公司的安全审计。国际航协运行安全审计计划(IOSA)就是航空公司安全管理的第一个全球标准。IOSA 审计从 2003 年开始实施,到 2007 年底,国际航协的会员公司全部完成审计,而新会员则必须通过 IOSA 审计才能入会,且所有航空公司每 2 年要进行一次复审。IOSA 审计情况记载于国际航协网站并向公众开放,目前登记册上共有 435 家通过 IOSA 审计的航空公司①。该审计通过对航空公司的运行管理和控制系统进行评估以使其达到国际认可和接受的标准,是对国际民航组织的普遍安

---

① 其中有 45 家大中国区域和北亚区域的航空公司通过审计。参见国际航协网。

全监督审计(USOAP)计划的一个重要补充,为各个国家政府管理航空企业安全工作提供了有力的支持。

安全飞行周期

随着中国民航安全监管水平的提高,中国民航可以保证的安全飞行周期也更长。特别是在 2000 年后,中国民航的航空安全水平有了更明显的改善,在运送旅客人数呈阶梯式上升的同时,事故率呈阶梯式下降。特别是运输类飞机的安全得到了有效的保障,安全飞行时间不断延长,近 10 年来,中国民航旅客运输一直保持良好的安全记录,到 2019 年 12 月 31 日止,中国民航已累计安全飞行 112 个月,8 086 万飞行小时。

但是,中国民航的安全压力依然巨大,形势依然不容乐观。一是目前中国运营中的飞机总数与美国不是一个数量级,中国的全部航空公司的运输飞机(适用 CCAR - 121 部规范)总数只有三千八百架左右,而美国运输飞机的总量却有上万架;二是美国的低空是完全开放的,全美有数以十万架的通用航空飞机(适用 CCAR - 135 部规范)在飞行。这种密度飞行下的航行保障能力是目前中国空管无法实现的。而就是现在的飞机数和飞行密度,中国近年来平均每年出现的飞行一般征候和严重征候也维持在 100 起上下。

六、事故调查

事故调查是系统地进行安全管理的一项要求,因为安全的提高总是通过不断改进获得的。而通过对安全事故、事件的调查,了解不安全事件产生的真正原因并采取相应措施避免再次发生是消除这些不安全因素、降低风险的重要方法。

根据各国民航当局职责的不同,事故调查的责任可能被设置在不同的组织机构中。根据事故调查发现,很多事故的原因中也包括民航当局未能及时制定相关技术法规或者监管不力,因此如果由民航当局负责事故调查,当局可能会回避自己在安全事故上的责任,因此很多国家都会将事故调查工作授权给另一个独立的部门来执行。比如,美国的事故调查是由交通部所属的一个调查委员会来执行的,而中国则是由国家应急管理部来牵头执行的。

关于事故调查的目的,在附件 13 中的第三章陈述道:事故和事件调查的唯一目的是防止类似事件和事故的再次发生,它的目的不是用于追究责任和指责某人。事故调查会公布调查报告,报告不仅给出事故的原因分析,还包括深层次的原因分析、结论以及建议采取的安全措施等。

为了做好事故调查工作,找到事故的真正原因,事故发生后,要求事故发生国保护证据、保持受影响的飞机的状态,一直到事故调查不再需要时为止。

附件 13 强调,不论何时发生事故,发生国必须通知下述国家和组织:

① 登记国:飞机被登记的国家。

② 运营国:航空公司作为基地的国家。

③ 设计国:设计飞机的国家。

④ 制造国:与设计国不同,比如,飞机制造可以通过设计国的许可在另一国制造。

⑤ ICAO:当出事飞机的质量超过 2 250 千克时。

且所有上述国家和组织必须提供完成事故调查工作需要的信息。这些国家和组织可以指定一名代表参加事故调查。

另外,如果事故发生在非会员国内,事故调查工作将由登记国负责。

事故调查当局可以没有任何限制地对事故进行调查。这个要求必须写在国家的法律框架内。这也是为什么大多数国家已经通过立法建立了独立于民航当局以外的一个事故调查组织的原因。事故报告通常也是公开的,这样便于大家学习总结经验,人们不仅知道发生了什么,而且还可以知道如何去防止发生。

20 世纪 70—80 年代是事故的高发期。1984 年,ICAO 出版了事故防止项目文件①。在该文件中,ICAO 对如何建立好安全基础、减少安全风险、减少安全事故,以及在事故预防中各方的职责、在各个运行环节如何防止事故发生、采用哪些有效的方法都进行了详细的描述。该文件进行了不断的修改,最新的版本为 2005 年修订版,其中也包括了安全管理系统(SMS)建立的要求,该文件现在成为事故预防工作的重要文件。

从事故调查中总结出来的部分经验

一、事故的多样性

民航运输业的安全保障是一个系统工程,任何一个环节的疏漏都可能会引起严重的后果。因此为了实现安全运营,航空运行系统的设计也和飞机系统本身的设计一样是有裕度的。任何系统都离不开人的因素,但是要注意人的因素包括文化、训练、组织设计等。而出现事故的原因更多的是在组织设计、程序设计和运行上,个人因素只是事故原因中很小的一个因素(见图 3 - 7)。

---

① 参见 ICAO 文件 *ICAO Accident Prevention Program*(DOC9422)。

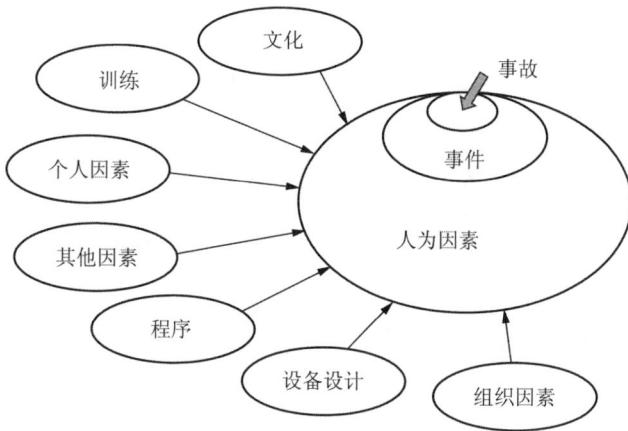

图 3-7　事故发生的原因类别①

二、事故与事件的关系

根据 1969 年的行业研究统计(见图 3-8),在每 600 次的报告事件中,会包括 30 个有财产损失的事件、10 个严重伤害事件、1 个大的伤害事件或者致命事件(事故)。所以防范事故的出现应该从研究每一个安全事件开始,找到事件发生的原因 (特别是系统原因)并加以改正。

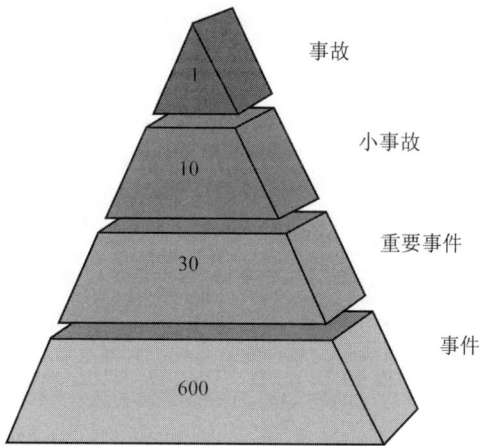

图 3-8　1∶600 定律②

---

① 参见 ICAO 文件 *ICAO Accident Prevention Program*(DOC9422)。
② 同上。

三、安全文化与事故水平的关系

事故调查得到的另一个经验就是事故水平与安全文化息息相关,表 3-6 为三种不同的安全文化的比较。

表 3-6　三种安全文化的比较①

问题类型 ＼ 表现行为 ＼ 文化类型	最差的安全文化	传统的(官僚)安全文化	好的安全文化
危险信息	压制	忽视	主动探索原因
安全信息	阻拦或不让别人知道	随便	培训和鼓励交流
安全责任	避免承担	分散承担	共同承担
安全信息的宣传	不鼓励	允许但不鼓励	奖励
错误	掩盖	就事论事解决	调查并系统改进
新思想	不让抬头	感觉是问题	热烈欢迎

---

① 参见 ICAO 文件 *ICAO Accident Prevention Program*(DOC9422)。

第四章

航空公司的架构和运行

第一节　航空公司的系统组织架构

如果从 1909 年 11 月 16 日成立的德国飞艇运输公司算起,航空公司已运营 110 多年。但是作为大众交通运输的常用工具,航空公司在欧美不过只有六七十年的历史,而在中国则只有三十多年的历史。

但是,就是在这样短的时间里,航空公司却取得了巨大的进步。尤其是喷气飞机的出现,使航空公司逐渐成为长途交通运输中的主力军,成为交通运输业中一支不可缺少的、重要的力量。特别是对于国际旅客运输而言,航空运输方式更是至关重要;而且随着全球化的发展,国际间的人员交流和贸易往来继续迅猛增长,虽然也会呈现某种周期性的波动,但航空运输业的长期发展态势依然向好。

航空运输的地位

根据统计①,1986 年美国各大城市的客运中约有近 90% 的客运量是由航空运输方式来完成的。不仅如此,航空在整个国家运输系统中的综合比重也迅速上升。在美国,航空从 20 世纪 50 年代后期开始全面超越铁路,成为继公路运输后的最重要的运输方式。

在欧洲,由于各个国家之间距离比较靠近,火车网络比较发达,传统的火车运

---

① 钱国超.《美国的交通运输及其发展》[J].江苏交通科技,1991(2):26—31.

输仍然非常便捷,因此在欧洲大陆内有更多的人选择火车作为出行的工具。相对而言,国家林立带来的军事限制区多、飞行高度划分不一致等问题使得航空运输运行可用的空域显得紧张。但即便如此,根据2001年的统计数据①,仍然有5%的客运量是通过飞机来完成的,与火车载客量6%不相上下。在此基础上,欧盟还将通过统一天空实现空域优化,从而进一步提升航空运输的能力。

在中国,虽然火车仍然是大众首选的交通工具,特别是高铁的发展使中国铁路继续保持了其运行优势,但是,航空运输发展迅猛。统计显示,过去二十年内的航空运输量增长速度已接近每年14%,2018年②民航客运量在全国所有客运总量中所占比例达到31.3%(见表4-1)。

表4-1 2018年中国各种交通客运量情况

指　　标	单　　位	绝对数	占总运输量比
旅客运输周转量	亿客千米	34 213.5	——
铁　路	亿客千米	14 146.6	41.35%
公　路	亿客千米	9 275.5	27.11%
水　运	亿客千米	79.8	0.23%
民　航	亿客千米	10 711.6	31.31%

从国际运输方面,特别是从洲际和跨洋运输来看,航空运输实际上已经成为最主要的客运力量。根据统计,超过95%以上的洲际远程旅客是通过航空运输方式来运送的,火车和轮船只占有非常小的比例。不仅如此,航空货运的发展也异常迅猛,虽然航空货运的运输总量只占到总货运量的10%,但是航空货运的总价值达到货运量的40%,而且随着全球一体化的继续发展,航空运输所扮演的角色将更加重要。

图4-1反映的是1980年至2018年间中国各种旅客运输方式增长情况及各种客运方式在客运大交通总量中的占比变化情况。其中,1980年的航空旅客运输量为40亿客千米,2018年上升为10 712亿客千米,航空旅客运输增幅达到268倍。

---

① 金启明.欧盟航空运输发展战略[J].全球科技经济瞭望,2004(5).
② 参见国家统计局《中华人民共和国2018年国民经济和社会发展统计公报》。

各种交通运输方式在大交通中的占比统计(1980—2019)

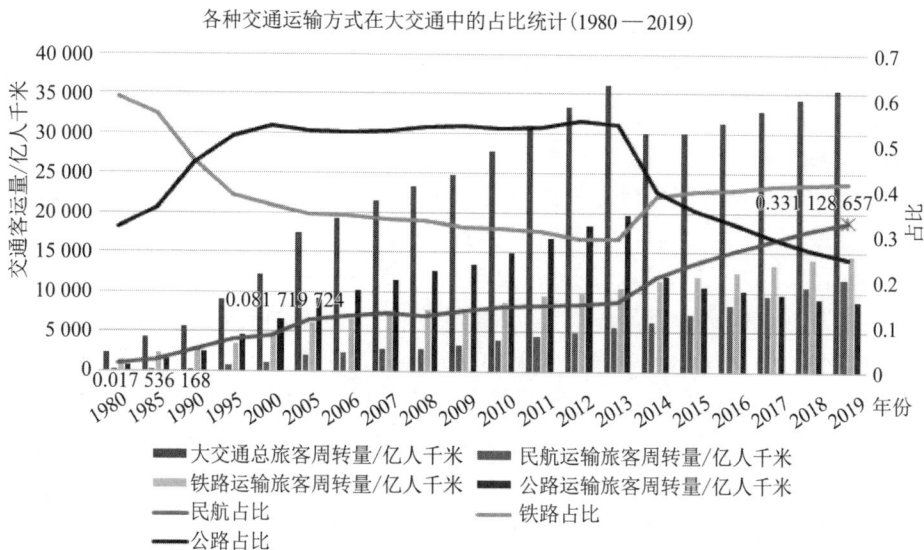

图 4-1　中国各种旅客运输交通方式增长变化及占比情况①

一、航空公司承担的责任和运行特点

与陆地和水上运输方式不同,空中运输方式消除了传统国界的概念,因此航空从一开始就产生了一个国际化的问题,而国际化问题的最主要的表现就是对国家安全的考虑。今天,航空作为运输的一种重要方式还是首先要考虑安全问题,这个安全包括飞行本身的安全性、参与到飞行中的公众的安全性和飞行引起的国家和其利益的安全性。而这一系列问题承载的载体就是飞机,或者说运行飞机的航空公司。航空公司不仅要把安全作为公司的一项基本策略来进行考虑,还要把安全作为一项竞争优势加以培养,在很多情况下,安全还是一项社会责任、一项政治任务。没有安全就没有航空公司的一切,安全的压力对于航空公司而言比对任何一个产业都更沉重。但是,无论如何航空公司仍然是一个公司,是一个经济实体,在很多情况下,还是一个公众公司。如果不能获得适当的商业利益,那么航空公司就无法持续运行;而如果还需要发展,那就更需要长期积累。

安全与经济效益之间存在着相互制约和相互促进两个方面的关系。一方面,安全需要硬件和软件的改善,硬件包括更先进、可靠的飞机和地面设备,软件主要包括确保安全需要的系统建立和人员素质的提高和改善,而这些都需要投入很大的资金,会影响到公司的效益计划。另一方面,安全水平是航空公司品牌的重要因

---

① 参见国家统计局《中华人民共和国年度国民经济和社会发展统计公报》(自 1980 年至 2018 年)。

素之一。安全水平的提高会带来品牌美誉度的上升,进而提高公司的收入水平,促进公司的发展。所以,航空公司必须平衡安全与经济效益的关系,找到现阶段最适合的平衡点,在全面满足公众和监管者定义的可接受的安全水平前提下,尽快进入良性发展周期。

安全和效益是航空公司必须面对的两个重要问题。除此之外,航空业作为全球化程度最高的一个产业,在其经营活动中还必须充分考虑全球化分工给产业带来的影响:

一是全球化的产业链使航空公司的运行面临更复杂的局面和更多的挑战。

航空公司的全球化从全球化的采购开始。经过 100 多年的技术发展和过去几十年的产业并购,现在全球只剩下为数不多的几家飞机制造商。这种高度集中又与政治密切相连的寡头垄断产业造成航空公司进行飞机采购时几乎没有选择空间。而且进一步地,为了实现降低运营成本的需要,航空公司必须规模化地进行采购,这就意味着其他商业模式中可以进行的多次采购选择突然变为一次采购选择。

航空公司的资源也受到全球产业链的严重制约。现在从燃油到飞行员的供给都呈现全球吃紧的局面。还有航空公司的运行全球化的问题,在 20 世纪国际民航组织刚刚成立的时候,国内航权还是作为国内航空公司独享的运行范围,如今也逐渐开放,这就使航空公司的运行面对更多的挑战。

二是航空运输产业本身呈现国际化的竞争与合作。

随着全球经济的发展,航空承运的旅客数和货运量都在持续增长,但是这丝毫没有减少航空公司之间的竞争。事实上,航空产品极具时效性的特点使得这个市场的竞争、特别是价格竞争日益激烈,以至于很多航空公司都出现利润下降,有的还出现财务危机。当然,航空公司共同进行合作以降低本行业运行成本的举措也很多,如各种形式的航空联盟所采取的共同采购、共同分担运行费用的做法。

要想提高航空公司的竞争优势绝不是件容易的事情。航空公司不仅要在飞机和设备采购这种大宗交易中实现成本下降,而且还要在需求预测、航线申请、运力匹配和投放、服务产品设计以及安全运行等方方面面率先创新、取得优势,才能稳定自己在竞争中的地位,取得安全和效益的双丰收。

所以,综合而言,航空公司运行具有以下特点:

① 资本投入大,属于资本高密度行业。

② 安全是最基本和最重要的考量,安全投入成本高。

③ 国际化水平高,经营成本不仅受国内因素影响,而且受国际因素影响。

④ 产品的差别化水平小,差别化难度大,价格是主要竞争手段。

⑤ 产品极具时效性,无法储藏、易腐烂。

⑥ 运行技术复杂,运行组织困难,需要多方面协调。

⑦ 行业监管严格,进入门槛高,受公众关注程度高。

⑧ 由于对国家安全和宏观经济运行都会产生较大影响,政府干预程度高。

二、航空公司的运行模式和组织结构

现在人们所指的航空公司通常是指提供定期航空服务的航空承运人。除这类航空承运人以外,其实还有提供包机飞行的承运人和特殊飞行任务的承运人。由于包机飞行和特殊飞行任务的承运人在运作和管理方式上要比定期航班服务承运人的运作更简单,涉及的服务范围也更小,因此在此不作专题研究。

定期航空服务又分为客运(兼作货运)和纯货运公司两类。客运中又有传统航空公司和新兴的低成本航空公司之分。因此,根据公司定位和业务性质不同,航空公司的组织结构之间也有一些区别,但是,每一个定期航空服务承运人为了实现其系统的安全可靠运行,基本的组织机构设置具有共性,本文就以传统航空公司为例进行分析。

航空公司一般都有三大模块(见图4-2)。一是为公司发展起前导作用的战略与发展部门,包括公司机队规划与选择及与之相关配套的资金筹集和人才引进与发展。因为飞机是航空公司运行的基本工具,而飞机这种工具具有资金密度高、技术复杂、生产和供货周期长等特点。一般来说,这项工作需要提前2—3年以上。也就是说,如果一家航空公司准备开航,那么在开航前2—3年就必须着手解决这些问题。同样,为下一步发展进行规划也需要这么大的提前量。

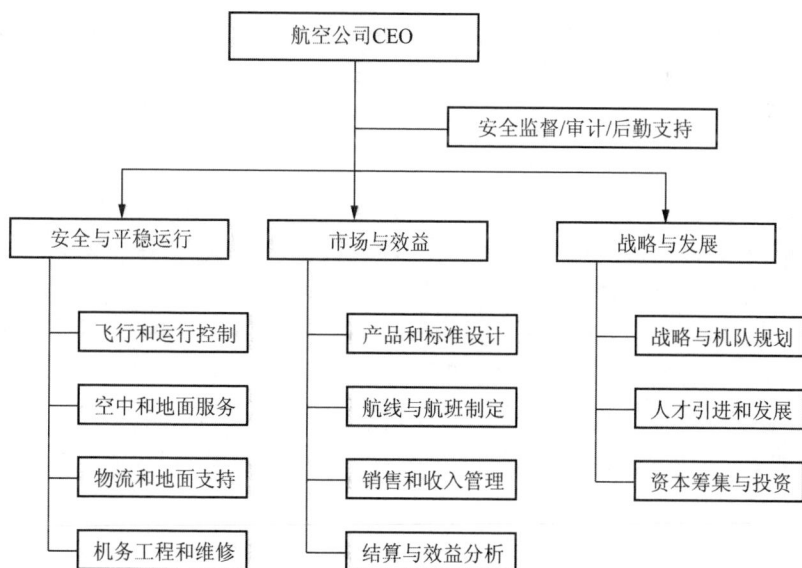

图4-2 传统航空公司组织结构

第二个大的模块是市场与效益部门。按照企业是一个赢利性组织的概念,企业唯一的目标就是为了获取利润,而利润是通过创造顾客、创造需求、用供给满足需求来实现的。所以,如何发展自己的产品,在激烈竞争的市场中找到一席之地需要进行大量的研究,这是产品和标准设计部门所要完成的工作。有了市场,通过合理的航线布局进行连接,使产品和标准渗透到具体的航线和航班上去,产品才能变成有形的供给。销售部门通过合理制定运价,吸引消费者,最大限度地满足各类客户的需求并实现顾客让渡价值最大化,企业收益最大化。最后通过运行,把需求变成产出,实现顾客需要的位移的变化。通过均衡分析投入和产出,研究企业应该如何改进运行效率,提高企业效益。

　　当然,航空公司的重心在于安全与平稳运行。运行包括四个主要方面:即飞行和运行控制、空中和地面服务、物流和地面支持以及机务工程和维修。这其中的核心是安全和高效。没有安全,或者说上述四个方面任何一个方面的安全疏漏都可能给航空公司带来灾难性的打击。为实现安全运行,需要一个系统来保证,这就是目前国际民航组织推行的"安全管理系统"(SMS)。当然,在做到安全的同时,还需要研究如何高效。因为如果没有高效,也就没有竞争力。关于运行的问题,我们在下一节继续研究。

三、航空公司的运行

　　为了保证航空运输的安全运行,航空公司在开展运行前必须取得民航当局的运行许可。运行许可是一个复杂和完全的流程,该流程包含首先建立符合国际标准和建议措施(SARPs)要求的规章规则。由于各国的发展水平不同,该规章规则不仅要反映 SARPs 的要求,也必须结合本国实际,反映本国航空运行的特殊性,这项工作由民航当局来运作。然后,按照民航当局制定的规章规则,企业建立负责运送旅客的承运人(或称为航空公司)并开展运行。最后,在承运人的运行过程中,民航当局继续强化规章规则的执行,按照规章要求持续进行符合性检查。

　　与航空公司运行密切相关的部分是取证,从民航当局的角度来说,就是颁证。取证或者颁证是一个结构化的过程,通过这个过程,民航当局可以保证承运人能够进行安全运行,而承运人则通过取证证明自身达到了安全运行的能力,当这种能力被确证,授权(颁证和取证)就成功实现了。

　　当然,并不是每个申请都能最终被授权的。根据承运人准备承运的范围、承运人展示的运行能力,承运人取证申请可能不被接受、被终止,也可能被延期。特别是大的承运范围广的航空公司,其取证过程会非常复杂。

　　按照国际航空法,飞机登记国对飞机的安全运行负责。但是,由于国际性的航空公司运行范围非常广,因此有时会出现航空公司基地国不是飞机登记国的情况(扩展的航权),这时候航空公司的基地国和飞机的登记国之间可以进行协商,将安全运行的责任进行转换。

　　航空承运人中还有一些特殊情况,比如有些小国家没有本国航空公司,在这种情况下,本国民航当局可能采用为外国运行人颁证的手段让他国的承运人获得在本国的承运权力。另外 ICAO 也允许一个国家的航空公司运行在另一国登记的飞机。

中国早期的航空公司①

中国最早的航空运输可以追溯到 1919 年的北洋政府,当时北洋政府交通部筹办了航空处,从美国购买了八架飞机开通了从北京到天津、北京到济南及其他五个城市的邮政航路。但除了北京—天津航路勉强运行一年左右外,北京到济南航路只运行了十几天,而其他几条航路则根本未能开通。

1929 年,国民政府铁道部部长孙科出面与美国航空开拓公司代表签订了"航空运输及航空邮务合同",5 月 1 日,中国航空公司正式成立。半年后,该公司采用水陆两用飞机,开辟了上海—汉口航线。但是开航仅一个星期,由于美国航空开拓公司将上述"合同"全部权益转让给美商经营的中国飞运公司而引发邮政工会示威大罢工。1930 年 7 月 8 日,中美双方废除"航空运输及航空邮务合同",中国航空公司运行中止。

1930 年 8 月,国民政府与美商投资的中国飞运公司重新合资成立中国航空公司(简称中航),中方占 55% 股份,美方占 45% 股份。并在国民政府支持下开辟了三条主要干线(上海—重庆、上海—北平、上海—广州,中间有多个经停点)。

1933 年 4 月,美国飞运公司股份转让给美国泛美航空公司,为了连接泛美的太平洋航线和英国海外航空公司的远东航线,中航的上海—广州航线延伸到香港。

1937 年 8 月,受"卢沟桥事变"后政局影响,中航的基地从上海迁往汉口,1938年 1 月又从汉口迁往重庆,并开通了主要以重庆为中心的航线,中航的机务和航行基地转移到香港。

1941 年 12 月,就在"珍珠港事件"的第二天,日军飞机轰炸了香港启德机场,中航大部分飞机被毁。1942 年,美国国会通过《租借法》,向中航提供飞机,中航由此与美国空军第十航空队一起开通了著名的"驼峰航线"。

抗战胜利后,中航的业务迅猛发展,其主要任务是帮助国民党政府运送补给。随着解放战争的深入,中航的航线逐渐萎缩,不过其总客运量仍然在香港航空运输业占有较大的比重,由于同英资航空运输企业的业务利益矛盾更加尖锐化,中航的营运越来越困难。

1949 年 11 月 9 日,在中国共产党的领导下,经过中航留港人员的共同努力,中国

---

①　当代中国编委会.当代中国的民航事业[M].北京:中国社会科学出版社,1989.

航空公司与中央航空公司一起在香港起义,十二架飞机(见图4-3,起义时的主力机型)从香港起飞到达北京和天津,以此为基础,新中国开始组建自己的航空运输业。

图4-3 两航起义时的主力机型C-47飞机①
(技术参数:升限24 000英尺,航程3 800英里,
巡航速度160英里每小时,载30人,为DC-3的军用型)

四、航空公司的发展趋势

1. 交通量增长

航空出现百年是人类文明大踏步进步的百年,随着全球化的深入,未来的交通需求将持续增长。虽然从1986—2019年的30多年间有过五次大的危机(1991年海湾战争引起的石油危机,1997年的亚洲金融风暴,2001年的9·11恐怖事件,2003年的"非典",2008年的全球金融危机),但是全球的运输量仍然以4.6%左右的年增长量总共增加了接近4.5倍(其中从1998到2018年的20年间增长了3倍)。根据波音公司预测,从2019年到2038年的今后20年间,航空将保持持续增长;其中客运仍将保持4.6%的年均增幅(IATA预测的增速为4%左右),20年后总量将再增加2.5倍(见图4-4)。货运则与制造业和世界贸易更加相关,随着逆全球化和保护主义的出现,货物运输发展将经受考验,波音预测未来20年全球货运年均增长水平约为4.2%(见图4-5)。

亚洲经济由于有中国和印度的高速增长带动,GDP增速高于全球增幅,所以航空运输量的增幅也在前列。最突出的是,未来20年由于亚洲经济的快速增长使进出亚洲的交通流量比稳定增长的欧洲国家和北美的交通流量增加更大,最终成为全球最大的航空运输市场;而中国国内航空市场也将成为全球最大的单一航空市场。

---

① 图片资料来源:波音公司网。

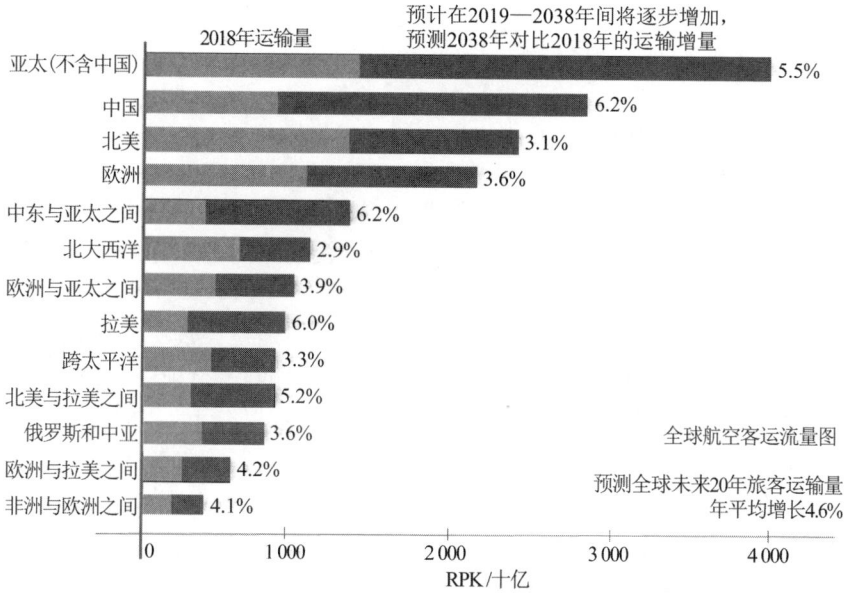

图 4 - 4　未来 20 年航空客运增长预测

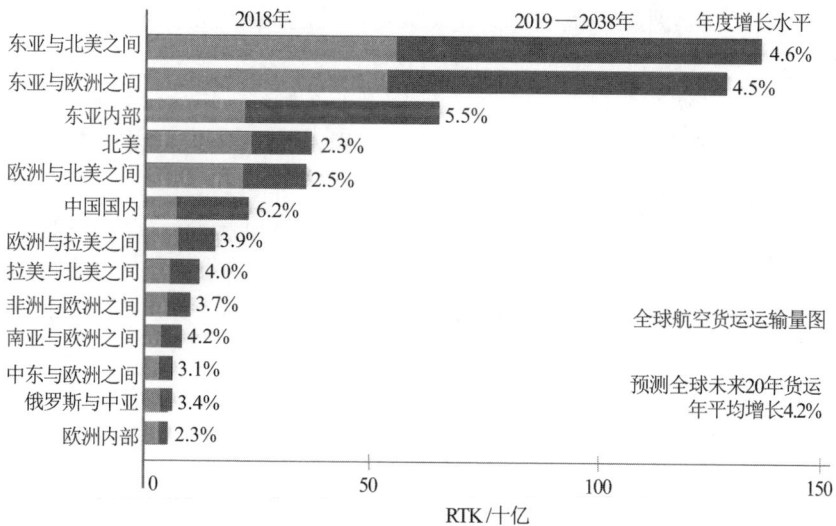

图 4 - 5　未来 20 年航空货运增长预测①

① 参见波音公司 2019 年出版的《2019—2038 全球航空商业市场展望》。

2.支线航空和低成本航空公司的发展

航空市场的蓬勃发展除了传统航空公司的贡献外,近年来更多地得益于低成本、点到点航空公司的发展,而在小城市之间的点到点飞行通常采用的是支线飞机。

早期的支线航空发展主要是为了给干线飞行提供客源。在早期经济发展的过程中,由于人们的收入水平较低,加上飞机运营成本较高,小城市没有足够大的需求以保证到另一个城市能够开通直达的航班并从中赢利,所以网络型航空公司只能以中心枢纽城市为依托进行更高效的运行,支线航班则把旅客运送到就近的枢纽点。

但是随着飞机技术的发展和飞机成本的下降,特别是高效率支线喷气飞机的出现,打破了早期在支线上飞行的螺旋桨发动机飞机的限制(航程、噪声),使人们更乐于乘坐小巧的支线飞机飞行更远的距离,所以,支线飞行的需求开始上升。同时,大枢纽在发展到一定阶段后出现发展瓶颈,空域、跑道繁忙,没有时段用来新增航班,基础设施跟不上发展速度使服务水平持续下降,大机场中转时间延长影响了便利性等因素又促使部分旅客转变出行方式,从选择枢纽转机到用乘坐支线飞机直接进行点对点飞行。总需求的上升促进了支线航空的发展,在过去的二十年内,支线飞机占世界机队的份额从 14% 增长到 25%(全球平均)[1],达到 6 000 余架。支线飞机升级换代也在加速中,更多的涡扇(发动机)支线飞机替代了传统的涡桨(发动机)支线飞机,且大座级涡扇支线飞机增长迅速,这些大座级涡扇支线飞机已经与传统的干线飞机相接近,如 CRJ900、EMB190、ARJ21 等,在航空制造业两强格局的新形势下(波音公司携手巴西航空,空客公司对庞巴迪公司 C 系列飞机的股权进行收购),干线与支线飞机的差别将更加模糊,如空客合资公司将推出的 A220 飞机就是一款大座级支线飞机,实际介于支线飞机与干线飞机之间。因此以前按座级(70 座以下)、按飞机类型(涡桨飞机而不是涡扇飞机)、按航程(800 千米以下)等方式划分是否为支线航空的分类方法似乎都不合适,关于支线飞机的概念需要重新定义,将支线定义为"低客流航线或航线至少一端为小型机场"的航线可能更为合适[2]。

低成本航空公司则是迎合价格敏感旅客的另一种运行方式。三四十年以前,除北美外,在大多数国家航空还是一种很奢侈的旅行方式,即使在北美也有大量的中低收入人群难以承受高运价。而高运价背后的原因是,航空公司成本结构中固定成本部分太高,很难降低。后来,随着美国政府放松航空管制,美国西南航空公司的创始者们研究了航空公司运行成本的构成,他们认识到,航空运输中的固定成

---

① 解析全球支线客机市场(N).中国民航报,2019 - 05 - 16.

② 张培文,孙宏.支线航空发展现状及扶持策略研究[J].中国民航飞行学院学报,2015:1.

本并不像人们认为的那样无法降低,固定成本也是可以通过有效运行,即减少飞机过站时间、提升飞机整体的日利用率水平而大幅减少的。同样,通过减少变动成本中的无效部分又可以进一步降低成本,从而降低运价水平。比如,单一机型带来的规模效应即可以降低维修成本、降低航材储备,也可以实现保障水平的提高,进而降低航班延误;简化服务则把原来网络航空公司中的一些成本高又不实惠的服务内容去除,还利于旅客。这样,一种全新的商业运作模式就产生了。今天,低成本航空与全服务航空之间也在互相借鉴,全服务公司通过设置多舱位结构,特别是推出基本经济舱、降低票价吸引敏感客,低成本航空也在积极吸引常旅客以获得更加稳定的客源。

支线飞机制造的"大哥"——庞巴迪公司[①]

庞巴迪公司是一家世界领先的创新交通运输解决方案供应商,生产范围覆盖支线飞机、公务喷气机以及铁路和轨道交通运输设备、系统及服务等,是设计和制造支线飞机、公务飞机和水陆两栖飞机的领袖,总部位于加拿大。

世界运输飞机制造业在 30 年以前还可以说是百家争鸣。除了占据领袖地位的波音,比较大的飞机制造商还有美国的麦道、洛克希德,法国的法宇航,荷兰的福克,英国的英宇航,及成立不久的空客等等,而此时庞巴迪还刚开始涉足航空领域。但是,自从 1986 年庞巴迪集团从加拿大政府手中买下加拿大飞机制造公司后,庞巴迪公司采取了完全不同的市场竞争策略,专门研究公务机和支线机,仅 10 年时间就取得重大突破,不仅在支线飞机和公务机领域内成为老大,而且在整个运输航空领域内占据了非常重要的地位。

继收购加拿大飞机制造公司之后,庞巴迪公司随后又收购了欧洲北爱尔兰的肖特飞机公司、美国堪萨斯的利尔喷气公司和加拿大多伦多的德·哈维兰公司。庞巴迪公司通过集中四家公司在支线飞机和公务机制造上的优势,避开波音和空客在大型飞机上的竞争,开辟出一块支线和公务飞机天地,使其成为世界上第三大民机生产商,确立了其在支线客机领域的霸主地位。

现在,庞巴迪宇航公司下设庞巴迪支线飞机公司和庞巴迪公务机公司。其中,庞巴迪支线飞机公司可以提供包括 50 座级的支线喷气机 CRJ－100/200、70 座级的 CRJ－700、90 座级的 CRJ－900、100 座级的 CRJ1000(见图 4－6),以及德·哈维兰的 37 座"冲"8－100/200、50 座的"冲"8－300 和 70 座的"冲"8－400 型飞机在内的喷气和涡桨两个完整家族的飞机。而庞巴迪公务机公司也开发出了很多受欢迎的公务机型,如"利尔喷气"系列和"挑战者"系列。到 2008

年为止,庞巴迪公司共向世界各地的运营商交付了 2 200 多架支线飞机和 3 400 架公务喷气飞机。

图 4-6　庞巴迪的新一代支线飞机 CRJ1000①
(座级与 A220-300 相当)

2008 年金融风暴以后,全球航空市场受到较大影响,庞巴迪公司出现财务危机,空客公司看中庞巴迪技术能力,并对 120 座级市场充满信心,希望经过谈判达成收购股权协议进行合作。2018 年 7 月 1 日,空客公司宣布收购加拿大飞机制造商庞巴迪旗下 C 系列飞机项目多数股权协议正式生效②,空客将在 C 系列基础上推出 A220。

3. 机队规划

作为航空运输的重要工具——飞机,是航空公司开展业务运作的基础。飞机以及飞机相关设备的采购成本、维修保养成本和运行成本是航空公司成本结构的最大部分。根据各国、各公司的情况不同,与飞机相关的成本(租赁费、飞机修理和发动机摊销、航材消耗成本和高价周转件摊销、航空油料消耗)通常接近公司总成本的 50%(见图 4-7,表 4-2)。不仅如此,航空公司对于购买飞机的决策和规划还将极大地影响航空公司的竞争策略和产品定位,因此机队规划是航空公司的一项战略工作。

---

① 图片资料来源:庞巴迪公司商用飞机网,https://commercialaircraft-bca.com/。
② 魏君.庞巴迪的困局[J].大飞机,2015,12.

全服务航空公司成本结构

其他业务支出3.90%
其他营运成本7.10%
经营性租赁费4.21%
飞机修理3.65%
飞机及发动机折旧13.18%
职工薪酬17.21%
餐食及供应品3.30%
航空油料消耗32.89%
机场起降费14.56%

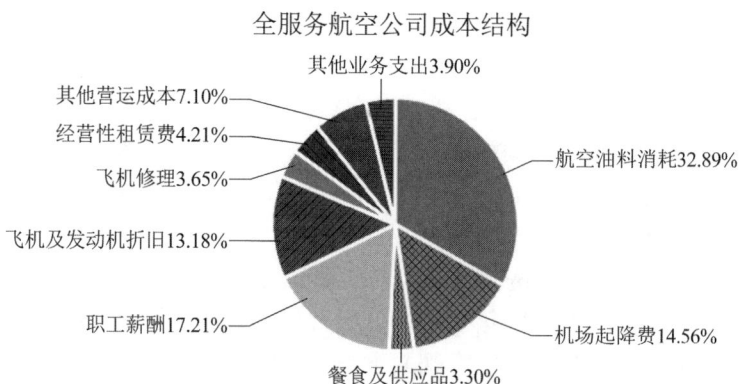

图4-7　典型的全服务航空公司的成本结构①

表4-2　航空公司成本结构数据②

指 标 内 容	春秋	美国西南	捷蓝	瑞安	全服务航空（S航）	
航油消耗	34.95%	29.17%	20.26%	31.54%	航油成本	34.53%
维修成本	13.12%	8.20%	4.35%	5.03%	飞机维修和大修成本	4.77%
飞机拥有成本（折旧、租赁）	20.71%	9.93%	13.44%	12.56%	飞机及发动机折旧	13.70%
飞机起降与机场相关成本	10.19%	6.81%	7.63%	9.45%	机场起降服务费	10.47%
票务等销售费用	2.25%	4.93%	5.06%	1.24%	销售业务成本	3.37%
机组人员工资及福利	12.56%	35.27%	30.13%	16.22%	职工薪酬	16.29%
其 他	6.22%	5.68%	19.13%	23.96%	其 他	13.07%
					餐食机供品	3.80%

备注：在不同国家，不同发展阶段，不同商业模式，不同运营管控方式下成本结构有较大差异。如在发达国家，人力成本往往较高；而在低成本与全服务之间，服务成本差异较大；在全自营和外委为主的管控方式下则会计账目中的成本科目项会差异较大。

机队的选择首先取决于公司未来的发展定位。谈到定位，免不了要先讨论公司成立的目标、意义、使命和公司所处的内外部环境情况。目标和使命将是指导公司运行的总纲，是远景，而内外部环境分析则可以产生与之相适应的战略步骤和行

① 参见《东方航空（600115）2018年年报》。
② 刘怡.S航空公司成本管理研究[D].北京：北京交通大学，2018，6.王嵘，朱志愚，陈正伟.低成本航空公司成本特点及控制策略分析[J].科技和产业，2019，2(19).

动计划;一旦企业的目标和使命确定,那么即使内外部条件暂时不具备,公司在相当长一段时间内还是会坚持的。

按照公司战略的不同,航空公司有以高级商务客和公务客为主的主流航空公司,也有以低成本运作为基础的低成本旅游型航空公司;有以单一品牌、统一服务标准而出现的集中化网络型航空公司,也有以多品牌经营的松散型航空集团。那么飞机的选择主要考虑的因素有哪些呢?

一是飞机的航程。按照航程长短,飞机可分为远程、中程、短程飞机。航程的不同,飞行每小时的成本也不相同,取得的效益也会不同。如果用远程机飞行短程航线,在相同的座千米收益条件下,飞短程的成本会大大上升;同样,如果用短程飞机飞远程,则必须在多个中转点进行多航段飞行,这样使旅客飞行时间拉得更长,同时飞机的使用效率也会下降。

二是飞机技术状况的需要。飞机的技术状况之一是机队的机龄。亚洲国家的航空公司与欧美国家的航空公司相比,最主要的竞争差异是前者更强调服务,因此,亚洲有着全球最年轻的机队(见表4-3),这些机队可以保证航空公司高品质地进行运作。

表4-3 中国航空公司和美国航空公司机队平均年龄对比 ①

航空公司名	机队规模(架)	机龄/年	备　　注
国　航	664	6.62	
东　航	680	5.7	
达美航	856	约17	截至2017年底数据,16.7
美联合	779	约15	截至2017年底数据,14.1
捷　蓝	259	10.8	截至2019年底

飞机技术状况也同时包括飞机的舒适性、飞机的经济性(油耗、合理装载率)、飞机的环保指数。

统一机队还是多机队结合的决策则是市场结构、公司总成本的一个综合考量。远、中、短程航线的不同要求配备不同类型的飞机,这样各个细分市场的需要都得到了满足;但是飞机类型的增加也会使得飞机机队的规模效应丧失,飞机调配困难、航材储备增加、相关费用(维修费用、机组费用、地面操作费用)也会增加,从而增加公司总运行成本。

---

① 参见《中国国航(601111)2018年年报》《东方航空(600115)2018年年报》《(美)达美航空2018年年报》《(美)联合航空2018年年报》及《(美)捷蓝航空分析报告》(Planespotter网,https://www.planespotters.net/)。

从国际民航组织的调查和空客、波音两个主要制造厂订单的数目来看,在未来的一段时间内,单通道飞机将继续成为世界机队的主力。单通道飞机适用在短程航线和为枢纽机场提供客流的小容量线路上,同时,单通道飞机还有干线飞机、支线喷气机和支线涡轮螺旋桨飞机之分。而客舱布局中以左右各设计一排座位、中间为通道的类似于波音 B737 系列和空客 A320 家族的飞机最为流行,这种设计布局可以增加旅客容量、提高载运率、快速进行上下客而在中短程航线上广泛采用。但是,未来全球的旅行和交流也会越来越多,所以三列座位、中间有两条通道、飞行距离较长的空客 A350、A330,波音 B777 和 B787 系列也被广泛应用。

关于制造厂开发什么样的机型的问题主要取决于对市场的判断和航空公司的意向。本书上一版写作的时候,波音 B787 和空客 A380 这两种飞机都还在试飞验证中。岁月蹉跎,不想,十二年过去后,A380 因订单不足已经停产,B787 也因初期性能未达到设计目标出现退订并且因为电瓶起火的原因延迟交付。所以可以看出,不论哪种机型开发,其风险都是巨大的,不仅是技术,还要看市场。A380 开发之初得到了很多大型航空公司的支持,这款双层双通道宽体远程巨无霸飞机,在三舱布局下,最多可以载客 555 名飞行 5 600 海里(单一经济舱布局可载客 800 人);空客公司希望用这款飞机解决因全球旅行量的增多而出现的空中航路和枢纽机场拥堵的问题。而波音则发展了一款航程超长的 B787(加长型,在经济、公务、头等三舱布局,载客 210 名的情况下可以最远续航飞行 8 200 海里[1])来实现更多机场可以直接开通到全球任何城市之间的点对点航线,而不用到枢纽机场中转,从而解决大型枢纽拥堵的问题。

这一局空客拥有先发优势但是似乎没有波音成功,A380 目前已停产,而 B787 终于在其后续改进型号上取得源源不断的订单。可是未曾想,波音一不留神在其最畅销的 B737 系列飞机(B737MAX)上却栽了跟头。但无论如何,面对未来,大家都依然乐观(见表 4 - 4)。

表 4 - 4　波音、空客和商飞公司关于未来民航市场飞机需求的预测[2]

飞 机 类 型	波音预测 (2019—2038)	空客预测 (2019—2038)	商飞预测 (2019—2038)
单通道	32 420	29 720	32 055
支线喷气机	2 240	/	4 756

---

① 参见波音公司网。

② 参见 ICAO《长期交通量预测——客货运》(2018 年 4 月)、波音公司《2019—2038 商业市场展望》、空客公司《2019—2038 全球市场展望》及中国商飞公司《2019—2038 年民用飞机市场预测》。

(续表)

飞 机 类 型	波音预测 (2019—2038)	空客预测 (2019—2038)	商飞预测 (2019—2038)
中型双通道	8 340	5 370	8 648
双通道(大型)		4 120	
货　机	1 040	/	
总　计	44 040	39 210	45 459

捷蓝航空公司的机队规划

是什么让一家航空公司决定选择何种飞机,是飞机价格、飞机维修价格、飞机运行成本,还是飞机与公司战略的配合性?

捷蓝航空公司是继美国西南航空公司后在美国出现的又一家成功的低成本航空公司(其自称为价值型航空公司)。曾经有过两次成功地投身和投资于航空公司建设的戴维德·尼尔曼是捷蓝航空公司的创始人,他在创始之初设定了"要成为最廉价和最舒适航空产品"[①]的目标。在这个目标的指引下,他的机队规划团队开始选择飞机并开始商业谈判。由于尼尔曼和财务总监欧文均来自美国西南航空公司,因此他们都钟情于波音 737 飞机。但由于与波音在价格谈判上遇到的巨大的困难,后来捷蓝转向空客开始寻求新的解决方案。但是,尼尔曼很快发现,无论两种飞机的价格如何,他都将选择 A320 作为其新航空公司的主力飞机。因为通过分析和比较发现,A320 具有更先进的飞机设备和飞机设计(全计算机控制和数字式驾驶舱、电传操纵系统)、更舒适的旅客乘坐性,将更符合捷蓝提供服务的理念和目标。

事实上,后来捷蓝选择的 A320 飞机确实是最舒适的一款经济舱布局飞机,捷蓝的飞机不仅保持 A320 飞机本身作为横向空间较大的特点(A320 与波音 737 相比,机身尺寸宽 7 英寸),而且座距也更宽(全经济舱布局 162 座),飞机座位则采用全皮座椅,同时配合先进的机上卫星娱乐系统,再加上较大的行李舱,这些因素都使得捷蓝可以在同等价位下能够提供更好的服务,为捷蓝后来的成功打下基础。捷蓝一直坚持其战略方向不变,到目前为止仍以空客 A320 家族飞机作为其主力机队(见表 4 - 5)。

---

①　James Wynbrandt. Flying High[M]. New Jersey: John Wiley & Sons, Inc., 2004.

表 4-5　截至 2020 年 1 月底的捷蓝机队①

飞 机 型 号	数目/架	平均机龄/年
空客 A320	130	14.5
空客 A321	69	3.3
巴西 ERJ-190	60	11.4
Total	259	10.8

飞机选型中的市场需求论证

市场是公司服务的主体,顾客是企业的生存根本,德鲁克说:企业的目标是创造客户。

与二十多年前相比,今天的中国民航业发生了翻天覆地的变化。二十多年前,中国航空公司的飞机选型几乎都是由中央政府直接主导的。在飞机选型问题上,除了考虑飞行航线、飞行机场等纯技术指标外,国家的贸易政策和国际关系是最主要的考量。今天,中国的航空市场百花齐放,机队规划和飞机选型已经成为公司战略的重要载体,也承担着培植企业竞争力、展示企业文化的任务。更重要的,能否选择一款适合市场需求的飞机在很大程度上还是一个公司的运营是否能够成功赢利的重要因素,有时还会是决定因素。所以市场研究成为飞机选型中的重要工作之一。

市场研究主要是市场需求论证,这其中包括市场历史数据的收集和分析、未来市场需求预测(需求预测模型的建立)及机型匹配。

首先来看市场历史数据收集和分析。根据对公司历史航班运输量总体特征的统计研究,可以得出"客运量和飞行班次各区间分布图""客运航程班次分布图""飞机客舱舱位利用分布图""飞机货运舱位利用图"以及"总载运率水平分布图"等的情况,对市场结构进行总体把握。

有了这些数据以后,飞机选型工作将参照各级政府的发展规划,研究经济发展速度水平,做出航空市场增长估计。

然后,经过估计得到的新的市场数据,将其重新运用到各种分布图中进行拟合,以推算出各座位数机型数目、各舱位需求数、各航程长度飞机需求数。最后,根据公司的发展战略和目标市场定位,选取适合的机型配置比例。

---

① 参见 Planespotter 网,https://www.planespotters.net/。

经过一百多年的技术发展,今天,航空运输已经成为世界政治、经济运行中的一支不可或缺的力量,而航空公司则毫无疑问地成为航空运输系统中的最重要部分。航空公司不仅要把安全性永远放在第一位,还必须关注其运行环境和商业现实。航空运输是全球经济的一个助力器,因为航空运输增加了世界市场和业务的关联性和依赖性。航空运输通过增加贸易流、投资流、资本穿越国界的流动来整合各国经济。事实上,国际航空运输自由化的脚步已经大大超越其他行业,以至于其他被双边协定规范的全球产业成了航空产业国际化的阻碍力量。

第二节 航空承运人取证

一、航空承运人取证程序

航空公司(承运人)作为一个赢利性组织的存在,首先必须取得营运许可。但是,由于航空运行的特殊性,除营业执照外,航空承运人还必须经过专业管理部门的审核并取得许可,而这个专业管理部门就是代表国家管理民航业的民航当局。

按照《芝加哥公约》附件 6 要求,所有进行国际运行的航空公司必须取得"航空承运人合格证"(AOC)。大多数国家也把这条要求适用到本国的国内航空公司。民航当局负责对航空公司计划、程序和系统的各方面是否满足标准进行认证,确定是否给予颁证,同时在颁证后还将持续监督检查其符合性。颁证过程包括对文件和程序的审核和评估以及对运行各个方面进行测试。当对航空公司进行认证时,民航当局会按照一定的步骤进行。这个认证过程根据各国所处的情况的不同有所不同,但为了在主要认证领域方面取得一致,国际民航组织有一套参考的取证程序。

图 4-8 列出的是通常取证工作需要经过的过程。

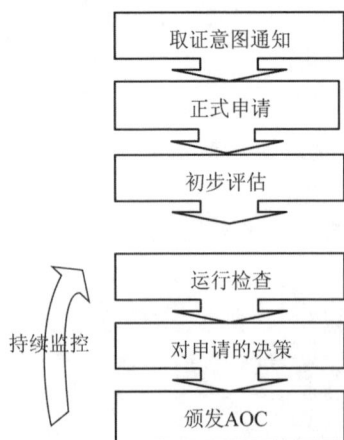

取证意图通知

正式申请

初步评估

运行检查

持续监控

对申请的决策

颁发AOC

图 4-8 航空承运人取证流程

1. 准备取证通知(意图通知)

当准备成立一个新公司,或者成为一个新承运人之前,民航当局(和其地区办公室)将首先对发起人宣讲取证过程,解释他们必须满足的要求。根据可以得到的信息和成功的可能性,申请人或者民航当局判断是否需要继续此流程。申请人首先需要递交一份准备取证申请书,而民航当局对新承运人取证申请有固定的格式,承运人取证申请书至少包括如下内容:

① 用于运行的主要基地的地点。

② 训练和维修设施的地点。

③ 主要管理人员。

④ 准备使用的飞机和承租或所有情况。

⑤ 准备运行的类别。

⑥ 准备运行的航线结构和运行区域。

⑦ 准备采用的维修管理系统。

⑧ 准备开始运行的日期。

要注意运行合格证和航线许可证是不同的，一个航空承运人通过取证的目的是为了向监管当局证明其具备安全、有效的运行能力，可以开展运行活动。但该承运人是否能够获得当局授权在某条特定的航线上经营则是由一个国家航空运行的经济性规则决定的。

国家不同，对航空承运人的经济性规则要求也不同。有些国家的航空承运人具有垄断性，在这种条件下，政府可能通过专有权转让方式将其控制的航线授权给承运人；另一些竞争性更强的国家则可能通过竞标的方式转让特定的航线经营权；在某些特殊的航线上，也有可能采取政府提供补贴，或通过行政指令指定某个航空承运人承运的方式来转让经营权。总体而言，航空承运人一般作为申请人向航线管理部门（经济性规则管理部门）提出申请，然后通过政府的评估，最后才能得到经济性控制当局对其航线运行的授权。经济性授权的形式一般为执照或航线经营许可，这份文件也有单独的文件格式。当然，包括运行合格证在内的两个证件都是航空承运人在开始运行前必须取得的文件。

2. 正式申请

经过民航当局和航空承运人共同讨论，确认申请人的基本条件符合当局对承运人的基本要求后，航空承运人可以向民航当局提出正式申请取证要求。

正式申请阶段从航空承运人完成民航当局提出的需要准备的所有文件开始。航空承运人在开展运行工作前的首要任务就是制定规范运行工作的一系列文件。虽然这一系列运行文件在运行工作开展后，需要也应该按照实际运行情况进行修正，但是，在没有运行文件规范运行工作的前提下，开展运行是非法的。

运行文件包括承运人为了开展运行所需要进行的训练计划和训练手册，开展飞机安全运行活动需要的《运行手册》和《维护手册》，承运人为运行而设计的组织机构和工作职责划分等。这些文件将对公司是如何进行运行的问题有一个清晰的描述，当然这些程序和描述必须符合当局对于承运人运行工作的基本要求，同时这些运行要求的贯彻可以满足承运人在取证工作中声明和承诺的运行所要求达到的控制标准。在这些运行文件中，最重要的也是最基本的运行文件是《运行手册》和《维护手册》。《运行手册》是承运人建立的运行系统如何整体开展运行活动的一个规范文件,《维护手册》是运行人对其运行基本工具——飞机如何得到持续适航保证的一个规范文件。

除了运行文件外,承行人还必须证明其具备足够的符合运行要求的技术人员,相应的运行设备也已经按照计划取得并能够实际运行。正式申请一般会按照图4-9所示流程展开:

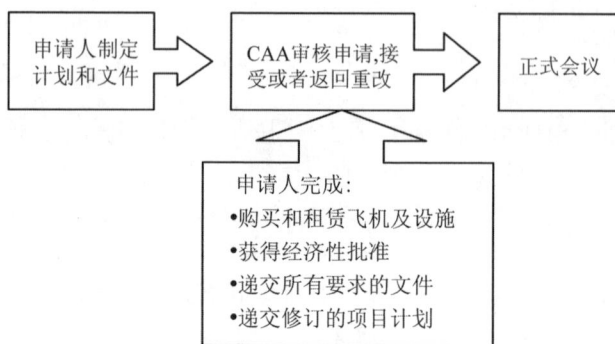

图4-9 航空承运人正式申请取证流程图

在申请准备过程中,保证承运人与民航当局之间的有效沟通非常重要。负责颁证检查和审核的民航当局和申请承运人承运资格的公司管理人员需要展开密切合作。在承运人取证工作基本就绪和完成自我审核的前提下将召开正式申请会。会议不仅可以使民航当局了解承运人运行合格审定的准备情况,还可以让民航当局对负责承运人合格申请的公司管理人员进一步做好合格审定工作的解释和沟通。特别重要的是,这个正式会议能够通过对航空承运人本身制定的手册和准备情况进行检视和反馈,使未来承运人的管理人员了解自己制定的系统将是一个怎样的系统,系统运行的规范化的重要性如何,怎样有效和及时地更新所有运行手册以保证运行工作得到持续改进。

3. 初步评估

正式申请会议将根据对承运人的准备情况的初步评估决定是否应该继续颁证(取证)流程。如果申请人的取证准备工作中的大多数已符合要求,则可以继续申请流程,同时反馈不足之处及时补充和改正;如果准备工作与承运人取证申请的要求相去甚远,那么申请流程应该暂时中止。

对申请的初步评估包括评估手册中设计的计划和流程是否适合、是否和规章要求相一致的审核。申请人准备使用的飞机要经过检查以保证与运行及适航要求相一致。申请人将开通的航点也应该准备好,所有的设施和支持设备应该到位。实际上,民航当局将评估申请人提出的运行范围内的所有项目(包括危险品、药物和酒精),确保完成要求的环境评估。

按照要求,在正式申请阶段,各种运行文件已经基本就绪。但是,由于运行文件的重要性,在进行取证的初步评估阶段将继续对运行文件进行检查。检查的重点是运行规范(OPSPECS)是否已经完成制订。运行规范除对航空承运人运行合格证取证申请时提出的需要满足的条款外,还包括运行的特别授权和限制条款。例如,运行规范中会指出使用的飞机和飞行的航线,是否申请提供双发飞机延程飞行(ETOPS)的授权等。

自我审核是航空承运人需要进行的一项经常性工作,取证前的运行准备审核也不例外。申请人自己必须对本承运人的运行系统进行自我审核以保证全部准备工作就绪,然后才进入民航当局检查阶段。运行系统的准备包括所有的运行培训工作(教员的培训,地面人员、签派员、维修人员和机组的培训)已经完成(或者在当局检查前能够完成)并且具备完整和有效的记录,飞行员对所飞行的机型已经掌握并进行了熟练检查,其他运行需要的各个工种的员工以及设施、设备已经到位并进行过试运行。一句话,申请人已经完全具备其申请的运营范围内的运行能力。

4. 运行检查

自我审核是运行取证的重要步骤,但是承运人的自我审核不能代替当局的运行审查工作。民航当局和当局授权的审查人员在审核承运人的取证申请时,将现场观察申请取证的承运人的训练工作,实地验证飞机系统,检查设施的运行状况。还有,民航当局的运行取证检查工作将要求申请运行的承运人进行飞机应急撤离和海上迫降工作的实际演示以保证承运人能够执行适当的程序,承运人雇佣的相关人员具备应急处理的能力。

运行检查是民航当局对申请取证的申请人执行其申请取证范围内工作的运行能力的检阅和最后评估,评估内容如下:

① 空中运行。

② 运行控制。

③ 维修程序。

④ 旅客处理程序。

⑤ 系统、手册和程序。

⑥ 记录留存。

⑦ 管理有效性。

在必要的情况下,民航当局可能会要求申请取证的承运人进行验证飞行。验证飞行通常是模拟一次正常飞行的情况,检查和测试围绕飞行全过程承运人所开展的各项运行工作的实际执行情况,对承运人按照其公司政策和相应的运行程序进行运行能力的最后检阅。

5. 航空承运人合格证(AOC)颁发

如果申请合格证的承运人经过精心准备,通过向民航当局展示其运行系统文件和实际的系统运行能力,表明该承运人满足取证要求并得到民航当局认可,则理论上说可以向申请人颁发承运人合格证;但是必须注意的是,取证检查的目的不是为了一次运行任务,而是通过取证检查保证承运人的这种运行能力能够在今后一段时间内得到持续。因此,承运人合格证颁发的条件是:民航当局通过对承运人准备情况的检查判断申请人完全具备国家法规中描述的履行其责任的能力且申请人同时承诺将会以合适的方式继续满足法规的要求。

根据各国民航当局对承运人管理的需要,AOC 的有效期会分为长期有效(除非被吊销)和有效期内有效两种。但是,不论期限情况如何,民航当局都应该在合格证颁发以后,通过常规检查(按照监管部门发布的年度监察大纲中要求,检查单位在每年对承运人的日常监察中必须完成的项目)和必要检查(通过安全问题的指示——事故、事件或投诉——发现需要的检查)执行安全监管责任,对承运人的持续运行能力进行监督。

按照《芝加哥公约》附件 6 第一部分第 4.2.1.4 条的规定:AOC 的持续有效性取决于承运人在其本国当局监管下保持满足取证要求的能力。

二、航空承运人取证中的特殊情况

有两类在取证流程中常常碰到的问题:延期取证和租赁飞机(在其他国家登记飞机)的运行取证。

1. 延期

作为承运人,航空公司总是希望能够尽快取证、尽早投入运营。事实上,为了缩短获得取证后的非产出期,航空公司可能已经按照预计取证的日期进行市场销售安排。比如,与某些合作商签订了销售协议,在某些航线上与某一特定旅行社达成客运组织协议。特别是包机业务,可能已经委托代理人和旅行社开始组织客源。但是应该理解的是,承运人运行合格证取证是一个复杂的过程,有很多因素会使这个过程延期,这些因素包括:

① 环境评估延误。

② 缺少合格的管理团队。

③ 手册不齐。

④ 不能及时获得适航的飞机。

⑤ 飞机文件缺乏。

⑥ 飞机改装正在进行中。

⑦ 财务资源不足。

还有,运行合格证取证中的很多项目是不能同时展开的,需要等待上一个流程完成才能进行下一个流程。比如飞机改装和验证飞行就存在这样的关系,如果飞机不能完成改装,那么也就无法开展验证飞行。而如果一家承运人选择购买旧飞机进行运营,则在飞机改装中可能还会碰到很多意料不到的问题,如结构腐蚀引起的改装方案的重新调整,因为这项工作也需要得到民航当局的审核和批准。

总之,由于取证工作的复杂性可能造成取证程序无法按照原定的计划开展。特别是有一些工作可能还需要较长的时间去决断,这样可能造成取证申请人在较长一段时间内没有进行或无法完成申请所要求的工作。在这种情况下,民航当局可能会中止审核和颁证程序。当然,在正式中止审核和颁证工作之前,局方会向申请方提出书面警告。

2. 租赁和在其他国家登记飞机的运行

由于现代飞机的价格非常昂贵,而航空公司对于机队的选择又需要及时适应市场的快速变化,因此现在通过租赁飞机进行经营成为承运人避免高资本投入、灵活经营的有效办法。当然,租赁经营也需要获得局方批准,所以对运行人的取证要求也包含了对租赁飞机的批准,这种批准的主要目标是清楚地识别出租赁飞机的安全责任。

所谓租赁飞机是指一架在租赁合同协议下使用的飞机。按照租赁情况的不同,租赁又可分为以下几种:

① 财务租赁(回租):承运人可以把机队的所有部件卖给银行然后回租飞机。

② 干租:不包括机组的租赁,即除飞机本身外,所有运行工作都由承租方负责。

③ 湿租:包含机组在内的租赁。

④ 混合租赁:包括部分机组在内的租赁,介于干租和湿租之间。

⑤ 分租(转租):把一架租来的飞机租赁给第三方。

由于租赁经营是将在一国登记的飞机用在别国进行的承运人的运营,所以会出现局方监管责任的重新划分问题。按照《芝加哥公约》第三章第十九条中的表述,飞机只能在一个国家进行登记。而登记的概念,最主要的是用以界定安全监管责任,即登记国为保证安全运行飞机的责任国,每个成员国必须保证该国注册的每架飞机,不论飞机在哪里使用和飞行,都符合法律和规则的要求。

这样就产生一个问题,如果一个承租人愿意从另一个国家租一架飞机而在运行人基地国进行运营,则出租国的民航当局就必须到承租人的国家来履行安全监管责任,这在操作上显然是不太现实的。同样,承租人也会碰到不熟悉原登记国适航法规的问题,可能还存在语言障碍,所以也较难按照原登记国的法规要求来进行运营。所以,为了处理租赁经营问题产生的运行责任,设定了登记转移。当承租人从出租人处获得飞机后,可以按照承租人的愿望将飞机登记国从出租人国家转移到承租人基地国,这样飞机安全运行的责任就从出租人国家的民航当局转移到承租人国家的民航当局。这种登记转移在租赁合约结束后会进行再次转移,登记国必须重新改换到出租人的国家。

事实上,根据 ICAO 的调查[①],租赁和其他形式的外国登记飞机在本国进行飞行的情况很多,特别是通过包机和多次转租的方式取得的飞机,也包括第七航权形式运行航线上的飞机,持续运行安全监管难度较大,因此租赁和在其他国家登记的飞机在本国的运行是民航当局运行监管的重点。

三、外国承运人的取证

前面讨论的取证程序针对的是基地在本国的承运人。根据国家规章的要求,本国民航当局也可能要求外国承运人获得运行合格证,特别是对于来自还没有开展运行合格证取证工作的其他国家的承运人有更严格的要求。这样做的目的并不是代替其所在国民航当局的责任,而是为规范外国航空承运人在本国境内的运行,保证运行安全的需要,审定和监察外国航空承运人是否能遵守《芝加哥公约》附件 6 和所在国民航当局的有关规定。

ICAO 制定了关于外国承运人在其基地国以外的国家取证的标准和程序。具体在某国进行取证时,除按照本国取证要求应该准备的文件外,还应该参照该国的管理规章。根据各国情况不同,有些国家可能会要求一些补充文件。承运人需要与它们计划开展运行的他国民航当局取得联系,了解在本国取得运行合格证后,需要补充哪些材料才能取得外国承运人合格证。比如,《中国民用航空规章 129 部》(CCAR - 129 部)有对外国航空承运人在中国境内进行运行和适航检查的详细规定。

按照 CCAR - 129 部[②]第七条规定,飞入中华人民共和国境内的外国民用航空器,其承运人应当获得中国民用航空局指定管辖权的民航地区管理局按照本规则实施的运行合格审定,取得民航地区管理局颁发的《外国公共航空运输承运人运行规范》,方可在中华人民共和国境内实施公共航空运输飞行。外国航空承运人按照 CCAR - 129 部要求在初次申请运行规范时,必须提交一系列文件,这些文件清单被列在 CCAR - 129 部(第二十三条)及与 CCAR - 129 部相关的咨询通告中[③]。

四、中国运行的航空承运人的取证及其申请程序

为了规范对大型飞机公共航空运输承运人的运行合格审定和持续监督检查,保证承运人达到并保持规定的运行安全水平,中国民航局根据《中华人民共和国民用航空法》和《国务院对确需保留的行政许可项目设定行政许可的决定》制定中国民航的合格运行审定规则,简称 CCAR - 121 部。

---

① 参见 ICAO 秘书处研究报告 EC2/93 AN11/41 - 05/83 第 2.2.3.1 和 2.2.3.3 条中列举的情况。

② 参见《中国民用航空规章 129 部》(CCAR - 129 - R1),2017 年修订。

③ 参见中国民航局(飞行标准司)咨询通告 AC - 129 - R1 和 AC - 129 - FS - 2016 - 001 - R1。

1. 适用对象

按照 CCAR - 121.3 条要求，凡在中华人民共和国境内依法设立的进行公共航空运输运行并且实施下列运行的航空承运人必须进行运行合格审定：

① 使用最大起飞全重超过 5 700 千克的多发飞机实施的定期载客运输飞行。

② 使用旅客座位数超过 30 座或者最大商载超过 3 400 千克的多发飞机实施的不定期载客运输飞行。

③ 使用最大商载超过 3 400 千克的多发飞机实施的全货物运输飞行。

2. 申请程序

按照 CCAR - 121.7 和 CCAR - 121.21 条规定，民航地区管理局负责对其所辖地区内设立的大型飞机公共航空运输承运人实施运行合格审定，颁发运行合格证和运行规范工作。因此中国境内运行的航空承运人应该向其主基地所在的地区管理局申请颁发运行合格证和运行规范，申请步骤见图 4 - 10。

在提交运行合格证申请时，需要提交下述材料：

① 审查活动日程表。

② 为实施其各种运行的全体飞行、维修和其他地面运行工作人员制定并供其使用和指导其操作的手册。

③ 训练大纲及课程。

④ 管理人员资历。

⑤ 飞机及运行设施、设备的购买或者租用合同复印件。

⑥ 说明申请人如何符合本规则所有适用条款的符合性声明。

当所有审查完成，证明承运人：

① 满足本规则和中国民用航空规章所有适用条款的要求。

② 按照中国民用航空规章的规定，配备了合格和足够的人员、设备、设施和资料，并且能够按照本规则的规定及其运行规范实施安全运行。

③ 符合安全保卫相关的涉及民航管理的规章的要求。

则可以向承运人颁发运行合格证。

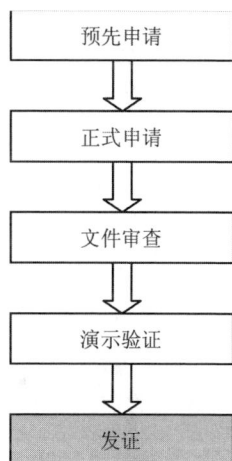

图 4 - 10
中国航空承运人
取证的申请步骤①

ICAO 对运行合格证的新要求

为了应对越来越多的商业运行中出现的转租和在非登记国运行的情况，根据

① 参见《中国民用航空规章 121 部》(CCAR - 121 - R5)第 121.21 条。

ICAO 对《芝加哥公约》附件 6 第一部分的最新修改①,自 2006 年 11 月 23 日起,所有飞机必须随机携带有效的运行合格证的复印件以显示该架飞机处在哪一国民航当局的监管之下,运行规范和限制条件有哪些,如果运行合格证原件为非英语语言,则还必须出具一份带有英语译文的运行合格证副本。

运行合格证中至少需要包括图 4-11 和图 4-12 表格上的项目。

AIR OPERATOR CERTIFICATE		
*	State of the Operator	
	Issuing Authority	Telephone: Fax: E-mail:
AOC#: Effective Date: Expiry Date:	Operator Name Dba Trading Name Operator address	Operator Main Base of Operations: Telephone: Fax: E-mail:
This certificate certifies that........................... is authorized to perform commercial air operations,as defined in the attached operations specifications,in accordance with the provisions of the approved Operations Manual and the..................		
Date of issue:	Name and Signature: Title:	

图 4-11 运行合格证样本①

OPERATIONS SPECIFICATIONS (subject to the conditions in the approved Operations Manual and MEL)				
AOC#:...... Operator Name...........................Date: Signature:				
Aircraft Model:				
Types of operation:Commercial air transportation- ☐ Passengers ☐ Cargo ☐ Other:...........				
Area of operation:				
Special Limitations:				
Special Authotisations:	Yes	No	Specific information	Remarks
Dangerous Goods	☐	☐		
Low Visibility Operations Approach and Landing	☐	☐	CAT... RVR: m DH: ft	
Take-off	☐	☐	RVR: m	
RVSM ☐ N/A	☐	☐		
MNPS	☐	☐	ICAO Region:s	
ETOPS ☐ N/A	☐	☐	Threshold distance: NM Maximum Diversion Time: minutes	
RNP	☐	☐	Value: NM;Time Limit: hours	
RNAV	☐	☐	Type:	
Others	☐	☐		

图 4-12 运行规范和运行限制条件材料样本②

① 根据 ICAO 对《芝加哥公约》附件 6 第八版的(2006 年 3 月 14 号)第 30 次修订,附件 6 第一部分新增第 6.1.2 条的要求;以及 ICAO 文件 DOC8335 *Manual of Procedures for Operations Inspection, Certification and Continued Surveillance* 第五版(2010 修订)PART1,第 4.4 条的要求。

② 参见 ICAO 文件 *Annex 6 Requirement for a copy of AOC*。

总之,根据 ICAO 有关要求,所有进行国际运行的航空承运人必须获得取证。目前,按照中国民航管理当局的要求,所有在中国注册运行的航空承运人也必须取证。而所谓取证就是通过对航空承运人按照一定的流程进行审核、评估和测试,确定航空承运人符合和满足民航当局规定(与 ICAO 的 SARPs 一致)的运行条件的过程。运行合格证颁发的条件是:民航当局通过审核,判断申请人完全具备国家法规中描述的履行其责任的能力且申请人将会以合适的方式继续满足法规的要求。

第三节 航空公司的运行

提到航空公司,人们自然想到英俊潇洒的蓝天骄子,美丽大方的空中小姐。其实,航空公司是一个非常复杂的系统,它的业务非常广,专业类别也特别多。按照在第一节中的组织机构划分,我们一般可以分为安全与平稳运行、市场与效益以及支持航空公司运作的后勤支持及战略规划部门。在这三个部分中,安全与运行部门是航空公司区别于其他行业的关键不同点。

航空公司的安全与平稳运行工作由以下几部分组成:飞行员、客舱服务、地面操作和地面服务、配载控制、飞机维修和持续适航管理、运行控制等。

一、飞机与飞行员

飞机是航空公司赖以生存的工具,而如何对飞机进行良好的运作则依赖训练有素的飞行员队伍。

虽然全程自动驾驶在理论上是完全可行的,且在军事和民用的诸多领域,从美国武装无人机定点清除苏莱曼尼,到大疆数以百计的无人机空中编队表演,无人机的应用已是常态。只要无人机足够大、续航能力足够长的话,我想无人驾驶货机飞跃大洋[1]也是毫无问题的。但是到目前为止,对客机的操作还没有人敢预言什么时候能够开启无人驾驶的先河。不敢这样做的理由一是出于人们对机器的信任度还不够高,更主要的是人更需要有其他人的情感关照。在谈到将来自动化水平足够高的时候,有人调侃将来的某一天,当计算机和自动化发展导致飞机完全不需要人工操作的时候,飞机驾驶舱中将仍然会安排有一个飞行员和一只猴子(或狗)的存在。飞行员存在的意义是让旅客感觉到放心,而猴子(或狗)的存在是为了保证飞机系统安全。

不过笔者相信这种调侃纯粹是理论上的一种推理,在可预见的现实中仍然不会发生。因为人的感官不仅具有收集外部客观数据的意义,而且能够感知相互之

---

[1] 约翰·奈斯比特.定见[M].北京:中信出版社,2007.

间难以言表的情感。人的大脑在综合分析时所考虑的因素之多更是电脑所不可比拟的,电脑所进行的程式化的逻辑分析只是人脑思维中的一个模型而已。人脑在问题决断时不仅采用逻辑性的思维,引用过去建立的范式,还能在新的情境下从过去的经验中抽象出新的解决问题的模型,特别是通过内省这种深思方法还可以产生顿悟,开创性地将我们的思维带入另一个全新的领域,建立革命性的方法,别具一格地解决问题。

与早期传统的飞行员的工作相比,现在的飞行员的体力劳动工作负荷已经大大降低,但相应地,脑力劳动的工作量却在增加。飞行员现在所做的工作更多的是在"管理"上,而不是"操作"上,即对驾驶舱设备进行管理,对飞行中出现的各种信息进行管理,以优化出可行的方案并实现飞行的目标(到达目的地)。

飞行员现在所做的管理工作可以分为几类:一是飞机设备和系统工作的研判和管理;二是对飞行环境的研判和管理;三是人员管理,即与各类人员沟通,对公司、机组、旅客提出的问题进行管理。这三类管理中又可以分为常规管理和应急管理。

虽然飞机的技术设备进步了,但是完成一个飞行任务所需要的飞行阶段没有变(在系统运行中将详细讲解),起飞过程和进近到着落过程仍然是飞行中最重要的两个阶段,因为根据统计70%以上的差错都发生在这两个阶段①。而在所有发生的飞行事件中,飞行员人为因素产生的问题占的比例又最大。

飞行员人为差错是指在飞行过程中的某个特定情境下,飞行员由于受一种或多种因素的影响以及人固有的功能局限而导致的判断失误和操作失误的问题。人为因素包括人的机体与本性、人的能力与限制、人与硬件、人与软件、人与环境、人与人之间关系(个体之间、群体之间、个体与群体)的各个方面。

解决人为差错的问题需要从生理学、心理学、人体测量学、工程学、医学、社会学等多方面进行分析和解决。现代飞机设计非常关注人机关系,着力建设具有友好操作界面的人机接口,努力均衡飞行员在各阶段的工作负荷,从图4-13的A320飞行驾驶舱可以看到,驾驶舱布局方便、简洁,模块分割清晰,功能界定明确,引入的HUD、EFIS、ECAM页面管理以及FMGS的信息管理模式使飞行员在各个阶段的负荷进一步下降并得到了有效的均衡。

人为差错也包括在客舱服务人员、运行管理人员和维修人员身上发生的差错,以及由这些人员的影响而使飞行员出现的差错。

图 4 - 13　A320 飞机驾驶舱布局①

关于飞行员值勤时间的严格限定②

飞行机组的工作状态对飞行安全来说是至关重要的。因此,在中国民用航空规章 121 部(CCAR - 121 部)中有关于机组值勤时间的严格限定。

第 121.483 条"飞行机组的飞行时间限制"和第 121.485 条"飞行机组的飞行值勤期限制"规定,在一个值勤期内,非扩编(标准)飞行机组:

① 执行任务时的最长飞行时间为 9 小时。

② 运行最大飞行值勤期限制为 14 小时。

且对何时可以达到最大值,机组成员不同组合下的最大限制,在不同状态下如何计算执勤时间做出了明确的规定。

第 121.487 条"飞行机组的累积飞行时间、值勤时间限制"规定如下:

① 任一日历月,最多 100 小时的飞行时间。

② 任一日历年,最多 900 小时的飞行时间。

③ 任何连续 7 个日历日,最长 60 小时的飞行值勤期。

④ 任一日历月,最长 210 小时的飞行值勤期。

---

①　图片资料来源:空中客车公司。

②　参见《中国民用航空规章 121 部》(CCAR - 121 - R5 部)。

以及第 121.495 条"机组成员休息时间的附加要求"规定:

① 合格证持有人不得在机组成员规定的休息期内为其安排任何工作,该机组成员也不得接受合格证持有人的任何工作。

② 任一机组成员在实施按本规则运行的飞行任务或主备份前的 144 小时内,合格证持有人应为其安排一个至少连续 48 小时的休息期。

③ 如果飞行值勤期的终止地点所在时区与机组成员的基地所在时区之间有 6 个或者 6 个小时以上的时差,则当机组成员回到基地以后,合格证持有人必须为其安排一个至少连续 48 小时的休息期。这一休息期应当在机组成员进入下一值勤期之前安排。

本条款所述基地是指合格证持有人确定的机组成员驻地并接受排班的地方。

④ 除非机组成员在前一个飞行值勤期结束后至下一个飞行值勤期开始前,获得了至少连续 10 个小时的休息期,任何合格证持有人不得安排,且任何机组成员也不得接受任何飞行值勤任务。

⑤ 当合格证持有人为机组成员安排了其他值勤任务时,该任务时间可以计入飞行值勤期。当不计入飞行值勤期时,在飞行值勤期开始前应当为其安排至少 10 个小时的休息期。

二、客舱服务

除飞行员外,在飞机上工作的还有客舱乘务员。

也许很多坐过飞机的乘客并不了解,客舱乘务员存在的基本价值并不是为了提供类似端茶送水的这些服务,而是为了保证旅客的安全。特别是在飞机出现紧急情况的时候,能够给旅客以指导,能够使旅客采取合适的方法、找到合适的通路、以最快的速度撤离飞机、到达安全的地方。

所以不论客舱是否提供其他服务,按照运行规定,基本上每 50 个旅客必须配备一名乘务员①,以保证在需要的时候旅客能够及时得到帮助。因为民用飞机运行要求规定所有 44 座以上客机,所有旅客(含机组)必须在 90 秒钟以内完成地面紧急撤离②(见图 4-14)。

另外,如果航空公司愿意为旅客提供更大、更舒适的空间而减少整架飞机的座位数,即航空公司选择比原飞机设计标准布局座位数更少的情况下,客舱乘务员数目仍不能少于航空公司在取得初始运行合格证所进行的(撤离)演示中所配备的客舱乘务员数目③。由此可见,乘务员配备的最基本要求是保证旅客的安全(在地面安全撤离)。

---

① 参见《中国民用航空规章 121 部》(CCAR-121-R5)第 391 条(a)。
② 参见《中国民用航空规章 121 部》(CCAR-121-R5)第 161 条(a)。
③ 参见《中国民用航空规章 121 部》(CCAR-121-R5)第 391 条(b)。

图 4-14　乘务人员进行应急训练①

　　当然,乘务员也同时承担着为旅客提供服务的职责。随着航空运输业的市场化和竞争态势的加剧,空中服务越来越成为航空公司之间差异化竞争的有效手段,特别是通过满足高端旅客(公务舱和头等舱旅客)的个性化需求,留住高端旅客,已经成为航空公司市场营销战略的重要组成部分。

乘务员的变迁②

　　1922 年,英国的 Daimler Airways 雇佣了男性"Cabin Boys"。

　　1930 年 5 月 15 日,艾奥瓦州(IOWA)出生的护士 Ellen Church 成为第一个女性乘务员,她的第一个航班是波音航空运输公司(Boeing Air Transport,后来的美联航)从奥克兰到芝加哥的航班,她带领 7 名护士一起组成一个"Sky Girls"(空中小姐)组,任务是帮助装运行李,向机长和副驾驶行军礼和在晚上把飞机推进机库,她们的报酬是每月 125 美元。

　　1946 年,时年 30 岁的女乘务员协会的主席 Ada Brown 由于结婚而被迫停飞。

　　1952 年,按照民航当局的要求,商业飞行的飞机必须配备空中乘务员,其主要职责是安全专业人员。

　　1964 年,乘务员以《民权法案》为依据,向法院起诉航空公司在性别、人种、年龄、重量、是否怀孕和是否生育方面的歧视政策。1968 年,法院同意女乘务员在 30

---

①　图片资料来源: 中国东方航空公司。
②　参见美国乘务员协会和《今日美国》报研究报告。

岁结婚后不必停飞。1978年,条例放宽到女性乘务员怀孕也不必停飞。1994年,乘务员的重量限制被取消。

1965年7月9日,Braniff Airways首先采用由Emilio Pucci设计的时装类乘务员制服,爱好出风头的航空公司同时在飞行中上演时装秀。

1967年,《咖啡、茶、还是我——两个无拘无束乘务员的自传》一书出版,该书是在采访两个乘务员Trudy Baker和Rachel Jones后写成的,反映了他们在客舱内的无拘无束以及在旅途停留中诱人的生活。该书成为风靡美国的畅销书,从而使乘务员这个职业成为令人称羡的职业,后来在美国的很多影片中对美丽乘务员都有描述。

1971年,法院判决航空公司对男性申请乘务员职业不能拒绝,并且称美联航的不能结婚政策是非法的。

1967—1975年,Patricia Ireland成功地起诉泛美航空,为她的丈夫取得医疗保障。后来她成为美国妇女组织的主席。

1974年,美国航空(National Airlines)用一组美貌乘务员的广告呼吁旅客乘坐该航空公司的航班,并用"fly me"这个词诱惑顾客。结果遭到抨击,被视为是男性之上主义者。

1979年,乘务员重量限制条件被取消,但是在1990年初以前实际上很多航空公司仍在使用。

1985年6月14日,TWA航空公司乘务员Uli Derickson在执行雅典到罗马的TWA847航班时,在飞机被黎巴嫩恐怖分子劫持的情况下,成功地与恐怖分子谈判,保护了恐怖分子试图杀害的犹太旅客(虽然她也曾试图保护美国海军次长Robert Stethem,但次长最后未能幸免),她被授予美国海军颁发的杰出公共服务奖。

1987年,经乘务员协会游说,美国联邦航空局(FAA)开始限制旅客手提行李。

1996年,第一部关于乘务员阻止劫机事件的影片发行,影片名为《执行决定》,由奥斯卡奖获得者Halle Berry扮演乘务员;后来其他获得奥斯卡奖的演员也扮演过乘务员这个角色,其中包括Gwyneth Paltrow和Catherine Zeta Jones。

2005年5月,五个已经55岁以上的在役和退役的联航乘务员在2006年内衣班年历上展示她们的皮肤,抗议联航减少雇员养老金计划,题目是"你的(身体)健康有保障吗?"

2005年9月,乘务员协会要求抵制电影《飞行计划》的发行,因为该电影对乘务员的描述不准确、不公平。

三、地面操作和地面服务

航空公司运行需要的不仅是飞机和飞行员。虽然飞机和飞行员是航空公司最重要的资产,但是没有地面大量辅助人员的支持,飞机则可能出现无法飞行或者空飞的状况。这些地面支持人员帮助需要乘机的旅客和需要运送的货物完成各种手续,顺利将其送上飞机,然后在飞机到达的时候顺利通关。这些地面工作统称地面操作(Ground Handling)。

1. 飞行区的地面操作

地面操作工作一般都在客机坪,即候机楼靠跑道的一侧进行的,这个区域也是通常所说的飞行区。操作工作包括飞机停机引导、货物配载和上下客、过站维护、飞机加油、飞机地面勤务(废物排放、垃圾清扫)、食品配载和回收等工作。

飞机在跑道降落、滑行到达停机坪,这时候对飞机的管理会从航行管理部门交到机坪指挥员(站)的手中,机坪指挥员采用一套国际民航组织定义的标准信号指挥飞机到达其停机位或者停机桥停靠。小型机场或者航班量很少的机场指挥工作非常简单,只需要告诉机组停机位置。而大型繁忙机场则不仅可能需要配备引导车(Follow Me,见图4-15)、增加引导信号和停机信号,还有可能需要增加一个专门用于指挥地面滑行的通信系统(一个特别频率的波段)。

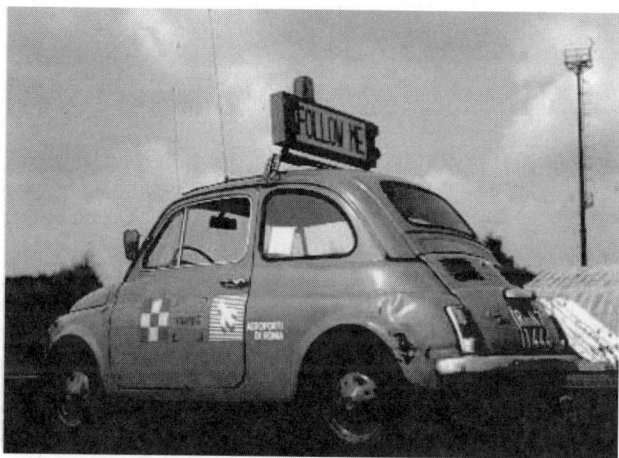

图4-15　机场引导车 (Follow Me)①

为帮助飞行员滑行和使进入停机坪的各类车辆和人员各行其道,停机坪上喷有各种线条和数字以引导飞机和来往车辆(参见第五章)。要想使飞机停靠到有登机桥的停机位,一般有几种目视或电子系统用于引导。一旦飞机到位、发动机关车,机轮下将放置轮挡以防止飞机移动,在起落架上还会插入保险销以防止起落架被错误地收起。如果飞机停机时间较长,则还需要在发动机上加上堵盖,在皮托管(动压管)上装上护套。

---

① 图片资料来源:意大利 ADR 公司网,http://www.adr.it。

当飞机停稳后,为了加快飞机过站速度,几项地面操作工作将同时展开:

一是旅客下机。早期航空运输中由于总飞行量较小、候机楼比较简陋、使用飞机也较小,因此一般旅客可以从飞机自带的客梯上下机穿越停机坪,直接到达候机楼的到达厅。而现在,由于飞机的增大和高度的增加,则需要客梯车或者登机廊桥(见图 4-16)作为连接才能完成这个步骤。

图 4-16 与飞机相连的登机廊桥①

如果使用客梯车并且飞机停靠在远机位,则通常还需要配合使用摆渡车。也有些 20 世纪 90 年代建立的机场不采用客梯车和摆渡车解决方案,取而代之的则是合客梯车与摆渡车为一体的 PTV(Passenger Transfer Vehicle)解决方案,如蒙特利尔新机场。

二是行李和货物装卸。小型飞机的货舱容量很小,一般用于装载旅客行李,因此采用肩扛手提的方式卸载也是能够完成的;大型飞机如空客 A330、A350 系列或者波音 B747、B777、B787 系列飞机的货舱容量可达几十吨,全货机则可能达到上百吨,在这种情况下,只有采用机械化作业才能提高作业的效率,在规定的时间内完成装卸任务。为此,一般采用升降平台车、皮带传送车和货柜专用拖车(见图 4-17)相结合的方案运送和装卸行李。

三是进行小工作量的地面维修工作。飞机维护分为多个等级,在两个航班之间进行的维护为最低级别的短停维护。由于短停维护工作量很小,不需要专用设备,因此只需在客机坪就可进行,而不需要拖到专用的维修机坪或者维修机库进行。短停维护除了常规检查和加润滑油之外,最主要的是处理机组反映的故障。在飞机驾驶舱内有一本飞行记录本(技术履历本),机长会把飞机在飞行中出现的

---

① 图片资料来源:中国东方航空公司。

图 4-17　货物传送车和平台装卸车①

一些技术问题写入飞行记录本内,如果是大一点的故障,机组也会在飞机落地之前通过签派告知维修部门。如果飞机和地面都有飞机通信寻址和报告系统(ACARS),则在飞机上出现的故障还会被实时传送到地面,以便确定飞机的技术状态。当飞机需要较长时间的停留或者飞机辅助动力装置(APU)供电和供气能力不足的时候,地面维护人员也会在飞机停机后接上地面电源和地面气源。

四是为飞机进行加油。飞机在每个飞行过程中都将消耗大量的燃油,所以在航段之间进行加油是一项重要的工作。小型飞机每次加油量为几吨,如 A320 系列飞机基本上每个小时航程消耗 2—3 吨燃油,大型飞机如 B777 每小时消耗油量约在 6—9 吨,一次十几个小时的航程需要加油上百吨。普通飞机加油可以采用加油车加油方式,但是在大型机场为大型飞机加油则通常采用地下加油管道系统进行加油(见图 4-18)。由于燃油的闪点较低,而且加油时油液快速流动摩擦也会产生静电,所以防火防静电尤为重要。静电可以通过在加油时将飞机"接地"得到释放,接地其实就是用一根金属线将飞机机体与地面上的金属杆相连,这样可以把静电释放到地上,使加油设备和飞机都不会出现静电火花。

五是飞机客舱清洁、机上供应品补充和排污。在航班之间,飞机客舱必须清洁,厨房和卫生间也必须打扫和重新装上供应品,还有毛毯、枕头、头垫(片)都必须更换。另外,厨房内的餐车必须重新放置食品和饮料以保证旅客能够获得足够的供应。餐食一般由机场或附近的专门食品公司提供,特别是当飞机上要提供热食的正餐时,由于飞机热食通常是通过飞机上的烤箱进行再加工的,因此食品标准与制造方法均与普通餐厅的餐食准备有很大不同。

飞机排污也是重要的一项工作。由于飞机在全程飞行中基本上不会把废物排出机外(厨房的部分用水会在空中直接排放),产生的废物和污物都被储存在污水

---

①　图片资料来源:中国东方航空公司。

图 4-18　正在为飞机进行加油作业的(管线)加油车(飞机油箱一般在机翼内)①

箱和垃圾箱内,所以必须在地面完成排放,否则将无法继续下一段航程。为污水箱
进行排放的接口设计在机身上,通过排污车(见图 4-19)的对接可以完成排放和冲
洗,排放完成后还需要增加新的净水并增加新的消毒液。

图 4-19　作业中的污水排放车②

————————————

① 　图片资料来源:中国东方航空公司。
② 　同上。

六是飞机除冰、除雪、除霜。飞机是依靠机翼上下表面的气流作用产生的压差来获得升力的，因此机翼的翼面保持干净、清洁，不出现气流分离是基础。当飞机机翼结冰时，机翼的升力就会下降，就会危及飞行的安全。当冬天来临的时候，下雪、结冰和结霜的气候条件都极易污染机翼表面，有时候即使地面没有出现结冰条件，但是由于飞机经历了前一个航段的高空飞行，飞机机翼油箱被冷透，在飞机落地后，温度依然未能快速回升，而如果此时地面温度小于5摄氏度，湿度较大时，就会在飞机机翼上下出现冰和霜。除冰、雪、霜的方法有两种：一种是使用固定设备；另一种是使用除冰车（见图4-20），车上装有带除冰液的水箱和高压喷射水枪，人一般站在车上的一个类似于斗的容器内（可升降操作台）进行操作。除冰液一般是含有可以生物降解的乙二醇和经过加温的温水，根据乙二醇含量的不同，除冰后所稳定的不结冰的安全时限长度也不同。除除冰车以外，大型机场为加快除冰速度和增加起飞的安全性，也会在飞机滑行道路上专门安置固定的除冰装置。固定装置的除冰工作原理是相同的，但是除冰时间被延迟到飞机滑出后，这样可以缩短除冰与起飞之间的时间间隔，更有效地保障飞行安全。

图4-20　除冰车正在为飞机除冰雪①

七是飞机拖曳。虽然飞机设计有反喷装置，理论上来说支持飞机倒滑退出停机位，但是由于倒滑受视线的影响非常难以控制，所以绝大多数情况下飞机被禁止倒滑。如果飞机停靠在廊桥上下客，或者飞机虽然不靠廊桥，但是停机的位置不方便在发动机启动后直接进行滑行，或者由于其他原因需要将飞机拖离原来的位置，

① 图片资料来源：CPH公司网，http://www.cph.dk。

图 4-21　无拖把拖车正在牵引飞机①

这个时候就需要使用拖车来将飞机推出或牵引到新的位置。

拖车设计有专门与飞机前轮相连的拖把(Towing Bar),在拖把上安装有剪切销以免拖车在转弯过猛、前进或者后退过快时产生的冲力损伤前起落架。现在新的不用拖把的可以将前轮完全抬升起来的拖车(Towbarless)(见图 4-21)已经开始使用,由于不用对接拖把,拖车连接的时间更快,因此拖车的效率也得到了有效的提高。

从以上描述可以发现,当飞机到达停机位后,将围绕飞机开展一系列的工作。由于这一系列的工作都将同时进行,因此必须在飞机进行设计的时候,就应该规划出每一项地面操作工作的区域,使得各个工作项目拥有各自的工作区和接近盖板,工作不会相互干扰(见图 4-22)。因为停在停机坪上的飞机不会产生任何收入,航空公司必须把中转时间减到最小。

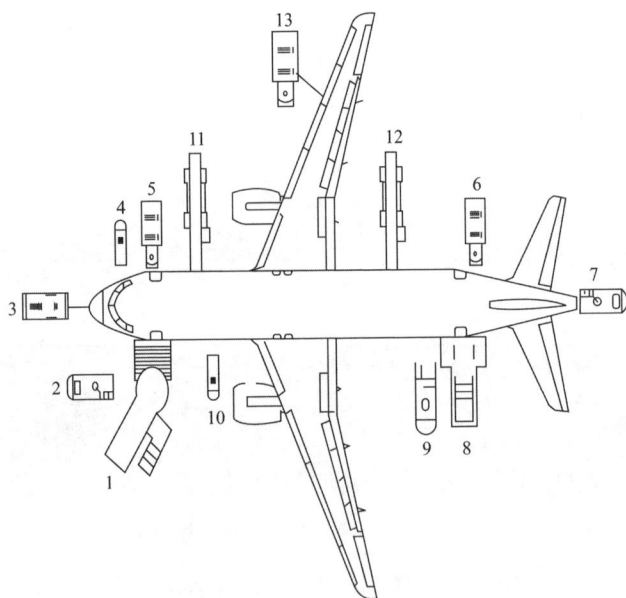

图 4-22　A320 飞机勤务车辆布局②

1—廊桥位;2,7—厕所勤务(污水排放);3—拖车位置;4—电源车;5,6—厨房勤务;
8—客梯车;9—水勤务车;10—空调车;11,12—货舱装载车;13—加油车

①　图片资料来源:汉莎公司网,http://www.lufthansa-leos.com/。
②　图片资料来源:空客公司。

2. 服务区的工作

与飞行区井然有序的车水马龙相比,服务区内则是人的海洋。在候机楼这块很小的空间内,人口密度非常高,用比肩接踵、熙熙攘攘来形容一点也不为过。虽然这些人流是由航空公司的飞机引来的,但是管辖候机楼大多数区域的管理者却是机场当局,而不是航空公司。候机楼内除了办理登机手续之类的专业柜台外,还提供包括饮食店、商店在内的各种各样的服务,特别是在流量大的机场,商业服务成为机场管理者获利最丰的一个业务单元,因此机场候机楼实际上也是一个大的"销品茂"(Shopping Mall)。入主候机楼内的人员也很杂,从诸如海关、移民局(中国是边防局)这一类的政府工作人员到清洁、出租车租赁人员无一不全。根据香港机场管理当局的统计,候机楼和其附近的商业用房内共有三百多个行业的人员在此工作。

不过,无论如何,航空公司在候机楼工作的人员都是这里的重要群体。虽然漂亮的机场有一些外来的参观客,但是人们来机场的根本目的还是开始他们的一段新旅程,另外一些人也许没有旅行计划,但肯定与某些旅行者密切相关。而候机楼内航空公司的工作主要是办理或者协助旅客办理登机手续,在旅客等待期间开展服务,当旅客到达本港的时候提供支持。

首先,一块小小的航班计划显示牌是这一切开始的基础。购票的旅客乘坐各种各样的交通工具到达机场后,首先必须到出港计划显示屏幕前查看自己要乘坐的航班办理登机手续的位置以及将要进行登机的登机口位置(或者桥位)。

第二,办理登机手续。办理登机手续工作的第一个目的是确认旅客身份。也就是检查旅客证件(通常为身份证和护照)是否与购票者和系统内的订座名相同。

登机手续办理也可以被视为座位安排的一种需要。飞机舱位除了由客舱实际布局引起的头等舱、公务舱、经济舱的差别外,在售票过程中公司根据营销的需要在同一实际舱位等级中还会开放多个虚拟等级的舱位。通过登机手续的办理就可以保证高付出的旅客能够优先选取自己需要的座位、得到更舒适的服务。

但是随着人们使用带有生物测定技术的身份证件和网络自助执机系统的开放,这项服务也开始弱化。在国内航线上,现在很多公司都提供电子客票、自助网上执机或自动执机柜台(Kiosk,见图 4 - 23)以及手机自助值机服务,旅客按照物理舱位和进入网络的顺序可以自由选取座位,在没有到达机场前就可以完成整个流程。国际航线的网上自助服务还没有全面开展,

图 4 - 23 候机楼内的自动执机柜台

因为在国际航线上,国家主权问题和反偷渡、反跨国犯罪问题仍然是非常敏感的问题。

办理登机手续还有控制行李运输的目的。在行李运输上有两个问题值得关注。一是行李的重量问题。旅客重量由于差距不算太大,因此按照各类人员进行分类,然后给各类人员制定一个标准值①加总。这种计算方法虽然有一定的偏差,但是当旅客数目越来越大时,总体来看是比较准确的。而各件行李的重量及行李的总重之间则相去甚远,因此很容易影响到飞机的配平,进而影响到飞机的安全,因此行李需要称重。当然行李重量也牵涉到航空公司的收益,逾重行李的计费在低成本航空公司中已经成为利润增长的重要来源。二是安保问题。易燃易爆品严重危及飞行安保工作,必须通过合适的检查渠道来控制危险品上机。毫无疑问,登机手续办理是非常好的一个控制流程。

第三,对候机期间旅客的服务。理想的乘机流程是,当旅客完成登机手续和安全检查手续后,能够立即穿越候机楼上飞机,这样旅客的行程耽误时间可以减到最低。但这在实际操作中是不可能的,这不仅因为数以百计的旅客办理手续需要相当长的时间,而且旅客到达机场的时间无法准确判定且飞机能够在地面进行等候的时间也有限。为了做好旅客在候机期间的服务,航空公司必须和机场密切配合。一是需要足够大的空间来容纳旅客,使旅客不至于无处"藏"身。二是需要有足够多的服务项目来吸引旅客,转移旅客因为无聊而难以打发的时光。这一点,机场提供的解决方案是足够多的商业店铺;航空公司则通过提供特色服务来满足。比如很多公务舱和头等舱候机室不仅配备各种各样的食品和饮料,还会提供杂志、书刊,乃至互联网服务,使旅客感觉不到时光的流逝,移动互联网的快速发展正好应了这个要求,相信5G全面开放会使移动互联如虎添翼,使得旅客在候机楼内的生活更加充实。三是旅客能够在候机厅获得及时准确的登机信息。这一点不仅可以从登机信息显示器上得到,航空公司也会通过持续的广播来传递这些信息。

第四,对到港旅客的支持。到港旅客关注的是尽快结束他的旅程,到达他的目的地,所以最重要的是通关速度。

对航空公司而言,影响到达旅客通关速度最重要的因素是旅客提取其托运行李的时间。用指标来表示的话,则是第一个旅客提取到自己行李的等待时间和最后一个旅客提取自己行李所需要的等待时间,这两个时间值可以比较准确地反映

---

① 按照《中国民用航空规章 121 部》(CCAR-121-R5)附件 A 定义的要求,男性飞行机组成员按照每人 82 千克计重,女性飞行机组成员按照每人 64 千克计重,男性客舱乘务员按照每人 82 千克计重,女性客舱乘务员按照每人 59 千克计重。旅客的计重根据各国各公司的免费手提行李额的不同,也各有标准值。

一个航空公司地面保障流程的能力。当然这两个时间和候机楼到达厅与机场登机桥位的设计布局有关,也和到达厅内的布局有关。

除了时间外,旅客行李对号提取的准确性也是一个考量,如果不通过有效控制方法,行李错拿的概率非常大。还有行李丢失和晚到问题,因为飞机载运重量和能够实现自身平衡飞行的重量都有限制,所以偶尔也会产生旅客行李没有同机到达的情况。这一切都需要航空公司员工进行认真的处理。当然,在行李处理问题上,技术进步也给我们带来了福音,射频识别技术(RFID)的使用将使航空公司和旅客都更容易追踪到行李的位置,减少行李运送差错率。

四、配载控制

和地面受力情况不同,不论多重的物体放在地面上,地面都能提供一个相同的反作用力来承载物体。在空中,任何一个重于空气的物体的承载都必须通过一定的方法并可能需要付出代价。

1. 配载控制的重要性

飞机在空中飞行不仅有升力和重力,而且还有阻力和动力,飞行是这两对力平衡的结果①(见图4-24)。而飞机的升力又是依靠飞行的动力而来的,飞机的阻力则是空气阻力和快速飞行产生升力后的副产品(称为诱导阻力)。当飞机重量改变时,飞机的升力需要改变,相应地,飞机动力和飞机的阻力也会改变。而在升力控制方面,两个变量是必须考虑的,那就是飞机动力产生的

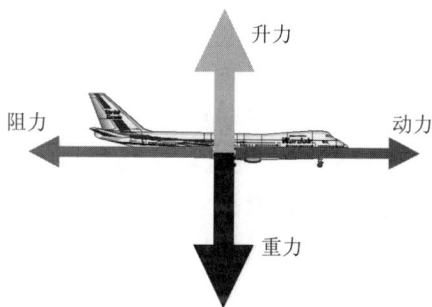

图4-24　飞机受力示意图

速度和飞机飞行的姿态。假定飞机以恒速飞行,那么姿态就成为改变升力的最大变量,姿态除飞行控制面的控制外,配平是关键。这就是飞机需要配载的原因。

飞机配载实际上是调整重量和平衡两个因素,重量可以通过称重来计算,平衡通过调整重心位置和升力中心位置来实现。

重心(CG)是飞机的重量能在此处平均分布的点(见图4-25)。如果你在此点对飞机进行支撑(顶升)飞机是非常平衡的。一架飞机重量的分配决定了飞机的重心。要想使一架飞机在空中可以得到控制,能够进行操作,重心必须位于最佳位置的一段合理范围内。前点和后点之间的距离就是重心的范围,如果重心超出此范围,飞机将不能平衡,操作将非常困难(或者完全不能操纵)。这其中的原因是如果

———————

①　飞机在空中的受力是三对,即重力和升力、动力和阻力、干扰力(横侧)和通过飞行控制操纵产生的作用力,由于横侧移动受飞机的配载影响较小,这里不作深入研究。

重心超出范围,则意味着无论如何调节机翼和尾翼可操纵面的角度,升力中心始终无法移到重心的同一点上。

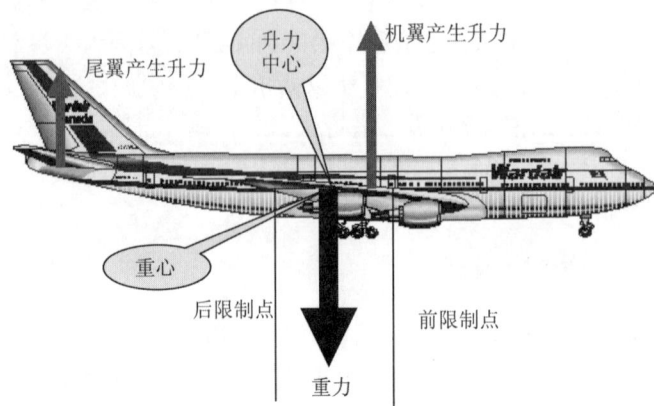

图 4-25 飞机的重心和升力中心

升力中心是飞机上所有升力作用(主要是来自机翼的升力和尾翼的升力)汇总求出的一个点。随着飞行速度和姿态的改变,来自各个翼面的升力会随之改变。

下面介绍平衡的概念。飞机上装载的物品的重量和分布情况决定了飞机的重心和重量,一旦飞机装载完成后,飞机的重心和重量几乎是不变的[①]。所以必须首先通过控制摆放在飞机上的各样物品的重量和位置保证重心在限制范围内。其次,控制飞机平衡的条件是机翼升力的总量加上尾翼升力的总量应该等于飞机重量,同时机翼升力的总量乘以机翼升力总量的位置到重心点位置的距离要等于尾翼升力的总量乘以尾翼升力总量的位置到重心点位置的距离。

即机翼升力+尾翼升力=飞机重力,

机翼升力作用在重心位置点的扭矩=尾翼升力作用在重心位置点的扭矩。

下面介绍计算配载控制的几个基本数据。在飞机制造商设计和制造飞机时,会定义以下几个重量概念和限制:

① 最大设计滑行重量(MTW):由飞机结构强度和适航要求限制的飞机地面最大机动重量(包括滑行重量加消耗燃油)。

② 最大设计着陆重量(MLW):由飞机结构强度和适航要求限制的飞机最大着陆重量。

③ 最大设计起飞重量(MTOW):由飞机结构强度和适航要求限制的飞机最大起飞重量。

---

① 严格来说不是不变,而是缓慢地变化。因为在空中,随着油量的减少重量和重心会缓慢地变化。

④ 最大设计无油重量(MZFW)：由飞机结构强度和适航要求限制的在飞机没有燃油，没有其他一些特定可用液体状态下能够装载的最大重量。

⑤ 最大商载：最大设计无油重量减去操作空机重量。

⑥ 可配平的飞机重心范围和配平包线图：在飞机装载后，为保证飞机可以得到操纵，重心必须首先在前限制点和后限制点范围内，但这还不够，为了减轻飞行员的工作负荷，实际的飞机重心范围还应该保持在飞机形态光洁的情况下自动驾驶仪通过水平安定面的调整实现驾驶杆的零受力。按照此配平要求，根据飞机不同重量所做出的配平计算图，就是飞机配平包线图。

2. 有关配载的一些规则和要求

配载控制除了必须保证飞机平衡重量数据不超过飞机制造厂定义的极限数据外，飞机的实际配载平衡重量还会受其他条件(比如机场条件、飞机性能等)的限制。最直接的影响是飞机重量数据计算得不准确，使得实际重量条件下飞机起飞和着陆需要的跑道长度突破当前跑道实际所具有的长度，造成飞机冲出跑道的危险。

就因为配载对飞机安全有直接影响，所以航空公司在获得运行合格证前，必须满足当局提出的有关配载控制的规则要求。在国际民航组织的《芝加哥公约》附件8(适航)中指出：制造商需要向运行者提供所有的配载限制数据。在型号合格证的取证阶段，制造商必须对各种各样条件下的飞机配载重量和平衡进行试飞，取得重心的极限数据，这些限制数据需要得到各民航当局的批准。型号合格证的数据表必须包含决定重心和平衡极限值的数据信息。

航空公司作为承运人在《运行手册》中必须有重量和平衡控制计划，这种计划用来保证航空公司的飞机：

① 按照批准的构型(配载图或表，见图4-26)进行适合的配载。

② 在所有地面和飞行运行中，不超过授权许可的重量和平衡限制。

③ 定期进行重新称重，对原来的重量和平衡数据进行评估。

④ 如果有其他变化，重新计算数据。

承运人除了必须遵守这些限制条件外，民航当局还要求承运人建立自己的系统来控制飞机配载。这个系统程序包括在飞机滑出前，承运人必须保证重量和配平数据已经使用合适的方法进行计算并让飞行员知晓，同时计算文件必须存放到飞机上，并保证飞机在飞行全程中重量和平衡数据的变化不超过限制范围。

和机组重量的计算相同，通常旅客的配载和重量计算也是按照平均旅客重量来进行的。该平均重量值可以参照民航当局的相应规则来执行，如果需要更准确的数据，那么航空公司作为承运人也可以将实际运行中得到的数据交由民航当局批准。平均旅客重量数据根据不同的季节和航空公司对旅客免费手提行李重量的不同而改变，在寒冷的天气因为衣服的重量增加平均重量可能需要增加，同样免费

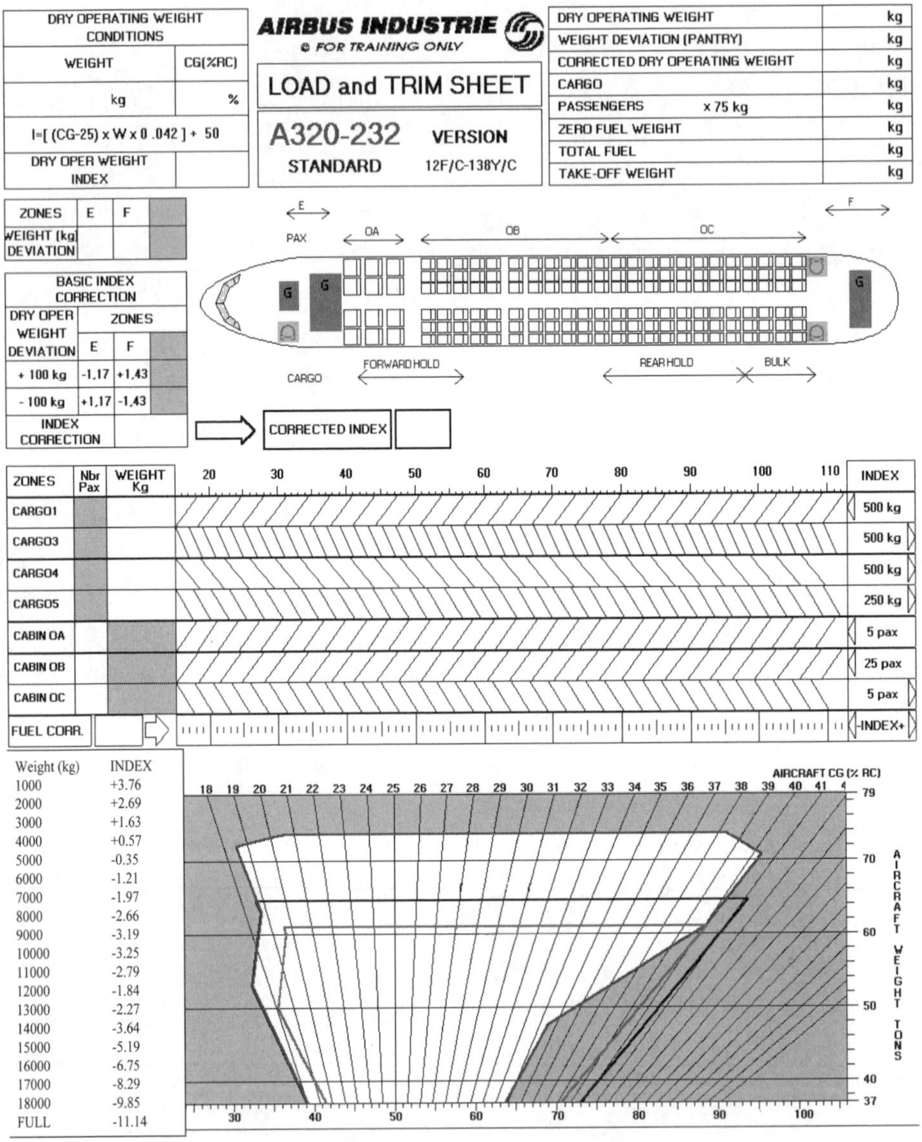

AIRBUS INDUSTRIE
© FOR TRAINING ONLY

LOAD and TRIM SHEET

A320-232 VERSION
STANDARD 12F/C-138Y/C

DRY OPERATING WEIGHT CONDITIONS	
WEIGHT	CG(%RC)
kg	%
I=[(CG-25) x W x 0 .042] + 50	
DRY OPER WEIGHT INDEX	

DRY OPERATING WEIGHT		kg
WEIGHT DEVIATION (PANTRY)		kg
CORRECTED DRY OPERATING WEIGHT		kg
CARGO		kg
PASSENGERS x 75 kg		kg
ZERO FUEL WEIGHT		kg
TOTAL FUEL		kg
TAKE-OFF WEIGHT		kg

ZONES	E	F	
WEIGHT (kg) DEVIATION			

BASIC INDEX CORRECTION			
DRY OPER WEIGHT DEVIATION	ZONES		
	E	F	
+ 100 kg	-1.17	+1.43	
- 100 kg	+1.17	-1.43	
INDEX CORRECTION			

CORRECTED INDEX

ZONES	Nbr Pax	WEIGHT Kg	20 30 40 50 60 70 80 90 100 110	INDEX
CARGO1				500 kg
CARGO3				500 kg
CARGO4				500 kg
CARGO5				250 kg
CABIN OA				5 pax
CABIN OB				25 pax
CABIN OC				5 pax
FUEL CORR.				-INDEX+

Weight (kg)	INDEX
1000	+3.76
2000	+2.69
3000	+1.63
4000	+0.57
5000	-0.35
6000	-1.21
7000	-1.97
8000	-2.66
9000	-3.19
10000	-3.25
11000	-2.79
12000	-1.84
13000	-2.27
14000	-3.64
15000	-5.19
16000	-6.75
17000	-8.29
18000	-9.85
FULL	-11.14

图 4-26 空客公司 A320 的配载标准图表①

① 资料来源：空客公司。

手提行李增加也会引起平均旅客重量的增加。旅客手提行李重量可以通过称重或采用平均重量的方法。如果采用平均重量的方法,这个标准数据要么来自当局的规章,要么通过采集数据统计分析并经过民航当局的批准。民航当局在平均旅客重量标准的制定时,会收集各个承运人获得的数据;在平均旅客重量标准颁布后,也会采取实际数据进行验证。

飞机起飞重量与所需跑道长度之间的关系

飞机起飞重量与跑道长度的关系是通过滑跑速度来反映的。正常情况下,飞机起飞和着陆所需要的跑道长度都很短。一般双发涡轮风扇发动机的推力在一架飞机全重条件下起飞(标准海平面气压)都能保证其起飞距离在 1 000 米左右(飞机刹车增加发动机马力到起飞推力状态,松刹车滑跑,直到飞机离地 35 英尺的高度所经过的整个距离)。

为什么实际跑道长度远远大于飞机起飞跑道长度呢?

飞机要求的起飞跑道长度是根据以下原则来制定的(见图 4 - 27):

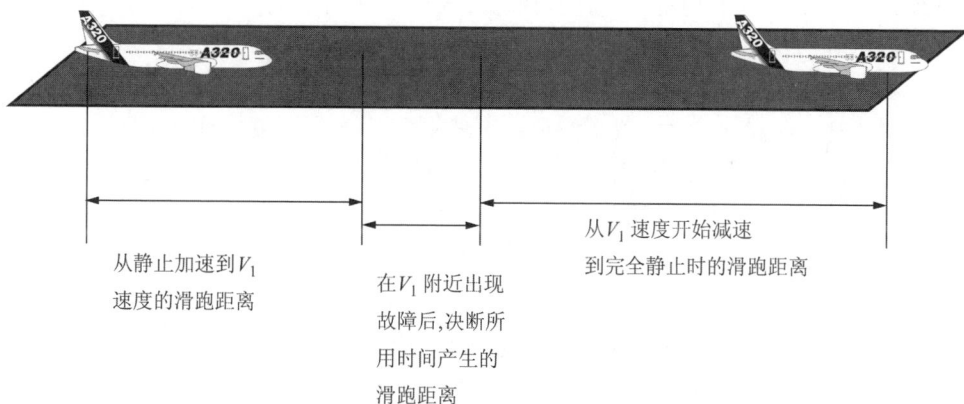

从静止加速到V_1速度的滑跑距离

在V_1附近出现故障后,决断所用时间产生的滑跑距离

从V_1速度开始减速到完全静止时的滑跑距离

图 4 - 27　飞机起飞需要的跑道长度计算

① 飞机从静止状态滑跑到达飞机决断速度的距离。滑跑距离的影响因素主要包括飞机起飞重量、发动机推力、机场海拔高度和风向风速。当飞机起飞重量大时,加速的时间和距离就更长。发动机推力越小,加速的时间和距离也会更长。而飞机的升力依靠的是相对速度和气压压力,因此机场海拔高度和风向风速对升力都会有影响,即可能改变起飞决断速度(V_1)的大小。过高的海拔对发动机推力也会有影响。另外,跑道道面条件例如是否有雨雪冰霜、跑道是否有坡度也有一些影响。

② 飞行员决断所需要的时间引起的飞机滑跑距离。飞机作为一个复杂的系统,在任何一个阶段都有出现故障的可能,但是故障大小不同,对整个飞机操纵的影响程

度不同,所以并不是每一种故障出现都需要马上处理。飞机起飞阶段更是如此,我们不希望小的故障影响飞行员在关键时候的操作。按照飞机的滑跑速度,滑跑也会分为几个阶段。当速度在 0—80 海里每小时之间时,只要飞行员发现飞机有故障,就应该停止起飞,滑回检查。而在 80 海里每小时至 V_1 速度之间时,飞行员可以考量故障的危害性来决断是否停止起飞,而一旦飞机速度大于 V_1 速度,必须继续飞行过程;因为这个时候中止起飞比继续起飞危险更大。而快接近 V_1 速度时的判断尤为重要。

③飞机从决断速度中断起飞到飞机最终减速停在跑道上的距离。一旦决断飞机中止起飞,飞行员必须迅速采取行动,将飞机发动机的推力减至最小,采用反喷、刹车及其他一切手段将速度减小,直至飞机完全停止。这一个过程也必须在剩余的跑道上完成。

五、飞机维修和持续适航管理

相信每一个人都能理解,使用就会导致破损,破损就需要维修。而且越是重要和复杂的机器,越需要精心的维护和修理,飞机也不例外。事实上,由于飞机是高技术的结晶,且飞机出现事故产生的后果的严重性进一步提升了维修的重要性,根据统计,平均每一个小时的飞行任务伴随着 3.5—4 工时的维修工作。

1. 早期的维修理论

和飞机技术的发展一样,飞机的维修技术也经历了不断变革。莱特兄弟刚发明飞机的时候的修理技术与汽车修理技术没什么两样,坏了就修,因此就有很多飞机坏了还没有修就结束了使用寿命。当然早期飞机简单、便宜,摔了也不值多少钱,但要紧的是机上人的宝贵生命也随之而去,这是大家所不能承受的。因此,人们觉得修飞机可能和修汽车之类的还是有不同的。于是人们想:是不是能够通过增强系统结构提升安全、减少修理呢?因而在设计上加大了零部件的强度设计,使得飞机结构更牢靠。但这又出现了问题,飞机变得笨重,性能得不到提高。那是不是可以通过两套系统或多套系统的设计增加冗余度,减少维修量呢?经过试验发现,冗余度设计的确是有益的,但是几套系统同时出现故障的情况也不少。

那么,故障出现到底有怎样的规律呢?通过一段时间的经验积累及研究,人们得出的结论是,航空器的可靠性和使用的时间有一定的关系。开始使用时由于需要磨合,有比较多的故障出现;磨合期过后,在较长一段时间内故障率较低,并保持不变,到一定时期后故障率会突然上升。这就是著名的"浴盆曲线"的来历(见图 4-28)。

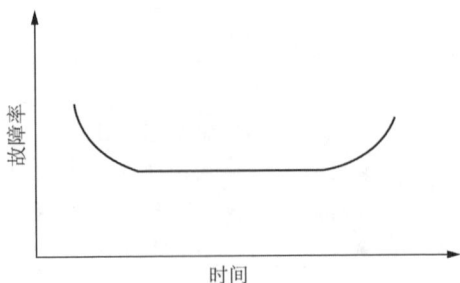

图 4-28　"浴盆曲线"——飞机故障模式的一种

按照"浴盆曲线"的故障模式,毫无疑问,应该加强新元件的润滑和检查;当机件进入稳定工作时期的时候应该尽量少维修;然后当机件到达"浴盆曲线"的故障率高峰期时,开始拆换机件。这样就产生了"寿命"的概念,即当机件故障率高发的时候为机件寿命到期的时候。本着安全第一、预防为主的要求,在故障率出现跃升前,不等故障的出现,而更换机件,这样就可以有效地保证飞行的安全。飞机维修从类似汽车和其他普通机械设备的"事后维修"变成了"事前维修"。

2. 维修技术的进一步发展

"安全第一、预防为主"指导思想下的"事前维修"给早期飞机的安全提供了强有力的保障,以活塞式发动机为主的全球运输机队的飞行事故率稳定在十万分之一的数量级上。但是随着第二次世界大战的结束和航空运输的快速发展,飞行运输量迅速加大,人们发现,虽然事故率水平并没有迅速变化,飞行事故的绝对数却迅速增加。

人们开始考虑如何才能进一步减少飞机的故障,提高飞机的安全可靠性。

继 1950 年"彗星号"涡轮喷气发动机飞机开启喷气时代后,20 世纪 50 年代末喷气客机全面进入民航客运服务。而在同时,统计分析技术也在美国军方的推动下得到全面的运用。经过更加深入的研究发现,定时维修或者是事前维修赖以生存的理论基础——"浴盆曲线"并不能全面反映飞机机件的故障模式。故障统计发现,仅有 12% 的机件完全满足"浴盆曲线"的变化规律,这类机件确实存在磨合、服役、故障三个阶段。更多的机件遵循的故障模式虽然初期存在磨合,但是稳定工作后故障是随机的,不存在明显的"寿命期"。当把未故障机件按照"寿命期"模式进行维修时实际上反而提高了故障率水平(见图 4 - 29)。

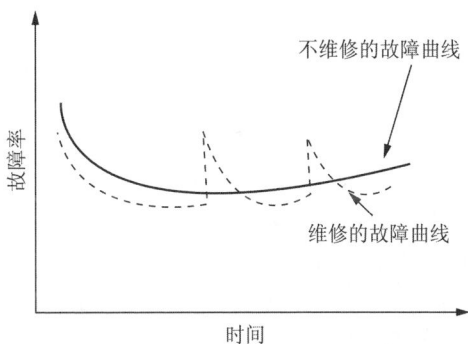

图 4 - 29　没有明显"寿命期"机件的
维修和不维修故障率比较 ①

因此,在传统的"事前维修"的基础上,一种新的维修模式,"视情维修"出现了。即有明显"寿命期"的机件按照传统的预防为主的方针进行定期更换,而没有明显"寿命期"的机件采用的是视情维修——即根据当时的实际情况而定。

确立了视情维修目标后,如何视情维修变成一个大问题。"视情"就必须了解当时的情况,就必须对使用情况进行监测和观察,而在没有良好技术条件支持下,

①　机件故障模式除以上两种外,电子系统的故障模式为随机性的,不会像机械件那样有明显的磨合期和衰减出现。因此电子设备采用的主要是状态监控。

"视情"实际上是通过增加维修次数来实现的。即在事前维修的基础上减少了飞机机件拆换和报废数目,但在维修方案上增加了监测和观察时间间隔,加大机件检查的力度,因此"定时维修"因势而出。

视情维修也同时给飞机设计带来了一项新的变革,飞机的可维修性成为一个重要的考量指标。可维修性包括是否能够很容易接近机件、是否能够在原位进行检查和快速更换、是否已经建立一套监测和观察标准。

3. 维修理论的完善和状态监控的实施

视情维修出现后,维修思想和理论得到了很大提高,飞机制造商、民航当局及航空公司一起开始更加重视维修方案的制定工作。维修指导小组(MSG)开始出现,人们把维修活动从原来单独的对机件失效的研究逐步转移到系统的整体可靠性研究上来。1968 年在波音公司开展 B747 设计生产后,美国联邦航空局和波音公司一起成立了维修指导小组并出台了 MSG‐1 报告,成为第一个立足于可靠性为中心的维修方案。其后,又出现了 MSG‐2 和 MSG‐3 报告。

MSG 的报告提供了一种统一的维修概念和逻辑决断方法,并以此为指导决定各系统、各部件的维修方式和维修原则。MSG 在定期寿命件更换、视情维修的基础上,提出了状态监控的概念,因为按照故障后果而言故障可以分为五类:第一类是直接(可见的)危及安全的失效;第二类是不直接危及安全但是影响性能的失效;第三类是危及安全的隐蔽失效;第四类是不危及安全的隐蔽失效;第五类是不危及安全也不影响性能的失效(影响服务)。根据失效情况不同,在定时和视情维修方案基础上增加对零部件的工作状态进行实时监控的方案,及时发现故障可能,然后进行更换。

和视情维修一样,状态监控是一个既能保证安全、又能减少维修量提高经济性的维修方法。但是在 20 世纪六七十年代,这两项维修方法还没有真正得到有效的应用,原因是没有很有效的工具进行监控和分析。

计算机的出现和包括无损探伤在内的新的维修技术的发展给维修方式的转变带来了机遇。20 世纪 90 年代后,状态监控和视情维护越来越多地被采用。监测从传统的目视发展到射线技术、磁力探伤、超声波技术、涡流探伤,飞机系统的监测也开始由纯粹的机组报告、地面测试向机载自动监控、机载维修系统和空地配合状态监控转变。特别是发动机监控技术的发展,20 世纪 90 年代以后开始发展的新的发动机摒弃了传统的机械控制模式,普遍采用了精度更高的电子(计算机)控制模式(ECU),同时计算机数据还可以通过通信系统及时下传到监测中心,实施对飞机飞行状态的监控。

4. 维修系统与持续适航

经过几十年的技术演变,目前的维修工作已经形成了一个较为科学的系统。首先是在飞机制造厂、适航当局和维修者三方参与的情况下共同制定出该机型的维修审查委员会报告(MRB),也称维修大纲。使用者(航空公司)根据维修大纲和生产厂家提供的其他技术文件,结合本公司的实际情况和维护经验制定维修方案和维修计划,最后再由维修实施单位(可以是独立的维修组织)按照维修方案和维修计划做好计划维修(寿命件更换和定期检查)、状态监控、视情维修工作。其中定期维修又分为航线维护和各个级别的检查(从 A 到 D 检,时间间隔从几百小时到几千小时不等),从各个级别检查中获得的数据以及对飞机与发动机状态监控获得的数据是开展非计划维修工作的信息来源。

适航是随着飞机维修观念的发展而形成的,而飞机维修技术和方法又随着适航工作的开展而得到了提升。

飞机适航(或适航性)是指航空器适宜在空中飞行的性质或性能①。在民用航空出现的初期,由于飞机制造和运行没有形成统一的规范,飞机事故频繁,造成巨大的生命和财产损失。在这种情况下,政府主管部门认识到,要想使航空运输业健康发展,必须对民用航空器、发动机、螺旋桨或其他民用航空产品规定最低安全要求。这个最低安全要求就是适航的概念,即只有满足适航条件的航空器才被允许在空中飞行。

适航包括了三个方面的内容:

① 航空器的整体和其中任一部件或系统涉及运行安全的因素都是适航性要包含的内容。

② 航空器运行的外界环境和内在性质决定了适航性的使用范围,因而适航性要给出航空器在什么样的界限之内是有效可行的,超出这个范围运行是禁止的。这些限制包括在什么样的天气、机场、航管条件下运行以及在操纵上的对高度、速度、重量等各方面的限制。

③ 适航性的管理时间是从航空器的制造时开始一直持续到航空器的整个使用寿命期。在这一段期间内航空器的每次运行都应符合适航性的要求,因此适航性涉及航空器的设计、制造、使用及维修等方面。总的来说,适航性是指航空器在全寿命中其整体及各部件和系统在预定的运行环境和使用条件下保证安全运行的品质。其中制造过程的适航称为"初始适航",飞机维修过程的适航称为"持续适航"。

按照持续适航的要求,为保证飞机的维修工作能够保质保量地完成,维修单位必须首先建立一套生产和质量保障体系。这个体系中必须至少包括生产计划以及维修部门、质量控制部门、技术支援和监控部门、员工培训部门等组织机构并配合建立起一套完善的运行程序和制度,其中质量经理对飞机维修的质量负全责。

关于航空公司(承运人)的维修系统建立与满足适航的要求,在《中国民用航空规章 145 部》(CCAR-145)和《中国民用航空规章 121 部》(CCAR-121)的 L章——飞机维修中有更为详细的论述。

---

① 刘德一.民航概论[M].北京:中国民航出版社,2000.

CCAR - 121 中对维修方案的要求①

维修方案是具体维修工作开展的指南,维修方案包括飞机维修方案和可靠性维修方案,在 CCAR - 121 部中的第 367 条和 368 条分别进行了规定。

第 121.367 条"飞机维修方案":

(a) 合格证持有人应当为其所运营的每架飞机编制维修方案,并呈交给局方审查批准后按照方案准备和计划维修任务。

(b) 合格证持有人飞机的初始维修方案应当以局方批准或者认可的计划维修要求以及型号合格证持有人的维修计划文件或者维修手册中制造商建议的维修方案为基础。这些维修建议的结构和形式可以由合格证持有人重新调整,以更好地符合合格证持有人特定维修方案的执行和控制。

(c) 对于没有局方批准或者认可的计划维修要求的飞机,合格证持有人应当按照维修审查委员会(MRB)的逻辑决断方法和过程制订初始维修方案。

(d) 合格证持有人应当对维修方案进行定期检查以确保其中反映出飞机使用特点、型号合格证持有人最新建议、局方批准或者认可的计划维修要求修订的评估、改装的状况以及局方的强制性要求,并根据本规则第 121.368 条要求的可靠性方案来持续监控维修方案的有效性。维修方案的任何修订应当获得局方的批准。

(e) 维修方案应至少包括下列基本信息:

① 维修方案的使用说明和控制。

② 载重平衡控制。

③ 飞机计划检查和维修工作。

④ 飞机非计划检查和维修工作。

⑤ 发动机、螺旋桨、设备的修理或者翻修。

⑥ 结构检查或者机体翻修。

⑦ 必检项目。

⑧ 维修资料的使用。

(f) 当合格证持有人的飞机从一个已批准的维修方案转为另一个经批准的维修方案时,应当对飞机利用率、使用环境、安装的设备和维修系统的经验进行评估,及必要的转换检查,并经局方批准后方可以转换。

(g) 当合格证持有人使用其他合格证持有人经批准的维修方案时,应当通过书面的协议进行,并经局方批准后方可以使用。

(h) 在合理的不可预见情况下导致无法按照计划实施维修方案规定的维修工

---

① 参见《中国民用航空规章 121 部》(CCAR - 121 - R5)。

作时,其对维修方案的偏离应当在局方规定的范围,并向局方报告。

第121.368条"可靠性方案":

(a) 合格证持有人应当建立可靠性管理体系来持续监控维修方案的有效性,对于机队较小的飞机可以采用加入其他合格证持有人或者飞机制造厂的可靠性管理体系的方法。可靠性管理体系监控的项目应当至少包括飞机各主要系统、维修重要项目和结构重要项目。

(b) 可靠性管理体系中应当包含一个以维修副总经理或者其授权人员为首的、由维修系统中各有关部门参加的可靠性管理机构,并明确其成员的职责和工作程序。

(c) 合格证持有人应当制定可靠性方案来说明可靠性管理体系的工作方式。可靠性方案可以是一个复杂的整体方案,也可以按照机型或者监控对象各自单独制定可靠性方案。

(d) 可靠性方案的内容应当至少包括方案说明、可靠性管理机构和从数据收集、数据分析、改正措施、性能标准、数据显示和报告、维修间隔调整和工作内容(或者方式)变更,到可靠性方案修订等可靠性控制体系的说明。

(e) 可靠性方案及其任何修订应得到局方的批准;可靠性管理机构应根据局方的要求定期向局方报告其活动情况并提交有关的报告。

六、运行控制

飞机在天空飞行,除了空中交通管理部门对其所飞行的高度、航路、飞行规则进行管理外,航空公司作为飞机的拥有者,从商业利益上来说,还代表旅客和其利益相关者,必须知道飞机所处的位置、是否能够准时到达目的地、飞行机组是否需要其他的支援和帮助,如果飞机出现延误,下一阶段的航班如何处置等,这个信息收集和决策支持部门被称为运行控制部门。

按照 ICAO 的 SARPs 和各国民航当局的规章要求,航空公司必须建立一个用于监视所有飞机运行情况并保证飞行安全的运行控制系统。这种控制是通过一个(或几个)能够具备持续与机组和航空运输系统的其他相关组成部分进行联络沟通的中心来进行的。中心的人员应具备专家能力并且经过培训,按照民航当局批准的公司运行程序进行控制。中心的关键职能是集中在运行安全的签派工作上。虽然 ICAO 没有强制要求为签派员颁发执照,一般来说,大多数国家的民航当局都要求签派员持有执照或合格证,才能进行放行授权。中国民航在 CCAR - 121[①] 和

---

① 参见《中国民用航空规章121部》(CCAR - 121 - R5)第103条"飞行签派中心",第125条"飞行跟踪系统",第127条"飞行跟踪系统要求",第395条"飞行签派员",第415条"机组成员和签派人员的训练要求",第431条"飞行签派员的初始和转机型地面训练",Q章第501条、第503条"飞行签派员的合格要求和执勤时间限制",U章第621—679条"签派和飞行放行"。

CCAR - 65① 部有详细规定。

1. 运行控制中心(AOCC)

运行控制的核心工作是在飞机运行控制中心(AOCC)展开的。飞机运行控制中心是运行的关注点。它对航空公司所有的安全、正常和有效飞行运行负责。只要有飞机在运行,它就应该每天全天候(一年 365 天,一天 24 小时)地进行运行监控、航班计划更新、备份飞机安排、机组派遣工作。运行控制中心的主要目标就是使飞机运行安全和有效。运行控制是在关注飞行的安全、正常和有效率的情况下对飞机出发、连续、转航和中断飞行做出授权工作。

航空公司应该建立一个运行控制中心,该中心应该:

① 对于运行控制有清晰的责任。

② 有足够和经过培训能胜任的人员执行运行控制。

③ 有足够的资料文件支持进行决策(资料包括:飞机飞行手册、公司运行手册、标准运行程序、最低放行设备清单等)。

④ 具备足够的通信能力。

⑤ 满足所有国家民航当局规定的运行要求。

飞机运行控制中心处理飞机运行过程中的安全和商务两方面的问题。虽然商务方面的问题对公司的盈利而言很重要,但是无论如何,航空公司的安全总是放在首位的。这一点应该在运行控制中心的所有的运行支持文件和程序中清楚地指出。

通信的有效性对运行控制中心来说是极其重要的,运行控制中心采用的通信方式有很多,最常用的是由航空无线电公司(ARINC)提供的电传服务和国际航空电信集团公司(SITA)提供的电传服务,这种标准的电传服务用于收集和发送飞机运行控制中心与飞机之间在空中和地面通信需要的所有信息。其他需要的通信方式还包括:电话、传真、无线电、卫星通信和无线网络通信等。

空中航行服务(ANS)设有独立的通信系统。因此,运行控制中心要安装一套系统与飞机进行通信,而用另一套系统与空中航行服务进行通信。飞机也同样配备有两套(或以上)独立的通信系统,飞行员用两套系统分别与公司的运行控制中心和空中航行服务(ANS)进行沟通。实际上,为了能够保持通信的畅通,飞机设备通常都有冗余度,绝大多数民航客机都安装有三部特高频和两部高频通信电台。

另外,越来越多的飞行员和导航服务之间的常用信息现在都是通过数据链接

---

① 参见《中国民用航空规章 65 部》(CCAR - 65FS - R2)C 章 飞行签派员执照,第 65.29 条执照要求。飞行签派员执照持有人应当满足下列执照要求,否则不得履行运行控制职责:(a) 完成 CCAR121 部所规定的训练。(b) 在前 36 个日历月内至少完成一次执照认证检查。(c) 在连续 12 个日历月内,在签派放行岗位上至少工作 30 天。

技术直接进行上传和下载的。而且,能够显示的飞行运行应用数据,如气象云图、电子图表、飞机/发动机状态监控项目,也用得越来越多,这样可以提高飞行的安全性和有效性。现在航空业正在开发通用的空地通信系统,能够同时运用在空中交通管理和航空公司运行控制的系统,以提供综合的航空通信服务,满足航空公司通信需求。

运行控制中心根据公司的运行范围、公司飞机的数目多少和规模大小差异很大。小的航空公司的运行中心可能只有一名签派员,而大的航空公司如美利坚航空、达美航空等因为拥有上千架飞机的机队,所以它的运行控制中心很大,有很多席位。运行控制中心的控制人员和他们航空公司在全球网络中的成百上千的地面员工一起围绕飞机运行工作。拥有很大机队的航空公司的运行控制中心通常还进一步进行专业分工,席位可以区分为各个专业,除签派专业以外,还有飞机航班计划员、维修计划员和气象服务员等席位。运行控制中心的工作还会得到与负责飞机维修工作的维修运行控制中心(MOCC)和负责各航站地面操作和旅客操作设施的外站运行控制中心(SOCC)或地面运行控制中心(GOCC)的支持。

由于运行控制中心是航空公司中获得信息、掌握信息最全面的一个部门,因此一般航空公司也把应急反应中心设在运行控制中心。应急反应中心的主要任务是对重大事故、主要事件进行立即处理。

2. 任务派遣与签派员

与机务维修所进行的技术放行(或称技术派遣)不同,运行控制中心的签派所进行的是任务派遣工作。一架飞机是否处在适航状态、能不能进行飞行是机务人员的技术放行工作所承担的责任。而任务派遣则是在技术放行的基础上,确定某架特定的飞机是否适合公司的某个飞行任务的过程。机务维修的技术放行只对安全负责,而签派的任务放行则既对安全负责,也对效益工作负责,当然在两者之中首先要考量的是安全。不要以为已经经历机务维修的技术放行的飞机就一定能够胜任特定任务飞行的安全要求,因为符合适航要求的飞机并不一定就能适合飞行这项任务。技术放行依照的是最低设备清单(MEL),只要飞机设备不低于MEL的要求,飞机就是适航的。但是由于每个任务、每条航路的区别,使某项设备的缺失会产生满足这一条航路和任务飞行的需要,却不能满足另一条航路或者飞行任务的需要。比如一架A320飞机气象雷达的故障,从总体上来说飞机还是适航的,如果航路为晴天,任务派遣也是可行的;但是这架故障飞机显然未必适应飞越雷雨航路或者结冰航路的需要。

运行控制中心的另一项任务是尽量为承运人实现更多的商业利益。航空公司成本中的很大一部分都与运行控制的好坏密切相关。这其中,毫无疑问,最大的成本来源是燃油消耗。随着燃油价格的上升,航空公司成本中燃油消耗的比重也越来越大,一般需要占到20%—40%的运行成本。而运行控制中心可以通过对两个方面的控制来实现节油。一是安排最佳的航路,不同航季、不同航路乃至不同航路高度飞机所消耗的燃油是不相同的。在远程航路上,单单季风的影响就可能使飞机多飞 2—3 个小时,多消耗数以十吨的燃油。二是通过优化飞机载重实现节油。优化载重包括减少不必要的装载(在保证安全的条件下少载燃油、少载水、少载不必要的配给),还可以通过使飞机的重心位置移动到最佳位置的配平方法实现飞机阻力最小(配载控制)。当然这一切控制都必须有准确的航路数据、天气数据、飞机性能数据计算作保证。

运行控制与飞行的接口就在签派。签派员把获得的所有信息进行综合后交给飞行机组执行并提示每个航段飞行中应该注意的问题,因此签派是飞机运行控制中心中的最重要职能。

另外,飞机运行控制中心还必须与维修部门、机组排班部门和影响飞机航班计划的其他公司部门一起协调工作。

按照《芝加哥公约》附件 6 中的规定:运行合格证的持有人(承运人)必须监控所有的飞行运行,而这项职责具体落实在飞行签派员的身上。飞行签派员必须:

① 帮助飞行机长进行飞行准备,提供需要的相关信息。

② 帮助飞行机长准备运行和空中交通服务(ATS)飞机计划,如果需要还应该签署并将适当 的 ATS 内容放到 ATS 飞行计划内。

③ 通过适当的途径为飞行机长提供安全飞行必需的信息。

④ 万一出现紧急情况,启动在航空公司运行手册中特别提到的程序(应急反应程序)。

正因为签派所承担的责任,所以签派员需要进行很多培训,他们需要所负责领域内的各种知识。因此,虽然 ICAO 没有提出签派员需要执照的要求,但在很多国家,签派员都需要特别取证。即使不需要执照,签派员的培训计划通常需要得到民航当局的批准。而中国民航规章则明确提出签派员需要取得执照。有关执照考核的内容和方法在中国民用航空规章 65 部(CCAR‑65 部)有详细规定。

3. 飞行机组与签派的协调

飞机机长承担着对飞行安全的最后责任。但是这并不能减轻签派员承担的安全责任,在航空公司内,一般签派员被看成是授权飞机可以离港的责任人。换句话说,只有飞行机长和签派员都同意飞机飞行,飞机才可以继续飞行。关于授权放行的具体规定和程序可以在航空公司的运行手册中查到。

签派员也是现场资源的协调员。如果飞机运行推迟,签派员要负责协调安排机组,让机组了解何时会有任务、何时需要进场。按照 ICAO 和中国民航的管理规定,飞行员有执行任务的飞行小时的限制和执勤时间的限制,这个限制时间包括等待飞机离港的时间,所以不让机组过早地到达机场而虚耗非常重要。

正常情况下,飞行机组至少应比起飞时间提前一小时到达运行控制中心和签派员见面。签派员将[1]：

① 按照机型、飞行距离、维修限制、气象条件和其他规则对油量修正的要求将最低燃油标准计算出来后确定安全飞行所需要的燃油总量[2]。

② 准备好安全完成本次航班飞行所需要的航线计划，包括：气象报告、机场条件、航行通告(NOTAM)、最大允许起飞和着陆重量。如果是飞出或者飞往像欧洲这样拥挤繁忙、情况复杂的空域，则还需要了解更多飞越国家的规则。起飞和落地重量的计算非常重要，需要考虑的因素很多。签派员必须熟悉飞机制造厂提供的飞行性能图，熟悉飞行规则要求，了解当天航班客/货载量情况，以便确定飞机必需的最少燃油量，最后在此基础上计算出本次飞行的最大起飞重量和最大着陆重量。如果计算出的最大起飞/着陆重量超出最大限制值，则需要反向计算出允许载量。

③ 除了用气象信息来确定航线计划外，还用来研究是否有不安全天气的存在。

在签派员进行上述情报交接的同时，飞行机组应该仔细查看所有信息，并在确证无误的飞行计划上签字。一旦获得飞行机组的确认，签派员签署"签派放行单"（是授权飞机离港的法定文件），则从文件程序上而言，该飞机可以飞行该特定航班。如果签派员从手中掌握的信息发现任何对安全有影响的因素，都可能决定该航班延迟起飞。

在飞机运行控制中心承担协调任务的签派员同时还需要与其他地面支持系统进行协调。如离港、到港和备降飞机的机务维修工作准备情况，飞机加放燃油情况，飞机是否靠廊桥、有无桥位，地面旅客通关情况，货物行李装运操作设备是否及时跟进，飞机所需要的机场地面设施准备情况等，因为这些条件都会最终影响飞机的放行。

当飞机运行出现不正常或紧急情况时，签派员还要进行更多的协调工作。签派员首先需要通知地面操作部门飞行计划的改变，使公众能够通过飞行计划显示器了解运行情况，然后还需要决定是否通知应急设备待命等。

当飞机滑出起飞后，飞行员会及时反馈签派员起飞时间和机上燃油量。因为起飞前滑行时间过长或等待时间过长，都有可能使燃油量减少，如果出现大量减少，则可能需要返回加油或选择备降机场。

签派员在飞行全程中还负责监视飞机的飞行位置和航线及整个空域内的气象条件变化，并把出现的重要变化报告给机组以便帮助机组做出决策。例如，如果天气原因可能导致到港延误，签派员通知机组，机组就可能到备降机场进行备降。运行控制中心的气象雷达图会显示各地区（如果需要的话，也可以是全球的气象数

---

[1]　为了提高放行效率，现在广泛采用集中派签放行形式，签派员的放行任务单可以通过ACARS系统直接上传给飞行员。

[2]　参照《中国民用航空规章121部》(CCAR‑121‑R5)第657—663条的详细规定。

据)降雨强度、形状、覆盖率、类型和移动等有关的准确信息,这些即时的气象数据和信息可以对飞机驾驶舱内的气象雷达信息进行补充。

4. 小结

航空公司运行是航空公司的核心工作。由于运行安全的重要性,民航当局会介入到运行工作的各个方面,除了航空公司本身必须取得运行合格证以外,各类人员还必须从当局相应的管理机构取得证照。这种严格的管理是保证航空运输行业得以顺利发展的基础。同时有了新技术的支持,航空公司未来运行模式也会发生根本性的变化,见图4-30。

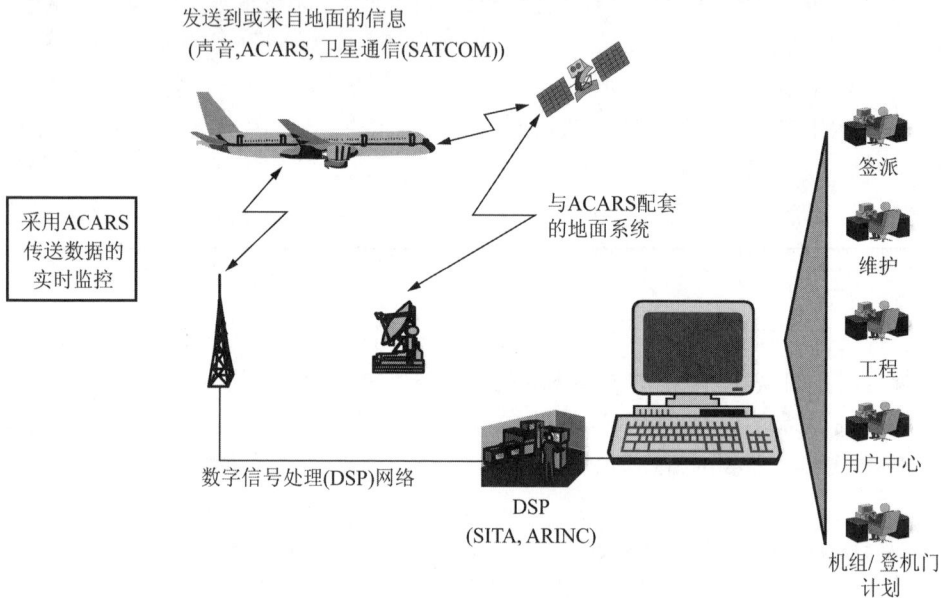

图4-30　未来以ACARS系统为传送中心的航空运行配合模式

第四节　航空公司的商业利益和市场营销

按照传统企业的定义,企业是一个经济性组织,企业的唯一目的是赢利。

今天,世事变迁,对于这个社会的大多数人而言生存已经不再是一个主要问题,所以按照彼得·德鲁克的理解,企业的目的也应该转变,企业的目标不应该只是盈利,企业的目的,只有一个正确而有效的定义:"创造顾客"①,即以通过创新和

---

① 彼得·德鲁克.管理的实践[M].北京:北京机械工业出版社,2006.

营销获得顾客并以满足顾客的需求为目标。

但是,毫无疑问,即便利润不是企业和企业活动的目的,却会是企业经营的限制性因素。企业必须获得充分的利润,以应对经济活动的风险[①]。因为不能够盈利就意味着企业自身失去发展动力,而如果企业自身失去发展动力,则迟早要被市场淘汰。

但是航空公司行业是一个利润率极低的行业。按照国际航协(IATA)的统计,如不考虑最近十年(2009—2018)这个周期航空业经过重大调整而取得的赢利,航空公司成立百年以来,其赚取的总利润之和为负数(见图4-31)。在大多数的年份内,国际航协的会员公司没有赚取到任何利润,只有在很少的年份内业绩飘红。在国际航协的众多航空公司(约290家)之中,平均不超过总数10%的航空公司是盈利的航空公司。而即使在盈利的10%航空公司中能够接近当年企业平均盈利率水平的航空公司更是寥寥无几。在亚洲,长期保持盈利的航空公司只有新加坡航空公司和国泰航空公司(2003年国泰也曾出现亏损)。在美洲,美国西南航空公司可以说是独领风骚。在欧洲,目前还没有出现几十年盈利的常胜将军,即使如瑞士航空公司这种盛名之下的公司也出现倒闭,受到清产和兼并。在航空业内,即使是最大的航空公司出现破产和兼并都不会令人惊奇。事实上研究美国航空运输业的发展,我们可以发现,在过去的三四十年间,不仅当年最大的航空公司泛美航空公司已经倒闭,而且美国前十大航空公司都进入过破产保护的程序,无怪乎著名投资家巴菲特从不染指航空业。

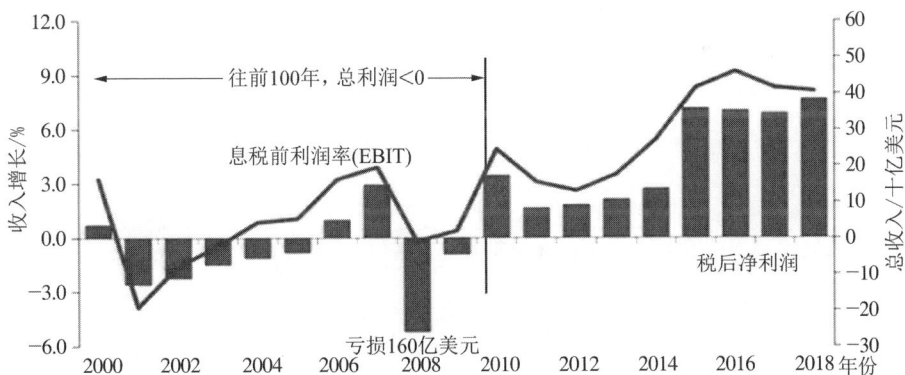

图4-31　IATA关于全球航空公司盈利的统计[②]

2009年金融风暴以后,得益于各国政府对经济的刺激,也得益于全球航空市场的深度整合,使得总供给得到有效的控制,以美国企业为龙头的航空公司在整合后重新焕发生机。美国达美航空、美利坚航空、美国联合航空三家传统网络型航空

---

① 彼得·德鲁克.管理的实践[M].北京:北京机械工业出版社,2006.

② 数据来源:IATA.

公司和以美西南、美捷蓝航空为代表的低成本航空有了较大幅度的赢利,全球其他市场的航空公司经营也有所改善,出现了航空业难得的最长兴旺周期——黄金十年。

放眼未来,虽然我们知道全球经济增长的脚步没有停止,但是,正如美国西南航空公司年报中所提示的那样[①]:"航空产业是史上最不稳定的产业,会受到来自各方面的挑战,它具有周期性、能源密集性、劳动密集性、资本密集性、技术密集性、高度管制、重税赋、高竞争性及其他各种各样的特性。航空产业也极易受到来自恐怖主义、恶劣气象、自然灾害的影响,造成不可挽回的损失。"所以航空公司不仅敏感性极高,且会持续受到燃油价格上涨(长期趋势)、供给扩张(新飞机定购量大增引起的供应过剩)、劳动力价格高等因素的影响,航空公司收益率总体呈下降的趋势(见图 4-32),再加上低成本航空公司的崛起,市场更是呈现诸侯混战的局面。所以在这样一个行业,不仅通过创新和营销有效地开拓市场是极为重要的,同时提高效能、厉行节约、简化业务、简化流程,通过减少(相对)成本来获得竞争力,进而获得利润空间更是极其重要的。

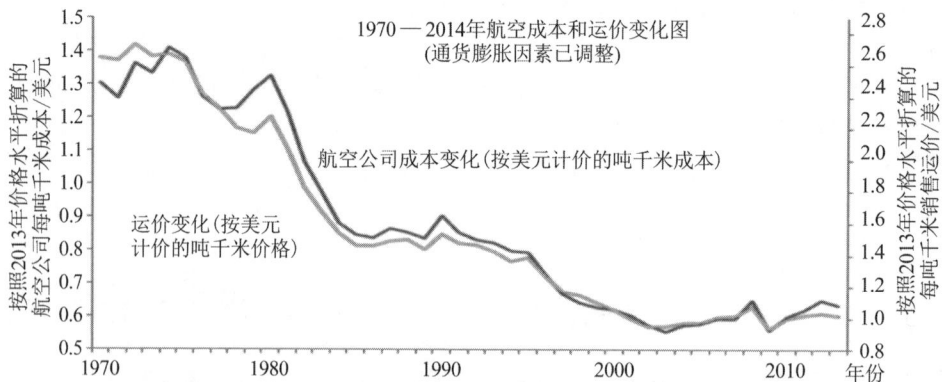

图 4-32　IATA 关于航空公司收益状况的统计[②]

一、航空市场

市场是由需求、供给和交易平台三个要素构成的。需求是指有消费欲望和消费能力的个体、群体和组织,供给则是具备生产能力和生产意愿的个人和组织。从宏观经济的角度来看,旺盛的需求可以促进供给的增长,供给方也可以通过挖掘潜在的需求来扩大或者开发新的需求。供给和需求都会受价格的影响,价格越高,供

---

① 参见《2018 年美国西南航空公司(上市公司)年报》的"产业介绍部分"。

② 数据来源:IATA。

给越多,但是需求越少;反之价格越低,需求越高而供给下降。供给和需求在某一个特定的价格水平达成平衡。

航空市场具备市场的一般特征,但是又有自己的特点。最显著的特点是,航空公司市场的供给能力是非常稳定的,而航空公司市场中的需求却是易变的和不确定的,因此如何在稳定的供给与可变需求之间找到平衡,从而实现航空公司的盈利是航空公司面对的最大的课题。

1. 航空市场需求

从全球来看,进入新世纪,世界和平和发展的大格局没有打破,因此无论是在亚洲还是在美洲和欧洲,经济都出现了持续增长的态势。特别是在亚洲,包括中国在内的东北亚,以及包括越南、印尼在内的东南亚和包括印度在内的南亚各地区都出现了较好的增长,即使是日本也出现了温和上升。因此,总体来看,2008年金融风暴后,虽然经济增长受到一定影响,但在经济政策的刺激下,2010年增速已经基本重回风暴前的水平,近十年基本稳定在2.5%的水平,因此总体增长的趋势并没有改变(见图4-33)。面向未来,逆全球化和全球化同时存在,相信以中国"一带一路"战略为龙头的全球化能够带动新一轮全球发展。按照需求弹性理论,航空产品具有较高的弹性,在经济上升和未来增长预期的作用下,消费需求出现较大的增长。根据国际民航的统计分析,航空增长与GDP的增长的弹性系数在1.5—2之间。

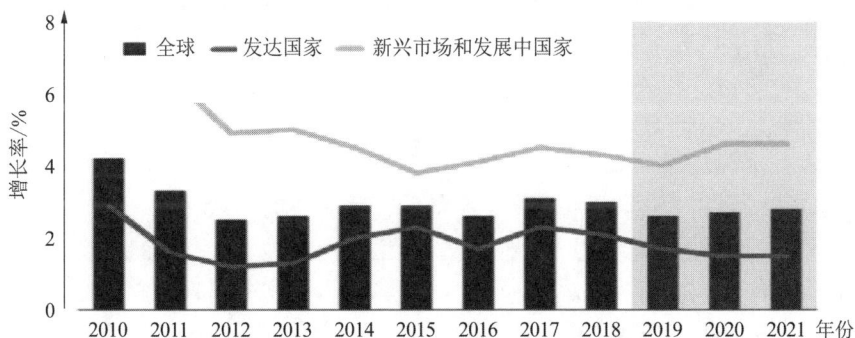

图4-33 全球经济增长的基本情况①

2. 航空市场供给

中国航空市场自20世纪80年代后期后逐步开放,在20世纪90年代形成一个发展高峰,从1988年以前的中国民航总局控制下的单一运行体系发展到最

---

① 图片资料来源:世界银行《2019年全球经济前景报告》(*Global Economic Prospect-June*, 2019)。

多达 36 个航空公司的一个产业系统。运力购买和投放速度也大大加快,从 1987 年民航分拆时 60 吨以上运输飞机 106 架[1]到 2019 年的 3 818 架[2],短短的 30 年翻了三十余倍,如果以可提供座位数或者可提供吨千米数来计算,则更是在上百倍以上。今天,中国民航形成了以三大航空集团领头,数十家国内航空公司和上百家国际航空公司共同参与竞争的市场格局,成为国际民航的第二大市场。

　　高速发展的背后也带来供给过剩的问题。一方面国内航空公司在高速发展下有强烈的购机冲动,且新公司成立必然会带来运力快速增加;另一方面,全球领先的发达国家航空企业抢滩中国市场带来了更激烈的竞争。加上中国空域限制、机场的时刻资源紧张使得各航空公司飞机利用率显著下降,航空运输旅客量增速十年来第一次回落到 8% 以内(见图 4 - 34)。

图 4 - 34　中国民航旅客运输量及增长率[3]

3. 航空市场需求特征

　　航空运输业作为运输业的一种,首先具有运输业的一般特征:如产品无法保存和积累,一旦开始生产,生产计划和收入无法调整和弥补;产品的生产过程和服务过程在一体,顾客将亲自体会生产的全过程,所以生产中出现的缺陷必然会立即影响消费者的体验。其次,航空运输与其他运输业的区别是,航空运输,特别是国际航空运输其生产的各个过程不仅受国内政治经济因素的影响,而且受国际政治经济乃至军事因素的影响,任何一个国际大事件都可能给航空运输业带来波动。三是航空运输市场比较而言,仍然处在交通运输业的高端,因此经济发展和收入增长引起的需求变动较大,即需求的弹性系数较高;当然需求弹性大,同时也意味着

---

①　当代中国编委会.当代中国的民航事业[M].北京:中国社会科学出版社,1989.

②　参见中国民航局《月度安全运行形势分析会通报- 2020 年 1 月》。

③　参见中国民航局《2003—2018 民航行业发展统计公报》及《2020 年民航局工作报告》。

一旦经济增长不如预期,则也会出现需求快速下降的局面。四是除了来自航空运输企业本身的竞争,由于交通运输业中的各种交通方式相互具有替代性,特别是中短程距离上汽车运输方式可以实现快速门到门服务,中程距离上高速轨道交通直达城市中心的运输优势,使得原本对航空运价并不太敏感的商务旅客也出现了敏感性,航空运输市场总体受经济影响的波动加大。

二、航空公司的产品要素

在市场上进行交换的是产品和服务。航空公司的产品就是将旅客从一个始发点安全运送到一个目的地的服务过程。其具体化的产品是位于某一个航班上的座位,因此其核心产品是航班和座位。航班的决定因素包括机型、时段、频率、经停点(或直飞),座位的要素包括客舱设施(座位间距、宽度、舒适性)、客舱环境(包括舱位等级)和服务水平(包括附加服务设施在内的服务硬件和服务软件)。当然,航线和网络规划也会是产品的一部分,航线和航权决定了航空公司能够提供什么样的航班,而网络则是旅客选择航空公司的一个考量,是航空公司产品组合的一个决定因素。由于旅客在登机之前和下机之后还需要经历一系列体验,所以飞行前和飞行后的航空公司的服务能力也是航空公司产品的重要组成部分。

1. 飞机选型

飞机是航空公司提供服务的载体,因此飞机选型将极大地影响到航空公司的产品。飞机选型一般要考虑以下因素:公司战略、市场和飞行航线、财务能力和经济性效果。比如新加坡航空公司着力提供高端服务,因此它一直保持世界上最年轻的机队(按 2018/2019 年度年报,新航 121 架飞机,平均机龄为 6 年7 个月),并不断购入拥有最新技术的飞机,为乘客提供最舒适的环境。目前其机队由 A330、A350、A380 和 B777、B787 等大型机构成,且在 A380 等机型上设立有包厢。

2. 航班计划

将飞机运行与始发地、目的地连接起来的方式就是航班计划。航班计划依照飞机技术条件、目标市场、旅客流量流向、市场策略的不同而不同。航班计划将产生时刻表,时刻表基本决定了航空公司能够提供什么样的产品。除点对点的直达产品外,航线网络较为丰富的航空公司还提供很多中转机会,可以形成很多经中转衔接的 OD 产品。

3. 服务内容

航班计划决定了航空公司总体的竞争策略。当然在同一条航线上,为了体现差异化,可以选择不同的服务要素进行重新组合,制定出不同的服务产品(比如最简单的是不同的舱位,物理舱位如头等舱、公务舱、超级经济舱、经济舱;同一物理舱位根据其运输条件不同也可以分为不同的子舱位),提供不同服务水平的服务,获得不同的服务收益。服务水平差异化也可以延伸到地面服务上(如休息室的不同、专属通道等)。

三、航空公司的营销和收益

营销是识别顾客需求并通过提供适当产品和服务予以满足的过程。由于市场不是由一个供给方组成的,因此市场存在竞争性。在竞争的市场上最重要的是确立自己的竞争地位和目标定位,有选择性地满足自己的细分市场上的客户,通过建立最有效的销售渠道,保证产品以最合理的价格提供给需求方。

航空公司营销除了传统的 4P(价格、产品、分销、促销)组合外,由于是服务型产品,客户将亲自经历产品生产和服务的过程,因此流程的能力和人员的服务水平也是非常重要的因素。

航空公司收益管理则是采用特殊定价来平衡需求的一种方式。航空公司产品具有高度的易腐性,一旦飞机起飞,所有未售出的产品(座位、舱位)价值全部变为零。因此,航空公司定价的基本要求就是在能够实现对座位进行补偿(新增重量带来的额外消耗)的前提下尽量提高价格。

航空公司的营销和收益有一些具体的衡量指标。营销方面的指标有载运率(实际运输量/可用运输量)、客座率、座千米收入、座位收入贡献、市场占有率等,收益管理方面的指标有总收入、已售收入、已得收入、票价水平、盈亏平衡点、座千米收入等。

在产品制定后,航空公司营销采用的具体手段有品牌推介、公开活动、产品推荐、价格优惠和促销等。在营销过程中一般以技术方法进行配合,这种技术方法就是收益管理系统。收益管理系统可以通过嵌套式舱位设计,经历史数据分析制定合适的等级票价和等级舱位,按照销售变化的趋势和旅客预订产品后的消费习惯来进行销售,其中科学合理的销售是保证载运率提高的关键。

四、航空公司的成本与利润

正如航空市场的供给与需求的关系一样,航空公司的收入和成本(支出)也呈现出不同的规律,即航空公司的收入具有不可预测性,而航空公司的成本则表现为更加稳定,具备较好的预算能力。这也是航空业的利润为什么会大幅波动的原因。

航空公司成本可以分为变动成本和固定成本(有时也会增加一个半可变成本)。一般而言,当一架飞机按照计划起飞执行一个航班任务,不论其载客量的多少,其中 80%以上的成本已经被固化了。

航班的成本构成之中固定部分包括:飞机所有权成本(购买、租赁费用)、发动机所有权成本和使用成本(按照小时和热循环数)、机场起降费、飞机航路费、飞机

70％以上的燃油费①、机组成员的劳动成本。

相对而言，飞机的可变成本主要是旅客的销售费用、旅客的服务费用和30％左右的燃油消耗量。

飞机的成本随着飞机利用率和航班生产率的改变也会改变。

另外，国内外成本分类的方法略有不同，图4-35显示的是新加坡航空公司的成本结构。

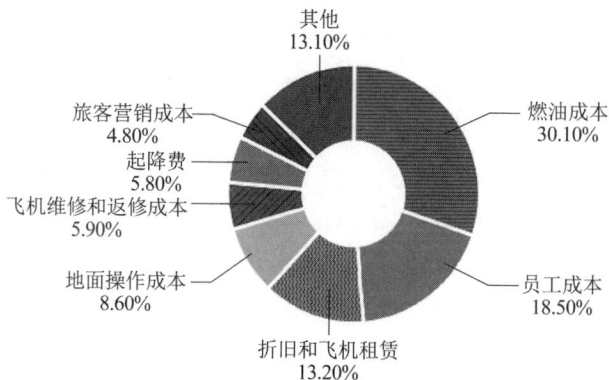

图4-35　新加坡航空公司2018年的成本结构②

五、航空公司的经营与竞争优势

根据上述分析，我们发现航空公司经营是非常复杂的问题。一是航空公司经营环境中国际政治和国内政策的影响非常巨大；二是航空公司受经济周期波动的影响也非常大；三是航空公司经营中不仅具备资本密集型企业的特征，同时还具有技术集中度高、劳动力集中度高的特点；四是航空运输企业受其上下游协作企业的影响大，如果不具备对上下游企业的控制力和影响力，则航空公司经营将更加困难。

根据航空公司经营的这些特点，可以发现航空公司的竞争优势主要来源于：

① 航空公司的规模优势。在波特的竞争力模型中，我们发现只有企业实现了一定的企业规模才有可能对市场形成控制力和影响力，从而为自己在外部资源的

---

① 根据飞机航程的不同，飞机的商载占飞机起飞重量的比例不同。但是一般地看，飞机自重约占该飞机总起飞重量的30％—40％，飞机加油根据航行时间而定，远程航班（如上海飞往欧美）燃油重量将可能达到飞机总重的50％，所以综合进行估算，商载一般只占到飞机总起飞重量的30％。而飞机油耗取决于飞机起飞重量，因此可以得出在没有任何乘客的前提下，飞机仍然将消耗按照起飞全重计算的燃油消耗量的70％左右。

② 参见《新加坡航空公司2018/2019年度年报》。

获得上产生优势。在航空业,联盟产生的一个重要原因就是通过规模优势在从飞机采购、航材采购、油料采购、机场费用谈判等一系列成本问题上获得较高的竞争力。同时规模优势还可以极大地提高内部资源的使用和配置效率,使单位收入所具有的成本大幅下降。

② 航空公司能够获取和保持的技术优势。从美利坚航空公司创新的第一个全球订座系统①,到莫里斯航空电子客票②的出现,再到捷蓝航空公司空中实时电视③系统的诞生,都可以看到,谁首先掌握了能够提高竞争能力的技术,谁就取得了竞争优势。

③ 航空公司快速满足顾客的流程能力。低成本航空公司的重要优势就在于能够通过简化服务,快速满足旅客。其中最成功的就是美国西南航空公司,其飞机短停时间始终很好地控制在 30 分钟以内。另外,北欧航空公司全面授权一线,使一线具有快速解决问题的能力,也是公司具备快速满足顾客的流程能力的表现。

④ 战略制胜取得的竞争优势。按照"蓝海理论",谁最早发掘出蓝海,谁就具备了不战而胜的法宝。这种发掘蓝海的能力就是一种战略制胜的能力,这要求航空公司的高层有着独特的眼光。在航空业,新加坡航空公司就是战略制胜的例证,在人们普遍还没有认识到高端市场所具有的潜力的时候,它开拓了高端市场并使其品牌深入到所有高端客户。美国西南航空公司在 20 世纪 80 年代油价还没有出现大幅波动的状况下,就能利用套期保值的金融衍生工具为航空公司锁定成本,也是战略制胜的经典案例。

⑤ 航空公司运行的灵活性。进入 21 世纪,随着知识创新的速度继续加快,组织的稳定性变得越来越不重要,航空市场的环境从以前的高度可预测逐渐变为难预测或者不可预测,因此航空公司为了盈利必须使自己的运行具有很大的灵活性。如果运行的灵活性下降则意味着应变市场的能力下降,运行效率必然会下降。

⑥ 利用航空公司品牌的能力。航空公司作为公众运输型企业,相对而言,其品牌更容易被知名。如果航空公司能够建立起良好的品牌形象,并将其品牌在其衍生产品中运用,也能取得非常好的效果。比如美利坚航空公司利用其网站盈利,加拿大航空公司利用与信用卡业务合作的机会盈利,很多高端会员制企业向航空公司购买积分等都能为企业带来利润。同时强势的企业品牌,也有助于航空公司

---

① 美利坚航空公司于 1953 年创造了首个航班订座机,称为 Blackbox,可以储存一千个航班订座信息。后来该系统发展成为第一个全球订座系统 Sabre 系统。

② 现任捷蓝航空公司的总裁尼尔曼 1992 年在莫里斯航空公司的时候创新性地开拓出MARS 电子客票系统。

③ 捷蓝创造性地设立了 DirecTV 系统,使旅客在飞机全程中可以自由选择观看与地面同步的电视节目。

通过提升机上销售等一系列辅助收入来弥补航空服务利润的不足,或者通过将本身的品牌用在相关多元化业务上来获利。

经营制胜——为大陆航拨转航向的舵手①

1994 年,当格雷格·布伦内门告诉朋友他将成为大陆航空公司(简称大陆航)新的执行总裁的时候,人们几乎不知道应该向他祝贺还是向他表示安慰。

当时,大陆航正处在第二次破产重组阶段。那一年,其亏损额高达 6.13 亿美元。同时大陆航当年开展的一个组织不良的低价服务计划不仅花去了公司一大笔钱,未给公司带来任何效益,反而损害了公司的形象。大陆航成为人们心目中的失败者。

布伦内门正是在这个时候受命于大陆航。他对困境中的大陆航表现出了极大的热情,他说:"情况最糟的地方也是机遇最多的地方。"果然,布伦内门给大陆航带来了转机,也创造了他自己的辉煌。经过两年的奋斗,大陆航成为其领域内最强者之一;在公司内外,格雷格·布伦内门的名字也被广泛传扬,他获得了普遍信任。

1996 年 10 月初,大陆航董事长格登·比顿把他的头衔授给了这位 34 岁的年轻人。这样,布伦内门成为美国九大航空公司中最年轻的董事长兼总裁,也是唯一一位与其他航空公司总裁相差达二十岁,并在航空公司中没有什么资历的年轻总裁。

布伦内门的第一次在航空公司供职的历史是 1993 年。为复兴大陆航,大陆航雇请了贝恩公司的贝恩为经理顾问,并组织了一个"贝恩智囊团",布伦内门恰好是其中成员之一。

布伦内门上任执行经理后,经较短时间的研究,找到了一个降低大陆航维修成本的方法;同年,使大陆航的维修成本从原来的 7.77 亿美元下降至 5 亿美元。并且根据他的建议,撤销了在丹佛、洛杉矶和得克萨斯的基地,加强休斯敦的基地,使经费缩减了 0.45 亿美元。

分析家雷内德说:"布伦内门为航空公司变了一个魔术,他真的带来了与众不同的前景。"而布伦内门宁愿称自己是大陆航的一个消费者而不是一个职员;所以他能从消费者角度出发,因而在设立"800"(注:"800"是美国免费国内电话号码的前三位数)这个免费电话时,共设立了两个号码:一个面向职员寻求出谋献策,另一个面向消费者用于消费者向自己传达不满和建议。

他的职员给了他很多建议,使他修改了一万六千多条操作程序。其中包括怎

---

① 参见 1996 年 10 月 8 日《今日美国报》(USA Today)。大陆航空公司在 2008 年金融风暴后与达美航空公司重组合并。

样在空中储存更多卡路里含量的啤酒以及专为频繁商务旅行的乘客建立优先行李托运系统以保证他们能第一个拿到行李等建议和措施。他重新开始职工奖励机制,如果大陆航每月的正常率能位居航空公司的前五名内,每个雇员将可得到人均100美元的奖励。现在根据美国运输部每月正常率、行李运送满意率和投诉数目的统计,大陆航已位居美国各航空公司前列。

1995年,布伦内门作为大陆航一名执行经理,把位居美国第五大航空公司的大陆航扭亏为盈,创净收入达2.3亿美元,打破了1978年以来连续亏损的局面,为大陆航翻开了新的一页。

六、低成本航空公司的运营

低成本航空公司一词来源于与传统航空公司的对应关系中。实际上,在企业的经营中,扩大收入、减少成本是企业盈利的两个基本方法。理性地说,没有一家企业不想持续减少运营成本,也可以说,没有一家航空公司想做高成本航空公司,因此如何减少成本才是企业经营中的关键。

低成本航空公司是从点对点航空公司发展起来的,因为传统航空公司都是以网络运营为主的航空公司。在网络运营的概念中,由于有了网络,特别是有了中枢网络的存在,所以在有限飞机运力的条件下,可以服务更多的市场。

既然网络有其优势,那么辩证地看,一定有网络的弱势。网络的弱势就体现在大量的旅客不得不通过中转方式才能到达目的地,特别是偏远的目的地,有时可能必须经过多次中转才能到达。

在航空早期发展的过程中,由于投资大、运量小、盈利少,全球大部分航空公司都有政府支持或者政府管理的背景,因此按照政府要求,即使在需求量很小的城市也需要有航线能够覆盖。基于这个目的,最有效的方式就是通过网络建设。渐渐地,航空发展了,以航空作为交通出行的人多了,其他交通方式的便利性也提高了,在这种条件下,人们不再满足于通过中转到达,而是希望能够更快捷地直飞到达,这样可以有效地减少出行的时间浪费,因此点到点的直航要求开始增多。

正是在这种条件下,全球开始对民航放松管制,因此首批低成本航空公司开始涌现。由于与传统航空公司的高人工成本、高运行成本相比,新的点对点航空公司具有强有力的成本优势,因此点对点的直航航空公司很快成功了。因为点对点直航航空公司取得成功的法宝是其成本远远低于传统航空公司,因此人们通俗地把点对点航空公司称为低成本航空公司。

那么点对点的航空公司为什么能够成为低成本航空公司呢?从美国西南航空公司的范例中可以进行剖析。

成功原因之一:历史负担小、劳动力成本低。与传统美国大航空公司相比,美国西南航空公司等低成本航空公司没有建立工会,在招聘员工的时候也希望招聘那些不倾向于加入工会的飞行员和地面人员。因为在美国航空业，由于工会的存在，用工灵活性受到很大的限制，加上企业养老金制度是根据资历时间而增长的，所以在传统航空公司劳动力直接成本和退休养老金一起是非常巨大的数目。

　　成功原因之二：服务产品单一化，简化成本结构。为了削减成本，低成本航空公司采用的是单一的机型和单一的客舱布局。为了提高载运率大多数航空公司选择波音 B737 系列飞机或者空客 A320 系列飞机，这样可以大大节约机队维护成本。同时在服务上普遍采用更简单易行的操作方式，自助执机，不安排座位，按照先来先得的原则在飞机上自行选择座位。飞机上不提供餐饮服务，有需要者可以购买，这样不仅减少了机供品的浪费，而且开拓了新的收入渠道，同时也可以使整个流程实现快速高效。

　　成功原因之三：选择低价的机场和设施。美国的大多数城市都有多个机场可供选择，传统的航空公司一般选择大的国际机场来提供服务，可以方便衔接。但是大机场由于航班时段非常紧张，所以一般起降费用和设施使用费用很高；低成本航空公司则选择小机场，因而使得机场使用费和设备使用费较低。

　　成功原因之四：新的营销方式和竞争手段。捷蓝总裁尼尔曼当时在运行莫里斯航空公司的时候为了应对来自达美航空公司在销售网络和渠道上的垄断控制（通过赠送更多的利益和威胁代理中断其代理资格来迫使代理减少销售莫里斯航空公司机票），所以创新出新的销售方式——电子客票模式。后来，尼尔曼创办捷蓝后，又采用家庭呼叫中心模式进行订座改革。

　　成功原因之五：战略选择坚持不懈。一旦选择了战略，就决定了将有所为有所不为，在执行过程中就应该不折不扣，不应该朝三暮四。美国西南航空公司确定了低成本航空战略之后，由于其产品无法满足高端市场的需求，致使很多高端客户产生抱怨。面对这些压力，美国西南航空公司能够始终坚持有取有舍，总裁亲自写道歉信，婉言拒绝这些客户，与客户沟通其战略意愿，终于获得客户的理解。

　　成功原因之六：高效能的综合保障能力。低成本航空公司与传统航空公司相比，集中度高、站点少、管理直接且简洁，加上运营机构精简、系统协调快速、团队合作水平高，特别是在运营出现不正常的时候，管理层与被管理层能够直接沟通和共同工作，高级管理者甚至亲力亲为，带动士气高涨，因此企业的凝聚力强。

七、中国的低成本航空

　　与世界其他地区平均约 30% 的低成本航空占比相比，中国的低成本航空公司占比还较低，只占总运量的 10%（机队 258 架[①]）左右。相对而言，只有春秋航空形成了一定的规模。为什么会出现这种状况，要从中国近 30 年来航空公司的形成和

---

　　①　冒一峰.欧洲低成本航空为什么异军突起[J].民航管理,2019,12.

发展说起。

中国航空市场的放松管制是从 1985 年开始的,1988 年原民航总局完成了飞行运行和商务部分的分拆,组成了以北京、上海、广州、西安、成都、沈阳为中心的六个区域性公司和以乌鲁木齐、昆明为基地的两个省内公司以及通用航空公司。20世纪 90 年代初,中国民航继续放松准入门槛,地方创立航空公司的激情高涨,到1994 年包括省市政府建立的航空公司在内,航空公司总数目达到近 40 家。

但是迅速发展的航空公司并没有获得任何盈利,由于航空公司之间的无序竞争,加上随后出现的 1997 年亚洲金融风暴的影响,使各公司的效益继续下降,到2000 年左右,中国民航总局停止了新开航公司的审批,中国的航空公司出现了政府主导的第一轮并购潮,并购形成"三大"加上"六小"的局面。虽然在 2005 年民航局颁发《公共航空运输企业经营许可规定》后,企业准入管制放松,在一年之内新成立 13 家民营航空公司,但在中国民航 2006 年的运输总周转量中只有很小的比例,"三大六小"仍占据中国国内航空市场 96%的份额(见图 4-36)。

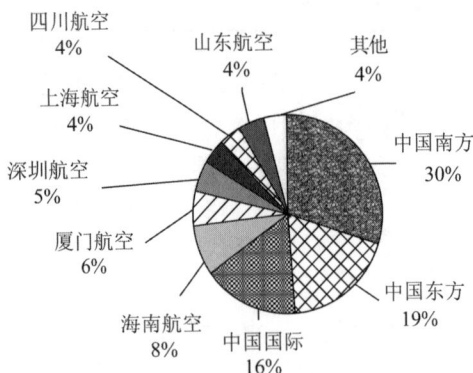

图 4-36 2006 年中国国内航空市场份额图①

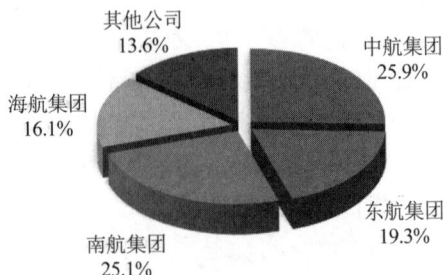

图 4-37 2018 年中国国内四大航空集团市场份额(以运输总周转量计算)②

其后的 2007 年又有十余家民营航空企业获批进入运营,使航空运输企业的总数达到 40 余家。

2008 年金融风暴以后,行业重新进行整合,这一轮整合主要通过股权转让的方式进行,形成了目前国航、东航、南航、海航四大航空集团为主导(见图 4-37),其他数十家中小航空企业为补充的航空市场格局。

中国民航这一轮放松审批限制带来了低成本航空企业的蓬勃发展,奥凯、东星、春秋、鹰联、君瑶等都在此阶段成立。当然,理想与现实往往相去甚远,开办低

① 参见中国民航局《中国航空运输发展报告 2007/2008》。
② 参见中国民航局《2018 年民航行业发展统计公报》。

成本航空公司也不易,部分低成本航空公司开业很短时间就被迫退出。其原因正如奥凯负责人所说:航空公司成本中的 80% 以上都无法得到有效控制。再加上燃油供应、分销服务、机场收费的垄断没有打破,航线和飞机购买仍然受到限制,只有票价可以浮动的竞争局面是无法按照低成本航空公司的模式来进行运作的。因此,大多数当时声称以低成本航空公司运作的新民营公司都转而以传统的航空公司的运作模式开展运营。

但春秋航空在这一轮大浪淘沙中坚持了下来,发展成为中国低成本航空公司的代表。根据其 2018 年年报公布的数据①,到 2018 年末,春秋航空共运营 81 架 A320 飞机(不含春秋航空日本公司的 6 架 B737 飞机),2018 年实现营业收入近 131 亿,凭借 0.304 元的单位成本优势,2018 年实现经营净利润 15 亿元,继续保持上升态势。

为什么春秋航空能够较为成功地作为低成本航空得到生存和发展。春秋航空的年报中也对此进行了分析,原因主要归结为:两单两低两高优势。即单一机型与单一舱位的两单优势,两单带来了标准化、规模化,减少了与飞机采购、维修以及运行(特别是飞行员训练和排班)相关的成本;同时单一紧凑型经济舱布局增加了座位数,使每个座位的单位成本下降。高客座率与高飞机日利用率两高,得益于低票价吸引,也得益于春秋旅游与航空的联动,客源有基础;而与美国西南航空公司相同,单一机型,航段距离比较一致,单一机型可以提高效率,以及旅客对航班时刻敏感性低(可以增加夜航)等因素,使得飞机的日利用率提升。低销售费用与低管理费用的两低也是低成本航空公司的必杀技,低成本公司以电子商务直销为主要销售渠道,降低了公司的销售代理费用,2017 年,其电子商务直销占比为 91.7%;在管理方面,低成本公司最大限度地利用第三方服务,控制人员增长,降低日常管理费用。

除这些因素外,春秋的成功还得益于政府和社会的大力支持,特别是在初期,上海机场集团允许其将基地设立在虹桥机场,不仅吸引了价格敏感型旅客,同时也吸引了追求便利性的旅客,这个好码头大大加速了春秋航空的发展。当然与其他低成本航空一样,辅助收入是春秋航空的重要利润来源,2018 年其辅助收益达到 6.1 亿,占到总利润的 40% 左右,是重要的利润增长点。

放眼未来,由于中国 14 亿人中的大多数还未乘坐过飞机,因此可以说,低成本航空的发展空间巨大。但是,要促进低成本航空的发展,还需要在放松管制、增加空域、自主定价,特别是在新机场建设和自主建设候机楼等方面放开,这样才能使低成本航空蓬勃发展。

---

① 参见春秋航空股份(601021)《2018 年年度报告》。国内低成本航空公司包括春秋航空、中国联合航空有限公司、西部航空有限责任公司、云南祥鹏航空有限责任公司和九元航空有限公司等,份额为 9.7%。

第五章

民用机场的管理和运行

第一节　机场管理的组织结构

在动力飞机发明之前，就有了各种各样的飞行物，如飞艇、热气球等，但是人们从来没有担心过何处降落的问题，因为一片水域、一块草坪，哪怕是山崖边的一小块平地就足以容身了。至于滑翔机则在起飞时需要短时的加速，所以在山崖上方还需要一段可以跑动加速的距离，不过这不会是问题，因为有几十米就已经足够了。真正有问题的是莱特的动力飞行飞机，因为装有4缸发动机的飞机总重达到了280千克，加上飞行员后达到340千克，而推进这架飞机的发动机只有12马力，只与125(毫升)摩托车的马力相当，所以他需要找到更长的加速带才能使他的飞机起飞。

早期动力飞行的航空先驱们不约而同地选取了沙滩或者草场，莱特兄弟的第一飞就是从沙滩起飞和落地的。后来随着飞机变得越来越复杂，飞机起飞和降落地的承重能力要求更高，滑行要求的道面平整度也更高，人们开始人工建造跑道。简陋的跑道建设只要在草地上铺上煤渣平整后就可以使用了，但如果需要承受更重的飞机，则需要建造硬道面的跑道。由此固定的跑道和机场开始慢慢出现。

一、机场的定义

机场在中文字典中的解释是停放飞机的场所，场内有供飞机起降的跑道，并有各种服务设施。英文机场(Airport)一词有四种解释：第一种是说机场是一片可以用于飞机起飞、着陆的平地，通常分为硬道面降落区、控制塔、机库、飞机维修和加油设施并能够安顿旅客和货物；第二种解释是机场是着陆区在水面的一种装置；第三种解释是装备有控制塔、机库并能对旅客和货物进行安顿的一块场地;第四个解释是设计好向外界空气开放的一个窗口。

以上四种解释中,第四种基本上与我们所说的机场风马牛不相及,其他三种表述了两个意思,即机场可以用于着陆、起飞飞机并能安顿旅客和货物,二是机场可以在陆地,也可以在水上。

事实上,国际民航组织从来没有给出机场任何定义,国际民航组织给出的是一个关于航空港(Aerodrome)的定义。航空港是指在水面或者陆地上划定的一块(部分或全部)准备用于飞机到达、离港或者移动目的的特定区域。而机场只是航空港的一种通用说法。

为什么绕了半天机场的定义?因为同样说机场,我们所指的机场可能千差万别。那么到底什么样的地方才能称得上机场,其实最关键的是能够用于飞机到达、离港或者移动目的的一块专门区域。说到底跑道就是机场的核心。而其他的内容,如有无塔台、有无维修设备、有无加油设备都是次要的,都可以视情而定。

机场发展的三个阶段

从随处可以利用的简易"跑道"到专业机场的诞生经历了三个阶段。

第一阶段是机场(航空港)概念的原意,即有一个划定的区域,能够供飞机起飞和降落。如 1910 年左右在德国出现的第一个机场基本上就是一片划定区域,有一些人进行管理起飞和降落,还有些简易帐篷来存放飞机。意大利出现的第一个机场(航空港),即 1910 年建立的位于意大利米兰的塔利多机场,它比德国的第一个机场有了一些改进,该机场不仅有供飞机起飞的跑道,还有机库、飞机维修设施和供人们参观的观光台。在美国,供水上飞机起降的水上机场也相当流行,其中 S-42 型水上飞机(见图 5-1)是当时比较成功的水上飞机,直到 20 世纪 30 年代初泛

图 5-1　泛美航空公司的 S-42/S-43 水上飞机①

① 图片资料来源:旋翼飞机网,http://www.aviastar.org/。

美航空公司仍在南美航线上使用这种飞机。这些早期的机场主要用于航空爱好者的实验飞行和军事目的的飞行,机场只为飞机和飞行人员服务,而不为当地社会和公众服务,所以是飞行人员的机场。

第二阶段机场则是在欧洲出现定期航线以后,各国为了扩展航线,开始大量修建机场。这些机场建设的目的就是为了开放给社区和公众作为旅行使用,所以机场有了更多服务旅客和货物的设施。比如 1922 年开放的伦敦克罗夫顿机场和德国的柯尼哥堡机场以及 1925 年 4 月 20 日开放的特别为民航设计的哥本哈根机场(原名 Kastrup 机场)等。这个阶段,民用机场大量建立,但是机场建设没有统一的标准,因此机场的结构差别很大。

机场发展的第三阶段是在国际民航组织成立后,特别是在大型喷气机出现后,由于飞机重量和飞行速度的变化很大,客观上也对跑道要求更高。因此在国际民航组织的领导下,航行委员会制定了统一的机场规范,使得各地建设机场有了一致的标准,大大提高了飞行员对机场的适应能力,使飞行安全水平得到迅速提高。现在按照国际民航组织附件 14 的标准,机场可以根据跑道标准分为 4 类 6 级①。

二、机场业务

按照机场的分类来说,机场可以分为军用机场和民用机场,民用机场中又可以分为提供公共服务的机场(航空港)和私人(企业)机场。我们在民航运输运行系统中谈论的机场就是指提供公共服务、为商业飞行客货机提供起降和经停的民用机场,这些机场是民用航空运输系统中的一个子系统。

机场是以满足国家的社会和经济目标为目的一种特定设施,因此也称为“国家机场系统”,每个机场都是国家机场系统中的一个布点,机场的建设必须按照国家和政府的统一规划来进行,不允许自由建设。

运作一个机场就像管理一个城镇,大的机场如伦敦希思罗、法国戴高乐、芝加哥奥黑尔机场,其管理面积可以达到上百平方千米,它包含了互相依赖的许多要素,这些要素共同起作用才能保证实现机场运行的效率和效果。机场通常由飞行区和服务区两部分组成,在飞行区,机场的功用主要是用于飞机的起飞和降落、旅客上下客和货物装卸以及在地面停留时候的其他勤务工作。

在服务区,作为公共设施,每天有大量人流(见图 5-2)要从这里经过,所以除了航空服务所必须提供的执机区、旅客候机区、安检区外,还需要有其他如警察局、邮局等公共服务设施。如果该机场是作为一个开放的国际口岸则还必须提供移民局(边防)、卫生检验检疫、海关等公共服务。

---

① 参见《国际民航公约》《芝加哥公约》附件 14。

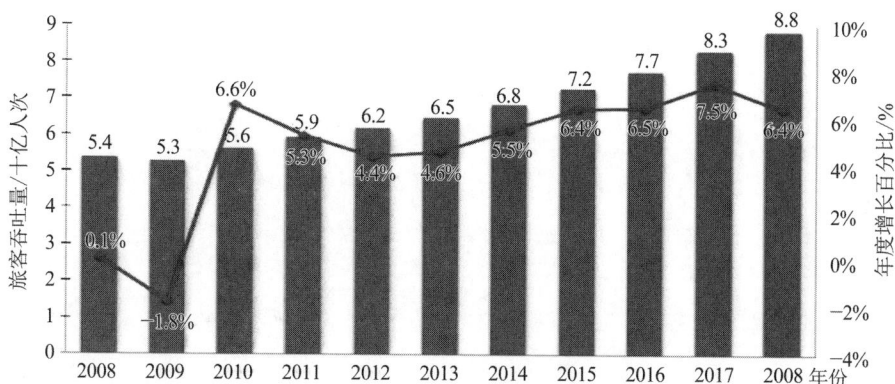

图 5-2　2008—2018 年全球机场旅客吞吐量统计①

当然,人员的流动也会带来更多的商业机会。由于建设一个机场所需要的投资量非常大,而纯粹从航空公司租赁费和使用费中获得的收益很难弥补投资,并且机场的正常运营和管理维护也需要大量的资金来保证,所以机场也开辟了第二通道,引入更多的商业合作伙伴来共同开发机场内的市场,以获得更多的利润。

进驻机场内的大客户一般是一家或者几家航空公司,或者是航空公司的专业代理公司,但是数目更多的客户是各种各样的商业公司客户。

候机楼内设置商业的好处不仅为机场带来了收益,同时也更方便地为旅客提供更全面的服务。现在世界范围内的主要机场租赁场地给各种商业公司所取得的收入已经在机场总收入中占有很大的比例。附近有较大社区而且商业运营比较成功的机场甚至变成了很有吸引力的购物中心,不仅直接为乘机的旅客提供服务,而且很多周边社区的居民也乐意到机场进行购物。所以现代机场管理业务中,商业市场开发的技巧也变得尤为重要。因此机场管理人员必须在具有机场运行专业能力的同时,具有和其他大企业一样的市场运行管理能力。图 5-3 列出了全球旅客吞吐量排名前十位机场。

《福布斯》曾于 2007 年 4 月份公布了检验机场商业能力的一个排行榜,评选出全球五大最佳购物机场,它们分别是新加坡樟宜机场、荷兰斯希普霍尔机场、瑞士苏黎世机场、英国希斯罗机场五号客运站和美国肯尼迪机场一号客运站。

三、机场管理的组织机构

机场作为一个公共服务提供者,根据其属性不同可以分为国家所有的机场、城市所有的机场和私营组织(企业)所有的机场。

---

① 参见国际机场协会(ACI)网,https://aci.aero/。

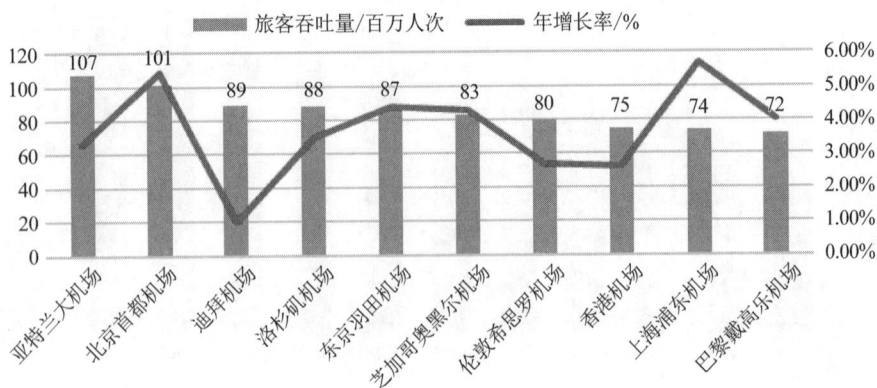

图 5 - 3　2018 年全球旅客吞吐量排名前十的机场①

大的机场一般是国家航空网络中的重点机场,这些投资大、影响面广的机场一般都是由国家投资进行建设的。由于国家投资建设资金的限制,有实力投资的城市(政府)也会投资建设机场;而随着一个国家的航空业的开放,私人企业或者通过股份制募集资金建设机场的发展思路也屡见不鲜。

不论哪种方式建立的机场,都需要一个管理团队来管理。国家建设和城市建设的机场可以通过国家管理、委托管理、租赁管理方式来进行,私人企业机场毫无疑问会直接按照企业经营模式来进行管理。所以归纳起来看,其实机场管理就是两种方式,一种为企业式管理,另一种为政府管理。

按照企业式管理的机场组织结构见图 5 - 4。

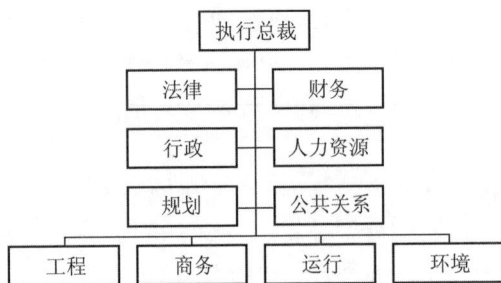

图 5 - 4　企业式管理的机场(航空港)组织结构

按照政府管理的模式有一个最重要的区别就是由于它同属于民航当局(CAA)职能的一部分,所以为了保证机场能够得到运行安全,必须在建立航空港运行部门的同时,建立与之相独立的安全和标准管理部门(见图 5 - 5),这样可以使

① 参见国际机场协会(ACI)网。

运行责任和安全监督责任的职能分开,以免在运行过程中由于利益关系而降低安全水平。

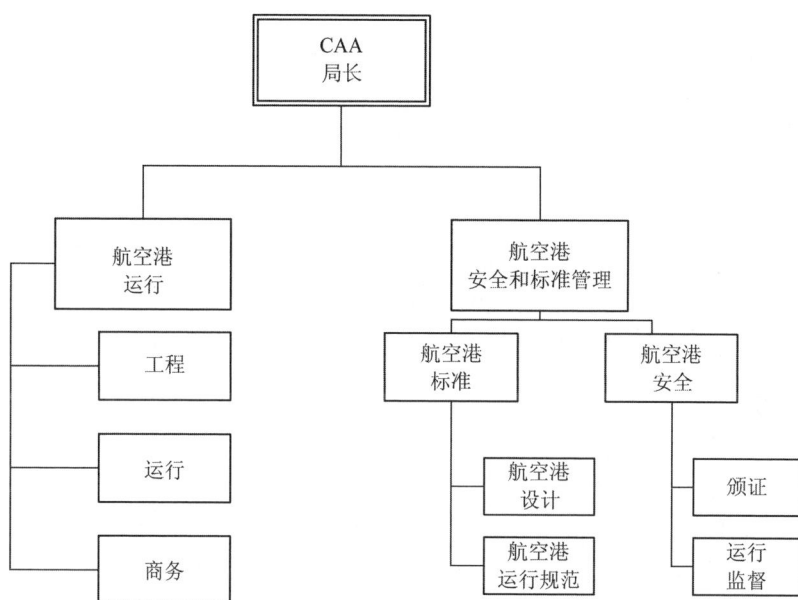

图 5-5　政府管理的机场(航空港)组织结构

四、机场的产权模式

在机场管理模式中已经提到机场分为国家投资机场、城市投资机场和私人企业投资机场三种类型。在这一部分将继续研究多种产权模式形成的过程。

航空发展在最初的二三十年内增长速度很快,但是从总量来看仍然很小。根据 1945 年的旅客运输量统计,全球范围内的航空运输量只有 9 百万人次。这里有几个原因,一是航空发展的初始阶段主要目的是为军事服务,二是航空运输的安全水平比较低,还无法普及;三是航空运输开展的基础条件比较差。但是二战后军机民用的改变,特别是喷气运输机的发展给航空运输注入了强劲的发展动力。经过 50 多年的发展,1998 年,航空运输总量已经比 1945 年增长了 120 倍,旅客运输的数量已经达到 10 亿多人次的水平。2017 年全球航空运输量更是突破 40 亿人次的量级(见图 5-6)。所以,围绕这些需求的满足,基础设施也必须扩容,首当其冲的是进行大规模机场扩建和导航服务设施建设。而与之相对应的是,早期机场投入小,现代机场投入非常大。如 20 世纪 90 年代投资扩建芝加哥机场时,单单其国际候机楼一项建筑投资就超过 6 亿美元。其他大型机场的改扩建工程也都是以数亿乃至数十亿美元计。刚刚于 2019 年完成建设通航的北京大兴机场投资更是高达

800 亿人民币(见图 5-7)。显然,除了中国这种可以举国集中力量办大事的体制外,其他国家政府想通过其税收收入和财政预算的渠道来满足这些需求实在太难,特别是同时有建设多个机场的需求。而政府也看到,通过商业化的运作模式,机场实际上可以作为收入来源从而减少或者完全消除财政赤字。根据资本的逐利性,当有利可图的时候,私人资本有发挥的空间,所以改变产权模式,吸引多元化投资和经营,既可以迅速改善基础设施条件,同时又能够调动各方面的积极性。

图 5-6 2006—2020 年全球航空旅客运输量变化(2019、2020 年为预测数)①

图 5-7 北京大兴机场建设规划图

机场拥有权和管理结构的改变是从 20 世纪 60 年代后期开始的。政府首先采取的是在保留所有权条件下建立独立运行机场的自治当局。实际上,这种机制仍是现在机场所有权和管理模式中的主流,国际民航组织在 2000 年对机场的所有权

---

① 参见 statista 数据统计资源网,https://www.statista.com/。

和管理模式进行的调查证实了这一点。其次是机场由国家或者地区的政府部门运行，私人投资和完全拥有的机场数目仍然最少，但是同一机场，既有政府投资、又有私人股份和企业股份的混合投资的情况在增加。调查显示，在 50 个国家的 340 个机场现在都有私人成分存在。

私人成分参与的第一种简单模式是商业化。实际上商业化不是产权模式转变，而是管理方法转变。在这种模式下，产权继续保留原来模式，但是运作上遵循商业原则或者定义一些重点开发商业活动的方向。商业化主要是建立一套能够清晰地识别收入和费用的会计程序使机场组织能够在不得到政府资金的情况下运行。商业化可能是从政府管理走向私人成分参与或私有化的第一步，也经常被看作是除了私人成分参与和私有化以外的另一个有效方法。

私人成分参与的第二种模式是管理合约。管理合约指的是一个个体或组织接管设施管理一段时间的情况。例如在加拿大，温哥华机场当局下属的叫作"YVR 机场服务"的组织管理着哈密尔顿、福特圣约翰、坎路普斯、蒙克顿和柯兰布鲁克这些地区机场。

私人成分参与的第三种模式是租赁或特许经营。租赁或者特许是授予占用某些房屋或者设备一段时间的权利。在租约到期后，这些房屋和设备将不需要补偿地归还给拥有者。如在加拿大，政府已经决定将 26 个主要机场租给当地不以赢利为目的的机场当局 60 年。地方当局组成一个包括来自市政府代表、商业代表、航空公司和其他利益相关体代表在一起的董事会，它们根据经济因素和社区需要来做出决定。

私人成分参与的第四种模式是少数所有权转换。少部分所有权转换的私人成分参与方式可以通过把股票卖给战略伙伴或公众的方式来进行，日本大阪的关西机场就是这样一个少数股份参与的例子，很多欧洲国家也用了这样的方法，中国的深圳机场和上海机场也已经公开发行了公众股票，进行了部分所有权转换。这种方法虽然有私人股份，但是由于政府持有机场公司的 50% 以上股份，因此机场的控制权仍在政府，有利于政府执行其经济政策。

私人成分参与的第五种模式是完全私有化。已经存在的机场政府可以通过拍卖其所有股权的方式来转换所有权；新建机场可以直接通过私人募资的方式获得资金，注册公司进行经营。

总之，私人成分参与和私有化已经是机场所有权方式中非常普遍的方式。但是非常重要的一点是，不管所有权的模式是什么，国家对民航系统的安全和安保负责是不变的。

在大多数国家这种私人成分参与和私有化的过程都是逐步开展的。一般首先将机场交给一个政府的社团经营，几年后它们再转手给政府拥有的公司，然后公司在股票市场发行股票卖给私人成分，采用这种方法的比较典型的代表就是英国。

五、中国的机场管理

中国的各个机场在民航体改前均隶属于中国民航局(原民航总局),经过30 多年的改革,特别是最近十几年民航局对民用机场建设和管理政策调整,使机场建设投资多元化,不仅有完全由中央政府和地方政府投资建设的机场,也有了完全由私人企业投资的机场①,机场的投资建设速度大大加快,促进了机场的蓬勃发展,现在全国通航的机场达到 235 个,完成年旅客吞吐量 12.65 亿人次(见图 5-8)。

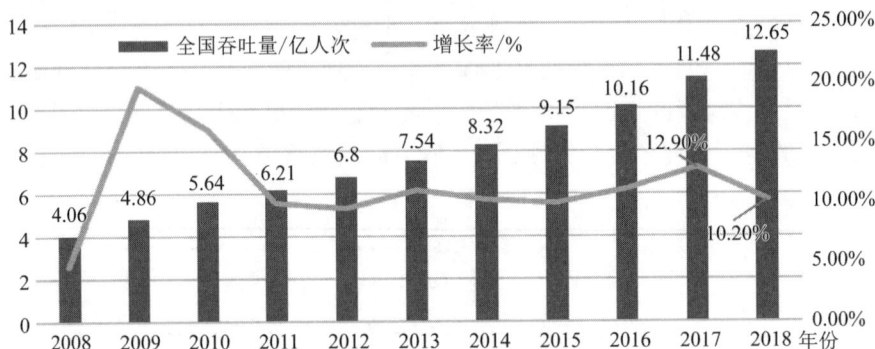

图 5-8　2008—2018 年中国民航机场旅客吞吐量增长趋势②

除北京首都机场、大兴机场仍归属民航局管理外,在有条件的地方基本已转为属地化管理。同时也鼓励有能力的机场集团进行兼并。现在大部分的省会级机场已经实现了属地化、企业化管理,因此机场管理的组织结构模式也是企业化组织结构模式。

企业化管理或者说独立公司的最大优势是不需要像政府那样在改变一项行动时经过很多听证和咨询,所以独立公司比政府部门更容易适应快速变化的环境,重新进行资金分配和资源整合,这也是中国的部分机场能够走上盈利道路的原因之一。

表 5-1 为 2019 年中国国内旅客吞吐量前十大的机场,这些机场从快速增长的流量中获得了非常丰厚的利润,也为未来进一步发展打下了良好的基础。

---

① 中国首座私营机场——鄂尔多斯机场(Erdos Airport)于 2005 年动工。该机场由锡盟集团和另外一家公司以 51% 和 49% 股份比例进行投资和管理,其主要作用是航空播种、防止蝗虫灾害、森林防火和航空拍摄等。

② 参见中国民航局《(2009—2019)年民航行业发展统计公报》。

表 5-1　2019 年中国国内吞吐量排名前十的机场①

机场 ＼ 指标	2019 年旅客吞吐量		2019 年货运吞吐量		2019 年起降架次	
	名次	总量/万人	名次	总量/万吨	名次	总量/万架次
北京/首都	1	10 001	2	196	1	59.4
上海/浦东	2	7 615	1	363	2	51.2
广州/白云	3	7 338	3	192	3	49.1
成都/双流	4	5 586	6	67	5	36.7
深圳/宝安	5	5 293	4	128	4	37.0
昆明/长水	6	4 808	9	42	6	35.7
西安/咸阳	7	4 722	11	38	7	34.6
上海/虹桥	8	4 564	8	42	10	27.3
重庆/江北	9	4 479	10	41	8	31.8
杭州/萧山	10	4 011	5	69	9	29.1

第二节　机场规划

一、城市与民用机场发展

中国古代有"筑土为城"一说。"城"在中国文字中的概念是指在一块土地上，一群人居住并建立了政权，拥有财富和权势，在有序而安定的生活中，用武装来保护自己。后来城外面加了围墙，变成了"国"，所以古代城、域、国都基本上是同样的含义。在古代罗马，则把"城"叫"城邦"，反映的是同一个民族的人住在同一个地方的意思。"市"代表公平合理的买卖，这种买卖只有在市集、市场上才可能出现。所以城市是这两种事物和概念的集合，即有一群人固定居住，建立政权，有安定的生活，用防卫来保护这些成果，同时这里又是商业贸易活动的场所。所以城市的功能，顾名思义，首先是市场中心；其次由于市场的存在，城市也逐渐变成一个信息中心和服务业中心，现代城市则能够在更大范围内聚集人流、物流、资金流和信息流，形成主导产业，发展科技教育。

民用机场是用来帮助旅客和货物快速流动的口岸，它和地面交通网络一起构成城市的输血管道，使城市充满活力。城市与交通之间存在着相互依存的关系，有

---

①　参见中国民航局《2019 年年度机场生产公报》。

交通才有活生生的城市;同样,城市越大,交通需求也越多。城市不仅要内部流动,城市之间也需要进行互相流动,而实体流动最快速的方法就是通过航空。因此我们说机场是城市的重要交通功能,也是支撑城市经济发展的重要战略平台。

现代化的大城市必须由现代化的交通来保证,特别是在全球化的今天,民用机场已经是国家航空运输基础设施之一,国家通过构筑航空网络来支撑经济的发展和对外交流的需要。发达国家必定有发达的交通枢纽网络,同样中心城市也一定有着重要地位的机场,伦敦、巴黎、东京、纽约等城市都是最发达的城市,所以这些城市也有着最繁忙的机场。

二、机场总规划

城市建设的第一步就是进行城市总规划,同样机场建设的第一步就是进行机场总规划。

规划就是通过预测将来可能的需求,研究为了满足将来需求所应该配备的设施和设备,并就如何获得这些设施、设备提出可行的建议和方法。所以机场总规划就是根据我们能够获取的资料和假设,对将来使用机场的需求进行研究,并就如何对这些需求进行满足做出分析和判断,提出建立和建设相应设施设备的建议。机场总规划包括在机场区域内航空和非航空使用目的的资源的规划,包括对机场邻近土地使用的目标进行定位,描绘出机场发展的远景。规划必须同时给出规划制定所依赖的数据和基本原则以便于根据假设和环境条件的变化对规划进行修改。机场总规划也可以说是规划者对某一特定机场将来的最佳发展方案的概念描述。

由于历史的原因,很多机场已经存在很多年。很早以前,人们建设机场的时候并没有预见到航空业的迅猛发展。因此,现实地看,进行机场总规划的起因可能是因为现有机场已经不能满足新飞机和环境要求的需要,也可能是国家航空网络中需要建立新的机场来支撑局部超负荷运转的系统,所以需要通过制定和更新总规划来解决出现的问题。

不论什么原因,制定机场总规划可以给将来机场的发展提供指南,使机场将来的发展能够既解决航空问题,同时也能解决在社区中存在的环境和社会经济问题,且在财务上可行的情况下满足航空要求。总规划应该与机场的业务规划相一致。有效的总规划应该既考虑将来的增长,也考虑相应的财务资源状况以及对周边社区的影响。

总规划也是把政策进行书面化的一个过程。政府的宏观政策在实施之前需要进行分解,总规划正好提供了这样一个机会,它通过对需求进行预测,将满足需求的各种可能手段、方法、措施进行组合并放到相应的政策环境中进行测试以检验是否与政府政策相矛盾,这样宏观政策就得到了细化。机场总规划可用于财务决策、土地使用决策和城市发展规划决策(尽早发现影响航空导航服务的潜在障碍物,建立净空区）。当然由于规划是基于预测而分析和建立的，且预测不可能完全准确，因此总规划也应该适应环境的变化，实现持续改进和滚动规划。

另外，机场的最大用户是航空公司，因此好的机场总规划应该把帮助航空公司减少运营成本（最终会转嫁到旅客身上）、提升本地旅游业务、促进本地经济发展（特别是航空经济和凌空经济的发展）以及增加机场收入放在一起进行考虑。

三、机场总规划流程

为了制定好机场总规划，首先需要建立一个研究机构或者组织来负责这项工作。有了组织机构后，机场总规划可以按照图5-9所示流程开展。

1. 建立组织和初步规划

为了保证总规划成功需要做很多准备工作。首先要建立一个具备所要求能力、角色明确、责任清晰的组织机构并保障项目的资金到位。

组织的大小根据项目的复杂性而定，机场运行者负责领导规划工作，民航当局和航空业的其他组成部分都应该参与。民航当局可以提供关于空域管理、导航助航设备、安全和安保事务方面的各种建议，同时会考虑到总规划实施后，机场是否能够满足取证的要求。航空公司和机场的各类用户的参与可以提供很多关于飞机型号、运行标准和财务方面的建议。实现机场总规划同时

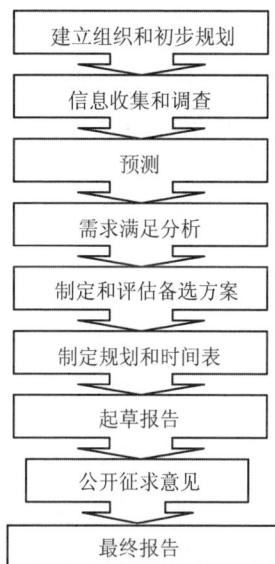

图5-9　机场总规划流程

需要有足够的财务支持，这种财务支持可能来自政府补贴、债券和增加机场收费等多个渠道，而收费必须要与航空公司进行协商以获得航空公司的支持。大型机场的总体规划可能还需要有一个或者多个独立的咨询机构来协助，这些机构中的顾问必须既具备专家能力，同时能够站在公众利益的立场上提出建议。

2. 信息收集和调查

信息的完整程度对制定规划和决策工作非常重要，信息越多，决策的风险越小。因此在决策和规划之前所要进行的一项重要工作就是收集、调查和整理对规划有影响的各类信息。信息内容包括：第一，机场及其环境信息，如现有机场的设施情况、总起降次数；第二，现有周边机场空域使用情况和导航助航设备及空中交通管制和通信设备的情况；第三，所在城市的社会经济问题和人口数据的收集；第四，本城市和周边地面交通情况；第五，政府有关影响机场和机场运营的立法情况；第六，现有机场收入来源和财务状况；第七，城市规划和其他规划报告的收集和研究，分析可能对机场规划带来的影响。

在信息收集和调查中最重要的是关注那些将影响总规划的物质限制条件。如

周边土地使用、周边地形地貌、周边环境（如生物敏感区）状况、本地区的恶劣气象信息（如频繁大雾）及可能限制航空发展的政府规章。其中，特别要注意对气象数据的收集和分析，因为气象因素目前仍然是对航空正常运行影响最大的一项。如季风是机场跑道走向设计的基础，平均云（底）高和能见度将决定机场流量，主要天气状况将决定进近助航设备类型的选择。

3. 预测

机场扩建项目的时间取决于对机场交通容量所做出的预测。预测需要有科学的方法和模型。在预测中既要防止过分乐观也要防止过分悲观，因为过分乐观地预测航空活动的增长量，那么可能会出现机场规划后后续资金难以得到保障的问题，机场运行会背上沉重的负担；也会造成机场收费的定位过高，航空公司不堪重负的情况。如果过分悲观地进行预测，则可能无法满足航空运行的容量要求，使机场在未来丧失发展空间，也会给用户带来不方便。

4. 需求满足分析

有了各种信息并对未来做出基本预测后，可以通过建立能力模拟来研究如何实现预测目标了。需求满足分析是了解为满足预测的交通量我们必须做什么。需求满足分析有三项主要工作：一是容量分析，又分为飞行区的容量分析和服务区的容量分析。飞行区的容量分析主要是根据预测的飞机起降数来计算飞行区的容量并决定投资的时间框架；服务区的容量分析主要是确定候机楼面积、登机桥数目、机场道路和停车位数目等。大机场的容量分析非常复杂，必须建立有效的计算机模型并经过反复计算才能确定。容量分析很重要的一点是飞行区的容量和服务区的容量必须取得协调。二是满足这些需求的财务分析。主要是对机场或者投资机场的主体方做出融资能力的评估。三是物质和环境限制条件分析。限制条件的多少直接影响着机场规划，如果规划的机场限制条件很多，那么可能需要考虑在将来交通流量增长的情况下是否需要把交通流量引向周边其他机场，如果限制条件少则可以为机场发展预留更大的空间。特别是土地的使用规划将决定机场的总体安排和布局，因此必须加以细致的研究。研究的内容包括该土地范围内是否有《芝加哥公约》附件14中列出障碍限制区，是否存在与土地有关的设计规范和国家规章、是否存在影响航空导航服务视线和运行要求的限制（如地形），根据目前土地的使用情况、土地上的设施和土地租赁期，是否有足够的土地用于能够创造收入的基础设施的建设，是否拥有目前尚未在规划中的，但是远期可以允许扩展成为机场用地的土地以及这些土地是否具有使用灵活度等。

5. 制定和评估备选方案

总规划必须保证各种资源能够得到最大效率的利用。这些资源既包括目前的设施和设备，也包括将来的投资。当然，有时候在短期利益和长期利益中会产生一些冲突，所以在制定备选方案时必须综合考虑。但是即使进行了综合考虑，可能还是很难平衡所有因素,这时几个备选方案的制定就非常有必要。备选方案制定后需要提交给城市和新机场的决策层加以讨论,考虑各种风险和收益的平衡后,选定其中最小风险的一个。

6. 制定规划和时间表

选出最佳备选方案以后,才可以开始制定详细的计划和时间表。实际上,真正制定具体规划所花费的时间会远远少于信息收集和分析的时间。当然,由于总规划针对的是未来发展研究,很多数据是基于假设做出的评估,与实际发生情况会有一定的偏差,所以应该随着城市的发展和变化,随着预测的更新而不断进行重新评估和更新。另外,规划内容和时间表都是总规划的一部分。

7. 起草报告和最终报告

报告草案应该发放到所有利益相关者手中,这样利益相关者就可以提出他们自己对机场投资的意见和建议。考虑了所有这些方面,并且收到各方面的反馈信息,报告才可以最后定稿并发放到相关各方的手中。必须注意的是,对原始的总规划进行周期性的更新也是非常重要的,因为预测和假设都会根据时间变化而变化。

四、城市与机场选址

确定在一个城市的什么位置进行机场建设是关系到城市社会和经济发展的重要课题,因此必须慎重对待。一般来说,需要综合考虑以下因素。

① 国家和地区交通规划布局和航空网络结构的布局。交通运输系统中的各种运输方式协调发展是一个国家交通系统进行有效运行的前提,航空网络的发展需要得到地面公路、铁路乃至水面交通的支持,航空网络中不仅要考虑民用机场的布局,也要考虑军用机场的布局,两者是否会发生冲突。

② 机场建设必须与城市经济发展融为一体。机场建设是为城市发展服务的,必须根据城市功能和城市的影响辐射范围来决定机场的定位。特别是要注重对城市人口发展趋势和产业发展趋势的研究,使机场建设能够为城市发展贡献力量。

③ 机场建设必须认真研究机场运行方面可能出现的问题。机场建设完成后是否能够安全和有效运行的很多影响因素实际上是在机场选址时就确定的。比如容量大小、环境适应性等。

首都第二机场选址①

在城市与机场发展中已经提到现代化的大城市必须有现代化的交通来保证,而航空运输是现代化交通中速度最快的运输方式,它对连通城市与外界的往来起

---

① 参见中国民航网《溯源北京大兴机场的选址规划》,http://www.caacnews.com.cn/。

着不可替代的作用。不仅如此，机场建设还对经济发展有着重大的拉动作用。"建成一个机场，繁荣一方经济"成为一个共识。国际资料表明，一个航空项目发展十年后给当地带来的效益是：产出比为1∶80（投入1元，产出是80元），技术转移比为1∶16（假设初始投入1种专利技术，在技术升华转化后，能带动相关的技术升级达到16种），就业带动比为1∶12（现在1个岗位，通过航空项目的发展能增加到就业岗位12个）。这也是围绕北京第二机场的选址问题，为什么出现京、津、冀三地"争抢"局面的原因。

应该说，首都第二机场建在哪里，不是简单的选址技术问题，更是宏观经济、区域经济的通盘考虑。修建首都第二机场选址不仅涉及机场的布局、空域、机场和机场之间的衔接问题，更是关系到整个京、津、冀地区经济圈内资源的优化配置问题。它和城市规划、人口容积比例、繁荣地方经济密不可分。

关于新机场选址的影响因素包括：大气和气象条件应能满足飞机起降的需要、便捷的地面交通系统与城市相连、有利于区域经济发展、要具备适宜机场建设的良好的地质水文条件、要避开大量鸟类栖息群的生态环境、场址周围要减少甚至是避免影响飞机起降的障碍物等，这些都是建机场需要考虑的科学条件。但是能够完全满足所有这些条件的地址是不存在的，因此选址一般是权衡利弊后的折中选择。

不少专家都认同，在首都第二民用机场的选址问题上，应该优先从两个角度入手展开研究：一是城市发展与机场选址的关系；二是空域设置与机场选址的关系。理清这两大问题，就可以基本确定新机场场址的大致定位。

今天，北京第二机场不仅尘埃落定，而且已经开航运营。北京二机场的选择是党中央综合考虑京津冀协同发展的需要，也是为了充分缓解首都的压力，将非首都功能向外疏解的需要（见图5-10），更是为了未来更长时间地区经济持续增长创设的雄安新区发展的需要而做出的英明选择。大兴机场，寓意中华民族的伟大复兴①。

五、机场区域布局

机场规划设计中最基本的部分就是机场整体区域布局。机场的整体布局将会对机场的运行正常性和运行效率起决定性的作用。机场布局的工作主要包括候机楼、跑道、塔台、雷达站、应急设备、场内场外道路、停车场的安排和设计等。

小机场一般只有一条跑道、一个候机楼、一个塔台。大机场则可能有多条跑道、多个候机楼。如果运行特别繁忙的话，也可能有多个塔台，图5-11显示的是有七条跑道（第七条在建）的芝加哥奥黑尔机场布局图。

---

① 参见搜狐网《北京新机场名称确定为"北京大兴国际机场"——揭秘"大兴"的寓意》，https://www.sohu.com/。

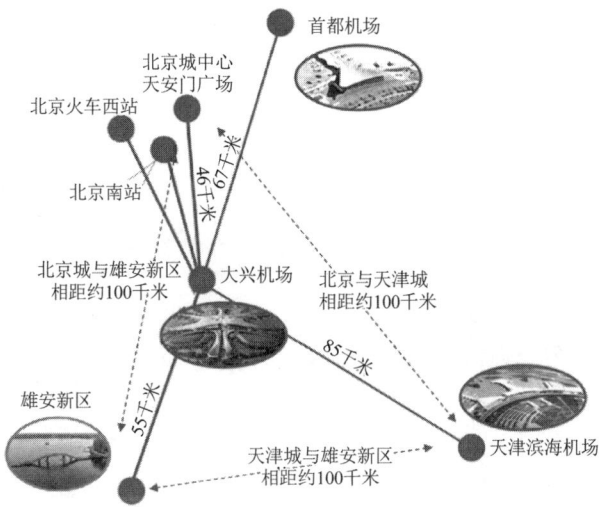

图 5-10　北京大兴机场与周边机场及城市位置关系

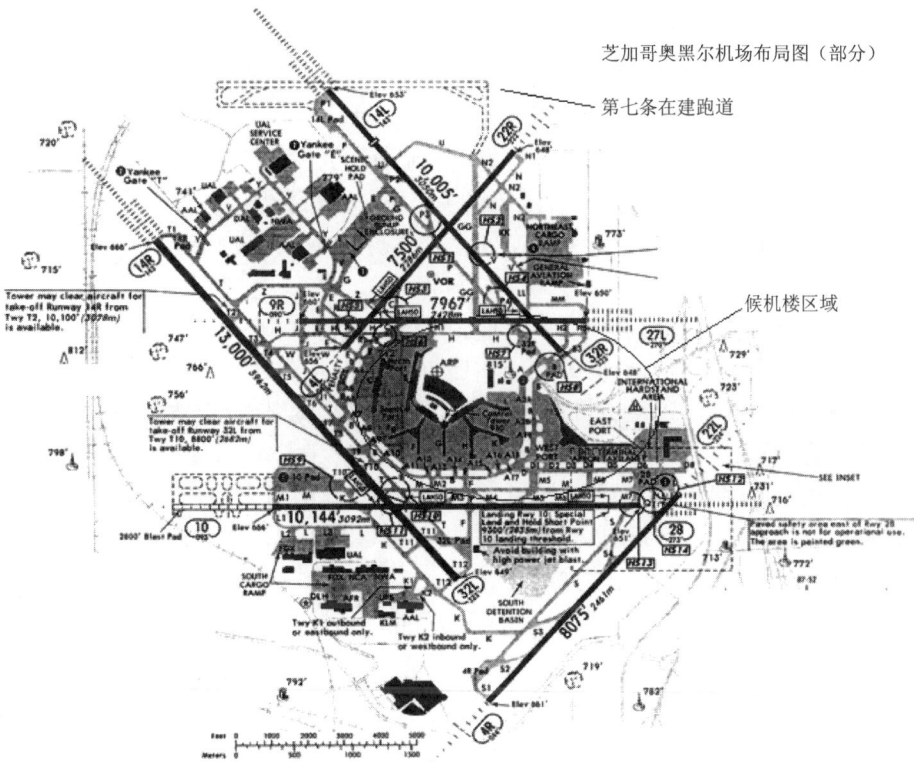

图 5-11　芝加哥奥黑尔机场布局①

① 图片资料来源：杰普逊航图。

跑道的多少和如何布局主要取决于本机场在本区域航空运输系统内的发展地位、机场发展的容量要求、机场周围的地形和障碍物限制、机场的气象条件(主要是盛行风)要求、机场与候机楼的相互关系以及机场的验证飞机大小等。

六、航站楼布局

航站楼是机场区域内人流最集中的部分,航站楼的设计是否合理直接影响到机场运行的效率,也是对便利性影响最大的部分。

航站楼的主体部分是候机楼,是旅客进行乘机手续办理和候机的地方。其基本功能是:保证出发、到达和中转的旅客能迅速而有秩序地登上飞机或离开机场,同时为旅客或迎送亲友的客人提供候机和休息等场所。其主要设施有旅客服务设施、生活保证设施、行李处理设备和行政办公用房等[①]。

为了保证候机楼内的有序运转,候机楼需要进行分隔。通常候机楼对进出港旅客采取立体隔离的办法,即将进出港旅客的行动路线分别安排在两个楼层内;对国际和国内旅客,则采取平面隔离的办法,即在同一层楼内,分别设置国际旅客和国内旅客的活动场所(见图5-12)。执机手续设在登机口的候机楼,也有可能对进港旅客和出港旅客不进行隔离。而大型机场在有条件的情况下会考虑设计独立的候机楼,将国内和国际旅客完全隔离(见图5-13)。

候机楼按其建筑物的布局可分为集中式和分散式两类。集中式候机楼是候机楼为一完整单元的建筑物,集中式候机楼多采用登机桥登机。

集中式候机楼又可以按登机口布置方式分为前列式、廊道式、卫星式和综合式。

前列式候机楼是沿候机楼前沿布置登机口和机位。

廊道式候机楼是由候机楼的主楼朝停机坪的方向伸出一条或几条廊道,沿廊道的两侧布置机位,对正每一机位设登机口。芝加哥奥黑尔、伦敦希思罗、东京羽田等航空港的候机楼即属此种形式。

卫星式候机楼是在主楼之外建一些登机厅,用廊道与主楼连通。在登机厅周围布置机位,设相应的登机口。北京首都机场1号候机楼即采用此种形式。

综合式则可能是以上几种方式的混合。

---

① 旅客服务设施有航空公司售票、问询柜台,执机(含行李托运)柜台,安全检查、出入境管理、海关检查、卫生检疫等柜台,有线广播设备,进出港航班动态显示装置和旅客登机设施(如登机口、旅客集中休息厅、登机桥、自动客梯、升降登机车、可移动的旅客休息室)等。

生活保证设施主要有旅客休息室、游乐室、餐厅、酒吧间、食品饮料自动出售设备,以及其他公共设施,如银行、邮局、书报摊、售品部和旅馆及出租汽车预订柜台等。

行李处理设备有行李分拣装置、行李车、传送带、行李提取柜台等。

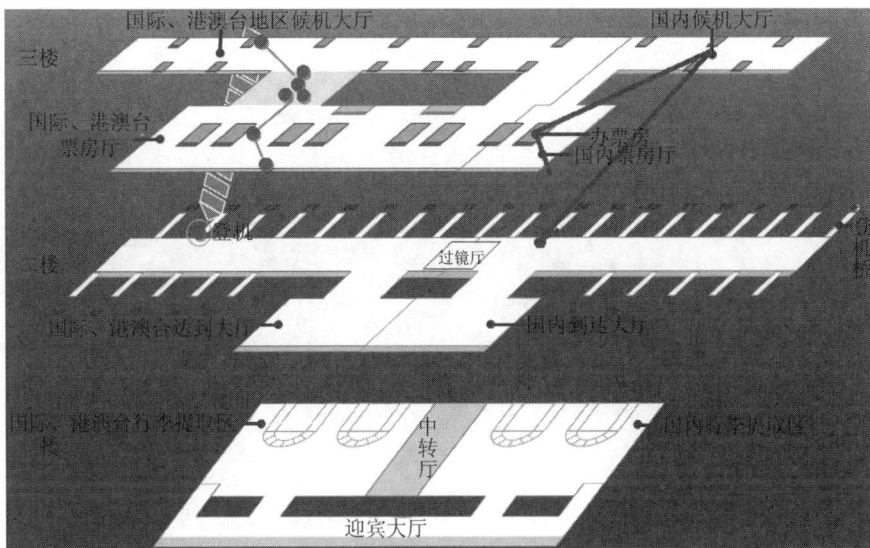

图 5-12　浦东机场(1 号航站楼)国际和国内航班流程(需要经过两个楼面)①

分散式候机楼是每个登机口成为一个小的建筑单元,供一架飞机停靠,旅客乘汽车可以直接到达飞机门前。分散式候机楼一般采用登机车和登机梯。登机梯有机上自备客梯和地面客梯两种,一般多在规模小的航空港使用。

大型机场由于拥有多个候机楼,所以在候机楼之间如何快速中转也是一个重要的问题。一般会有外部中转和内部中转两种。外部中转时,执机柜台设在候机楼主楼部分,旅客需要完全清关才能重新办理转机手续,这样转机手续和时间都较长,目前国内大多数机场转机方式都是外部中转。而内部中转则可以直接在登机桥口进行办理,所以转机时间很短,大型枢纽机场莫不如此。

候机楼的布局方式也会影响土地的使用效率,芝加哥机场采用的是环形候机楼布局(见图 5-13),连接道在外部,所以占用土地资源较多。而亚特兰大机场采用的是平行排列方式(见图 5-14),且连接道在地下,所以占地面积较小,在客流量不相上下的情况下,亚特兰大机场更紧凑,利用率也更高。

七、小结

概括地说,机场总规划是关于一个机场在未来特定时间段内的一幅蓝图,总规划用于目前机场的现代化、扩建工作和新机场的建设。

---

① 图片资料来源:浦东机场网,http://www.shairport.com/。

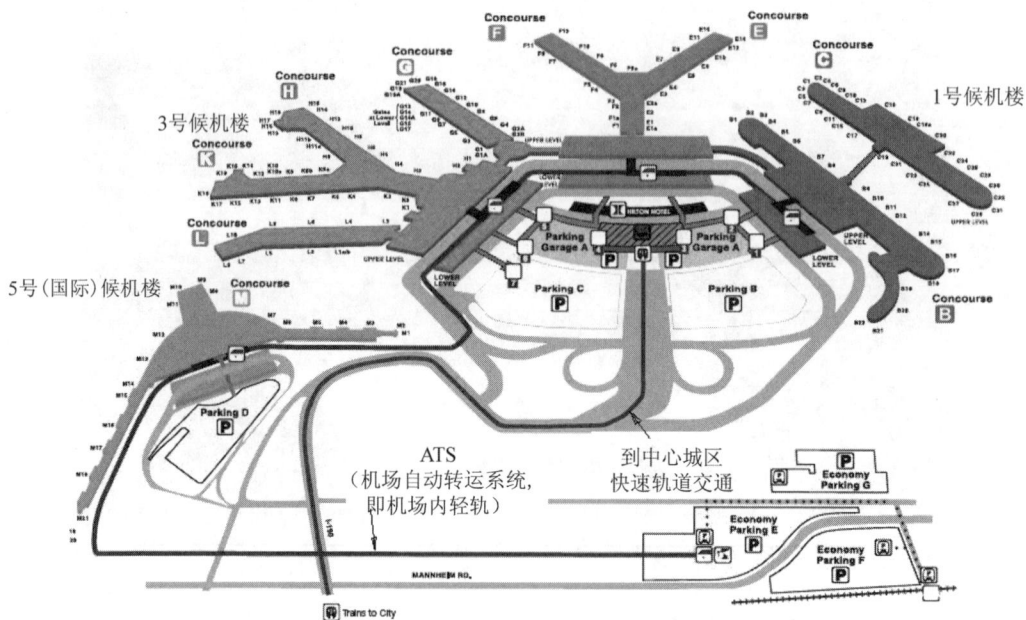

图 5-13　芝加哥奥黑尔机场航站楼布局①

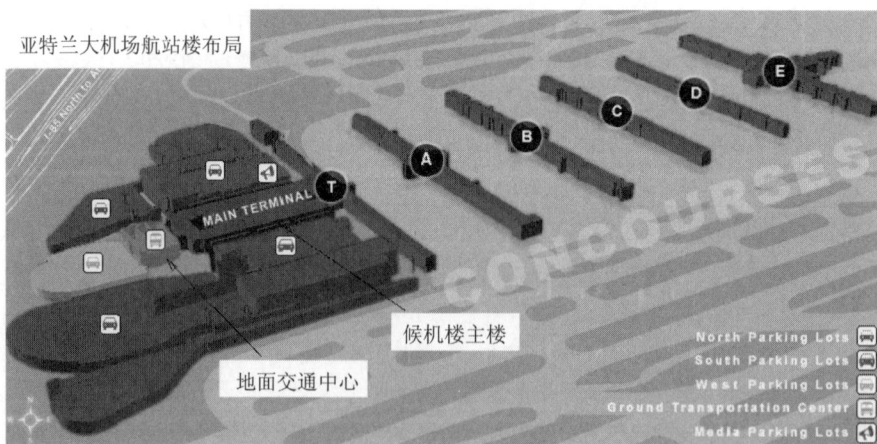

图 5-14　亚特兰大机场航站楼布局②

①　图片资料来源：芝加哥旅行网，http://www.chicagotraveler.com/。
②　图片资料来源：亚特兰大机场网，http://www.atlanta-airport.com/。

总规划是在目前能够获得的信息数据的基础上,加入一系列假设及预测,从而分析建立的。因此,总规划需要根据新趋势和新的预测进行更新。规划的整个过程必须有详细的文件记载,这样可以使将来的规划者能够了解当初的假设和分析过程,并对照原始数据进行分析,从而不断找出制定机场总规划的更有效的方法。

规划的内容有很多,规划时应该根据机场与城市发展关系、财政支持因素、机场运行限制因素等做出合理的决策。十全十美的机场总规划是不可能的,但是规划者必须充分考虑到机场经营者、使用者以及公众的利益。机场总规划的复杂性根据机场大小、机场的作用和各个机场面临问题的不同各不相同。大的机场规划范围在几十平方千米到上百平方千米,其复杂程度就像规划整个城市一样。

第三节　机　场　运　行

机场运行牵涉的范围很广,从让旅客如何顺利到达候机楼,到飞机能否顺利地从跑道起飞都包括在内。不过好在机场当局本身并不需要关注所有的这些事情,机场最主要的是当好协调员。根据香港机场协会的统计,入住香港机场的行业共有三百多个。这些行业都是机场的客户,当然这其中最重要的客户就是航空公司,因为航空公司的存在能够为机场带来更多的旅客流量,从而维持了机场的活力。

不同客户要求的服务不同,小的商业客户也许只需要不足十平方米的一块小场地,而大的航空公司客户可能会要求租下单独的一幢候机楼。事实上,全球大航空公司在其枢纽机场内无不拥有自己独立的候机楼。

机场运行的所有工作是围绕航班而展开的。每个航班的到来对跑道来说只有两次激活(着陆和起飞),而每个航班的出现会使机场飞行区内产生数十次地面车辆的移动,但是随着每个航班的到来,服务区就会出现放大了百倍、千倍的人流,从而使整个机场开始活动。

那么机场运行的核心业务是什么呢?旅行类杂志经常把执机服务、证件检查、海关清关、行李提取、商店(特别是免税店)数目作为评选最佳机场的条件,但是事实上机场真正的核心是它能否保障安全和有效地进行航班运作。

机场运行主要分为机场工程管理、机场飞行区和服务区运行管理。机场工程管理的目的是维护机场设施和设备的完好状态,机场飞行区运行管理主要围绕对飞行区运动的飞机和地面车辆进行管理,而服务区运行管理是对以候机楼为核心的人流进行管理。

一、机场工程管理

基础设施是任何一个城市都离不开的,机场也一样。如何保证稳定的供电、供水,如何保证机场候机楼和跑道得到及时维修对飞机的运行来说都十分重要。

机场是为城市服务的公共设施,但是机场本身也像是一个城市。就像在纽约,人们都知道曼哈顿岛是纽约的中心,却不知纽约肯尼迪机场占据整个曼哈顿岛的一半以上,而真正的曼哈顿城区是非常小的一部分。大的机场占地几十甚至上百平方千米,机场内不仅有商店、餐馆、医疗服务,还会有自己的道路交通系统,有自己的警察局、消防队、银行、邮局,甚至有学校和无数的工作人员。比如,年客流量在世界前十位的伦敦希思罗机场就有近十万名工作人员,机场内每年会消耗掉超过6亿加仑的水,超过4亿度以上的电[①]。机场的各种车辆有上万辆(不包括个人轿车),机场内的自动扶梯加起来有几千米长。所以机场也和城市一样,每天有很多基础设施需要维修,有很多设备需要建设。机场工程中同样包括水电工程、土建工程等,除普通的基础设施外,机场还需要维护好与飞行有关的目视助航设施(标志和灯光)。

与基础设施有关的事故

机场跑道和滑行道是飞机进出港的重要通道,但是即使在这样至关重要的基础设施上,有些机场当局也没有花足够的力气去做。"他们只会把钱投在能够带来明显收益的候机楼上"[②]。

历史上最大的双机相撞灾难就发生在这样一个基础设施严重缺失的机场。1977年,由于卡纳雷岛的拉斯帕尔玛斯发生爆炸事件,所有的飞机被迫降落在特尼来福的罗斯罗迪欧斯机场。该机场的跑道中线灯不工作,跑道交叉口灯不亮,标志也有问题,正好又是一个多雾天气,飘动的块状雾使得能见度忽高忽低。在这种情况下,每个人的压力都很大,都在想方设法抢回延误的时间,所以无线电通话非常繁忙,一会儿是跑道信息,一会儿是滑行道信息,有些混淆不清。荷兰KLM公司的机长隐约听到起飞指令,而另一架从来没想过要到这个地方来备降的泛美航空公司飞机机长,手中拿着唯一的机场图正在滑行,但在滑行时(由于滑行道标志不好)却错过了转弯点。由于担心,泛美航空的机长在波道内着急地呼叫KLM的机长,使得频道进一步堵塞,在雾中,机长看不到任何东西,但是感觉到危险就在眼前。

泛美航空机长试图操纵飞机脱离KLM冲过来的方向。同时,KLM机长也看到了前方的障碍物,他想把飞机拉起来,前轮离地了,但是高度不够。两个机长都只有不到两秒钟的时间,根本不可能避开这场灾难。一声恐怖的撞击声之后,100

---

① Stephen Barlay. Cleared for takeoff[M]. London: Kyle Cathie Limited, 1994.

② 同上书,第59页,引用原AA航空飞行员杂志 *Guide for Airport Standards* 上的一段话。

吨的燃油从破裂的油箱中倾泻出来,燃起熊熊大火。

就这样,两架巨大的波音747飞机瞬间散架。583名乘客和机组人员死亡,67名重伤,酿成历史上死亡人数最多的飞行事故。

二、飞行区运行管理

飞行区的运行工作主要包括保持跑道和滑行道道面的整洁、无障碍和其上空的净空条件,保障飞机地面滑行顺利到位,安排飞机机位和登机门,保证地面车辆有序移动。

因为飞行区的运行关系到飞行的安全,因此飞行区的运行一般设有独立的运行中心。运行中心的任务是管理飞行区内的活动,使飞行区内的活动实现安全、有序、高效。

1. 道面巡视

道面巡视工作是飞行区运行工作中的一项重要内容,特别是跑道道面的巡视尤为重要。由于飞机在跑道上高速滑跑,所以道面上出现的超标准的裂缝、鼓泡或者有外来物都会严重影响飞机的安全。

道面的好坏有几个指标:一是道面的强度。跑道道面的强度在跑道设计和施工过程中已经确立。它是根据机场需要起降的最大飞机的能力计算出作用在每平方厘米跑道上的压力而获得的,根据压力大小,相应可以采用土跑道、沥青跑道和混凝土跑道道面三种。二是道面的摩擦力。为减小飞机落地刹车减速过程中飞机轮胎的打滑现象,相应的道面摩擦因数应该较大。特别是在多雨的地区,为防止在下雨时飞机出现滑水现象,道肩设计的坡度会较大,同时跑道还会开槽以增加摩擦。三是道面外来物污染水平。外来物可能是刮大风吹过来的大的沙石,更多的是飞机刹车时轮胎上的橡胶脱落的颗粒,这些都会影响飞机刹车,必须得到及时清理。一旦检测到道面需要维护时,运行部门就会通知工程部门进行维护。

2. 地面滑行引导

地面滑行引导对飞机来说也特别重要。滑行引导既要保证落地飞机在安全的情况下,快速脱离跑道到达停机位;同时也要保证离港的飞机有序列队进入跑道起飞。在小型机场,滑行通常由航行管制统一指挥。而在大型机场,机场运行部门配备有专门的通信频道指挥滑行,在特别繁忙的像芝加哥奥黑尔这样有很多条跑道的机场则可能需要多个频道来分别指挥各个方向滑行的飞机。

在天气恶劣的时候,地面滑行引导非常重要,地面滑行的安全将更依赖精准的指挥和清晰的地面标志。前面引述的1977年发生在罗斯罗迪欧斯机场的相撞事故除地面标志不清晰外,地面滑行引导不当也是最重要的问题之一。当然在上述案例中可以看出,该机场没有独立的地面滑行频道,而是由航行管制统一指挥的。

3. 地面(机坪)车辆管制

地面(机坪)车辆管制是机场运行管理的另一个重头戏。飞机是飞行区内的主角,但是论数量,地面车辆的数量要远远多于飞机的数量。在机坪内,为了使飞机和机动车辆的移动减少冲突,飞机和机动车辆都必须遵守各自的滑行路线进行滑行。由于机坪是平面的而不是立体的,而且在机坪移动的机动车其目的是为飞机服务,所以必须接近飞机,这样一来要想让飞机滑行和机动车移动完全分开就不可能。由于飞机的安全至关重要,也因为飞机的惯性特别大,在机坪内出现地面车辆与飞机滑行冲突的时候必须优先保障飞机的滑行。同样,在天气恶劣,特别是大雾的情况下,进行地面车辆管制也相当困难。事实上,在飞机出现的各类事件中,地面车辆撞飞机的事故不在少数。现在繁忙的机场已经开始装备地面监视雷达(SSR)来管理机动车辆的运行。也有的机场已通过在地面车辆上安装卫星导航系统来监控和调度车辆的运行。

地面车辆撞击飞机事故

地面车辆撞击飞机已经不是什么新鲜事。事实上,每年有大量的不安全事件是由于地面车辆在机坪内的违章行驶造成的。统计数据显示,民航飞行事故(和征候)中,有14%的事故(和征候)是发生在飞机与地面车辆之间。

比如,1997年10月1日,瑞安航空的波音727飞机在丹佛机场与一辆机场内员工通勤车相撞,造成两名机组成员严重受伤的事件;1998年10月11日,一架达美航空公司的MD-88飞机在辛辛那提被一辆行李拖车撞击,造成飞机严重损坏。在国内,飞机撞击事件也时有发生,其中比较大的一起是20世纪90年代末发生在北京首都机场的一起由一辆食品车撞击一架福克飞机机翼,致使飞机机翼折断的事件,造成该机停场修理达两个月之久。

因此自从2000年开始,FAA特别提出了针对防止机动车辆与飞机相撞的训练主题并推出了相应的训练内容。

4. 机场净空维护

正如地面交通的道路上不能有障碍物一样,飞机赖以飞行的空中航路上也不能有障碍物。而在机场空域内,由于飞机起飞、着陆需要做更多的机动飞行,所以整个机场的上空和附近区域更应该有比较好的净空条件,尤其是在跑道两端净空要求更高。

空中的障碍物包括三类:一类是地形和固定建筑物。按照机场建设的总规划,为保证机场有好的净空条件,机场应该选择在没有明显影响飞机进港和出港地形条件的地方,这样可以保证地形不会成为净空的影响要素。同时机场规划后,机场的净空面内应该严格按照规划要求不建设超高的建筑。第二类障碍物是非法入侵的飞行物。一般最可能出现的非法入侵飞行物是各类气球，因此在机场附近升放气球也需要进行管制。现在非常普及的小型无人机黑飞（未获许可飞行）也是一个巨大的风险。第三类障碍物是鸟类。特别是如果机场正好位于水草丰茂的湖区附近，则鸟类危险非常大。机场运行部门需要采取各种驱鸟技术驱赶鸟类以保证飞机运行安全。关于机场净空保护的内容在《中华人民共和国民用航空法》以及《民用机场运行安全管理规定》中都有非常详细的要求。

三、服务区运行管理

机场服务的好坏是由服务速度和服务品质决定的。由于旅客选择飞机出行是为了实现以最快的速度到达目的地的目标，所以当旅客开始旅行时，他们在候机楼花费的时间越短越好。旅客应该能够在到达机场的第一时间内拿到行李车，快速办理乘机手续，不用等待就可以马上登机，然后飞机按时起飞。因为从速度的角度和是否给旅客带来价值的角度出发，旅客排队办理乘机手续、重复安全检查、排队登机和飞机延误都是没有任何价值的。

然而，恐怖活动的出现则要求我们为保卫旅客的核心价值，即航空安全，必须采取更严格的安保措施。这些安保措施包括旅客身份要进行多次识别、行李必须经过 X 光机透视，还需要使用金属探测和其他的安全技术再次确认。

但是，必须清楚，满足旅客快速旅行的需求是航空服务的核心，因此，在不降低安全水平的前提下，提高旅客的便利性始终是我们服务工作的核心。

按照国际民航组织的定义，便利性是指可以给航空运输服务的提供带来更容易更快速的措施和资源的混合。便利性的目的是："通过减少穿越边界的不必要的手续（减少、简化、消除）和使那些不能简化的手续自动化，以保证飞机和它的旅客有自由、迅捷和无阻碍地穿越（国际）边界"。

对机场来说，便利性意味着更有效的运行流程、更有效地使用设备和提供给使用者更高质量的服务。

机场具有好的便利性可以帮助航空公司减少运行时间、减少行政程序、减少周转时间进而保证最大产出，好的便利性可以帮助旅客容易、快速地通过机场，从而减少旅客和货物在机场的拥堵。

好的便利性包括五个方面的指标：

① 可以快速到达机场和相应的航空公司柜台。实现这一个目标主要依赖有效快速的地面交通。通常国际机场都会有与城市连接的专门通道，包括地铁、高速公路。但这还不够，应该保障以各种方式到达机场的旅客都能够快速到达入口，所以除快速交通外，公共汽车的停车点、私人汽车的停车场是否能够有某种连接方式直接到达候机楼也非常重要。芝加哥机场采用的是外部轻轨的方式连接，新建成

的北京大兴机场和在建的成都天府机场则都可以通过地铁直接到达候机楼地下层,从而实现快速连接。

② 到达候机楼后可以快速办理自己的登机手续。随着自助值机,特别是网上值机、手机值机的推广,国内乘机的值机手续已大幅简化,但行李值机仍然还是一个问题,目前东航正通过推动 RFID 终身登机牌的做法来加快这一程序。当然,对于一个第一次在某机场乘机的旅客而言,机场路线标志是否清晰、行李车是否能够及时获得都影响值机的时间。

③ 相应的安全检查和证照控制能够快速和有效。证照控制和安全检查是为防止飞机出现非法干扰事件而进行管理的重要关口,所以必须首先保证质量然后保证速度。在没有新技术的情况下,能够做到的就是清晰化程序,采用更多通道来检查。但是一旦采用新技术,那么不仅可以提高速度,同时也可以提高质量,并且手续更简易。比如通常的目视检查不仅识别能力低,而且速度慢。新的指纹识别系统、视网膜识别技术和其他预过滤技术就可以做到既高速又准确,所以采用新技术非常重要。

④ 到达和中转手续能够快速。到达手续一般以第一件行李提取的速度来计算,以检验机场到达保障的能力。而中转则不仅包括行李提取,而且包括转机程序是否一目了然、转机通道是否快捷、转机中的证照控制是否到位等。特别是要进行国际转机,相关流程设计必须得到海关、移民等政府机关的良好配合。

⑤ 特殊服务通道健全。乘坐飞机的旅客需求非常广泛,从残疾人到乘坐专机的重要旅客都需要得到悉心的呵护。特别是对残疾人、儿童、老人等特殊群体,机场如何提供好的服务以保证他们的便利性也非常重要。

服务区的客户特别广,机场对服务区的管理重点是协调和疏通。

四、应急救援

机场运行另外一项重要职能是应急救援。

飞机飞行事故中的五分之四都发生在起飞和降落过程中,而在这段时间内飞机的位置是在与跑道两端不到一千米的范围内。因此,如何提高机场的应急救援能力就显得特别重要,因为如果飞行事故得不到及时救助,一件本来并不十分严重的事故(或事件)就会演变成一场灾难。

应急救援工作主要分为两部分,一是应急设施设备的准备;二是应急救援程序的准备。

应急设施是不产生生产力的,它是一项防护性措施,但是又是极其昂贵的。按照 ICAO 附件 14 的规定这些应急设备的全球标准是相同的,而实际上各个机场的应急设施的准备状态却有很大差距。一般机场的应急设施(消防车、消防队,救护车、救护人员等)是按照该机场能够起降的最大机型来配备的,一台大型泡沫喷射消防车价格在三百万元人民币以上,如果该机场不飞行这种飞机或者飞行次数减少,那么意味着这种配备太浪费了。设施配备后还需要经常演练,如果不进行演练和维护则到关键的时候基本上无法发挥作用,而无法发挥作用则意味着灾难可能出现。

同样,应急救援程序或者称应急预案的好坏也直接影响到救援的效率。应急预案必须根据机场设施条件的改变和参与人员的改变及时进行调整。应急救援程序会确定应急指挥机构、应急救援方案和参与应急救援的人员构成。应急救援人员中除那些为紧急事故而备份的人员外,机场各个职能单位的部分人员也应参与其中以提供支持和保障,因此这些参与应急救援的人员也必须经常得到培训。

1990 年印度航空公司的一架 A320 飞机在班加罗尔发生事故。由于机场当局没有任何应急预案,在救助中不仅出现救护车辆陷在沼泽中无法开动的情况,机场的消防员也找不到安全门的钥匙,且没有足够的消防灭火泡沫剂来灭火。即使在发达国家,应急设施也经常被忽视。意大利比萨机场有过一个案例,当时有一架飞机在跑道出现轮胎爆裂事故,消防车(已服役 50 年)花了十分钟才赶到;作为预防措施准备在飞机周围喷洒泡沫,结果发现喷洒管四处破裂渗漏;一个消防队员拖着一个水桶,水桶与地面的摩擦产生明火使跑道边上两处干草起火,又引起次生事故。

五、机场运行的商务问题

除非政府拥有整个机场或者政府通过专项补贴完全平衡机场的运行费用,否则机场当局就必须找到支持机场运行的足够现金流。由于公众认为使用机场并不是全部公众所必需,因此现在大多数机场,包括政府运行的机场,都对使用者收费,通过收费来弥补成本实现运行平衡。

按照国际民航组织的建议,机场收费应该以补偿和抵扣其服务成本为目的,也就是说机场的成本是机场对收费多少进行定价的基础(成本定价法)。因为一个城市不可能有太多的机场,因此机场具有垄断性,国家必须制定经济法规控制收费价格,防止机场为了盈利过高定价。

另外由于机场有大量的旅客流量,现在机场也是商业云集的地方,因此机场当局可以大力发展商业来取得更多的利润贴补其运营成本。

1. 机场收费

机场是公共设施,每个社区一般只有一个机场可以用于旅客很方便地登机,这就意味着机场是垄断的,因此如果按照自己的意愿收费就会出现过高的价格。对于机场的收费,每个国家(或地区政府)必须建立一套经济性法规以保护航空公司和机场的客户。

机场的收费项目有跑道、停机坪、登机桥、机场灯光使用费用,旅客使用候机楼的费用和安保的费用;对于某些特殊机型,则还可能收取环境保护费用。

机场的收费设置应该以国际民航组织制定的指导政策为原则,配合以本国的经济政策来开展。国际民航组织关于机场收费的文件包括文件 ICAO Doc9082/6(《关于机场与航空导航服务收费政策》)和文件 ICAO Doc 9562(《机场经济问题手册》)。

机场收费的目的是用来抵扣机场提供服务的成本。机场的总运行成本是比较好确定的,但是哪些收费是用来抵扣成本的问题反而不好界定。机场认为,飞行区和候机楼区内的所有与旅客操作、应急服务相关的工作都应该从着陆费的收费中覆盖。而包括停车费和特许经营费等非航空活动收入则应该另外计算,即不能算作冲抵成本的收入部分。这种收费计算方法称为"双线收费"方法(见图 5-15)。而航空公司则认为,必须把所有收入都计算在内来确定着陆费收费标准才是合理的(指所有收费与机场开支的平衡原则,而不只考虑飞行区和候机楼旅客处理成本,因为如果机场商业和特许经营收费不算在冲抵成本的收费之列的话,机场将变成纯盈利单位),这种收费方法被称作"单线收费"方法(见图 5-16)。

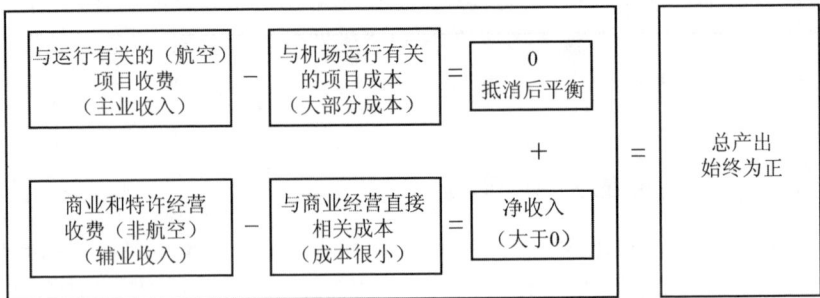

图 5-15　机场主张的"双线收费"方式

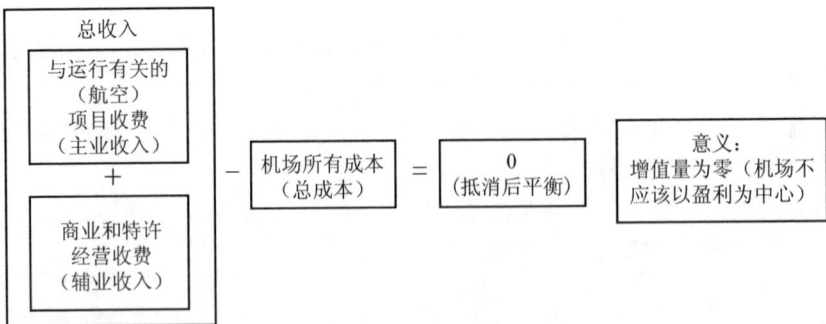

图 5-16　航空公司主张的"单线收费"方式

由于机场和航空公司的立场不同,因而导致在收费问题上的意见不一致。国际民航组织建议各国采用咨询和听证的方式来决定本国采用何种方式进行收费。在听证时,机场必须通过其账目系统提供所有的数据以显示提供这些服务所需要的成本是多少。如果用户感觉收费不公平,用户也应该有权向某个独立组织上诉。除了机场收费外,国际民航组织建议在新建和扩建机场的问题上也应该采用广泛咨询和公众听证相结合的方法。咨询应该在计划被最后确定之前进行,这样可以获得更多用户的意见,使计划既能够满足发展的需求,也能取得用户的理解,并让用户提前知道所要花费的代价。

为了使机场经营增加灵活性,政府也可以通过给出指导价格加浮动率的方式来引导机场经营,或者通过给出最低和最高价格限制的方法放权给机场进行自助定价。

中国机场的收费改革①

前面已经谈到,国际民航组织认为机场作为开放的公共设施,其第一目标是支持航空运输业的发展,因此收费应该本着覆盖成本或者成本回收原则。从 1980 年民航从军队建制剥离到 2000 年以前,虽然中国民航的发展速度很快,但是具体到每一个机场的流量而言,全国绝大多数机场流量都比较小,不足以平衡机场的支出。因此,中国民航的收费是通过民航总局(现民航局)制定的统一标准,以国内国外航空公司差别定价,并对旅客加征机场建设费和向航空公司加征民航建设基金的方式来收取的。

进入 21 世纪后,中国民航的发展有了一个从量变向质变的转化。特别是从 2005 年开始,中国民航的运输总周转量跃升至世界第二,仅次于美国。因此按照国际民航组织《芝加哥公约》中关于"对所有协议国家的飞机实行同一收费"和"对国际航空服务实行非歧视性收费"的要求及 WTO 谈判承诺的过渡期要求,中国民航机场收费需要进行改革。

《收费改革》方案主要为两项内容,一是民用机场收费将实行分类管理。现有机场将划为一类 1 级机场、一类 2 级机场、二类机场、三类机场四个级别,分类收费。二是收费项目将统一为航空性业务收费、非航空性重要业务收费、非航空性业务其他收费三个部分。三是收费定价的前两类实行政府指导价并制定上限,航空公司可以与机场通过谈判协商。四是新方案将逐步实施,在五年内(到 2012 年)分两次实行内地航空公司国际及港澳航班收费标准与外国及港澳航空公司航班收费标准并轨,逐步过渡到国际民航组织提出的"非歧视性收费"目标。2017 年民航局发布《关于印发民用机场收费标准调整方案的通知》②,对机场的收费基础进行调

---

① 参见原中国民航总局民航发〔2007〕159 号《关于印发民用机场收费改革实施方案的通知》(2007 年 12 月 28 日发,为民航总局与国家发改委共同发文)。

② 中国民航局民航发〔2017〕18 号《关于印发民用机场收费标准调整方案的通知》。

整,进一步明确机场收费原则是"成本回收、公开透明、非歧视性、用户协商",并放开对一类(含 1 级、2 级)机场非航空性业务收费项目的管制,允许采用市场调节价的办法,由供需双方谈判决定。由于本文件对机场收费的基数进行了上调,加上一类机场普遍资源紧张,机场拥有更强的谈判能力,机场普遍希望费用上升,这对航空公司的经营构成了一定冲击,目前各机场仍在观望中。

2. 机场商业服务

早期机场经营基本上都处在亏损状态,后来人们发现机场的商业服务利润很大,逐渐地机场当局把机场的收入来源锁定在商业服务上。现在没有哪一个候机楼不经营商业零售业务。正如《同意起飞》[①]一书中所写:

"由于有充裕的时间,加上名牌商品所具有的价格诱惑力,人们在机场不再捂紧他们的钱袋。特别是在护照控制区(免税区),由于免税的优惠,人们几乎忘记了机场销售的都是昂贵的高端品牌物品,只留下一种购物的渴望,特别是对于那些准备回国的、口袋里还剩下没有花完外币的人而言,他们的钱显得特别没有意义。他们宁愿换回那些可能永远都不需要的纪念品,而这些纪念品很可能是在他们平时的生活中哪怕是半价都不会愿意购买的。"

这就是机场购物的现实。机场商店在这些年内迅速扩展,现在伦敦希思罗机场内的商店数已接近牛津街的商店数。根据巴利(Bally)品牌店的统计,希思罗机场的巴利店是全英国巴利店中每平方米卖出巴利鞋最多的商店。

扩展的商店带来更多的利润。实际上大多数机场从商店中获得的收入已经占到机场收入的 50％以上[②]。希思罗机场的统计数据显示,货物存放、零售店和免税品商店的租金已经占到机场总利润的 70％。其实希思罗机场已经是世界范围对飞机收费最昂贵的机场,即使在这样的机场内,从飞机收费中所获得的收入仍然无法与其商业运作所获得的利润相比。

位于机场内的大批服务型企业和商业一般都是通过收取租金、出让经营权或者特许经营的方式来管理的,当然企业越多,对机场收益贡献也就越多。不过,机场当局必须处理好商业利益与运行高效性之间的关系,有些机场过多的商业区已

---

① Stephen Barlay. Cleared for takeoff[M]. London:Kyle Cathie Limited,1994.

② 数据来源于上市公司年报、中国机场协会网及广发证券发展研究中心《2017—2018 年全球免税商店行业研究报告》。全球机场零售业在新世纪发展迅猛,2017 年仅全球机场免税总销售额就达到 383 亿美元。中国机场的零售业,特别是一类机场的非航业务快速增长,已成为主要的利润来源。上海机场(600009)2018 年年报显示,在机场总共 93 亿收入中,航空主业收入为 40 亿,非航业务收入则达到 53 亿,净利润达到 42 亿,非航收入成为机场赢利的重要方式,首都机场和广州机场的非航收入也超过总收入的 50％。

经影响到机场快速处理旅客的能力。因此,机场当局不仅要学会如何招商,还要学会如何对这些商业企业进行有效的管理。

六、机场的安保

机场的安保主要是针对空中犯罪行为的,这些行为包括爆炸、劫机和走私。当然由于机场内的人员流动很大,地面的安保工作也很重要。地面安保工作包括防偷盗、防止损坏飞机、保障治安正常等工作。国际民航组织则把航空安保定义为用于保护国际民航免于非法干扰行为的措施、人员和物质资源的混合。

航空安保工作主要包括机场飞行区保卫工作、货场保卫工作和旅客及货物安全检查工作。

飞行区安保工作主要是通过建设围绕跑道、滑行道、停机坪的护栏,防止人员、车辆的非法侵入给飞行运行带来干扰,通过进入飞行区入口车辆和人员的控制保证飞行区运行正常。货场保卫工作主要是通过巡视和监视系统排除货物被盗抢、防止不良分子通过货物偷换方式进行走私,而旅客和货物的安全检查则是保障危险分子被及时过滤、危险品得到有效的管理,从而不出现劫机、炸机事件。

从国际民航安保工作的发展来说,2001 年 9 月 11 日是航空安保工作的转折点。因为将民用飞机作为恐怖活动的工具破坏了公众使用航空旅行的信心。因此,使得航空安保工作的责任更大,航空安保工作必须采取措施防止再次发生此类事件以给旅客提供足够的安全保证。

"9·11"事件以后各个机场采取的措施包括

① 强化手提和托运行李的检查(在登机前可能需要多次检查)。

② 更严格的身份检查和移民控制(边防控制),改进旅客过滤方法(例如:必须要有照片的识别证件)。

③ 对安保人员的标准、训练和测试计划进行统一(美国和加拿大)。

④ 在能够进入飞行区的所有机场进入口增加限制。

⑤ 对手提行李物品的品种进行限制(主要是尖锐物和液态爆炸品)。

⑥ 在飞机上增加空中安全员和空警。

另外,还增加了直接防止劫机和炸机情况的考量,即增加了进一步改进驾驶舱安全的方法(如驾驶舱门加厚、上锁),以及在未来的飞机设计中如何增加对安保工作的考虑。

这些安保责任和措施可以在《芝加哥公约》附件 17[①] 中查到。为帮助民用航空各相关系统有效地解决安保问题,国际民航组织还出版了《安保手册》(ICAO

---

①　参考《国际民航公约》(芝加哥公约)——附件十七:《航空保安,防止对国际民用航空进行非法干扰行为》。

Doc8973)解释附件 17 中提出的程序和方法。关于安保问题的规定,还可以参照一系列关于如何镇压非法干扰行为的国际公约。

七、机场运行与噪声

人人都喜欢机场就在自己家门口,但是人人都不喜欢噪声,而飞机会制造噪声,因此噪声和出行的便利性是一对矛盾。

早期机场选址的时候一般离社区或者城市较近,这样选择的目的是为了乘客的便利。后来随着机场的扩大和航班数目的增加,噪声水平也在上升,机场对城市的影响越来越大,机场不得不搬迁到新的离城市更远的地方。但是,即便机场选择尽量远离居住的社区和城市,但是当机场建立开始运行以后,人们又会开始向机场附近聚集。比如伦敦斯坦斯特德机场就建在一块远离居民区的空地上,随着机场的建立,机场的工作机会开始产生,于是机场附近很快产生了一个城镇。这些在晚于机场建立的城镇中生活的居民又很快开始抱怨机场的噪声影响。所以噪声影响并不能简单地用机场搬迁来解决。

那么噪声是如何影响人们的生活的呢? 是不是每一个噪声都会影响人们呢?

研究发现,人们忍耐噪声的能力包含噪声的强度和持续时间两个因素,即噪声强度越高人们忍受的能力越低;噪声次数越多、持续时间越长,人们的烦恼感会越强。除此之外,同样的噪声水平,白天听到和晚上听到所产生的感受也是不同的,事实上发生在晚上的频繁的噪声对人体的影响要大得多。因此,噪声水平不能只考虑声强和持续时间,还要考虑时段,所以噪声水平就采用了一个这样的综合评判值——日夜音量(DNL)。DNL 是白天和夜晚平均声音水平的混合。经验显示DNL 这个指标可以很好地反映噪声对人们居住的环境质量的影响。

那么多大的噪声才开始引起人体不安呢? 按照 FAA 统计,当 DNL 超过 65 分贝时居民开始抱怨。当然,对噪声的容忍程度每个人都是不同的。繁忙的机场噪声虽然小于 65 分贝,但仍经常收到来自周围居民的抱怨。

用什么办法才能消除机场噪声的影响呢?

最有效的办法就是进行兼容性计划和规划。机场噪声是不可避免的,但是在机场的各个方位上的噪声水平并不相同,各种不同用途的土地规划对噪声的敏感性也不同。跑道终端的噪声水平明显比跑道中心的噪声水平低,而工业生产企业对噪声的敏感程度又显然比居住社区、学校和研究机构要来得低。因此,机场当局和当地政府应该携起手来,在进行机场规划的时候同时做好兼容性计划和规划。

为了进行兼容性计划和规划,首先需要对机场各个方位产生噪声的大小程度进行研究,并画出噪声分布图(noise exposure map)(见图 5 - 17)。使用噪声轮廓线(同等噪声水平交叉点连线)描绘出在社区和噪声敏感区域的轮廓内(居民、学校、医院、教堂)现存和将来噪声的水平。现存的噪声分布图可以为缓解噪声对社区的影响提供调整依据。将来的噪声水平情况可以为当地长期规划和如何在特定噪声敏感区内减少噪声投资提供依据,包括怎样开发空余土地,怎样把围绕机场区域的老城区再开发成与噪声水平兼容的使用地等。

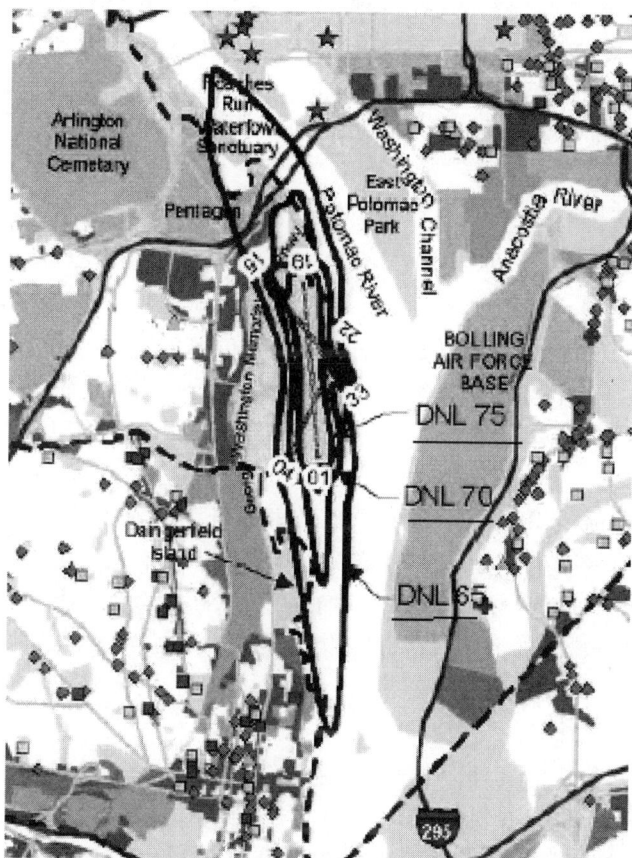

图 5-17　华盛顿里根机场 2008 年预计的噪声分布图①

第四节　机场取证

机场是为公众服务的公共设施。为了保证机场运行的效率,政府可以将机场通过商业化或者管理租约的形式委托给一个专业组织进行管理,也可以直接将机场交给私人组织进行管理。但是不论谁进行管理,非常重要的一点是必须贯彻执

---

① 参见《华盛顿里根机场 4/22 跑道改扩建环境评价报告》(由 EA Engineering Science & Technology,Inc.公司编制,2007 年)。

行政府制定的各项法律法规,运行者对机场的安全运行负责,运行者应确保机场运行达到政策法规确定的公众可接受的安全水平。政府应该通过检查不断强化法规,使各项法规政策得到有效执行,强化的方法之一就是机场取证。

为了统一全球机场运行的标准和规范,国际民航组织特别制定了关于机场的运行规范,这些规范收录在《芝加哥公约》附件14部分。同时,国际民航组织还特别制定了一份关于如何进行取证的文件(ICAO Doc9774),为各国政府的民航当局设计取证流程提供范本。

一、取证要求

民用机场是国家大型基础设施,因此其建设和使用都有一系列法规进行控制。在机场立项建设时,必须参照《运输机场建设管理规定》[①]来进行规划建设。在机场完成建设投入使用前必须按照《运输机场使用许可规定》[②]取得使用许可证。在试运行以后,为了取得完全的运行资格,还必须通过一系列检查,确定机场的硬件和软件全部达到安全运行水平,并通过操作演示表现出这种能力。这个过程就是取证或颁证。

按照国际民航组织的要求,所有国家的国际机场必须通过取证程序以保证能够满足《芝加哥公约》附件14提出的有关航空港国际标准的要求。

机场取证需要做好硬件和软件两方面的准备,硬件主要是附件14中对机场设计提出的各种要求,软件主要包括运行能力和SMS系统的建立。

二、《芝加哥公约》附件14[③]

与国际民航公约的其他附件相比,附件14"机场"是包含范围最广的一个附件。它跨越了从机场规划到机场运行的各个具体细节,既有如辅助电源的切换时间、驱赶机场区域栖息的鸟类这样的简单问题,也有土木工程、照明设计、机场救援和消防设备这样系统而复杂的问题。特别由于国际民航组织成立后的几十年来民航业发生的巨大变化(这些变化包括航空器机型改变、航空器运行数量增长、机场设备的大幅改进、运行的气象条件要求的进一步下降),都推动了机场行业发生转变。因此附件14也成为变化最为迅速的附件之一。

---

① 参见《中国民用航空规章158部》(CCAR－158),2018年进行了修订,现行有效的为R2版。

② 参见《中国民用航空规章139部》(CCAR－139),2019年进行了修订,现行有效的为R3版。

③ 参见《国际民航公约》(芝加哥公约)附件1—19综述和2016年修正的《国际民航公约》(芝加哥公约)(第七版)附件14文本。

　　附件 14 第Ⅰ卷"机场的设计和运行"适用于根据公约第十五条的要求向公众开放使用的所有机场。1951 年附件 14 面世之时,只有 61 页的标准和建议措施,其中还包括了对水上机场和无跑道机场的规范,经过修改和完善,现在附件 14① 所包含的规范内容已经扩展到超过 300 页,成为全世界国际机场的统一要求。

　　根据附件 14 的描述,机场的核心是广大的活动区域,从跑道沿着滑行道一直延伸到机坪。而附件 14 首先就是对机场应该具有的物理特性进行规范,如:宽度、表面坡度以及与其他设施的间距等,这是附件 14 的主要部分之一。与最初的附件 14 文本相比,今天的附件增加了许多设施规范,如跑道终端安全区、净空道和缓冲道。这些设施是机场的建筑组合,他们确定了其总体形状和规模,并使工程人员得以设计出构成机场基础结构的骨架。

　　在确定机场地面环境的同时,附件 14 规范也确定机场的空域要求。机场必须具备没有障碍物的空域,以便航空器进近并从机场安全离开。对空域的容量进行规划和确定也很重要,这样受到保护的空域容量可以确保机场的持续发展和存在,空域容量是通过障碍物限制面的方式来保护的,"通过建立一系列的障碍物限制面,限制可能伸向空域的物体,防止机场因障碍物的增长而无法使用"。

　　同时附件 14 中除了对跑道进行分级外(指产生机场参考代码),还将跑道分成六种类型,分别为非仪表进近跑道(目视)、非精密进近跑道、Ⅰ类精密进近跑道、Ⅱ类精密进近跑道、Ⅲ类精密进近跑道以及专门用于起飞的跑道。

　　附件 14 也详细确定了不同类型气候情况和其他条件下所使用的为数众多的目视助航系统。由于这些目视助航设施必须让全球所有的驾驶员所理解和识别,因此附件 14 对目视助航设施设置的位置和特点也进行了标准化,包括灯光类型和标志。

　　附件 14 所提出规范的目标是改善航空(飞机和相应人员)安全,但附件 14 中也有专门一个章节是用来改善机场安装设备本身的安全的,如关于靠近跑道的建筑和设备选址的规范。附件 14 中还包含了有关机场维护的规范。其中又重点强调了道面区域和目视助航设施的维护;同时还注意了消除吸引鸟类及其他对航空器运行造成危险的机场特征。

　　救援和消防服务对任何机场的运行来说都是至关重要的。按照附件 14 要求,所有国际机场都需要具备这些服务。附件还规定了需使用的制剂、其数量以及必须送达航空器事故现场的时间限制。

　　为了保证飞机的安全起降,航空器需要及时得到关于机场设施情况的准确资料。附件 14 对机场需要向航空器提供何种资料、哪些典型资料的变更需要报告也作了规定。如机场不同部分的标高、道面的强度,跑道表面的情况,以及机场的救

---

　　①　指《国际民航公约》附件 14 第一卷。1990 年版由于内容较多,分为两卷,第二卷为《直升飞机》。

援和消防服务水平都是需要报告的典型资料类型。

2016 年版附件 14 共分为 10 个章节,分别为概述、机场数据、物理特性、障碍限制和排除、目视助航设备、标示障碍物的目视助航设施、标示限制使用区的目视助航设施、电气系统、机场运行服务及设备和装置、机场维护。

三、机场等级划分[①]

机场是由飞行区和服务区组成的。但是不论服务区的设施多么豪华,候机楼多么现代化,这些都不是决定一个机场等级的关键要素,机场等级分类的关键要素是飞行区中跑道的性能和其设施配备的情况[②]。因为跑道的性能和相应设施决定了什么等级的飞机能够在这个机场起降。机场等级划分的参数是机场参考代码,参考代码是《芝加哥公约》附件 14 中制定的用来定义机场标准的一个参数,机场参考代码其实就是按照机场验证飞机的特性而指定的一个代码。而验证飞机则是指经常在该机场使用的一种运行要求最高的飞机。每一个机场参考代码对应一个相应的设计规范。

1. 机场参考代码

机场参考代码包括两个要素。

第一个要素(数字 1—4),取决于验证飞机的参考跑道长度。参考跑道长度是指在海平面、标准大气压条件、静风、跑道坡度为零的情况下,验证飞机使用最大起飞重量需要的最短跑道长度。相关数据可以在《飞机手册》的跑道要求中查到。

第二个要素(字母 A—F),是根据验证飞机的翼展(从一侧翼尖到另一侧翼尖的长度)和验证飞机外主轮之间的轮距(主起落架两个外侧轮之间的距离)得出的代码。

表 5 - 2 是《芝加哥公约》附件 14 中列出的参考代码表[③]。

表 5 - 2 《芝加哥公约》附件 14 参考代码表

代码第一位要素		代码第二位要素			
数字代码(1)	飞机参考跑道长度(2)	字母代码(3)	翼展(4)	外主轮距(5)	建议跑道宽度
1	小于 800 米	A	15 米以下	4.5 米以下	18—30 米
2	800 米(含)到不超过 1 200 米	B	15 米(含)到不超过 24 米	4.5 米(含)到不超过 6 米	18—30 米

---

① 参见《国际民航公约》(芝加哥公约)附件 14 的第一章《概述》(2016 第 7 版),sub-chopter1.6,Reference Code。

② 与中国机场收费改革所定义的类别不同,收费改革中定义的一类只有北京首都机场和上海浦东机场两个机场。

③ 同①。

（续表）

代码第一位要素		代码第二位要素			
数字代码(1)	飞机参考跑道长度(2)	字母代码(3)	翼展(4)	外主轮距(5)	建议跑道宽度
3	1 200 米（含）到不超过 1 800 米	C	24 米（含）到不超过 36 米	6 米（含）到不超过 9 米	23—45 米
4	1 800 米（含）以上	D	36 米（含）到不超过 52 米	9 米（含）到不超过 14 米	不小于 45 米
		E	52 米（含）到不超过 60 米	9 米（含）到不超过 14 米	不小于 45 米
		F	60 米（含）到不超过 80 米	14 米（含）到不超过 16 米	不小于 60 米

注：多条跑道设计的机场以主跑道为准，两条仪表平行跑道同时进行使用必须满足中心线相距 1 035 米及以上要求（附件 14 第 3.1.12 条要求）。

机场参考代码的确定

为了便于理解机场代码，这里举一个例子。

假设某机场使用的验证飞机在其最大起飞重量下需要的最短跑道长度为 1 600 米，且该飞机翼展为 49 米，外主轮距为 13 米，问该机场属于什么级别机场？

从表 5-2 中可以查出，因该验证飞行飞机的参考跑道长度为 1 600 米，属于 3 类。而翼展 49 米和外主轮距 13 米对应的是 D 级，所以该机场的参考代码为 3D 级。

有了基于机场的验证飞机取得的机场参考代码，对照每一型飞机的《飞行手册》，就可以知道某一特定类型的飞机是否适合在这个机场飞行了。

2. 机场飞行程序

飞机飞行除了受机场参考代码、即跑道条件的制约外，还与跑道配备的设备和目视助航设备有关，设备决定了在该机场飞行的限制气象条件。

为使飞机使用机场更加规范，按照机场配备设备的条件，在开展运行前，还要按照《民用机场飞行程序和运行最低标准管理规定》[①]的要求进行飞行程序设计。本文所指的"飞行程序"，是指为航空器在机场区域运行所规定的、按顺序进行的一

---

① 参见《中国民用航空规章 97 部》《民用机场飞行程序和运行最低标准管理规定》（CCAR-97FS-R3，2016 年修订颁发）。

系列机动飞行的要求,如飞行区域、航迹、高度、速度的规定和限制等,一般包括起飞离场程序、进场程序、进近程序、复飞程序和等待程序等,分为目视飞行程序和仪表飞行程序两类。目视飞行程序主要依靠目视助航设备设计的飞行程序;仪表飞行程序则包括传统导航飞行程序和基于性能导航(PBN)飞行程序。其中传统导航飞行程序条件又根据其进近过程的导航精度区分为非精密进近和精密进近条件飞行程序①两大类;而基于性能导航(PBN)随着机载设备和卫星定位系统的精确性提高,导航精确度也越来越高,成为小型偏远机场主要的仪表飞行程序。

3. 基于性能的导航(PBN)进场飞行程序

基于性能的导航,简称 PBN,广义而言就是一切不直接依赖某一导航传感器(或导航设备)而定义的导航都可以算是基于性能的导航,这些导航方式包括了RNAV 导航、RNP 导航、PBN 导航规范,以及 FMS(飞行管理计算机)综合导航,甚至于 GLS(卫星着陆系统)系统。狭义而言,PBN 进场飞行程序目前主要指 RNAV导航和 RNP 导航两种方式。

由于 PBN 进近不需要依赖地面导航设施,只需要将机场、跑道及其周边环境的详细数据和进近到落地要求输入飞机中相应计算机就可以控制飞机进近。这非常有利于偏远的机场,因此 PBN 进近越来越普遍,这样就发展出一种单独的进近程序,机场可以为所有飞机建立起一种标准化的 PBN 进近要求,不再需要飞行员自行在飞机计算机中输入机场、跑道和环境数据,简化了操作。

有关 PBN 导航方式的详细介绍参见本书第六章第二节。

4. 非精密飞行程序

非精密进近指跑道配备的设施只能提供部分横侧引导功能。非精密(进近)跑道一般安装有目视助航设备和进近助航点用于为直接进近提供足够的横向引导。非精密进近使用的助航设备有甚高频全向信标台(VOR)、无方向性无线电信标台(NDB)或航向台(LOC)等地面导航设施,这些设施只提供方位引导,不提供下滑线引导。

5. 精密进近程序

精密进近指跑道配备的设备既能够提供横向指引也能提供垂直(纵向)指引。包括使用仪表着陆系统(ILS)、微波着陆系统(MLS)或精密进近雷达(PAR)提供方位和下滑引导的进近。常用的精密进近方式为仪表着陆系统(ILS)进近。根据系统指引的准确性,通常 ILS 系统又可分为Ⅰ—Ⅲ类。但在第Ⅲ类 ILS 着陆系统中,又可以根据飞机设备与地面设备的配合精密性,分为三小类。所以精密进近合计共分五类,每类的着陆条件如下:

---

① 参见《中国民用航空规章 97 部》(CCAR - 97FS)R1 和 R2 中有两大类五小类区分,R3中将这些技术内容去除,未来将单列在技术规范内,便于修订。

① Ⅰ类(Cat Ⅰ)运行——决断高不低于 60 米(200 英尺),能见度不小于 800 米或跑道视程不小于 550 米的精密进近着陆。

② Ⅱ类(Cat Ⅱ)运行——决断高低于 60 米(200 英尺)但不低于 30 米(100 英尺),跑道视程不小于 350 米的精密进近着陆。

③ ⅢA 类(Cat Ⅲ A)运行——决断高低于 30 米(100 英尺)或无决断高,跑道视程不小于 200 米的精密进近着陆。

④ ⅢB 类(Cat Ⅲ B)运行——决断高低于 30 米(100 英尺)或无决断高,跑道视程小于 200 米但不小于 50 米的精密进近着陆。

⑤ ⅢC 类(Cat Ⅲ C)运行——无决断高和无跑道视程限制的精密进近着陆。

6. 在目视助航设备引导下的目视飞行程序

目视助航设备对飞机安全运行非常重要,在没有精密进近的机场就更加重要。即使在有精密进近方式的跑道着陆时,目视助航设备也能起到很好的提示和警告作用。目视助航包括指示和信号设备,如标记、灯光、信号、和障碍物标记。其中灯光主要用颜色来区分,红色闪光灯用于指示障碍,表示禁止进入和接近;跑道入口设置红灯表示关闭,建筑物顶部设置红色闪光灯表示禁止接近;黄色闪光灯表示危险,在停机坪上行使的机动车辆必须开启其黄色闪光灯,滑行道两侧的绿色灯指示滑行路线。

一般来说,跑道级别越高,参与验证的飞机越大,意味着机场条件越好,其目视助航设备也更好。跑道设备条件越好,则飞机降落时进近决断高度值可以下降至更低值。其中最主要的目视助航设备是跑道引进灯和中线灯、滑行道灯。

关于民航机场服务水平的等级划分①

以上描述的是按照飞行区的条件来划分的机场等级。正如旅游局对宾馆有服务星级评定标准一样,中国民航局也考虑在作为服务性单位的机场进行服务水平等级评定。服务等级评定的指标包括五类:通用服务质量标准、旅客服务质量标准、航空器服务质量标准、货邮服务质量标准和行李服务质量标准。

通用服务质量标准主要涉及两方面标准:第一,与机场全程的服务都有关的标准;第二,与旅客、航空公司、特许服务商、接机/送客/参观者等顾客在不同程度上共用的服务项目以及与其服务感受有关的标准。标准包括 15 项二级指标:进出机场的地面交通服务、公共信息导向系统、航班信息显示系统、问询服务、公众广播、公众告示、航站楼空间、航站楼舒适度、航站楼清洁度、航站楼旅客运输系统、洗手间、航站楼动力能源系统、航站楼其他弱电系统、办公环境和设施、工作人员等。

---

① 参见中国民航行业标准 MH/T5104-2013《民用运输机场服务质量》。

旅客服务质量标准对旅客出发、到达、中转和经停等服务流程的主要环节提出要求,也包括 15 项二级指标:行李手推车、售票服务、联检服务、办理乘机手续、安全检查、旅客登机、旅客到达、旅客中转、旅客经停、零售餐饮服务、头等/公务休息室服务、特殊旅客服务、其他服务、航班不正常服务、旅客意见/投诉等。

行李服务质量标准对行李处理系统、旅客交运、提取行李及行李进出港的主要环节提出要求,包括 6 项二级指标:行李处理系统、行李出港、行李进港、行李中转、行李查询、行李差错率等。

货邮服务质量标准对货运站服务设施设备、货邮进出港服务流程的主要环节提出要求,包括 9 项二级指标:进出货运站的地面交通服务、货运区环境、货运流程与容量、货站服务设施设备、货邮出港、货邮仓储、货邮进港、货邮查询,以及包含差错率和有效投诉率在内的服务指标等。

航空器服务质量标准针对航空器到达、离站服务流程直接或间接保障的主要环节提出要求,包括 5 项二级指标:飞行区保障服务、地面运行指挥协调、航空器活动区车辆、航空器地面保障、航空器保障单位处置规范等。

四、障碍物限制[①]

障碍物限制区的建立是用来保证机场运行能够实现满意的安全水平。通常在定义障碍物限制区的时候会定义一个没有障碍物穿越的空域,这个空域是一个想象的面,它围绕航空港周围建立,保持空域干净,使航空港运营保持安全,在《芝加哥公约》附件 14 内称之为"障碍物限制面"(Obstacle Limitation Surface,简称 OLS)。

障碍物限制面实际上定义了机场空域内的底线,如果障碍物超出此底线高度,则会影响到飞机的安全运行,必须向管理空域的民航当局报告。

这个面一般来说从机场向外延伸,直至远离机场的某个边界(大大超越机场控制区内),因此为了禁止在这些区域高耸建筑,防止该区域内的飞机处于危险状态,需要进行立法来保护。

障碍物限制面一般由九部分构成,分别为外水平面、锥形面、内水平面、进近面、内进近面、过渡面、内过渡面、着陆面和起飞爬升面。各限制面之间的关系见图 5-18。

---

① 《中华人民共和国民用航空法》《民用机场建设管理规定》《中国民用航空规章 158 部》《民用机场使用许可规定》《中国民用航空规章 139 部》《民用航空使用空域办法》《中国民用航空规章 71 部》中均有相关规定。其中《民用航空法》第五十八条有关于机场净空保护的一系列强制规定。

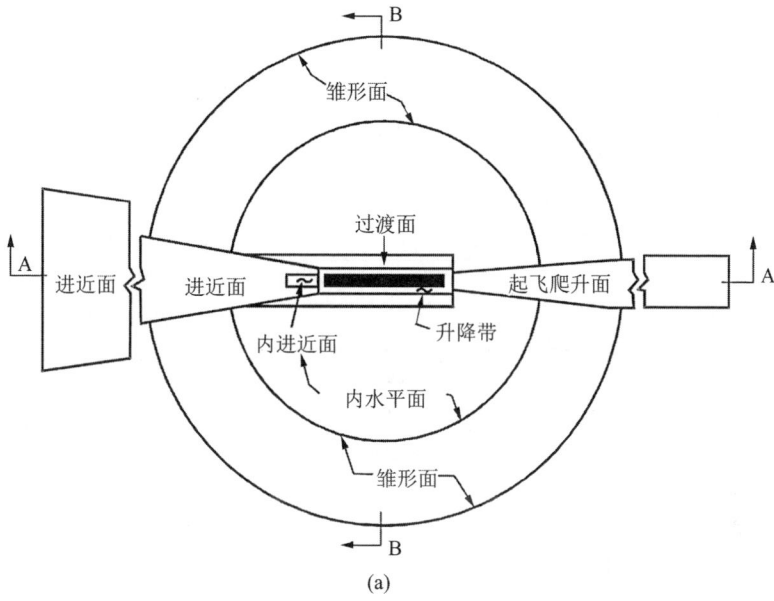

(a)

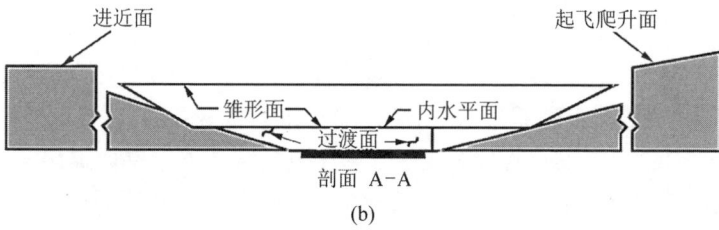

剖面 A-A

(b)

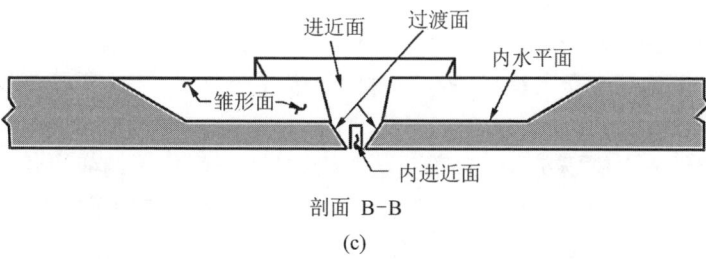

剖面 B-B

(c)

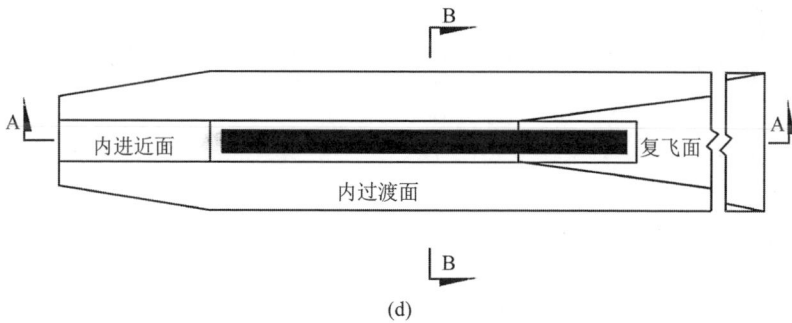

(d)

剖面 A-A

(e)

剖面 B-B

(f)

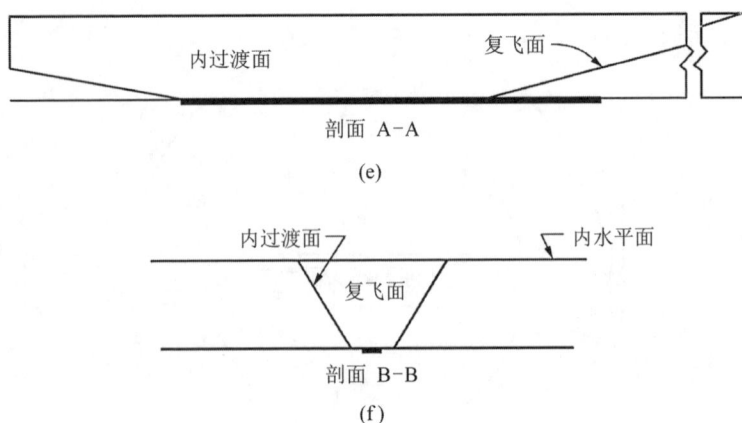

图 5-18 障碍物限制面各个面之间的关系①

在机场进行取证的过程中,民航当局的检查员将对所有的障碍限制区进行检查,以证实没有障碍和潜在障碍物存在对飞机的正常运行不造成影响。

五、安全管理系统(SMS)②

从 2005 年 11 月 24 日起,机场除必须满足附件 14 提出的安全运行条件外,国际民航组织还把安全管理系统(SMS)的建立作为机场取证的必要条件,2013 年 ICAO 出台了附件 19《安全管理》③,专门对各国民航从国家层面提出了具体要求,如 3.1.1 款:"各国必须制定一个国家安全方案(SSP)来管理该国的安全,以使民用航空安全绩效达到可以接受的水平",并在 3.1.3 款中要求:"作为国家安全方案的组成部分,各国必须要求在其管辖之下的包括'附件 14 规定的获证机场运营人'在内的服务提供者实施安全管理体系"。藉此,中国民航于 2018 年底颁发了 140 部规章《运输机场运行安全管理规定》(CCAR-140),该规章第七条明确"机场管理机构应当组织成立机场安全管理委员会",明确"机场管理机构应当建立机场安全管理体系"(第九条),"机场安全管理体系应当包含在机场使用手册中"(第九条)。

根据 ICAO 的定义,安全管理系统是指管理安全的系统做法,包括必要的组织结构、问责制、责任和程序。

安全管理系统是整个系统安全中的一个核心部分,安全应该贯穿在每项工作中。当然,安全管理系统的建立有助于全面降低风险,提高安全水平。因为安全管理系统除了有安全规定和安全规则来控制系统安全外,还可以提供一个积极的、清

---

① 参见 ICAO《国际民航公约》(第七版)附件 14。

② 参见《中国民用航空规章 140 部》——《民用机场运行安全管理规定》(CCAR-140-R1)。

③ 参见 ICAO《国际民航公约》附件 19《安全管理》。

晰的安全管理思路、安全管理方法和安全管理程序来保持或改善航空安全水平,系统安全的一个基本概念是即使在有人为因素出现的情况下,组织因素也是事故的根本原因,因为如果有完善的组织和程序保证,人为因素产生的错误行为会被修正,不会影响到安全。为了消除这些原因,必须用建立安全战略的方式来设计航空活动和系统。换句话说,安全不是检查出来的,而是通过系统设计而获得的。所以"安全管理系统"的定义是"管理安全风险的一个系统化的、清晰的和完全的流程"。

SMS的内容主要包括,通过管理承诺和责任落实明确要求的安全政策和安全目标,以危险源识别、风险评估、风险缓解和控制措施在内的安全风险管理,以安全绩效监测和持续改进在内的安全保证,和以人员培训、信息交流在内的安全促进四大模块。

关于运输机场安全体系建设的详细内容可参照《中国民航局咨询通告》①《运输机场安全管理体系(SMS)建设指南》要求。

六、取证程序

从2003年开始,按照国际民航组织的要求,所有国际运行的机场必须获得取证。取证是通过比照《芝加哥公约》附件14的标准,按照一个固定流程进行检查(见图5-19),以保证设施、设备和运行程序可以与附件14的最低安全标准和其他国家规则相符合,并具有相应的运行和服务能力。航空港取证不包括对航空港行政、财务、旅客服务和货运的检查。

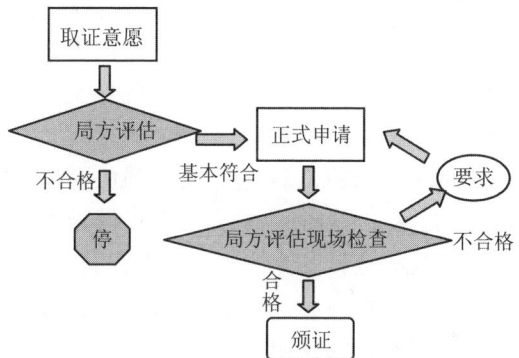

图5-19　取证(颁证)流程图

1.取证意愿

取证第一步是申请人申请取证的意愿表达,毫无疑问新建机场需要通过取证才能开始运行,同时原来的老机场如果需要继续运行也需要逐步获得取证。

对于新机场的取证,民航当局首先需要大致研究这个机场的位置是不是有对机场准备运行起阻碍作用的问题。包括检查地形中是否有不满足障碍限制要求的障碍物,检查在机场附近居民居住区有没有环境影响问题,以及检查该机场附近其他机场情况及限制区、气象条件等。如果当局对这些与申请的运行有关的问题进行研究发现不能满足要求,则会把信息和建议反馈给申请人,停止取证程序。

---

① 参见《中国民航局咨询通告》AC-139/140-CA-2019-3《运输机场安全管理体系(SMS)建设指南》。

如果是一个已经存在的机场,民航当局也必须识别出该机场在取证过程中可能存在的问题,并提出财务、运行和安全各个方面需要考虑的因素和可能的解决方案。由于关闭一个现存的机场不太能够被大家接受,所以取证程序不会中止。

2. 正式申请

初始申请完成后,民航当局会提供给申请人一套完整的表格,填写局方对进行正式取证申请所要求的信息,同时提供给申请人一份关于申请程序需要的解释文件,并告知申请人必须满足这些要求①。

正式评估和现场检查的第一步是文件和手册评估。在机场提交正式的申请函以后,民航当局要开展对申请人的全面审查。机场取证申请中必须提供的最重要的文件是《机场使用手册》,该手册是一份运行者对机场将如何运行进行详细描述的文件,局方将首先审查文件与国家相应规章的符合性,然后在现场检查时,检查现场运行与文件的符合性。

审查还包括检查管理队伍是否具有要求的运行和管理能力。特别是对于关键岗位上的管理人员的审查,其审查内容还包括检查这些人员以前是否有所申请运行内容中要求的机场运行管理经验,是否对安全管理系统有足够的理解并具有相当的运行能力。

由于机场的类型不同、所处的位置和条件不同,会出现不能完全符合运行规范要求的情况。这时候,局方会要求机场当局提出一些与适用标准不同的替代方案。申请人应该进行专业性研究以确保替代方案能够保持同等的安全水平。比如,在障碍限制区域内有一固定的建筑物超过限制高度,机场可以通过修改包括最低限制气象标准、使交通绕飞避开障碍物、重新设置跑道入口,或混合以上的运行限制条件,最后来通过取证。

局方在完成对手册的检查后,将进入现场检查和运行评估阶段。在检查中,局方将对机场运行与手册的一致性进行评估并检查机场设施、设备、系统和机场数据。当然,要想完成对这些项目的有效评估,非常重要的一点是,当局的检查员应该是他们所进行评估领域的专家。

现场检查完成后,局方检查员将撰写报告,指出那些不满足检查要求的项目并通知申请人,要求申请人提供修正这些问题的行动计划。局方提供的报告应该全面,使申请人能够确信通过改正报告中提出的问题可以最终获得合格证。

---

① 如果一个国家的民航局是实行财务自治的,那么意味着审核费用必须由机场来承担。局方可以对被检查单位进行收费来补偿其行政成本。收费标准一般在起草国家规章时,根据审查机场取证的成本分配情况确定。如果是处在这种情况下的机场取证审查,则局方在接受正式取证申请时还应该提供一份包括所有取证流程中的正式申请各个阶段的预计成本和经过规则授权允许向申请人收取的费用标准。

3. 取证(颁证)

当所有要求得到满足和纠正后,局方将颁发合格证。合格证颁发后局方的责任转向对运行的持续安全监察。根据国家规章,颁发的合格证可以是有有效期的,也可以是在不吊销的情况下长期有效的。关于运行合格证的期限国际民航组织并没有明确规定。

中国民航运输机场的合格证称为"运输机场使用许可证",许可证的申请颁发程序与 ICAO 规定的类似,详细的申请审查和颁证程序请参照中国民航局《运输机场使用许可规定》①。

①　参见《中国民用航空规章 139 部》——《运输机场使用许可规定》(CCAR‑139CA‑R3)。

第六章 空中航行系统的运行

第一节　空域结构和导航服务

自由飞行是人类几千年的梦想,不过,到现在为止人类还没有真正实现。在飞机刚出现的时候,因为还没有空中交通管制,理论上来说,可以在空中任何区域飞行,但是由于技术的限制,大多数地方无法到达。由于导航设备的限制,基本上只能在陆地的有限能见度的范围内进行目视飞行。而现在,从纯技术角度而言,飞机已经可以飞到全球的任何角落,但是因为每天在空中飞行的飞机有数以万架,一名飞行员飞越的领空可能会与别的飞机所飞越的空域相冲突,更进一步,因为有空中领土的概念,因为有雷达的存在,因为有空中禁区的存在,飞行员必须按照规章划定的无形的道路前进。

那么,指引飞机前进的这些无形的道路到底是怎样来规划的呢?规划这些道路又有什么规则呢?

一、目视飞行规则(VFR)和仪表飞行规则(IFR)

给飞机导航有两种方法。飞行员可以简单地通过看外面的情况,保持不进入云内,使用地上的标记,检查飞机周围的情况来引导飞机。或者,飞行员使用驾驶舱内的仪表判断飞机所处的位置,然后按照空中交通管制给出的指令进行飞行。为保证飞机安全飞行,在这两种飞行规则下,都必须保持飞机之间有足够的距离。这两种飞行规则分别称为目视飞行规则(VFR)和仪表飞行规则(IFR)。

每种飞行规则都包含一系列飞行员必须遵照的规则。在 VFR 规则条件下,飞机要飞行必须首先满足最低的气象要求条件。因为在 VFR 条件下,飞行员一般依赖通过驾驶舱向窗外观察能够发现和判断的情况来控制飞机的飞行姿态并进行导航，所以在 VFR 条件下，最重要的一条是飞行员必须保持与云底有一定的间距，视线不会受到云层的遮挡（垂直方向），同时水平方向的能见度也能符合该机型在该地区运行时的要求。

IFR 则允许飞机在不满足 VFR 最低要求的气象条件下飞行，在这种情况下，飞行员通过监视飞行仪表控制飞机姿态。飞行员必须经过仪表飞行定级并通过 IFR 的常规训练保持技能。飞机必须装备有得到取证的仪表飞行系统，在有空中交通服务的空域飞行，飞机还必须制定 IFR 飞行计划，飞行员应该保持与空中交通管制的无线电语音通信。

为保持公共航空运输企业的客机的安全和有效运行，即使本地区当时的气象条件满足 VFR 气象条件标准（如晴空万里和较好能见度）时，航空公司的航班一般仍然要求采用 IFR 飞行规则运行。因为在 IFR 飞行规则下，除飞行员自身可以监控飞机以外，空中交通管制员负责保证飞机之间拥有足够的安全间距，进一步减少了飞机出现事故（相撞）的可能性。

空中交通管理的发展阶段

空中交通与地面交通相比有两个显著特征，地面交通在出现安全问题时可以就地停下来进行解决，而空中的飞机依赖高度和速度来保持飞行安全，即使出现任何危险状态，高度和速度都必须保持。但是与地面道路的有限宽度相比，空中的道路宽度却是无限的。

所以空中交通管理的第一个发展阶段就是无规则阶段。因为在航空发展的早期，空中的飞机数量很少，还没有天空需要管理的概念。后来，飞机渐渐增多，特别是第一次世界大战中飞机的重要作用开始显现并在 1919 年成立了国际空中航行委员会（ICAN）后，各国对其领空的关注度也不断提高，从而诞生了管理天空的新概念。同时，机场开始出现繁忙景象，也迫切需要人员对起飞着陆的飞机进行疏导，所以在 1930 年左右，出现了空中管制员并采用与指挥船只相同的旗语（红绿旗）方式对飞机进行指挥。

有了管制员，就要建立一整套的管理方法。由于当时还没有很好的指挥设施，仍然依靠目视飞行，所以首先建立的飞行规则就是目视飞行规则。

20 世纪 30 年代，飞机和飞行技术发展迅速，目视飞行规则制约了飞机的飞行范围。随着飞机本身导航设备的改进以及飞机与地面通信条件的改善，各国纷纷成立自己的空中航行管理机构，并沿着开航的航路构建导航网络，设计飞机飞行的路线和程序，逐步形成以程序管制为核心的空中交通管理方式。

雷达的发明可以追溯到 20 世纪 20 年代，但是真正开始成规模地投入使用的时间大约是在 1936 年。1936 年,英国空军在索夫克海岸架起了英国第一个雷达站,并很快在英国本土的所有海岸附近推广应用,它们在第二次世界大战中发挥了重要作用。1947 年,美国贝尔电话实验室研制出线性调频脉冲雷达并于 20 世纪 50 年代中期对军方进行装备以用于侦察超音速飞机,后来又发明出更先进的脉冲式多普勒雷达。雷达技术的发展给了航行管制一种新的手段去指挥飞机,因为有了雷达,管制员就可以很准确地判断出飞机在什么位置,就有了自己的"千里眼"。

但是包括多普勒雷达在内的调频脉冲雷达都是依靠发射电磁波,并接收从探测物体表面反射回来的同一束雷达反射波来决定物体的位置的,因此我们称为一次雷达[①](见图 6-1)。一次雷达可以很准确地探知飞行物的位置,但是如果有多

图 6-1 同轴运行的机场一次雷达/二次雷达天线(上部为二次雷达天线)[②]

---

① 航行管制使用的一次雷达可以分成三类:一类是机场监视雷达(Airport Surveillance Radar, ASR),它的作用距离为 100 海里,主要是塔台管制员或进近管制员使用。第二类是航路监视雷达(Air Route Surveillance Radar, ARSR),设置在航管控制中心或相应的航路点上。它的探测范围在 250 海里以上,高度可达 13 000 米。它的功率比机场监视雷达大,在航路上的各部雷达把整个航路覆盖,这样管制员就可以对航路飞行的飞机实施雷达间隔。第三类是机场地面探测设备(ASD),它的功率小,作用距离一般为 1 英里,主要用于特别繁忙机场的地面监控,它可以监控在机场地面上运动的飞机和各种车辆,塔台管制员用来控制地面车辆和起降飞机的地面运行,保证安全。它主要的作用是在能见度低的时候提供飞机和车辆的位置信息,由于它的价格较高,很少的机场安装这类设备。

② 图片资料来源:中国东方航空公司。

个飞行物存在的话,一次雷达无法告知每一个信号具体所代表的是哪一个飞行物,特别是在飞行物很接近的时候,指挥人员必须清楚这一点才能给出很好的指令。同时一次雷达的回波波束可能受到各种地表形状和地面其他波束的干扰,导致信号很弱而难以识别。所以通常一次雷达必须功率足够大才能消除这些影响,这也导致一次雷达价格昂贵,很难装备。

20 世纪 60 年代,专为空中交通管制使用的二次雷达(见图 6-1)出现了,这给空中交通管制带来了质的改变。二次雷达是通过地面雷达发射波束激活机载的雷达应答装置,从而让机载应答机产生一束新的信号波束给地面雷达以报告飞机所处的位置,因此它不是第一束电磁波的反射波。所以二次雷达名义是雷达,实际上是一个自动无线电的通话装置,即呼叫和应答机。二次雷达具有非常多的优势,其中最主要的是其提供的信息多和可以进行人工编码。二次雷达不仅可以显示每架飞机的速度、高度、航向、进出港、飞机姿态等航行诸元素,显示飞机的实时飞行轨迹,直观地发现飞行冲突,解决飞行矛盾,主动实施对飞机的管制指挥;二次雷达还允许管制人员给每架飞机指定编码,通过编码呼叫每架飞机并下达指令,从而得心应手地指挥飞机,使管制员真正成为维护空中飞行秩序、疏导空中流量、防止航空器相撞、保证飞行安全的指挥员。雷达管制使空中交通管制指挥工作产生了飞跃,这个飞跃又促进了全球航空运输业的大发展。随着雷达精度的提高,飞行间隔得到大大缩小,空间容量和利用率增大了。

雷达管制在 20 世纪七八十年代逐渐走向成熟。20 世纪 80 年代后,计算机和卫星数据通信技术得到迅速的发展。在空中航行管理方面,飞机飞行数据计算机自动处理系统和空管信息自动化处理系统开始引入;在导航方面,全球定位系统开始全面普及,"星基系统"将逐渐取代"陆基系统",加上卫星数据通信和自动相关监视技术(ADS/CPDLC)的配合使管制员和飞行员不必完全利用语言和话音联络,指令可以按一定的格式和程序事先编好,然后按要求自动上行和下行传输,减少了管制员和飞行员的工作负担。它标志着飞机飞行和空中交通管制工作正在由人工管理朝着智能化管理迈进。众多的数据和信息经过计算机快速而准确的处理,不仅减少了人为差错,而且大大地提高了工作效率,使航行系统的通信、导航、监视和空中交通管理(CNS/ATM)职能得到更有效的发挥,为实现全球航空一体化,达到自由飞行的目的带来新的契机。

进入新世纪,随着数字化、信息化技术的迈进,基于性能的导航(PBN)开始运用。PBN 一改原来基于传感器的导航方式,以强大的机载计算机和导航数据库为基础,综合 IRU 信息、GNSS 信息(及地面站信息,如有),计算出需要的飞行航路,并自动跟踪、自动监控,达到更加精准导航的目的。

二、空域结构

因为有两种飞行规则类型,所以空域结构和空中交通服务也是围绕着这两种运行的类型而设计的。空域的基本构成模块是飞行情报区(FIR),为了对飞机进行管制,飞行情报区分成用字母 A—G 识别的不同空域类型,每个类别的空域要求一个特定级别的空中交通管制服务,并对飞行员资质、飞机设备、气象类型有相应要求。A 级是最受限制的,G 级是限制最少的,表 6-1 列出了飞行情报区的分类和每个级别空域中提供的服务内容。

表 6-1 空域结构分类及其服务

类别	标 准 和 服 务
A	只允许 IFR 飞行。所有飞机都有空中交通管制(ATC)服务并被互相分割开。A 类空域位于平均海平面(MSL)上空的 18 000 到 60 000 英尺。A 类空域主要用于远距离的两个城市之间的喷气机飞行。A 类空域中的所有飞机都在 IFR 规则下进行引导,因此飞行员必须有仪表飞行等级,并且有 IFR 飞行计划。
B	允许 IFR 和 VFR 两种飞行规则,所有飞机都有 ATC 服务并被互相分割开。B 类空域用在繁忙机场,如枢纽港的塔台管制。所有交通都由 ATC 进行控制,必须获得指令才能进入该空域,这是 B 类与 C 类、D 类的不同。飞机必须装备应答机以用于提供高度信息。
C	允许 IFR 和 VFR 两种飞行规则。向所有飞机提供 ATC 服务,IFR 飞行与其他 IFR 飞机和 VFR 飞机分开。VFR 飞行接收其他 VFR 飞机的交通信息。C 类空域用于有塔台的中密度机场。飞机在进入 C 类空域前必须进行双向通信。
D	允许 IFR 和 VFR 两种飞行规则,提供所有飞行 ATC 服务。IFR 飞行与其他 IFR 飞机分开并接收其他 VFR 飞机的交通情报。VFR 飞机接收其他航班的交通情报。D 类空域也是在有运行管制塔台的机场周围空域,但是交通量较小,没有 B 类和 C 类的限制。
E	允许 IFR 和 VFR 两种飞行规则。对 IFR 提供 ATC 服务并与其他 IFR 飞机分开。所有的飞机接收适用的情报。E 级空域包括所有不是 A、B、C、D 类的受管制的空域。不受塔台控制的低高度航路和机场区域也属于 E 类空域。
F	允许 IFR 和 VFR 两种飞行规则,对 IFR 提供空中交通咨询服务(ATAS),如果要求的话,对所有飞机提供飞行情报服务(FIS)。F 类空域公布在航图上,包括警报区、危险区、火警区、限制区、森林火警限制区、军事活动区。可能受管制或不受管制,或两者混合。
G	允许 IFR 和 VFR 两种飞行规则,如果要求的话可以获得 FIS 服务。不提供 ATC 服务,飞行要求中主要是能见度和最低云高的限制,G 类空域是不受管制的空域,通常在低高度或者人口稀少的地区。

从上述分类表中可以发现,受管制的空域包括空域类别的 A—E,在受管制的空域内,对所有的在 IFR 条件运行下的飞机都会提供空中交通管制(ATC)服务,但是只对一部分 VFR 条件下运行的飞机提供 ATC 服务,而载客的飞机几乎毫无疑问地是在受管制的空域内飞行。

在非管制的空域,由于不提供空中交通服务,所以飞行员必须自己负责保持与其他飞机之间有足够的间距。飞行员可以不用和管制员交流,也不需要得到空中交通指令,他们以"看见并避免"的规则,按照自己的需要决定航线。当然,在确实需要的时候,在非管制空域内飞行的飞行员也可以要求从负责该区域的区域管制员那里得到一些信息和指令。

按照国际民航组织的规定,各国民航当局考虑当地的地理特征并决定每个级别空域的位置。因此各国的空域结构中依照的标准有所不同。在北美地区采用的是英制单位,而在中国则采用的是公制单位。

与北美的空域划分不同,中国的空域首先会划分为飞行情报区、限制区、管制区、危险区、禁区、航路和航线七种类型以及按需设置的管制扇区[①]。其中与管制类型相关的两个概念是飞行情报区和管制区。飞行情报区是指为提供飞行情报服务和告警服务而划定范围的空间。飞行情报工作由该区飞行情报部门承担或由指定的单位负责。为了便于对在中国境内和经国际民航组织批准由我国管理的境外空域内飞行的航空器提供飞行情报服务,全国共划分沈阳、北京、上海、广州、昆明、武汉、兰州、乌鲁木齐、三亚、香港和台北十一个飞行情报区。

管制区又可分为四种管制方式[②],即高空管制空域(A 类空域)、中低空管制空域(B 类空域)、进近(终端)管制空域(C 类空域)和机场管制地带(D 类空域),对应的管制单位分别为区域管制室、终端(进近)管制室和塔台管制室。其中高空管制区的高度范围为 6 000 米(含)以上的广阔空间,这些空间又会根据需要划分为若干个高空管制空域层,并以 300 米间隔作为一个高度层。在此空域内飞行的航空器必须按照仪表飞行规则飞行并接受空中交通管制服务。中低空管制区的高度范围为 6 000 米(不含)以下至对应的进近(终端)管制区和塔台管制区以上的高度范围,也可按照规定间隔划分为若干个中低空管制空域。在此空域内飞行的航空器,可以按照仪表飞行规则飞行。如果符合目视飞行规则的条件,经航空器驾驶员申请,并经中低空管制室批准,也可以按照目视飞行规则飞行,并接受空中交通管制服务。进近(终端)管制区的高度范围根据实际情况确定,通常是指在一个或几个机场附近的航路汇合处划设的便于进场和离场航空器飞行的管制空域。它是中低空管制空域与塔台管制空域之间的连接部分,但通常低于 6 000 米(含)以下至最低高度层以上的范围,其水平范围通常为半径 50 千米或走廊进出口以内的除机场塔台管制范围以外的空间。在此空域内飞行的航空器,可以按照仪表飞行规则飞行,如果符合目视飞行规则的条件,经航空器驾驶员申请,并经进近管制室批准,也

---

① 参见《中国民用航空规章 93 部》——《民用航空空中交通管理规则》(CCAR‐93‐R5)(2017 年修订)第七十九条到第一百零八条。

② 参见《中国民用航空规章 93 部》——《民用航空空中交通管理规则》(CCAR‐93‐R5)(2017 年修订))第八十四条到第九十条。

可以按照目视飞行规则飞行，并接受空中交通管制服务。机场管制地带通常包括起落航线和最后进近定位点之后的航段以及第一个等待高度层（含）以下至地球表面的空间和机场机动区。在此类空域内飞行的航空器，可以按照仪表飞行规则飞行，并接受空中交通管制服务。如果符合目视飞行规则条件，经航空器驾驶员申请，并经塔台管制员批准，也可以按照目视飞行规则飞行，并接受空中交通管制服务。在部分没有进近管制区的机场，则一般塔台管制的水平和高度范围均会较大，由塔台兼负部分进近阶段的管制服务。

各国的空域管理模式

与领土一样，领空也是国家资源的一部分。1919 年的《巴黎公约》宣布了一个国家拥有其领空的合法性，而 1944 年《芝加哥公约》在承认领空合法性的同时则进一步阐述了如何开发天空，谁拥有从商业上开发国际航空运输的权力①。

如何开发天空，首先就会碰到一个谁拥有管理空域的权力问题，其次才是如何进行空域管理的问题。对于如何进行空域管理的问题，国际民航组织制定并推荐了一整套空管技术规范和标准供各国使用，因此可以说各国有着比较统一的标准。但是就谁代表国家来管理空域的问题，各国的做法差异较大。如美国和加拿大实行的是国家政府统一管理的模式，联邦政府代表美国统一实施空中管理；法国、英国是军民联合管制模式，俄罗斯则是以军队为主的管制模式。一个国家选择何种管制体制，是与其国情密切相关的。中国目前采用的是由军队总管、民航协同的管理模式。按照《中华人民共和国飞行基本规则》②第三章第二十八条要求：中华人民共和国境内的飞行管制，由中国人民解放军空军统一组织实施，各有关飞行管制部门按照各自的职责分工提供空中交通管制服务，即整个空域的管理由空军总负责，在划定的民航航线和区域内由民用航空航行管理局管理。

保障国家领空安全和不受侵犯，提升中国的空中实力是我国国防建设的需要。同样大力发展民用航空，促进航空交通运输快速发展是我国经济走向腾飞的必需，这两方面都事关国家发展建设全局。经济建设是国防建设的基础，国防建设是经济建设的重要保证。民用航空事业是国家经济建设的重要组成部分，搞好民用航空的发展，对于提高综合国力，促进经济发展和社会进步具有重要作用。军事航空

---

① 参加《国际航空运输协定》的各个国家按照本协定规定，各国可以共同分享第一至第五航权。由于加入此协定则基本意味着对本国空域的利用完全开放，所以即使是倡导国美国后来也发现此协定的不利因素，于 1946 年退出该协定。

② 参见 2007 年 10 月 18 日公布的修正后的中华人民共和国国务院和中华人民共和国中央军事委员会第 509 号令，即《中华人民共和国飞行基本规则》。

是国家武装力量体系的重要组成部分,搞好军事航空的发展,对于加强军队建设、增强国防力量,为国家安全统一和经济发展提供坚强有力的安全保证具有重要的作用。因此民航发展与军航需求在国家整体利益上是一致的,但是在既有空域资源的利用上也存在矛盾性。为此,对于民航发展和军航需求,既不能不分轻重缓急没有重点,也不能强调一个方面而忽视另一个方面。应该根据国家不同时期建设发展的需要,统筹规划、突出重点、军民兼顾、协调发展,促进国民经济持续发展和国防力量不断加强。

三、航路与航线

航路是五种管制空域类型[①]中的一种(或按照前面"二"的中国划分方式,是七种类型空域中的一种),是用导航助航点连接形成的主要航线的管制空域的走廊。

空中交通必须按照一定的秩序进行。在航路管制空域,飞机必须沿着公布的路线飞行,这种路线就称为航路。空域中用导航助航点构成航路,从该航路上的一个装有无线电导航设施的助航点或者交叉点开始,至另一个助航点或交叉点为止,各段中心线连接起来成为航路的中心线。正如在地面高速公路开车不能偏离车道一样,飞机不允许偏离航路,除非被交通管制服务特别授权。航路是以走廊形式建立的,航路还可能穿越多个管制区域。

航路是空中建立的高速公路。地上有纵横交错的公路网络,空中也有立体交叉的航路网络。航路的宽度既要考虑飞机能否保持按指定航迹飞行的准确度,也要考虑飞机飞越导航设施的准确度和飞机在不同高度和速度飞行的转弯半径,最后还需要增加必要的缓冲区。因此空中航路的宽度不是固定不变的。按国际民用航空公约规定,当两个全向信标台之间的航段距离在 50 海里以内时,航路的基本宽度为航路中心线两侧各 4 海里;如果距离在 50 海里以上时,根据导航设施提供飞机航迹引导的准确度进行计算,可以扩大航路宽度,但一般不超过左右 10 海里的范围[②]。在中国[③],正常空中交通管制航路的宽度为 20 千米,其中心线两侧各 10 千米;如航路受到条件限制而必须减少宽度,则最低不得小于 8 千米。

---

① 管制空域的五种类型为:管制区(从地面开始到主要机场周围至少 5 海里的半径内,对应 Control Zone),管制区域(不是从地面开始,一般从地面 2 000—5 000 英尺开始的一个区域,对应 Control Area),航路(用导航助航点连接形成的主要航线的管制空域的走廊,也算是一种管制区),候机楼管制区域(几条航路汇集的在主要机场或几个机场周围形成的较大的管制区域),上层(高空)空域(指从一个特定高度——一般从 18 000—25 000 英尺开始,根据各国规定——向上组成的主要空域)。

② 如果采用雷达管制则前后间距和航路宽度可以允许进一步减小。

③ 参见《中国民用航空规章 93 部》——《民用航空空中交通管理规则》(CCAR - 93 - R5)第九十五至一百零四条。

为便于对在空中航路内飞行的飞机实施空中交通管制,空中航路具有明确的名称代号。按照国际民航组织规定,航路的基本代号由一个拉丁字母和1—999的数字组成。A、B、G、R用于表示国际民航组织划分的地区航路网的航路,H、J、V、W为不属于地区航路网的航路。对于规定高度范围的航路或供特定的飞机飞行的航路,则在基本代号之前增加一个拉丁字母,如用K表示直升机使用的低空航路,U表示高空航路,S表示超声速飞机用于加速、减速和超声速飞行的航路。

而航线则是指飞行的路线。航线一般只标明飞行的具体方向、起讫和经停地点。航线的开通要借助航路。

图6-2显示的是一张杰普逊高空航路图。

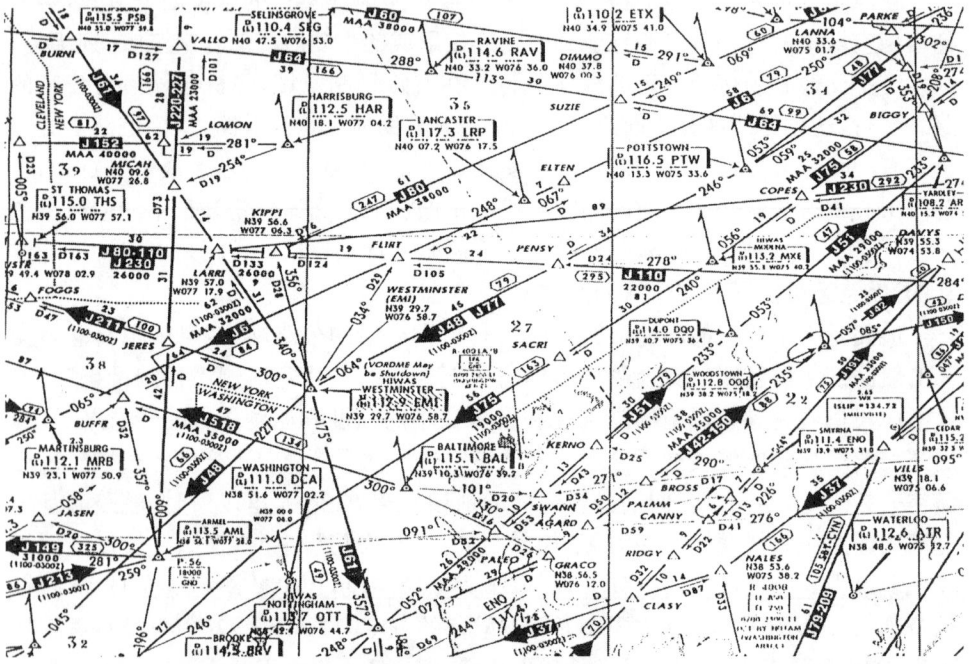

图6-2　美国华盛顿与纽约方向的航路和航线图(加了J字母,为地区航路)①

四、空中交通服务②

地面交通需要进行管理和服务,空中交通也需要管理和服务。空中航行服务的目标是:

---

①　图片资料来源:杰普逊航图。

②　参见《国际民航公约》(芝加哥公约)附件11:《航空管制服务》(2016年修订14版,15版预计2020年实施)。

① 防止飞机之间出现撞机事件。

② 防止机动飞行区域的飞机与该区域的障碍物发生碰撞。

③ 加快和维持有秩序的空中交通流。

④ 为提高飞行的安全性和有效性提供有用的建议和信息。

⑤ 在飞机需要进行搜寻和营救时通知相关组织,并按需提供帮助。

按照空中航行服务的五个目标,空中航行服务可以分为三种,即空中交通管制、飞行情报和警报服务。

1. 空中交通管制(ATC)

空中交通管制是空中交通服务中最重要的一项工作。当然由于各个国家、各个地区的地理条件、气象条件、空域结构、飞行活动的密度等条件的不同,各个国家会相应做出是否要提供空中交通管制服务或者在哪些地区需要提供空中交通管制服务的决定。

空中交通管制提供三种类型服务:

① 区域管制服务,对特定两点之间的飞行进行管制服务。

② 进近管制服务,在飞机到达和离港时提供服务。

③ 航空港管制服务,对飞机在地面和进入进近管制之前指定的一个特定高度(通常为 3 000—7 000 英尺)之间提供服务。

(1) 区域管制服务。区域管制中心(ACC)在一个指定的管制区内提供管制飞行服务,区域管制中心把特定的航线和高度分配给不同的飞机或航班。区域交通管制通常使用雷达监控飞机的移动轨迹以防止出现任何相撞的风险(见图 6-3)。为了保持飞机之间的间距,飞行员在进行任何必要的速度和高度改变之前必须首先向区域管制中心提出请求,待得到批准后才能采取行动。区域管制中心也会在天气条件不利的情况下,帮助区域内飞行的飞机(或航班)寻求新的飞行线路以避开恶劣天气条件的影响。

由于在区域管制中心范围内飞行的飞机基本上是按照公布航路进行飞行的,因此在大多数的情况下,区域管制中心将通过调节飞机的高度和两架飞机之间的间隔来实现飞机的安全飞行。

首先是飞机的飞行高度。虽然人们现在讨论的一个国家的领空的高度可以从零直到大气层 100 千米的高度[①],但实际上飞机目前能飞行的高度范围在 0—15 000 米(约 49 000 英尺)左右并且分为三个高度范围,各国对三个高度范围的划分会略有不同。一般地在美国 3 000 英尺以下称为低空,在这个范围内飞机可以采用 VFR 飞行规则进行飞行。3 000—18 000 英尺称为中空,因为通常高度表转

[①] 以不靠空气作依托的人造地球卫星轨道最低点为标准。参见赵维田.国际航空法[M].北京:社会科学文献出版社,2000.

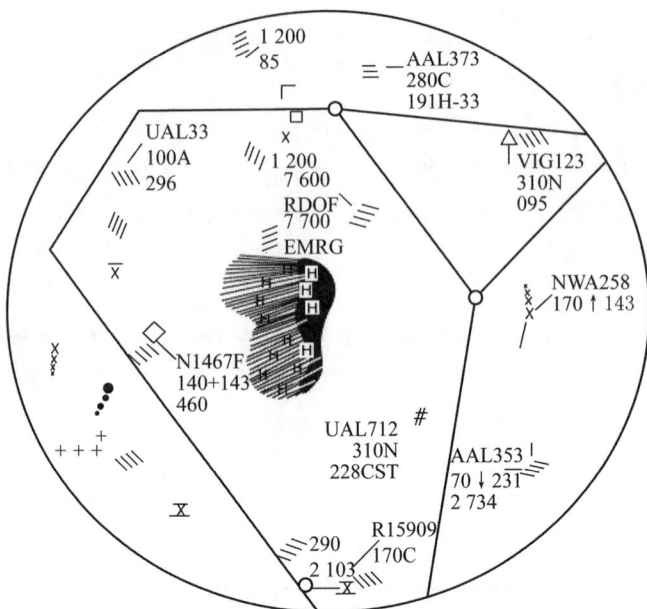

图 6-3　区域管制中心雷达上监视到的各种目标①

换发生在 18 000 英尺，小于 18 000 英尺时，我们使用"高度"（altitude）的概念，这是一个表示飞机离起飞地（或目的地）机场地面垂直距离的概念，因为在高度比较低的情况下，我们更关注飞机离地面的高度。高于 18 000 英尺以上称为高空，在超过 18 000 英尺以上时，高度表转为以平均海平面为基准的高度值（气压为 1 013 百帕或者 29.92 英寸汞柱②），我们使用"高度层"（Flight Level）的概念，因为这时我们更关注航线飞行飞机是否真的在同一高度定义的航线上的问题，区域管制中心管制的范围一般是 18 000 英尺以上的高空。当然在很多国家也有不同的"高度"/"高度层"转换点，一般而言从"高度"转向"高度层"，意味着飞行被移交到区域管制中心。

再则是飞机的前后间隔（纵向）问题。由于各型飞机的速度不同，虽然在安装有测距机（DME）的飞机上规定最少间距为 10 海里，但使用距离作为间隔标准通常可能会导致难以判断飞机是否"足够接近"的问题。因为对于在空中以 500—600 海里每小时速度（地速，与地面的相对速度）进行飞行的飞机而言，10 海里只不过一分钟的间隔；而如果是低速飞行的飞机，10 海里间隔则可能是 5 分钟以上的飞行时间，所有在大多数的情况下，管制人员会按照飞机的飞行时

---

①　雷达上各种符号意义可参照 FAA《AIP 手册》。

②　1 英寸汞柱≈3 386 帕。

间来调整间隔。同时，飞机前后间隔的标准也取决于管制中心的指挥能力，指挥控制能力越强，间隔时间就可以越短，同一航线的一个高度层中可容纳的飞机就越多。

中国的缩小垂直间隔(RVSM)空域

RVSM 是英文 Reduced Vertical Segment 简称，RVSM 首先是在大西洋航路上开展的。跨大西洋航线是欧洲和美洲空中交通的主要通道，早在第二次世界大战时这条航线就是最繁忙的航线。随着近年来经济贸易和人员交往的进一步发展，以 2 000 英尺作为一个高度层的航路分类已经远远无法满足跨大西洋航线容量的要求。因此国际民航组织于 20 世纪末启动了 RVSM 工作，并首先在跨大西洋航线上试行，取得很好的效果。

由于有了新技术的支撑，飞机飞行的高度更加准确，RVSM 在全世界繁忙的航路上全面推广。中国的空中航路也进行了相应的调整，推出了中国版的 RVSM 方案。

中国的 RVSM 方案仍采用公制计量单位①(欧美为英制单位)，较好地沿袭了我国目前的飞行高度层配备标准，空管设施设备及相应法规标准无须做计量单位变更；与现行高度层划分方法相一致，8 400 米以下无须变动，8 400—12 500 米总体上由 600 米分层改成 300 米分层，符合我国现行高度层配备标准，便于操作使用；12 500 米以下严格按照"东单、西双"进行高度层配备，便于管制员和飞行员通话和记忆；8 900—12 500 米之间(ICAO 附件 11 规定是在 FL290—FL410 英尺之间)为缩小垂直间隔空域(RVSM Airspace)，其内对应的英制高度层统一比国外高100 英尺，规律性强，便于民航飞行员操作和使用；该方案使得 8 400 米以上与国外飞行高度层的差值不超过 30 米，进出国境的航空器可实现安全顺畅的高度层转换；不符合 RVSM 适航要求的航空器应当在 8 400 米(含)以下飞行，8 400—8 900米按 500 米分层，自然形成了与缩小垂直间隔空域的缓冲空间。图 6－4 为中国民航实行 RVSM 后的高度层配置图。

---

① 采用公制也有一些缺点，在雷达显示屏上，由于飞机按英制实际飞行高度与公制RVSM 高度层有差异，管制员看到的雷达标牌显示与管制指令高度会有超过 30 米的差异(例如，管制员指挥飞机在 12 500 米上空飞行，飞行员实际按照 41 100 英尺飞行，管制员看到的雷达标牌显示则可能为"1253"，代表 12 530 米。ICAO 规定雷达标牌显示飞机在指定的高度正负 60米范围，则可以认为该飞机保持在指定的高度飞行)。当然，这种现象在目前的飞行高度层也同样存在，但由于垂直间隔的减小，这种差异的识别就更需要谨慎。这无形中给管制员带来了更多的压力。

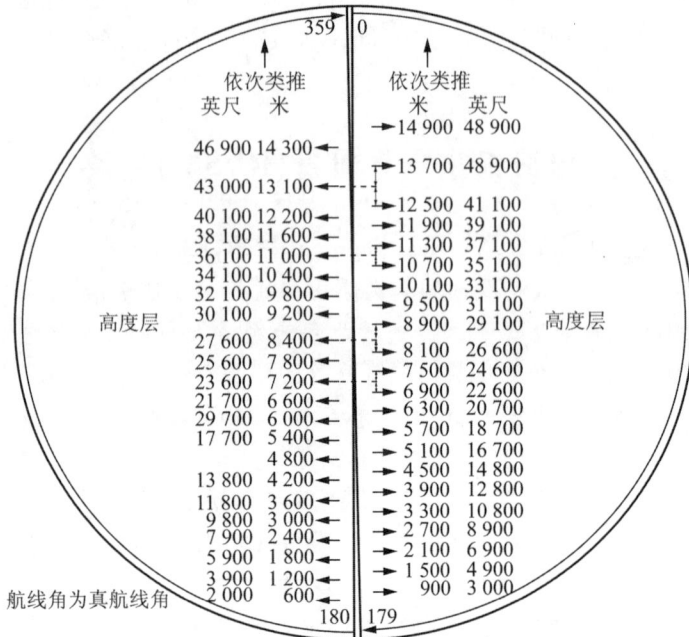

图 6-4 中国民航 RVSM 改革后的空域高度层配置

（2）进近管制服务。通过在飞机间设立适合的间距来确保在主要航空港周围空域的空中交通流畅和安全。进近管制服务可以由区管中心来管理，也可以由机场塔台管制来管理，或者在需要的时候单独设立进近管制中心。

受飞机起飞和进近复飞性能的影响，通常飞机进港和离港程序不同，进近管制服务就是通过指挥离港飞机采用不同于进港飞机飞行的线路来防止进港和出港的飞机之间发生冲突。

在 IFR 规则下，管制员给机场附近的每架飞机分配高度，使飞机之间保持纵向间隔不少于 1 000 英尺。飞机在转向进近之前可能必须进入等待程序。当低高度的飞机落地后，进近管制指挥高高度飞机下降，这样的程序一直持续，直到飞机进入最后进近阶段，并安全落地。

进近管制一般会分成三部分：第一是离港管制。机场区域是飞机运行密度最大的区域，也是最危险的区域，当飞机起飞后应该尽快离开繁忙的区域加入高空、相对来说不繁忙的航路上。由于现代喷气飞机的起飞爬升性能都比较好，所以离港速度相对较快。为了进一步保证离港的效率，确保飞机获得正确的指令，大多数繁忙的机场还制定了标准离港程序，每一个标准离港程序用一个代码来标识，管制员只要通知机长按照指定的离港程序代码离港，大大缩短了管制员与飞行员之间的通话时间，也使飞行员可以获得更准确的指令。

第二是间隔控制。由于飞机在空中必须有一定的间隔才能保证安全,还由于大多数机场的跑道数目限制,飞机落地后必须有足够的时间脱离跑道,而从各个方向来的飞机可能在同一时刻到达机场上空,所以这些同时到港的飞机必须在某个区域实施等待,然后按次序进港。所以进近管制的第二项任务就是给进近的飞机实施间隔控制,用于给同时到港的飞机制造间隔的区域,即等待区(见图 6-5)。

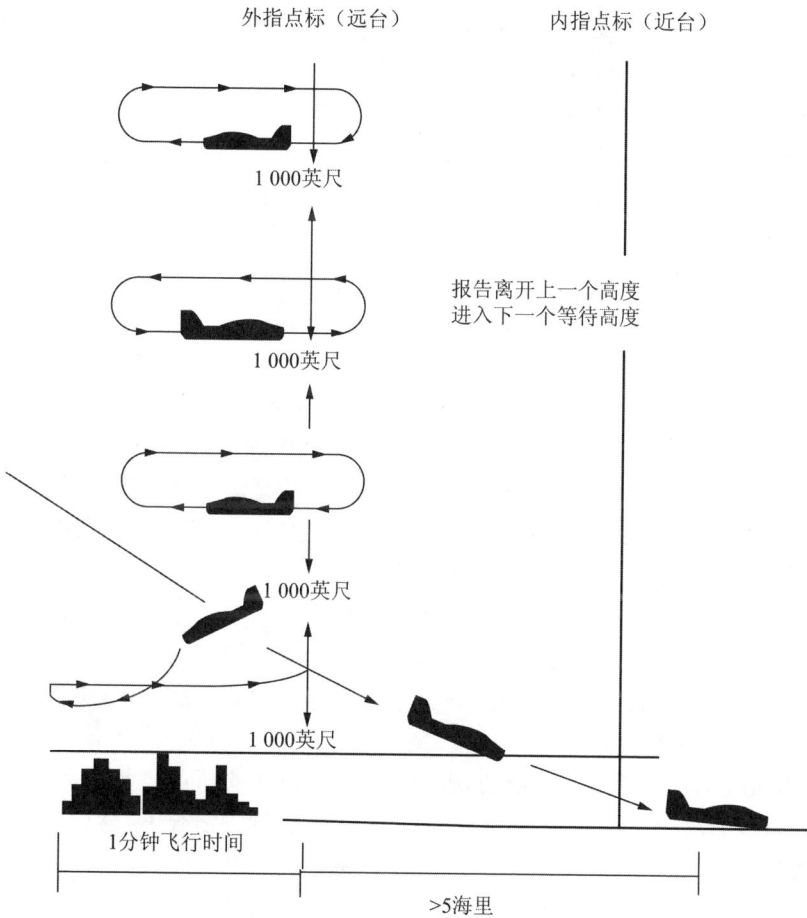

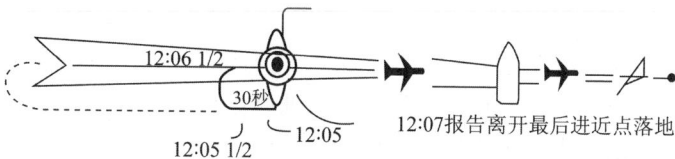

图 6-5　在等待区加入等待程序的飞机

也有些时候,由于某个机场太繁忙,即使设立了等待区,可能要排队进入等待的飞机太多而使得等待区无法满足要求,或者进近管制发现在等待区的等待过长,则进近管制将与区域管制协调,在飞向机场进近区以前的航路上通过调整飞机的飞行速度建立更大的飞机间隔,实现进近飞机的有序进港。

第三是进港管制。与离港飞机一样,进港飞行也有标准的进港程序,但由于机场区域的密度较大,即使按照标准进港程序飞行,还需要得到进近管制的许可。

(3) 航空港管制服务。航空港管制服务通常又称塔台指挥服务,因为对机场实施的管制通常是由设在机场内的塔台上进行的。传统上,塔台是机场内的制高点,从塔台上可以目视观察和监视机场内的飞机的运动。现在,除了目视观察外,机场场面雷达也可以帮助管制员在气象条件恶劣的情况下指挥飞行区内地面飞机和车辆的移动。航空港管制服务的内容主要为指挥飞机降落和起飞。一般地,当进近飞机到达离航空港 3—5 海里(5—8 千米)之内的时候,或者如果有等待程序的话,在获得进入落地前的最后一个等待的时候,一般由航空港管制服务提供指挥,塔台管制员从很高的塔台上俯视机场内的情况,给飞行员提供指令、引导飞机落地。

航空港管制服务对飞机起飞的指挥则可能会从飞机推出起动发动机开始。在离开停机位置前,离港飞机的飞行员必须通过无线电通道呼叫航空港管制请求滑行许可。得到这个指令后,管制员会指定起飞使用的跑道,提供可以滑行到跑道起飞位置的滑行指令,并给出风速、风向和应该避开的障碍物信息。当飞机滑行到达跑道端头的起飞等待点后,飞行员需要再次请求起飞,管制员在确保跑道没有被占用、没有其他飞机准备着陆的情况下,给出同意指令。一旦飞机正常起飞,塔台管制员将要求飞行员向进近/离港管制员报告飞机的离港情况(通常在大机场离港程序也有固定的模式),当飞机与进近/离港管制员建立起联系后,塔台管制员将把管制责任移交给进近管制员指挥。

在跑道较多且非常繁忙的机场,塔台管制要管理的飞机起飞数很多,而且在多条跑道的机场进行滑行可能需要穿越另一条跑道,在这种情况下,滑行指令必须很准确、很准时,因此塔台会单独建立一个通信频率来指挥飞机滑行(也可以将飞机推出停机位到进入跑道滑行道之前,或从滑行道滑出到进入停机位之间的这个地面控制权交由机场负责)。跑道很多的机场,如芝加哥奥黑尔机场还有两个塔台指挥飞机起降。

当新飞机引入或者新飞行员引入时,除需要进行模拟机飞行训练外,还需要使用飞机进行实际操作训练,这种训练通常围绕机场进行飞行,称为起落航线训练(见图6-6)。起落航线训练由于保持在机场范围内,通常直接由塔台指挥,而不牵涉到进近管制。

起落航线

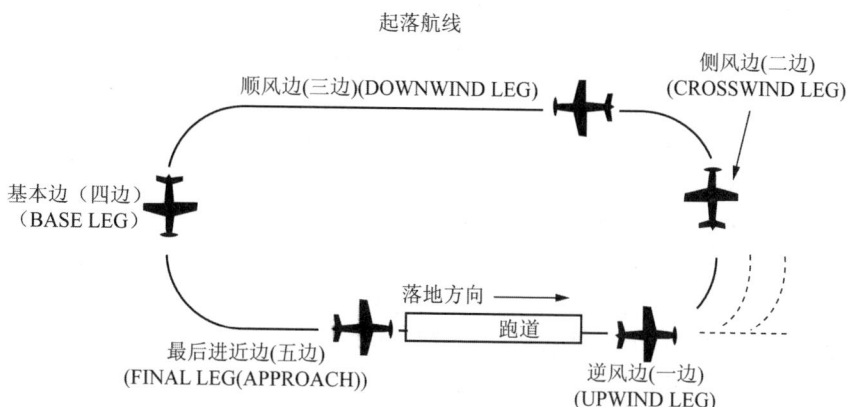

图 6 - 6　起落航线(左航线)

2. 飞行情报服务(FIS)

飞行情报服务(FIS)是空中交通服务的第二项职能。飞机的飞行依赖支持飞行的各种条件,飞行情报服务的任务就是给飞行员提供用于决断是否能够继续安全飞行的信息。为了保证飞行情报服务的人员能够准确地提供各种有用的信息,民航当局通常要求进行飞行情报服务的人员有相应的资质。飞行情报包括气象条件、导航助航设备信息、机场条件和相应设备的信息,以及其他有撞击危险和可能影响飞行安全的情报和信息,如火山活动、火山灰云、无人约束的飞行气球等。

飞行情报的提供方式有航站终端自动情报通播服务(ATIS)、航行通告(NOTAM)和空中交通咨询服务(ATAS)。航站终端自动情报通播服务是对航空港(机场区域)的实时天气情况、正在使用的跑道和滑行道信息进行通报,而航行通告则更多地通告航路变化情况、备降机场条件的变化情况等以便为飞行员做飞行计划提供帮助。空中交通咨询服务则是一种过渡性服务,一般发生在一些不进行管制的空域。如果飞行适用的是仪表飞行规则,而此空域不是管制空域,则飞行员可以主动联系就近管制中心询问相关飞行信息,保障安全飞行。在北美的许多机场,如果机场年飞行容量未达到一定数量且机场没有塔台管制和进近管制服务时,进近的飞机通常可以从就近的管制中心的空中交通咨询服务了解到该机场的部分信息,视情判断飞机应该采取的间隔。

正如飞行的决策权在机长手中一样,飞行情报的使用权也由机长决定。如果航空公司的运行控制中心也有一部分飞行情报服务职能的话,运行中心的签派员也会提出使用这些飞行情报的建议。

3. 警报服务

警报服务,也称告警服务,是一项应急服务措施。当飞机出现失踪或遇到困难的时候,警报服务通知相应的组织。

　　警报服务不是由单独的一个专门组织提供的,它是空中交通服务的一部分,由提供空中交通服务的各个组织连成一体共同服务。当飞机出现油量不足、被劫持、未按期到达或失踪时都需要提供紧急帮助。如果飞机过期而未到达目的地机场或者飞机失踪时,警报服务将启动通信搜寻,以找出哪一个二次雷达应答机设备最后和该飞机有接触,并按照飞行情报区或者管制区进行划分,该区的飞行情报中心或者区域管制中心将作为收集与运行飞机紧急状态有关的所有情报的中心点。

　　当区域管制或飞行情报中心认为飞机出现了紧急状况,它会通知急救协调中心(RCC)。所有由区域管制中心或者飞行情报中心提供给急救协调中心的信息,只要适用,同时也会马上提供给相应的航空公司。

　　当飞机在机场塔台管制或者进近管制下出现紧急情况,航行管制会进行报警并采取必要的措施,向能够获得帮助的本地搜救和应急反应组织求救。他们会同时通知相关的飞行情报中心和区域管制中心,然后通知急救协调中心。

　　飞机在可操作状态下出现紧急情况,通常是通过机组呼叫和ATC应答机传送紧急信号的,在陆空通话的规范中有相应的信号和代码规定。

　　警报或告警一般分三个阶段[①]:

　　① 不确定性阶段。如:通信中断——应该收到飞机信号时没有收到信号且时间超过30分钟;飞机应该到达但是在预计到达的30分钟后仍未到达。

　　② 告警阶段。如:在不确定性阶段发生后,经过多次、采用多种方式联络仍然没有成功;飞机已经报告准备落地且管制已同意落地,但是超过预计落地时间5分钟以上仍未落地,且重新建立联系不成功时;已经知道该飞机的运行受到影响,但是还不至于要进行迫降。

　　③ 灾难性阶段。告警阶段以后,采取各种方式通过各种努力联系仍然不成功,飞机发生灾难性可能性在增加;机上燃油估计已消耗完,或者不足以安全到达;飞机的运行已经受到严重影响,可能需要迫降;或非常确认要迫降。

　　另外,在所有的飞机机载设备中,都有一台应急定位发射机。当飞机坠落的速度超过一个特定的重力加速度值或者该设备沉入水中时,该设备会按照一个固定的紧急通话频率发出呼救信号,救援中心可以通过信号定位迅速找到出事地点给予救助。因此,警报服务还配有一个24小时全天候监视的频道用于搜索求救信号,以便随时提供应急服务。

第二节　导航助航设备和通信

　　生活在大陆上有河流、山川地方的人们很少为找不到方向而烦恼,因为地面上的

---

① 参见《国际民航公约》(芝加哥公约)附件11(第十四版)。

各种地标可以为他们指明方向。但是如果你生活在一望无际的沙漠中、漫无边际的海洋中时确定方向就并不那么容易，你只好借助大自然的日月星辰变换来给自己确定大致的方向；而如果你爬升到既看不到地面，也看不到天空的云层中时，地表或者其他天然参照物可能帮不了你任何的忙，你需要找出新的途径来确定方向，否则极有可能迷失在空中，早期很多飞行发生事故的原因就是缺少准确的导航方法和技术。

一、导航技术分类

最早的导航技术是指南针和六分仪，但是指南针和六分仪的准确度只能找到一片大陆，却无法准确地找到一个城市、一个村庄。当然，由于早期飞机几乎都在机场附近的一个小范围内飞行，所以为了识别跑道，最早出现的飞机专用导航助航设备是机场辅助灯光和跑道灯光，它可以帮助飞行员在晚上和天气不好的时候进行落地。助航灯光系统是 1920 年后在美国首先开始的，1930 年这些灯光发展成为进近灯光系统，现在跑道灯光引导系统是国际民航组织 SARPs 标准的一部分。

后来，无线电技术出现了，通过追寻无方向信标（NDB）的信号源，远航的飞机找到了归航的方向。不过想更准确地在迷茫的大雾中找到降落的跑道，则需要更精确的无线电设备，比如特高频全方向信标（VOR）和测距机（DME），然后是仪表着陆系统（ILS）或者微波着陆系统（MLS）。由于卫星技术的发展，新的更准确的卫星导航系统开始出现，包括美国的全球定位系统（GPS）、俄罗斯的格洛纳斯系统（GLONASS）、欧盟的伽利略系统（Galileo）以及中国正在准备发展的"北斗"系统（BDS）。全球定位系统的准确度已经可以达到米的级别，而美国宇航局在加利福尼亚帕萨迪纳喷气推进实验室新开发的"差分全球定位系统"更是将全球定位系统的准确度提升到水平误差不超过 3.9 英寸（约 0.099 米），垂直误差不超过 7.9 英寸（约 0.201 米）的新水平[①]。

所有上述导航设备都是被动导航设施，意思是飞机必须依赖其本身自带设备以外的其他设施的帮助才能找到目标。如果万一出现这些支持设备关闭或者故障的情况，那么飞机就无法进行定位。所以，为了确保远程飞行的飞机能够找到目的地，飞机还配备有自主导航系统，即不需要外界任何帮助也能自主发现目标的设备。惯性导航系统（INS）就是这样一种自主导航系统，在基准参考点确定的情况下，它利用陀螺原理，通过计算飞机三维移动的位移量，对飞机目前的位置做出精确的判断。惯性导航系统已经从第一代的机械陀螺发展到非常精确的激光陀螺。

所以概括起来说，导航可以按照导航技术的类别分为

---

① 阿尔文·托夫勒.财富的革命[M].吴文忠，译.北京：中信出版社，2006.另见王宏凯，等.星站差分定位系统综述及分析[J].船舶电子工程，2019，10(39).以 VBS（虚拟基站）方式提供的高精度服务的 OmniSTAR 差分系统精度已经达到分米级。

① 目视导航技术,包括利用各种地标、灯光系统和地面设施进行导航。

② 磁导航和光学导航技术,包括指南针、六分仪、磁罗盘等。

③ 无线电导航技术,包括利用各种波长电磁波和通过不同传播途径传播的导航方式,如 NDB、VOR/DME、ILS、MLS、GNSS(全球卫星导航系统)、TACAN(塔康导航系统)和 LORAN(远程导航系统,即罗兰导航系统)等。无线电波传播的途径如图 6-7 所示。

④ 自主导航技术,即惯性导航技术。

⑤ 综合导航技术,即利用计算机和各种导航技术结合进行精确导航的方法。

当然,导航方法也可以按照其适用的阶段来进行分类,这样可分为:

① 航线导航技术,包括指点标、NDB、VOR/DME 等。

② 进近和落地引导导航技术,包括指点标、ILS、MLS、NDB、VOR/DME 等。

③ 远程导航技术,包括 LORAN、TACAN 和卫星导航系统。

④ 通用的导航技术,如 PBN 导航。

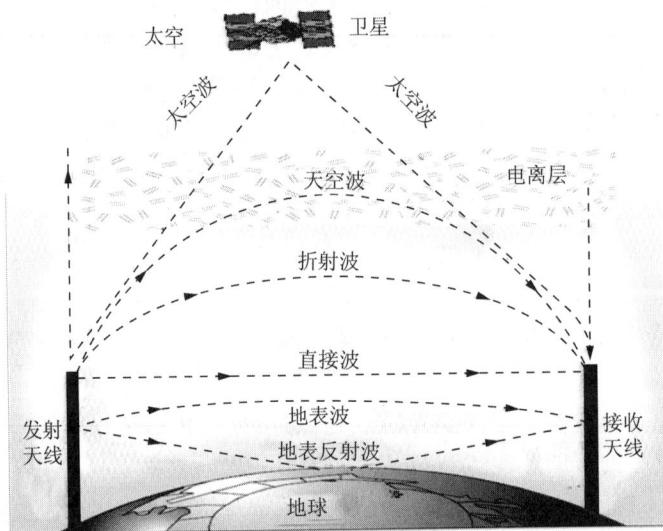

图 6-7 (无线)电磁波传播①

二、导航技术介绍

目视导航非常容易理解,就是利用地面的各种设施和标志来判断飞机的位置,最简单的是大自然留下的山川河流等各种地标。当然,在能见度较差的情况下,自然地标的识别非常困难,所以像灯光系统一类的人工地标就更有效了。磁导航技术和观

---

① 图片资料来源:美国科学家联盟网,http://www.fas.org/。

察天象的六分仪技术都是古老的导航技术,但是磁导航技术在纬度较高的地区由于地球磁差的影响精度非常低,不过由于磁导航技术既简单也比较可靠,所以在现在的飞机上仍然把磁罗盘作为备份仪表。六分仪技术早先是用在无法参考地标的海洋导航上,受气候的影响也非常大,所以这种技术飞机上没有使用过。现在主要的导航技术是无线电导航、惯性导航技术和星基导航技术,下面就各类导航技术作一简介。

1. 无方向无线电信标(NDB)

无方向无线电信标(NDB)是仍然在使用的老式的导航助航设备。这种信标采用的是低频或中频无线电电波,所以低频和中频广播电台也可以作为一种NDB进行使用。低频和中频NDB信标的一个优势是,电波波束不受直线传送的限制,它的波束既可以通过地波方式也可以通过天波方式(通过电离层与地表之间的来回反射)进行传播。而其缺点是大气噪声干扰大,波段容量小。在使用该设备进行导航时,飞机上一般对应安装一台自动定向仪(ADF),通过调定特定的NDB电台频率,自动定向仪会搜寻该频率信号,并给出该频率信号发出的方向(定向),飞行员可以通过使用该信标方向飞向信标台,也可以按照信标指定的反方向背台飞行(见图6-8)。由于NDB信标无法给出离该信标的距离,也无法精确定位一条航路,而只能给NDB台的目标方向信息,所以NDB台是只找目标,却不能确定到达目标的途径。NDB于1924年起开始使用并很快得到推广,现在虽然大多数机场和航路上都有更先进的导航设施,但是由于其价格低廉、工作可靠,目前NDB仍然被广泛用作备份导航方式。

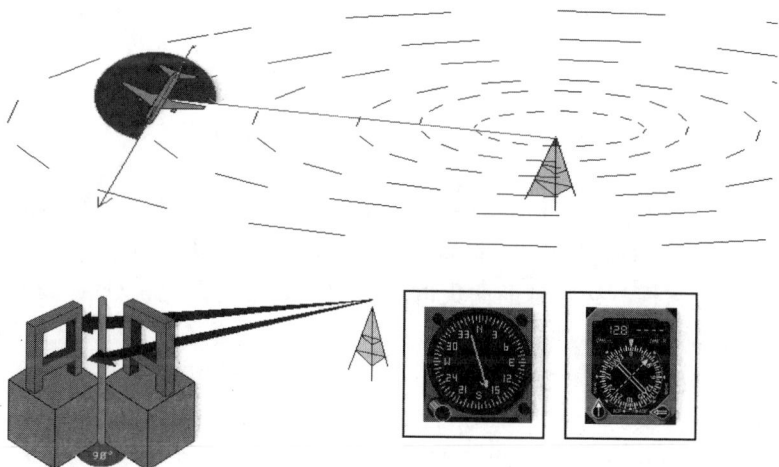

图6-8　NDB信标/ADF工作原理和指示ADF方位的仪表①
(传统的单针ADF表和带有DME/VOR/ADF混合功能的DDRMI)

① 图片资料来源:空客公司。

2. 特高频全方向信标(VOR)

VOR 导航系统是非常有效的导航助航设备之一。因为 VOR 不仅能够告诉飞行员飞机相对于 VOR 信号台的方位,而且可以精确地给出从 A 点到 B 点的方位信息,并且引导飞机按照指定的飞行线路进行飞行。因此与 NDB 相比,VOR 不仅引导飞机飞向目标,而且还能够确定飞机飞向目标的路径(过程)。因此 VOR 导航更准确。

VOR 采用的是特高频(微波)无线电信号,因此信号受到干扰的程度很小,但特高频信号只能直线传递(见图 6-9),容易受到地形和障碍物的影响,所以 VOR 不适应长距离导航,只能用在航路的分段导航和机场范围内的导航上。如果要使飞行高度在 1 500 米的飞机都能收到 VOR 信号,根据地球球面曲率计算,两个 VOR 台之间的距离一般不超过 80 海里。当然,如果飞机飞行得越高,能收到的 VOR 信号就越远。

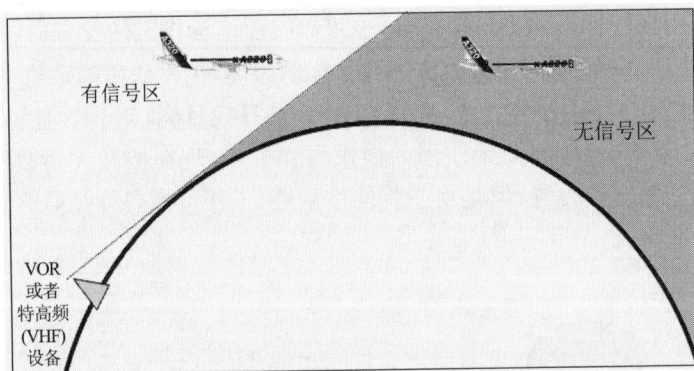

图 6-9   VOR 及特高频信号盲区图示①

VOR 导航的工作原理是采用两束无线电波,其中一束为固定相位的调幅波,另一束为可变相位的调频波(来自发射台的定向天线)(见图 6-10)。飞机上的 VOR 接收机通过探测接收到的两束电波的相位差来决定飞机处在 VOR 台的哪个方位上(见图 6-11)。飞机在 VOR 方位线 0 度(正北方位,飞机上测到的相对方位为 180 度)时,两束波相位一致(即飞机接收机发现相位一致时,判断在 VOR 的 0 度方位线上);如果相位相差 90 度,则判断在 VOR 正东方位线上;同理,相位差为 180 度和 270 度时,则分别位于 VOR 的正南和正西方位线上。按照此法则,在 VOR 的每个方位上都会有一个相对应的相位差值。

---

①   图片资料来源:空客公司。

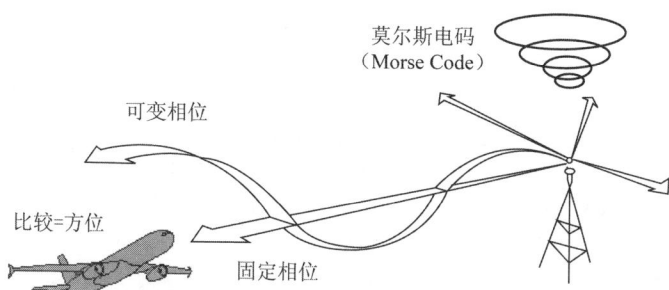

莫尔斯电码
（Morse Code）

可变相位

比较＝方位

固定相位

图 6-10　VOR 系统工作原理①

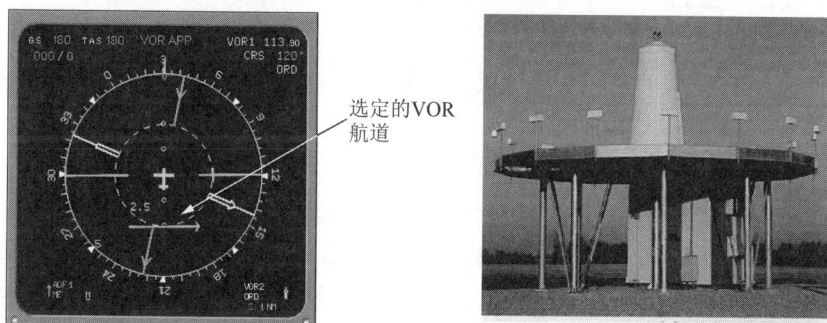

选定的VOR
航道

图 6-11　飞机电子飞行仪表上显示的 VOR 航道（左图）②和
VOR 信号台和发射天线（右图）

3. 测距机（DME）

距离测量设备，简称 DME 或者测距机，是用来测量飞机与地面某个参考点（基站）之间的距离的设备（DME 还可以提供给飞行员准确的地速信息）。它所使用的频率是超高频，频率在 1 000 兆赫左右。这套系统由飞机上的询问机和地面台站上的应答机构成。飞机上的询问机向地面发出一对脉冲信号，脉冲之间的间隔是随机的，因此可以使不同飞机发出的信号都是不同的。地面应答机接收到这对脉冲信号后发回同样的一对脉冲信号。把发出信号和收到返回信号所消耗的时间与无线电波传播的速度相乘，就可以算出飞机与地面站之间的距离③。DME 可以测量出的最远距离可达 500 千米，误差仅为 200 米左右。在天空中飞行的各架飞机在询问时所发出的脉冲对的间隔不同，在接收时只接收自己所发出的脉冲信号。同时有几架飞机向地面站询问时，它们的信号彼此也不会混淆（见图 6-12）。

---

①　图片资料来源：空客公司。

②　同上。

③　是斜向距离（slant distance），因此即使飞机飞越 DME 台，距离也不为零，此时距离应该等于飞行高度。

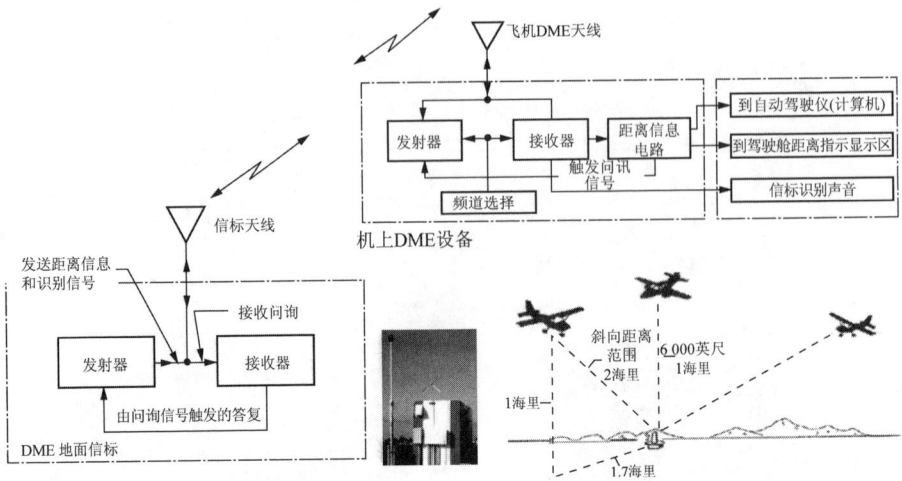

图 6-12   DME 工作原理及 DME 天线

DME 设备是一个独立的系统,但是 DME 一般与 VOR 或者仪表着陆系统(ILS)安装在一起,很少单独安装。因为在使用 VOR 航路飞行时,驾驶员只能知道发射台的方向,但不能确定飞机与发射台之间的距离。当测距仪系统与 VOR 配套使用后,方位和距离数据可以同时获得。DME 与 VOR 配合安装特别普遍的另一个原因是因为 VOR 和 DME 可以采用同一频率(960—1 215 兆赫)进行运作,减少了飞行员的调谐工作负荷。DME 与 VOR 配合安装方法很简单,即将 DME 的地面发射台和 VOR 台建在同一地点。

在 DME 与 ILS 配合的进近方式中,DME 则取代了在机场两端进行精确定位的信标台(外指点标、中指点标、内指点标等扇形信标)的作用,使飞机的下滑航道更加安全、准确。

另外,在少部分采用微波着陆系统(MLS)的机场,DME 系统也可以配合 MLS 系统一起使用,以获得更高精度的着陆性能,这种着陆方式也称为 DME/P(Precision DME 之意)着陆方式。

塔康导航系统(TACAN)

除 DME 外,还有一个具有距离测量能力的系统,这就是 TACAN 系统。TACAN 系统是由美国海军开发并作为海军导航设施使用的。事实上,虽然除美国以外的其他国家较少使用 TACAN 系统,但 TACAN 系统的距离测量设施是 DME 的标准方式[①]。TACAN 系统不仅能传送距离信息,也传送方位信息。与

---

①   1960 年 ICAO 采用 TACAN 系统中的距离测量设施为 SARPs 中的技术规范。

VOR 传送方位信息相同,TACAN 方位测定也是通过两个旋转天线分别发射加载了相位不变的 135 赫兹的电磁波和相位可变的 15 赫兹的调幅电磁波,通过比较两个电磁波的相位差来求取方位资料的。

TACAN 的机载设备由一个距离测量的询问器和 TACAN 方位指示器组成。由于 TACAN 导航系统一般作为军用,所以很少有民航飞机专门挂载 TACAN 接收机。民航飞机一般使用 VOR 接收机接收 TACAN 台的方位信息,用通用的 DME 来接收来自 TACAN 台的距离信息。

4. 仪表着陆系统(ILS)

在低能见度下如何安全着陆一直是一个头痛的问题,ILS 就是用来在低能见度和气象条件较差的情况下引导飞机安全着陆的导航设备。1938 年 ILS 第一次投入使用,在暴风雪天气覆盖的匹兹堡机场为一架定期航班引导着陆,开启了精密进近的新时代。1949 年 ICAO 确定在国际范围内使用 ILS 系统。

ILS 提供给飞行员一个与跑道方向一致、向着跑道接地区倾斜度为 3 度(左右)的一个想象面(见图 6-13)。飞行员可以在看不见驾驶舱外部环境的情况下,按照飞机仪表给出的飞机在 ILS 中指示的位置进近直至引导飞机到达决断高度,因此 ILS 又通俗地被称为"盲降系统"。ILS 的地面设备包括两组具有方向性的信

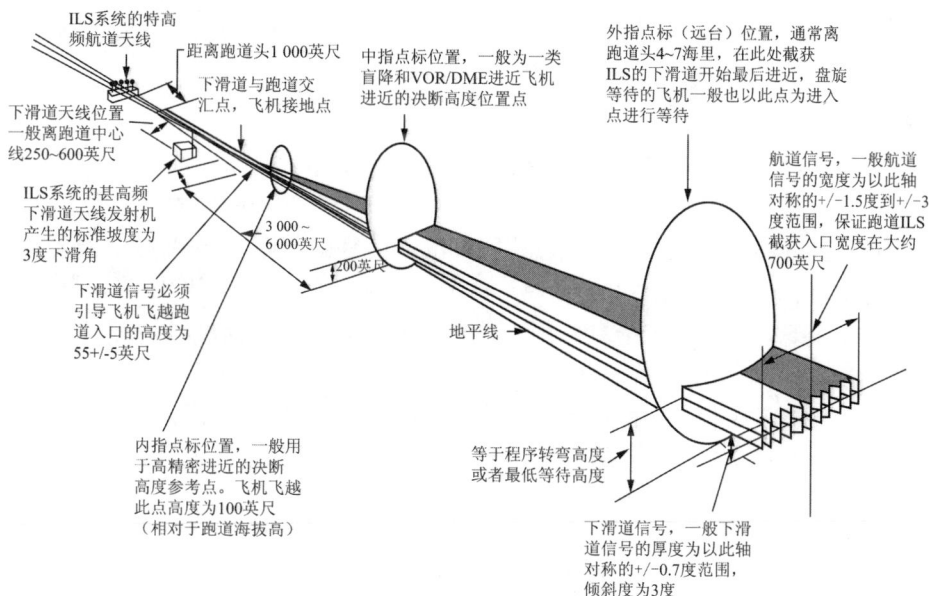

图 6-13 ILS 系统工作原理①

① 参见美国飞人网,http://www.americanflyers.net/。

号发射系统和沿着进近路线的(最多)三个信标台。两个方向性的信号发射器分别称为航道和下滑道发射器(见图 6-14 和图 6-15)。

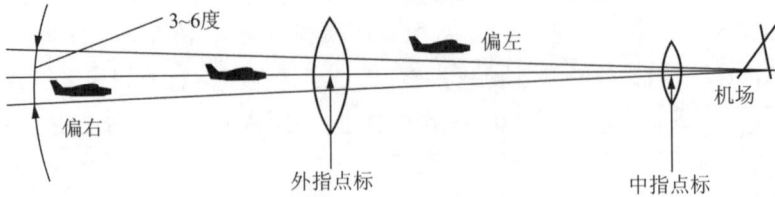

图 6-14 航道信号工作原理

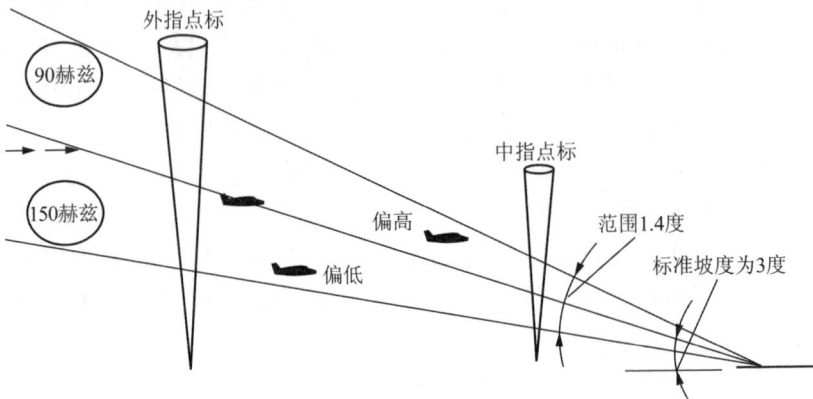

图 6-15 下滑道信号工作原理

在飞机进近过程中,当飞机选择相应跑道的 ILS 信号频率并选择 ILS 待命后,飞机机载设备开始与地面设备对话,一旦进入选定 ILS 航道引导的范围内,飞机将锁定该航道,同时等待下滑道的信息,待下滑道信号截获后,飞机将建立盲降进近模式,跟随由下滑道平面和航道面(垂直)定义的进近剖面(交叉线)下降,直至飞机落地。与 ILS 配套的三个指点标用来检查每个位置的实际高度,以对照检查 ILS 信号的准确性,确保安全着陆。

在 ILS 的两个信号中的下滑道信号出现故障的情况下,飞机仍然可以利用航道信息进行非精密进近。航道信号给出跑道方向的横向信息,飞行员利用其他剖面指示和控制仪表进行梯度下降直至看到跑道着陆。

马克信标(指点标)台

马克信标(Marker,也称指点标)是 20 世纪 30 年代开发使用的,虽然马克信标属于导航设施,但是马克信标本身无法单独提供完整的航道信息,其目的是为了给在航路上的飞机或者沿着进场路线进场的飞机进行准确定位。马克信标信号是以75兆赫的频率进行发射的,从地面方向向上发射出狭窄的波形信号。马克信标多为扇形图形,所以也称扇形马克。扇形马克沿着航线的方向较短,与航线相交的方向更长一些。

外指点标(OM)、中指点标(MM)和内指点标(IM)加载的信号频率是不同的。外指点标加载的是400赫兹,每秒2个长音(也称破折音);中指点标加载的是1300赫兹的短音和长音交互音(点和破折音);内指点标则加载的是3000赫兹每秒6个连续短音(点音)。另外,在航线上的马克信标则加载300赫兹连续音用于识别。

马克信标在飞机上的识别既可以通过声音来识别,也可以通过指示灯来识别,如果是指示灯识别方法,则在飞机上分别显示蓝色、红色和白色(分别代表收到400赫兹、1300赫兹和3000赫兹的指点标信号)。在电子飞行仪表驾驶舱中,除声音外,可以直接在电子飞行仪表系统(EFIS)上读出OM、MM、IM闪烁指示。

OM、MM、IM用在进近落地的航道上,图6-14和图6-15显示的就是与ILS配合的扇形马克信标。

5. 微波着陆系统(MLS)

除ILS外,另一种能够精密引导飞机落地的导航设施是微波着陆系统,即MLS系统。

MLS系统采用5031—5091兆赫的无线电频率,它可以提供方位和下滑道信息以便飞机在更大范围内得到引导以进行进近落地。

与ILS相比,MLS有几重优势:一是最后进近阶段的下滑角可以达到30度,与ILS标准的3度下滑角相比大了很多倍,有利于在机场附近地形比较复杂、障碍物较多的情况下避让下降。二是不需要像ILS一样直线进近,ILS的航道宽度很有限,如果不能跟着航道直线进近,就无法截获航道信号,而MLS的非直线进近特点增加了进近的灵活性和机动性。三是MLS可以截获的高度很高。ILS截获的高度一般在5000英尺以下,而MLS扩展到了两万英尺。以上三个特点一起作用就使得MLS可以允许多架飞机同时以不同的下滑角和方位进行进近(见图6-16)。

6. 惯性导航系统(INS)

完全不依赖地面设备能够自主进行导航的设施是惯性导航系统(INS)。INS依赖陀螺和加速度计进行运算,它的核心是惯性基准系统。惯性基准系统配备有能够感受三维运动能力的传感器,这些传感器感受每个方向的位置改变量、移动类型和加速度,并将带有这些信号的信息传到计算机上对飞机目前位置进行连续计算。惯性导航系统需要在使用前输入基准的位置信息。INS安装在飞机上,它不需要地面导航助航设备的帮助就能独立工作。

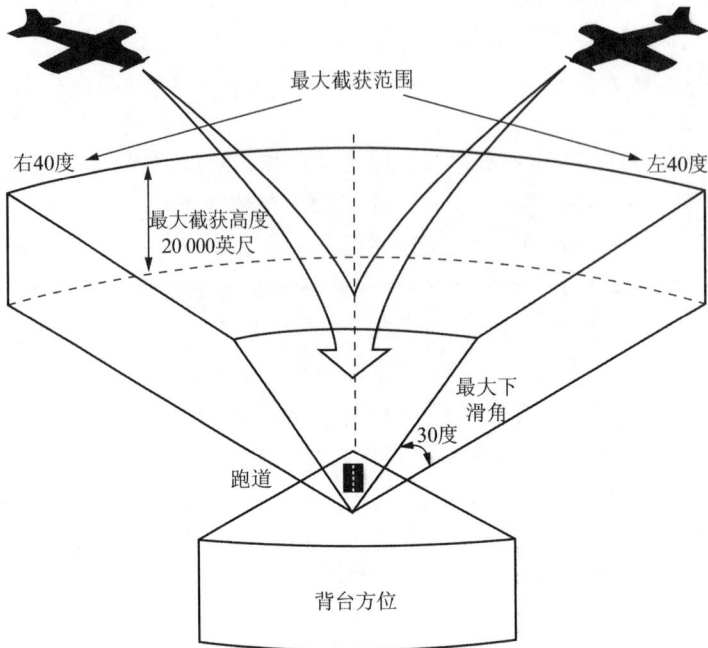

图 6-16 MLS 系统工作原理

INS 最初采用机械陀螺,机械陀螺是利用陀螺在高速旋转时所具有的惯性和稳定性来设计的。它是通过陀螺的高速旋转将旋转轴在惯性空间内部持续保持在固定的方向,当陀螺的外部加载了运动力矩后,陀螺的运动轴会进行适当的倾斜来进行反应,根据陀螺的反应进行分析就能够得到飞机在这个时刻的加速度。按照距离求导得到速度,速度求导得到加速度的原理进行逆运算,加速度积分后可以得到速度,速度积分后就可以得到位移。

要精确测量位移的变化,机械陀螺的加工精度要求很高。通常机械加工精度要求在微米级,光洁度要求达到▽12— ▽14 的水平,因此造价非常高。现在,随着激光陀螺的使用和计算机系统的改进,INS 的准确性也越来越高。激光陀螺的种类很多,有光纤陀螺仪、环式激光陀螺仪、现代集成式的振动陀螺仪等。

不论哪类激光陀螺,其基本原理大体相同(见图 6-17)。让光束在一个环形的通道中前进,如果环形通道本身具有一个转动速度,那么光线沿着通道转动的方向前进所需要的时间要比沿着这个通道转动相反的方向前进所需的时间要多,也即当光学环路转动时,在不同的前进方向上,光学环路的光程相对于环路在静止时的光程都会产生变化。通过对光程变化的测量,利用计算机就可以精确计算出转动的速度是多少。所以激光陀螺最终要的是如何测量出这种光程的变化量。一种测量方式就是利用不同方向上前进的光之间产生的干涉作用来测量环路的转动速度,这就是干涉式光纤陀螺仪方法。也可以设计通过调整光纤环路的光的谐振频率进而测量环路的转动速度,这就是谐振式的光纤陀螺仪方法。

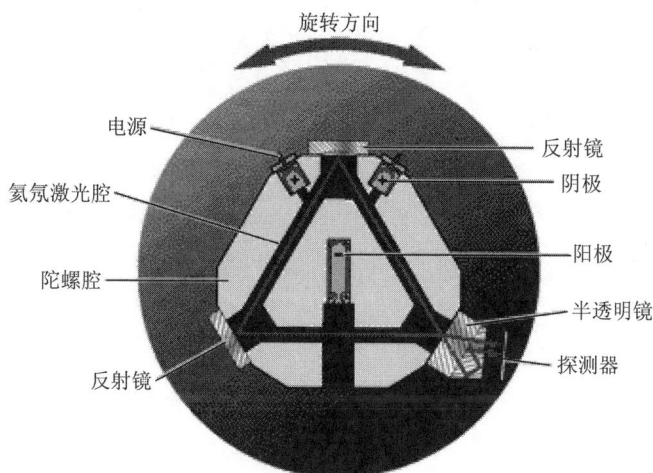

图 6 - 17　激光陀螺工作原理①

7. 全球卫星导航系统(GNSS)

传统的导航设备是以陆地基站为基础开展运行的。由于陆地基站传送的信号会受到地表各种障碍物的限制,影响了信号传送的质量,因此卫星技术发展后,以外空为基站进行信号传送方式的导航技术也迅速开始发展,这种导航模式称为全球卫星导航系统(GNSS)。GNSS 可以定义②为全球位置、速度和时间测定系统的通用术语,包括一个或多个卫星星座、机载接收机和系统完好性监控。目前已有的 GNSS 包括美国的卫星定位系统(GPS)、俄罗斯的格洛纳斯(GLONASS)、欧盟的伽利略(Galileo)、中国的北斗(BDS)和未来可能获得批准的其他用于民航的卫星导航系统,以及机载增强系统(ABAS)、星基增强系统(SABA)和地基增强系统(GBAS)。因此GNSS 是以卫星为基础设备提供的全球性导航,即星基导航系统。为了实现导航的高准确度,飞机必须至少接收到来自 4 颗卫星的信号才能精确定位。根据卫星的轨道高度计算,一个全球卫星导航系统需要至少 20 颗卫星的支持才能形成整个系统。

(1) 全球定位系统(GPS)。GPS 是美国国防部(DOD)运行的一个卫星系统(见图 6 - 18)。该系统可以提供高精密度的位置信息、速度信息和时间信息,卫星按照三角形方位布局来指示位置。

---

① 图片资料来源:深圳市万胜通科技有限公司网《激光陀螺仪的工作原理》,http://www.wensn.com/。

② 参见中国民航咨询通告 AC - 91 - FS - 2018 - 05 - R1《实施要求授权的所需导航性能(RNP AR)飞行程序的适航和运行批准指南》。

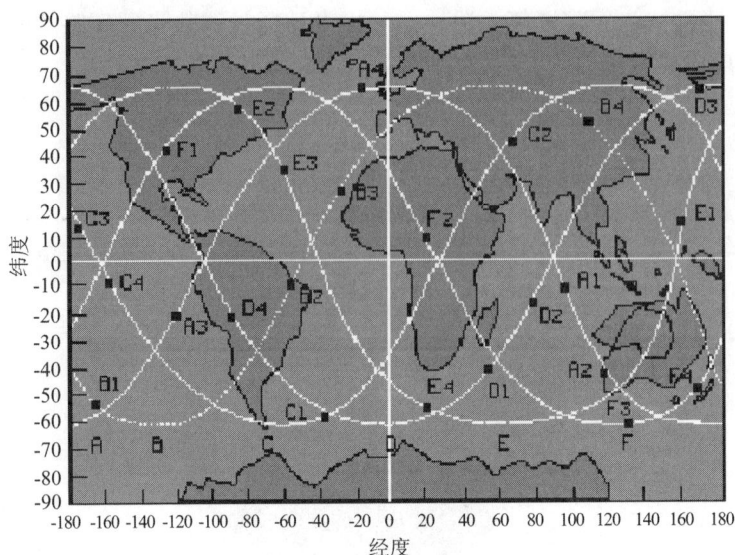

图 6-18 GPS 系统卫星分布

民用的接口和 GPS 系统状态可以从美国海岸警卫队获得。GPS 系统有三个主要的组成部分：一是太空部分。太空部分由一群 24 颗(21 颗卫星工作,3 颗备用)卫星绕距离地球大约为 12 000 海里的六个轨道上运行,在全球任何角落同时可看到至少 4 颗星。卫星是不同步的,它以绕地球轨道大约 12 小时的周期运行。每一个卫星装配了高稳定度的原子钟,且发送一个唯一的代码和导航信息。卫星信号以甚高频(UHF)电波传播,因此电波束会受到地球曲度的影响,卫星必须位于水平面之上(被接收机天线"看"到)才可以用于导航,但甚高频电波也意味着信号传送将不受天气影响。二是控制部分。控制部分由一个在科罗拉多州谢里佛尔空军基地①的主控站、五个监控站和三个地面天线组成。监控站和地面天线分布在地面上,允许连续地监控和与卫星进行通信,每个卫星的导航信息广播的更新和修正也通过地面天线上行传送到卫星上。三是用户部分。用户部分由所有和 GPS接收机有关的组件组成。现在 GPS 的用户非常广泛,范围从轻便的手提接收机到永久安装在飞机上的接收机。接收机有一个固定的代码,在移动中通过不断地与卫星的编码信号进行代码匹配来精确地测量信号到达的时间。知道了信号传播的速度和准确的传播时间,信号传播的距离可以从它的到达时间来推断。GPS 不仅可以用于判断方位信息,也可以判断高度信息。

GPS 客户端的组件上可以自由装载地球位置信息。如飞机使用的 GPS 就可以输入所有的机场位置信息、跑道信息、禁区信息等,在飞机需要转航的时候快速

---

① 阿尔文·托夫勒.财富的革命[M].吴文忠,译.北京：中信出版社,2006.

计算出最合适的备降机场。

虽然地球上的自然环境变化很慢，但是人为的建筑物变化很快，因此 GPS 客户端的数据需要经常更新。GPS 的精度可以达到 10 米左右（它的精度有两种，军用精度为 10—15 米；民用精度在无干扰时为 25 米，加 SA 干扰后，水平 100 米，垂直 140 米），在无干扰并使用新的多次差分技术后，精确度可以继续提高，"差分全球定位系统"可以将全球定位系统的精确度提升到水平误差不超过 3.9 英寸（约 0.099 米），垂直误差不超过 7.9 英寸（约 0.201 米），最新的差分技术更可以使精度达到分米级。

另外，由于客户端组件制造时已经预设了卫星信号发射频率，因此客户使用 GPS 的时候不需要人工选择卫星信号发射频率。

（2）格洛纳斯卫星系统（GLONASS）。GLONASS 是俄罗斯建设的一个全球导航系统，也是由 24 颗卫星组成，分三根轨道，每轨道 8 颗，并能达到同等精度（2008 年 3 月开始在南极使用 GLONASS 系统进行导航，精度可达到 10 米以内）。格洛纳斯系统由卫星、地面测控站和用户设备三部分组成，目前该系统由于卫星数量不足，仅在部分地区能够使用。

（3）伽利略系统（Galileo）。欧盟为了摆脱美国的控制，于 2005 年开始筹建伽利略系统，该系统星座计划包括 30 颗卫星，其中 24 颗正常工作，6 颗在轨备份，轨道高度约为 3 万千米[①]。伽利略系统原计划在 2008 年建成启用，由于多方面的原因，于 2014 年才完成验证[②]，2015 年开始进行工作卫星的发射，目前完成 26 颗卫星的发射，正常在轨工作 24 颗，预计全部卫星将于 2020 年完成部署。伽利略地面运控系统由主控中心、地面控制段以及地面任务段组成。其中主控中心是地面运控系统的核心设施，负责生成与维持系统时间、生成导航电文以及管理地面控制段和地面任务段，其在意大利福齐诺盆地和德国奥伯法芬霍芬地区分别设有 1 座控制站，两处站点互为备份；地面控制段负责对卫星及星座的管理，地面任务段则负责与系统导航服务相关任务的控制。伽利略系统从 2016 年起开始提供初步服务，但总体的稳定性还不强，2019 年 7 月 13—18 日，伽利略系统发生一次大面积信号异常状况[③]，系统整体瘫痪，中断服务达 117 个小时。

（4）北斗系统（BDS）。北斗卫星导航系统是中国自主设计建设的星基导航系统。系统由空间端、地面端和用户端三部分组成，致力于向全球用户提供高质量的定位、导航、授时和短报文四项服务，该系统于 1994 年开始建设，2012 年 12 月 27 日起正式提供亚太区连续导航定位与授时服务。2017 年 11 月北斗三号首批组网

①　刘春保.伽利略系统第三、四颗全运行能力卫星[J].卫星应用,2015,6.

②　韦佳.现阶段提高伽利略导航系统定位精度的一种方法[J].矿山测量,2016,(44).

③　王聪."伽利略"卫星导航系统出啥事了[N].中国科学报,2019 - 7 - 30.

卫星发射升空,使北斗系统实现 10 米内的定位精度。2020 年 6 月 23 日北斗系统完成最后一颗组网卫星的发射,北斗系统全球组网成功。建成后的北斗系统由五颗地球静止轨道卫星和 30 颗地球非静止轨道卫星组成,可实现定位精度 2.5—5米,测速精度 0.2 米/秒,授时精度 20 纳秒的水平,且随着系统的完善,今后还将提供厘米级的服务,最终精度将与美国 GPS 系统不分伯仲。

四大卫星导航系统的建立,必将助推全球民航的安全发展。民航将充分利用不同系统的信号优势来建立更加一体化的 GNSS 星基导航系统。从目前对四个系统的分析来看,GPS 由于占有先机且全球覆盖率高,比较成熟完善,因此仍是主力平台,但由于其民用信号额外加入了选择性误差①,降低了精确度(为 10 米左右),必然导致精确用户选择其他平台;伽利略系统则由于聚焦民用,是一个开放的系统,其接收机能够多系统通用,使得系统整体的定位精确度大幅提升,可以提供更先进、更高精度、不受限制以及个性化特殊服务,但目前系统稳定性、可靠性还存在一定问题,需要继续改进;格洛纳斯系统主要由俄罗斯政府运营,设计时主要考虑军事化使用,采用的是与 GPS 的不同的信号源,卫星发射信号的频率不同,信号传输方式也不同(格洛纳斯系统采用频分多址体制,不同卫星信号频率不同,每组频率的伪随机码相同,而 GPS 信号采用码分多址,每颗卫星的信号频率和调制方式相同,不同卫星的信号靠不同的伪码区分),因此格洛纳斯系统可以防止整个系统同时被敌方干扰,具有更强的抗干扰能力。北斗系统则既可以提供开放服务,也可以提供授权服务。开放服务免费,可提供定位、测速和授时服务;授权服务则除可提供定位、测速、授时服务外,还可提供短报文通信服务,且精度、可靠性更高。相比其他导航系统,北斗导航系统也在互动性和开放性上具有优势,互动性主要体现在短报文特色服务上,把短信和导航结合;开放性则体现在其兼容与互操作性上。另外,北斗系统空间段采用了三种轨道卫星组成的混合星座,抗遮挡能力强,在导航信号上可以提供多频信号,通过信号组合提高服务精度,实现全球范围内的无盲区导航②。

罗兰-C(LORAN-C)导航和欧米伽(OMEGA)导航

LORAN 是远程导航系统的缩写。LORAN-C 是从原来二战期间开发的LORAN-A 导航系统的基础上发展出来的,罗兰-C 系统广泛地应用在海事上。但是罗兰-C 导航并没有实现全球覆盖,罗兰-C 的信号主要适用于所有美国本土范围以及加拿大和阿拉斯加的部分地区。在美国,LORAN-C 系统由美国海岸警

---

① 梁静.全球四大导航系统横向对比分析[J].无线互联科技,2013,5.

② 李阳,董涛.“北斗”卫星导航系统的概述与应用[J].国防科技,2018,3(39).

卫队负责运行。

罗兰-C 导航的精度比较高,定位误差通常小于 0.25 海里,是 RNAV 的一种形式,但是它明显不同于基于 VOR/DME 的区域导航(后面会讲到)。罗兰-C 导航是基于对射频(RF)能量脉冲的到达时间差的测量来判断位置的,这些脉冲射频信号是由相隔几百英里的发射机链上的发射机同步发出的。罗兰-C 发射机采用的是 90—110 千赫的中低频范围(一般是广播频率),因此它的信号既可以通过大气电离层与地面的互相反射进行传送,也可以通过地表来传送,不像特高频受直线传送的影响,但是它易于受到大气层的干扰和影响,同时,聚集在机身上的静电和电子化"噪声"设备也会对它产生干涉,在降水和尘云中飞行时也会对罗兰-C 导航指引信号产生干扰。

罗兰-C 导航时依靠一组给定的发射机进行(称为发射机链,一般选定三到五个副台和一个主台)。要使用罗兰-C 单元进行导航,必须确保能够接收至少一个主台和两个副台的射频信息。不像基于 VOR/DME 的 RNAV,飞行员必须选择正确的 VOR/DME 或 VORTAC(TACAN 的 VOR)频率,在罗兰-C 系统中不用选择频率,最先抵达的单元信号会自动地选择最合适的发射机链用于导航。和惯导系统一样,罗兰-C 系统在使用前也必须初始化(输入初始经纬度)。

机载罗兰-C 接收机的导航信息可以以多种方式呈现给飞行员。一是所有单元其自己包含一个显示屏,二是可以通过驱动一个外部移动地图来显示,它还有一个常规的 VOR 指示器,或一个水平位置指示器(HSI)。

欧米伽(OMEGA)导航是与罗兰-C 类似的系统。欧米伽导航先于罗兰导航的发展,欧米伽导航的有效范围可达 5 000 海里,也是利用电离层与地面之间的相互反射和地波的传送进行曲面导航的。

与罗兰-C 系统只覆盖美国和加拿大不同,欧米伽系统在全球设有八个地面信号发射站,不管在地球上的任何地方,都能依靠这八个地面站的信号来决定位置,是比较便利的无线电导航系统。

欧米伽导航使用超低频(10—14 千赫)发射信号,其发射功率较大,因此天线建设费用非常高。但是因为只要八个地面信号台,且超低频信号光缆可以让潜艇从海面下铺设,所以总费用不算高。与罗兰-C 系统的脉冲技术不同,欧米伽使用连续波。欧米伽导航的精度大约在 2—4 海里之间。

8. 基于性能的导航(PBN)技术

从 PBN——基于性能的导航字面来理解,广义上,凡是不直接依赖某一导航传感器(或导航设备)而定义的导航都可以算是基于性能的导航,这些导航方式包括了 RNAV 导航、RNP 导航、PBN 导航规范,以及 FMS 综合导航等。

(1) 区域导航(RNAV)

RNAV 是区域导航的简称。区域导航①是一种导航方式,它可以使航空器在导航信号覆盖范围之内,或者机载导航设备的工作能力范围之内,或二者的结合,沿任意期望的航线飞行。

区域导航与传统导航相比实际上并没有增加新的导航设施,它是借助于原来的几种导航助航设备开辟的新的导航方式,属于综合性导航的一种方法。

RNAV 允许在飞行员确立的点之间的任何直接航路上进行电子的航向引导。换句话说,所谓区域导航,就是在不飞越导航助航设备点的情况下,借助导航助航设备定义和建立新的航路点进行飞行(见图 6-19)。

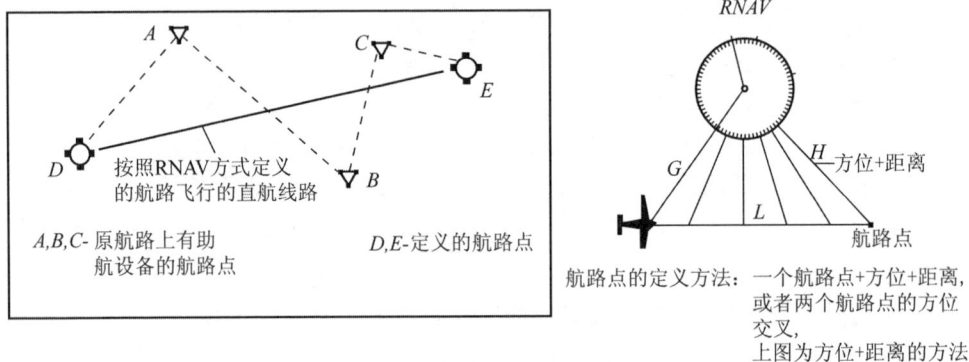

图 6-19 RNAV 导航原理

RNAV 从 1980 年开始广泛使用。RNAV 设备可以通过使用多种无线电导航信号自动决定飞机的位置。装有 RNAV 系统的飞机能够通过建立两点之间的最短线路从而建立不在航路上的飞行计划。

RNAV 经常使用的助航设备是 VOR/DME 和 VORTAC(TACAN 的 VOR)信号(也可以使用如罗兰-C、GPS 或其他助航设备)。但是区域导航并不是一套单独的地基导航设施,而是一个使用 VOR/DME 和 VORTAC 信号的导航方法,这些信号经过了飞机的 RNAV 计算机特别处理。

RNAV 最简单的工作方式是由飞行员使用 VOR/DME 信息定义新的、位置更为方便的航路点(Waypoint)。这些航路点一般是用本空域内能够接收到的特定的 VOR/DME 或者 VORTAC 信号,按照方向和距离的组合(简称 PBD,是以 VOR 为中心,用距离和方位就可以确定其服务范围内的任意一个唯一的点的位置,这个点就可以定义为航路点)计算获得的,这些航路点允许几乎任何出发点和

---

① 参见 ICAO 工作文件 Doc 9613《基于性能导航(PBN)手册》。

目的地之间以直线(大圆圈)航线飞行,而不用考虑实际 VOR/DME 的方位或航路的存在。现在,有了 GNSS 系统的帮助,区域导航也更加可行和方便。RNAV 具有导航、飞行计划管理、引导和控制、显示和系统控制功能①。

(2)"所需导航性能"(RNP)导航

RNP 导航是国际民航组织提出的关于在特定空域内的导航性能的一个概念②,它包括对特定空域的要求和飞机设备的要求。RNP 通过对特定空域内能够获得的导航性能的准确性进行分类赋予该空域一个特征,一般来说 RNP 类型以在该空域内飞行的飞机 95% 的情况下能够获得的导航准确性来定义(如 A 管制空域标示 RNP 1 表明在 A 空域指定的航路飞行时,飞机应具有在航路左右 1 海里精度范围内飞行的性能,且飞机实际航迹在 1 海里范围内的可能性高于 95%,或偏离航线要求 1 海里以上的可能性小于 5%)。RNP 导航也称 RNP 精密导航技术,该导航方法是通过现代化的航空电子设备配合 VOR/DME、GNSS 系统并设置相应的RNP 飞行程序帮助客机在地形复杂和气候恶劣条件下更加安全、精确地着陆。与传统导航技术相比,RNP 精密导航技术可以使飞行员不必依赖地面导航设施即能沿着精准定位的航线飞行,提高了飞行的精确度和安全水平。RNP 系统的准确性取决于导航系统精确度、机载接收设备精确度、显示设备精确度和飞行技术跟进的准确性。RNP 可以应用在飞机从起飞到落地的不同阶段,但是相比而言,落地的RNP 导航技术要求准确性更高。按照 RNP 的准确性,RNP 可以分为 RNP0.15、RNP0.3,RNP1,RNP4,RNP10 等类型。实施 RNP 导航不仅对飞机设备有特定的要求,对飞行员的训练有特别的要求,对空域和 ATS 服务也有特别的要求。与RNAV 相比,RNP③ 还具备相应机载性能监控和告警(OPMA)功能,以便在特定飞行阶段或航段导航性能不能达到要求时提醒飞行员。图 6-20 为一张 RNP 进近导航图④。

(3) PBN 导航规范

PBN 导航是指在相应的导航基础设施下,航空器在指定的空域内或沿航路、仪表飞行程序飞行时,对系统精确性、完好性、可用性、连续性以及功能等方面的性能要求。PBN 将航行方式从基于传感器(机上和地面特定导航设备)的导航发展到基于性能的导航。PBN 运行需要三个基础要素,即导航应用、导航规范和支持系统运行的导航设施(见图 6-21)。导航规范是指在特定的区域内对航空器和飞

---

① 参见 ICAO 文件 Doc 9613《基于性能导航(PBN)手册》。

② 参见 ICAO 工作文件 Doc 9613-AN/937。

③ 参见中国民航局咨询通告 AC-91-FS-2018-05-R1,《实施要求授权的所需导航性能(RNP AR)飞行程序的适航和运行批准指南》。

④ 同上。

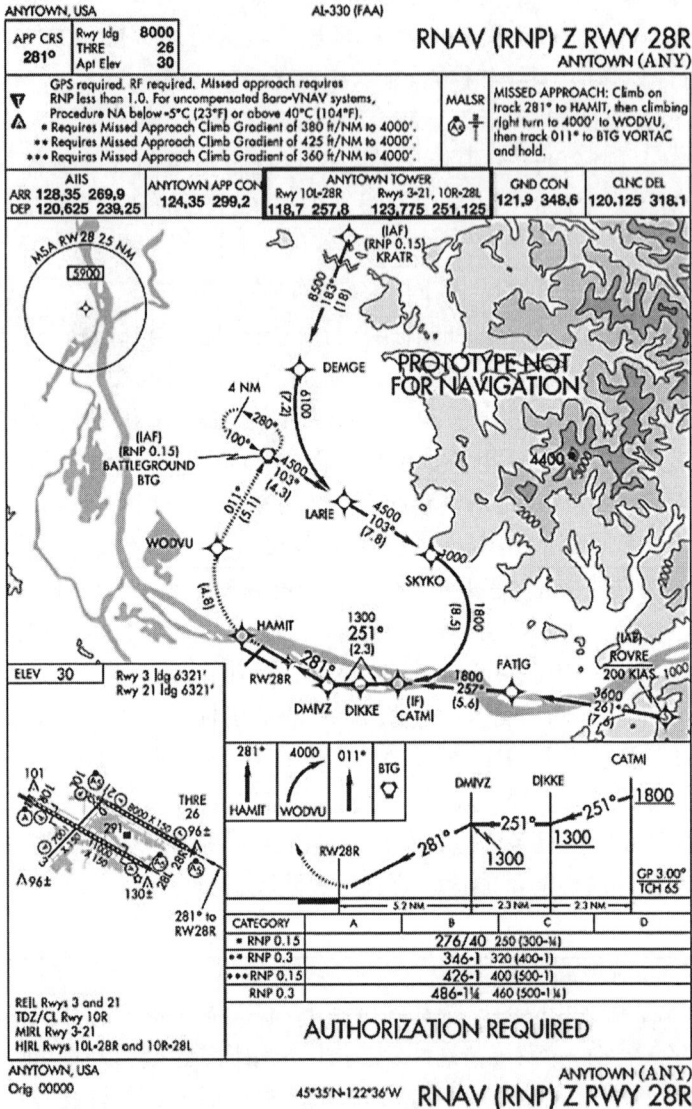

图 6-20　RNP 进近航图

行机组提出的要求，它定义了实施 PBN 所需要的性能和具体功能要求，同时确定了导航源和设备的选择方式。PBN 本身并没有产生一种新的导航方式，它只是定义了一种新的导航规范，这个规范是建立在 RNP 和 RNAV 之上的，因此包含两种导航规范，区域导航（RNAV）和所需导航性能导航（RNP）。而 RNP 与 RNAV 的区别是，RNP 可以看成是需要使用机载性能监视和告警功能的 RNAV 系统，其关系见图 6-22。

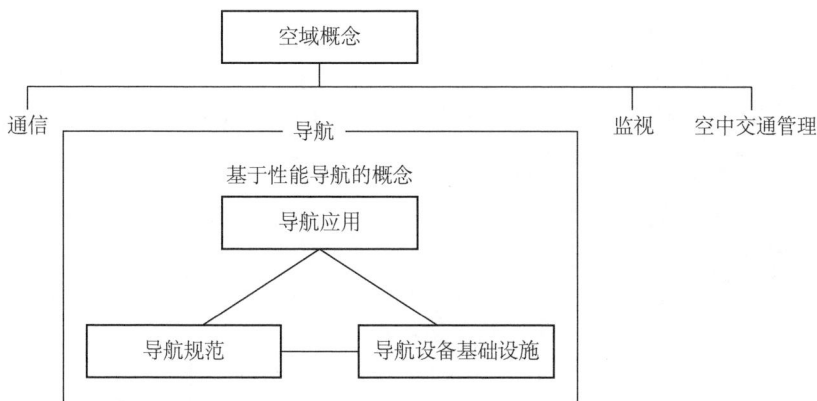

图 6-21　PBN 导航整体概念①

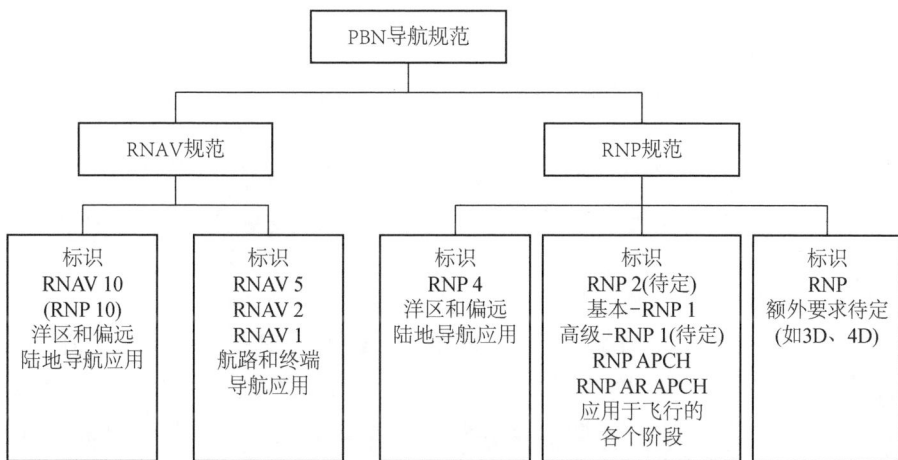

图 6-22　PBN 导航规范的构成②

（4）飞行管理计算机(FMS)综合导航

FMS(或 FMGS)是飞行管理计算机的简称。现代飞机广泛运用 FMS 进行自动飞行和导航运算。与区域导航相同,FMS 本身并不是一个导航设备,使用 FMS 导航也不需要新增任何导航助航设备。FMS 只是一种计算机,它可以自动采集来自 VOR/DME、NDB、GPS、INS 等各种导航系统的位置信息,通过计算得出飞机的精确位置,然后选择最佳的飞行航路,所以 FMS 导航是一项综合的导航技术。

---

① 参见 ICAO 工作文件 Doc9613 号《基于性能导航(PBN)手册》。

② 同上。

图 6 - 23
FMS控制面板和显示
窗口(霍尼韦尔公司产)

FMS 系统①由具有导航及航空器性能数据库的计算机、机载传感器、接收机以及控制(显示)面板(见图 6 - 23)组成的一套综合系统,可为自动飞行控制系统(AFAS)提供性能和作为区域导航引导。FMS 的接口与各种导航设施和飞行计算机相连。通过控制面板飞行员不仅可以选择要飞行的航路,也可以人工建立新的航路点和飞行线路。飞机起飞后,FMS 计算机会自动搜寻当前航路上最适合和最准确的导航设施,与 FMS 计算机内的信息进行比对,得出飞机的位置信息。

因此,如果说 FMS 综合导航算是一种导航方式的话,RNAV 和 RNP 就是这种导航方式的一部分②。

关于 PBN 和 RNP、RNAV 的来历

在惯导(INS)和卫星导航系统(GNSS)产生之前,传统的导航方法依靠的是地面导航设施,而对应每种地面导航设施,飞机上也必须配备和定义一种设备标准,如 NDB(无方向信标台)导航需要配备 RMI(无线电磁方位指示器)或 ADF(自动定向机),VOR/DME 导航需要配备机上 VOR/DME 接收机,且飞机导航的精度是由地面和机载设备直接决定的,这一类导航可以说是基于"设备要求"的导航。

随着技术的进步,飞机上的设备越来越先进,虽然每一种导航都有其自身的精度限制,但是如果能把这些导航设施的性能进行综合,则可能无须增加新的设备就能提高导航精度,这就是 ICAO 未来导航系统(FANS)特别委员会在对未来导航概念进行设计时得到的一个共识。FANS 特别委员会认识到,过去多年来想提高导航能力的方法都是采取"强制配备某种设备"的办法,这样会"制约对现代机载设备的最佳利用",应该通过定义"导航性能要求"(而不是要定义哪种设备)提高对设备的包容度,因此空中航行系统的标准转化为"所需性能的导航"(RNP),这个性能可以通过确定"沿指定或选定航迹的侧向偏离参数或沿航迹定位精度参数"方法来定义,而每架飞机则通过实际测定的性能(不以某项设备固有的设计能力来定)是否满足来验证,这就是 RNP 的来历③。

---

① 参见《中国民航咨询通告》AC - 91 - FS - 2018 - 05 - R1《实施要求授权的所需导航性能(RNP AR)飞行程序的适航和运行批准指南》。

② 参见 ICAO 工作文件 Doc 9613 号《基于性能导航(PBN)手册》。

③ 同上。

RNAV(区域导航)则开始得比 RNP 更早,RNAV 最初是为了解决陆地上空航线弯曲的问题而提出来的。早期航路导航站主要是 NDB 台,只能告诉你前进的方向,无法告诉你其他信息,所以飞机必须沿着用地面导航站连接起来的线段飞行。而地面导航站的分布由于受地形的限制,不是直线分布的,所以为了保障飞机不迷航,飞机也只好跟着导航台绕,飞经每个导航点上空,这使得明明可以走直线的飞机航迹也是弯弯曲曲的,损失了飞行效率。后来,随着导航设施的进步,不仅可以提供方位信息,也能提供距离信息,且导航台的信号可以传送得更远,这使得装配电子计算机的飞机可以利用多个导航台的信息来规划更优的线路,可以实现在一个区域内更好地引导飞机飞行,形成了区域导航(RNAV)的概念。

PBN(基于性能的导航)概念是在 RNP 基础上发展起来的。在 RNP 开始实施的过程中,RNAV 也在进化,从完全依赖地面站的导航方式变为可以融入 INS 信息在内的一种综合导航方式。2003 年,ICAO 空中航行委员会的"所需导航性能和特别运行研究小组"对 RNP 和 RNAV 功能和应用方面进行了全面研究,统一了一个新的运行标准,这个运行标准对 RNP 和 RNAV 全面包容,新的运行标准提取了 RNP 和 RNAV 两种导航方式中的关键特点,即基于性能,而不是基于特定设备,因此被命名为基于性能的导航(Performance Based Navigation),即 PBN。

9. 卫星着陆系统(GLS)[①]

GLS (GBAS Landing System),是基于卫星信号,以机场地面站的卫星导航增强系统(GBAS)提供的最后进近航段(FAS)数据块,来定义一个虚拟的航向道/下滑道,实现的精密进近和着陆功能(Ⅰ/Ⅱ/Ⅲ类)的系统。GLS 由空间段、地面段、机载段共同构成,空间段使用 GNSS(全球卫星导航系统)系统,地面段使用 GBAS(包括地面站、VDB 发射机及天线、参考接收机等组成)系统,机载段由目前飞机上已经装备的 GNSS 天线、接收机、FMC(飞行管理计算机)、AFCS(自动飞行控制系统,提供指引)、MCDU(操作控制面板),及接收 GBAS 信号的 VDB 接收机子系统(含接收机、数据模块、处理模块)和定位、测速及授时(PVT)模块组成。

功能上,空间段提供定位、测速、授时信号;地面子系统,主要负责监控 GNSS 星座卫星发射的导航信号,并通过 VDB 向其作用范围内的所有航空器提供进近数据、伪距修正量及导航信号完好性信息等,以支持航空器的运行需求。机载子系统则接收、处理来自 GBAS 及 GNSS 信号,计算并输出定位信息、相对于指定航迹的

---

① 参见《中国民航咨询通告》AC‐91‐FS‐2015‐29《卫星着陆系统(GLS)运行批准指南》。

偏离信息,以及相关告警信息。图 6-24、图 6-25 为卫星着陆系统(GLS)原理图及使用的进近航图。

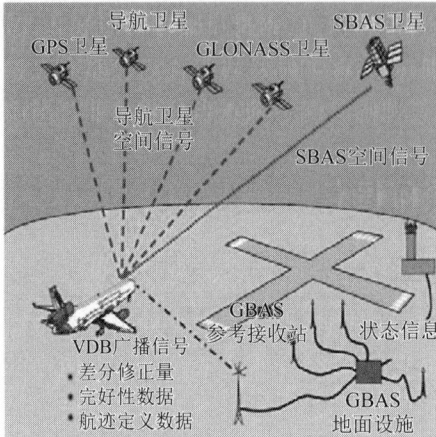

图 6-24 GLS 系统原理图

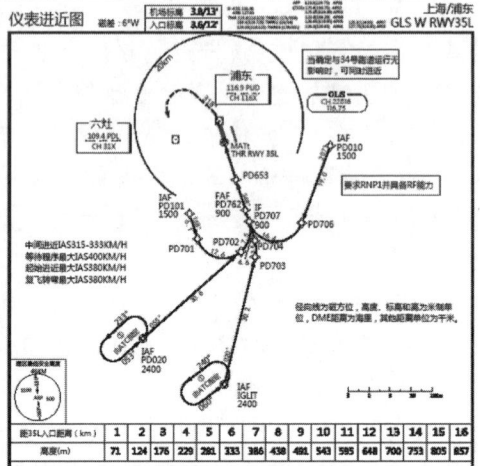

图 6-25 GLS 进近航图(部分)

10. 雷达导航和监视

雷达是用于搜寻飞机位置的设备,通过搜寻飞机的准确位置并给飞机的飞行以指导就是雷达导航的方法,对于飞机而言,雷达导航是一种被动导航。

雷达导航首先是从飞机位置监视开始的,监视就是跟着飞机移动轨迹的全过程。飞机监视的最重要的目的是便于空中交通管制员在任何时候都能知道飞机的位置,并对交通进行有效的管理以避免事故。雷达监视可以分为一次监视雷达和二次监视雷达两种。

一次监视雷达(PSR)是指系统发出信号并接收从所监视飞机反射回来的信号。PSR 不需要飞机装备任何设备,只需要接收飞机反射回来的信号来判断飞机的位置。PSR 也可以监控气象和地面的运动。

二次监视雷达(SSR)是把一束经过编码的信号发送给目标飞机,在目标飞机上的应答机将这个编码进行解码,然后发送另一束编码给雷达系统。这束回答的编码包括飞机识别信息、位置信息、与雷达的方位和距离信息,同时也给出飞机的高度、速度和爬升/下降率。目前这个系统在全世界的各个地方广泛使用。一次雷达和二次雷达天线可以参见图 6-1。

除地面有一次和二次雷达监视飞机位置信息外,飞机上也装有与二次雷达配套的 ATC 应答机以及能够与 ATC 应答机配合工作探测空中障碍物的防撞系统(TCAS)和近地警告系统(GPWS)。

三、通信

1. 无线电通信

无线电通信先于无线电导航技术的发展,1901 年 12 月,意大利发明家马可尼成功地用莫尔斯电码传输无线电信号,实现了跨越大西洋的无线电远程通信,从此翻开通信技术的新篇章。

机载通信系统由短波单边带调幅电台(HF SSB)和超短波 (VHF/UHF,特高频/甚高频)电台所组成。短波单边带调幅电台用于远程空地通信,超短波调幅电台用在航路和终端交通密集区进行空地联络,其工作原理与相应波段的导航设施相同,只不过加载的信号不同,接收机不同而已。除此之外,航空电台在进行正常通信的同时,也使用应急救生频率接收应急呼救信号。机载通信系统可提供话音和数据两种通信方式。在新航行系统中,也开始采用航空移动卫星通信(AMSS),它与机载卫星导航接收机相结合,可使飞机在任何地方都能与地面进行实时有效的通信。图 6-26 和图 6-27 分别为机载 VHF 通信天线和 VHF/UHF 通信的发射天线。

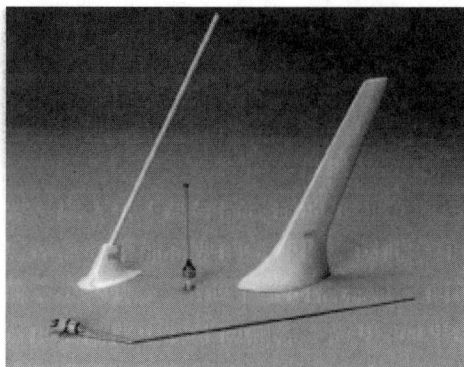

图 6-26　机载 VHF 通信天线①　　图 6-27　VHF/UHF 通信的发射天线②

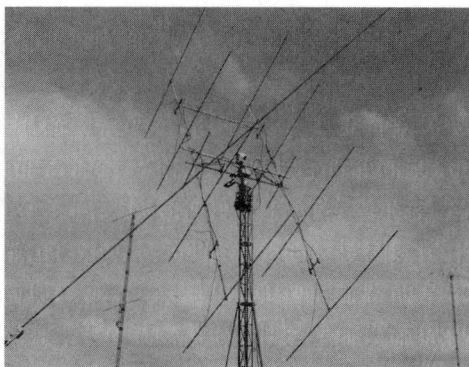

2. 管制员/飞行员数据链接通信(CPDLC)

CPDLC 是一种在飞机和地面之间不使用语音而直接使用数据链接的方式传送数据的系统。它可以使用高频或者特高频与卫星通信。CPDLC 把飞行员、管制员和航空公司运行中心连接在一起(见图 6-28)。装有数据链接装置的飞机可以不断收到经过更新的气象、交通、机场、管制员指令和其他信息。

在北大西洋区域,现在已经通过高频(HF)通信启用 CPDLC 的数据链接系统进行位置报告。使用这种新的通信方法,飞行员和管制员的工作负荷大大下降(下

---

① 图片资料来源:达拉斯电子公司,http://www.dallasavionics.com/。

② 图片资料来源:http://users.skynet.be/。

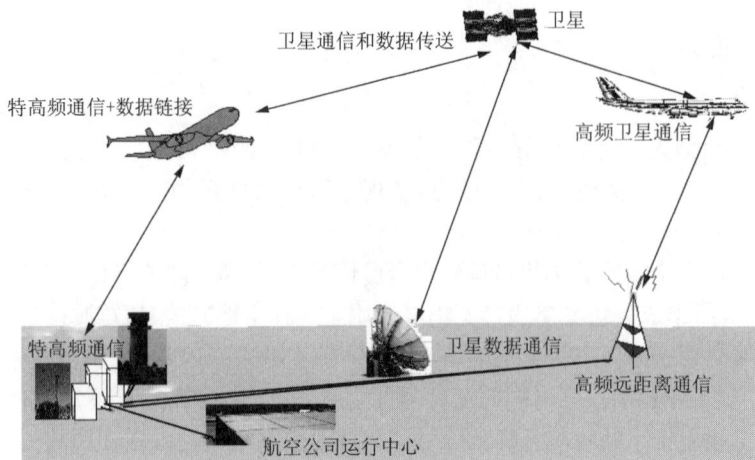

图 6-28　正在使用的各种空地通信方式

降了近85％),使飞行安全得到了更有效的保障。现在越来越多的导航服务提供商正在努力建立 CPDLC 系统以便在不久的将来能够全面引入 CPDLC 系统,同时航空公司也正在积极准备,做好飞机设备的加装工作。CPDLC 一般用于航路通信,另外,使用 CPDLC 系统并不排斥语音通信,直接的管制员与飞行员之间的语音通信仍然是保障航空安全最有效和最重要的通信方法。

中国民用无线电频率管理

　　无线电频率是一种公共的资源,根据《中华人民共和国无线电管理条例》(以下简称《条例》,最新为 2016 级)[1]第三条的规定,无线电频谱资源属国家所有。国家对无线电频谱实行统一规划、合理开发、科学管理、有偿使用的原则。国家无线电管理机构在国务院、中央军事委员会的领导下负责全国无线电管理工作,民用无线电通信管理机构为工信部无线电通信管理局。《条例》第三十六条规定,船舶、航空器、铁路机车(含动车组列车,下同)设置、使用制式无线电台应当符合国家有关规定,由国务院有关部门的无线电管理机构颁发无线电台执照。

　　由于无线电频率资源有限,并且电磁波没有国界概念,可以在全球传播,因此为了更好地利用好这些频率资源,国际上专门成立了国际电信联盟(ITU)来协调电信频率的使用[2]。ITU 通过召开专门的国际会议来讨论和确定这些频率的划分

---

　　[1]　参见中国无线电管理局(隶属工信部)网《中华人民共和国无线电管理条例(2016 版)》,http://www.srrc.org.cn/。

　　[2]　中国也是该国际组织的成员国之一。加入该组织时间为 1920 年 1 月 9 日。

并提出使用建议。随着科学的不断发展,电信频率的划分也在不断地进行改变。在历史上,关于频谱分配的会议已召开多次,如 1906 年的柏林会议,1912 年的伦敦会议,1927 年的华盛顿会议,1932 年的马德里会议,1938 年的开罗会议,1947 年的大西洋城会议,1959 年的日内瓦会议,1992 年西班牙大会①,2000 年的伊斯坦布尔大会②,以及 2007 年③、2015 年④的日内瓦大会。

在国际电信联盟确定的框架下,各国无线电管理机构都会对无线电频率的使用进行再分类。另外,对于国际民航使用的各种频率的通信和导航设施,国际民航组织有相应的规划。

由于中国无线电台实行的是审批制度,且审批权限为三级,分别是国家无线电管理机构,省、市(直辖)、自治区无线电管理机构和设区的市无线电管理机构,因此国家严格控制无线电通信电台的审批,除需要电台的政府和企事业单位外,根据《条例》第六条规定"任何单位或者个人不得擅自使用无线电频率",第二十七条规定"设置、使用无线电台(站)应当向无线电管理机构申请取得无线电台执照"。经过审核的无线电台将颁发执照,有关无线电台执照的规定,请参照工信部颁发的《无线电台执照管理规定》(最新为 2009 版)⑤。

无线电台还存在着相互干扰的问题,航行管制与飞机之间的无线电通信对飞机安全影响是至关重要的,有一段时间曾经出现各类电台对民用航空的无线电通信干扰的情况,严重影响了民航的安全运行。因此《条例》第六十四条规定,"国家对船舶、航天器、航空器、铁路机车专用的无线电导航、遇险救助和安全通信等涉及人身安全的无线电频率予以特别保护。任何无线电发射设备和辐射无线电波的非无线电设备对其产生有害干扰的,应当立即消除有害干扰",否则将按照第七十三条规定,对其进行处罚。如出现无线电频率相互有害干扰问题,则按照第六十五条原则处理,即,应当遵循带外让带内、次要业务让主要业务、后用让先用、无规划让有规划的原则。

归纳而言,导航和通信是飞机在运行过程中必须解决的两个问题,经过 100 多年的发展,现代航空运输系统已经有一个能够覆盖全球大多数地区的导航、通信和监控设备网络,使得航空运输的安全性和便利性得到大大加强。

---

① 1992 年的会议,决定了 3G(UMTS)的使用频谱。

② 2000 年的会议,决定了扩展 3G 网络的使用频谱。

③ 2007 年的会议,决定了 4G 网络使用频谱。

④ 2015 年的会议,决定了扩展 4G 频谱,并讨论了部分 5G 频谱。

⑤ 资料来源:中国无线电管理局(隶属工信部)网《无线电台执照管理规定》,http://www.srrc.org.cn。

第三节　飞行性能与空中交通流量管理

由于空中交通管制是基于确保飞机在空中有足够的间距的情况下来放行和控制飞机飞行的,因此飞机的流量要受到飞机的飞行速度的影响,不仅如此,在同一条航路上飞行的飞机速度的一致性也是影响流量大小的重要因素。

速度是飞机飞行性能中非常重要的一个特征数据。一架飞机的飞行速度受其空气动力特征的影响,也受到飞机发动机的推力的影响,飞机的速度是在飞机设计和制造时已经确定的。与空中交通流量管理有关系的几个重要的速度指标包括起飞速度、爬升速度、巡航速度、等待速度和进近/着陆速度。

一、起飞速度与机场交通流量

飞机起飞阶段是指飞机从跑道上静止状态开始加速,直到到达飞机离地速度并且使飞机起飞离地达到 35 英尺高度的这个阶段(指涡轮风扇或涡轮喷气类发动机的飞机)。

交通管制安排飞机进入跑道起飞后,对于一架起飞飞机而言,有两个时间点是非常重要的(见图 6-29)。一是飞机加速到达决断速度(V_1)时需要飞行员做一个决断,是继续起飞还是中断起飞。因为 V_1 点是飞机在地面上的最后决断点,如果超过这个点再中断起飞,那么在飞机全载的情况下,可能就难以在跑道上停止。当然,大多数飞机在大多数情况下都不太会出现受跑道长度限制而需要降低载量的情况。但如果在高原机场起飞,并且正好碰上机场温度很高,气压很低的情况,可能就会出现飞机 V_1 速度很大,需要的起飞滑跑加速时间很长,使得交通管制能够安排的流量减小。在极端情况下,飞机可能还不得不减少载量以匹配起飞跑道的限制。如果减载过大,则飞机可能放弃起飞,继续等待合适的时间点。这种情况在中国很多高原机场的夏天可能会出现,一旦出现该状况,机场能容纳的流量会大幅下降。

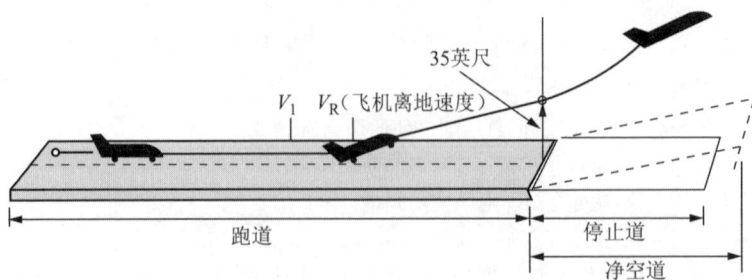

图 6-29　起飞滑跑速度与跑道坡度限制

起飞阶段中第二个关键点是越过跑道端头时的速度和高度。正常情况下，飞机的设计能够确保飞机飞越跑道端头时速度达到安全飞行速度（V_2），飞行高度超过 35 英尺，完成起飞阶段，进入爬升状态。但如果飞机出现一台发动机失效或者其他影响飞机气动外形、使飞机阻力增大的故障时，飞机为了保持 V_2 速度就不得不牺牲爬升率，在这种情况下，飞机就无法确保在跑道端头位置爬升到 35 英尺高度。这也是设计净空道的原因，净空道可以帮助飞机继续获得高度和速度。净空道的净空面通常坡度应不大于 1.2％，所以，即使飞机出现故障，但是如果飞机能够保持 V_2 速度，且以 1.2％ 以上的坡度进行爬升，在机场区域内仍然是安全的。

不难理解，由于各型飞机性能的不同，飞机起飞需要的时间也不同，所以机场的交通流量会有所波动。

二、爬升速度与离港交通流量

从什么时候开始才算从起飞状态转换到爬升状态？对于飞机和航行管制而言有所不同。从飞机的飞行状态特别是发动机的工作状态而言，飞机一般要上升到 1 500 英尺附近，发动机推力才会从起飞推力减少到爬升推力，换句话说，结束飞机起飞状态是飞行高度在 1 500 英尺（单发程序时会更低一些）；但是从航行管制角度而言，一般飞机飞离机场区域就算是结束起飞状态。

如果把从 35 英尺直到航线飞行高度的整个过程都定义为爬升，则爬升可以至少分为初始爬升、正常爬升和阶梯爬升三个阶段。在这三个爬升阶段，爬升速度给离港的交通流量带来的影响也不同。

在初始爬升阶段，由于飞机爬升的主要目的是尽快爬升以到达安全高度，因此任何可能会减小爬升速度和飞行速度的操作都是禁止的。从 35 英尺直到 400 英尺的高度，飞机仍然只能以跑道直线方向进行爬升，飞机爬升速度的快慢直接影响下一架离港飞机的安排。

在正常爬升阶段，由于飞机已经取得其安全高度和安全速度，所以飞机具有更高的机动性能。这时候飞行员的工作负载与第一阶段相比也有所下降，允许有更多的时间与空中交通管制进行交流。另外，大多数机场设计有多条离港路线，因此正常爬高过程一般不太会影响整个空域的交通流量。

飞机可以爬升到达的高度与整架飞机的重量有关。阶梯爬升产生的原因是由于随着飞机的飞行时间的增加，飞机燃油消耗会增加，因此最佳巡航高度会不断提升，并且这种提升是连续进行的。但是由于航路分为不同的高度层，在繁忙的航路上，不可能让一架飞机连续不断地依次穿越很多高度层，所以实际飞行中飞机在这一阶段的爬升采用的是阶梯爬升的方法，即保持在一个最佳的航路高度上飞行一段时间，待消耗的燃油量的减少足以使飞机进入下一个高度层飞行时才进行实际爬升。飞机爬升到达其最后巡航高度的时间不仅取决于飞机自身的爬高能力，也受到每个高度层飞行容量的限制。

三、巡航速度与航路交通流量

飞机的最大航程速度由升阻曲线(升力与阻力的比值随着飞行速度变化的一根曲线)确定。虽然在飞行过程中,飞行性能受很多方面的影响而导致一些变化,但一般地来说,升阻比最大的时候(不是速度最大的时候)对应的飞行速度是飞机航程最大的最佳巡航速度。

巡航过程中,飞机基本是以一定的间隔一架跟着另一架飞行。但是如果跟着一架飞机的另一架飞机以超越前者的速度进行飞行,而该飞机后面还有一架以同等间隔跟随飞行的飞机时,问题就出现了。要么后面跟随的飞机必须继续减速,要么与前一架飞机的间隔将继续缩小,或者需要超越前一架飞机。

涡轮发动机在高高度和高速度下工作更为有利。因为在高高度上飞行阻力更小,而在低温下,空气密度较高,使发动机的压气机后压力较大,发动机燃烧效率提高,因而只需要较少的燃油便能产生相同的推力。

另外,风向也是飞行的一个变量,逆风和顺风都会影响燃油里程。特别是高空季风,风速大的时候可以达到每小时 100 多海里,对长距离飞行的飞机来说影响非常之大。毫无疑问,顺风时飞机应该最大限度地利用风的优势,采用的办法是减小飞行速度(指空速)以保持较少的燃油消耗;而逆风时应该尽量克服逆风的不利影响,通过加大飞行速度(空速)来减少飞行时间,进而减少飞机暴露在逆风状态的时间,减少燃油消耗。

由于飞机设计的起飞重量、空气的动力特征、发动机推力均有不同,各型飞机的巡航速度也是不同的。解决这种巡航速度不同的一般方法是对不同巡航速度的飞机给出不同的巡航高度层,速度快的飞机飞行在高高度层,速度低的飞机飞行在低高度层。这种原则对于飞行指挥而言更加方便,但是却使得原本飞行速度较慢的飞机由于不能取得有利的飞行高度而飞行速度更慢,使整个航路的流量减小。

为解决该问题,在类似北大西洋这样繁忙的航路上,现在已经开辟了更多的平行航路。使得同一级别但飞行速度不同的飞机(见表6-2)能够都获得比较有利的飞行高度,实现航路更通畅的目的。

表6-2 各型飞机的最佳巡航速度①

机 型	A320系列	B737-300	B737-NG	B757	A330	A350	B787	B777
最佳巡航速度/马赫②	0.79	0.745	0.78	0.8	0.82	0.85	0.85	0.84

---

① 中国民航总局规划科技和体改司编.世界航空公司概览[M].北京:京华出版社,1999.

② 1 马赫≈1 224 千米/小时。

四、等待和进近／着陆速度与机场交通流量

为了实现安全着陆，飞机需要一个比较长的稳定进近阶段。而飞机的等待和进近速度可能给机场区域内的飞行容量也带来影响。

在大型机场中，由于航班密度较高，飞机到场后一般都需要加入等待然后排队进近和着陆，等待点一般选在离降落跑道端头 7—10 海里左右范围的外指点标附近。

等待的范围（Holding Pattern）是按照时间来计算的，一般是通过等待点后沿 30 度夹角飞行 1 分半钟，然后转弯向台飞行加入等待，等待的航段长度为飞行 1 分钟的时间。

由于等待是以时间来计算的，所以不同速度的飞机实际的等待航迹是不同的，速度大的飞的是大圈、速度小的飞的是小圈。当离开等待进入进近的时候，则由于等待点距跑道的距离是不变的，所以进近时间又会有所不同。

一般地来说，等待和进近／着陆速度的差异不会给机场的流量带来非常大的影响。但是，如果是在有几条跑道的机场，这些差异可能也会给交通流量带来不小的影响。

五、气流敏感性对交通流量的影响

不同飞机的空气动力特征决定了各型飞机受气流变化的影响程度不同，不稳定的气流会给飞机带来危害。不稳定气流包括天气原因产生的阵风、风切变，也包括飞机飞过后出现的尾流。风切变是一种极端气候情况，在天气对航班的延误问题中将进一步讨论，这里只讨论阵风和尾流的影响。

每一型飞机都有阵风影响的最大限制值，风的影响包括风向和风速。由于顶风对飞机着陆有利，且一条跑道有两个着陆方向，所以飞机着陆方向一般能够避开顺风跑道，而选择在能够顶风的跑道上。侧风的影响则比较难以避免，每型飞机都有一个最大侧风限制值，小飞机侧风限制小一些，大飞机侧风限制大一些，所以会出现一种型号飞机能够着陆而另一种型号飞机不能着陆的情况。为了减少侧风影响，机场一般按照常年盛行风的方向来布置跑道，如果可能的话，建设多条不同方向的跑道，以减少侧风影响。

与阵风相比，大型飞机产生的尾流更危险，因为尾流中的涡流会直接影响飞机升力的产生，所以中小型飞机应该在大型飞机起飞离地后一段时间才能开始起飞，而在大型飞机着陆接地一段时间后再着陆。毫无疑问，这种影响会使得机场跑道的流量也受到影响。

尾 流 的 特 性①

尾流会对不期而遇的飞机造成严重的飞行危险,尤其是在起飞和着陆阶段。尾流的主要组成部分是翼尖涡流,而涡流是升力的副产品。当机翼产生向上的正压力时,意味着机翼下翼面的压力大于上翼面的压力,在上下翼面压力差的作用下,在翼尖位置,下翼面的气流绕过翼尖向上表面流动,这样就在飞机后方产生了两股反向旋转气流。

尾流的特性会随着航空器构型的改变而改变,速度缓慢且起落架和襟翼收上的重型飞机能产生最强烈的尾流。

大型飞机产生的尾流会以2.0—2.5米每秒的速度缓慢下降,当其下降到了飞行轨迹以下210—270米时就会消散。涡流同时也会以5海里每小时左右的速度向外侧飘移。

接近地面时,一股尾流受侧风影响向外移动的速度减慢,如风速配合恰当,这一股尾流可能停留在地面上方不动;而另一股尾流随侧风加快向外移动。无风时,尾流的两股尾涡在地面效应影响下互相离开,而使飞机飞过的飞行轨迹上没有涡流影响。侧风速度大于5海里每小时时,尾流会迅速穿过飞行轨迹并很快消散,而顺风会将涡流以其两倍的正常速度消散。避开尾流的最好方法就是让自己的飞机飞在前面大型飞机的上方逆风侧的位置上。

在微弱的侧风影响下,大型飞机起飞或着陆时产生的涡流会在跑道上保持很长一段时间。最危险的情况是遇到微弱的后侧顺风,这不仅会使涡流停留在跑道上,而且很难消散。

中小型飞机应在大型飞机起飞离地点之后900米开始离地,或在大型飞机着陆接地点之前770米处着陆接地就可以预防进入前机尾流,或者通过等待使尾流消散后再起飞和着陆。

第四节　未来空中航行系统

航空发展以来的100多年,导航技术得到了极大的发展,现在空中航行系统已经基本形成了全球化的网络。这个全球化的网络既包括各国建造的以陆地基站为主体的导航网络(如NDB、VOR/DME、LORAN、TACAN),也包括外空开发带来的新的技术革命,即以卫星为基站的卫星导航技术的发展。卫星技术不仅使导航

---

① 何光勤,赵东升.中国民航飞行签派员执照考试教程[M].成都:西南交通大学出版社,2005.

精确性和灵活性大大增加,也使通信的质量和范围大大增加。

一、未来的导航问题

即便如此,人们对未来的担心仍然存在。一是在全球化时代,导航的标准仍然随地域的变化而变化,各国的导航水平仍然有比较大的差异。二是虽然卫星导航系统开始应用,但总体上来说,以陆地基站的信号进行导航仍是导航的主要形式,而陆地基站的导航会更多地受到直线视野的限制。三是通信容量更大的数字技术在空中航行领域内的应用仍然非常有限,特别是由于地面没有足够多的数据交换系统,各种数据没有得到有效的应用。四是在各国存在不同的导航管理模式,有些国家甚至是由一个个独立的私人导航供应商来提供导航的,所以在全球范围内实施通信、导航和监视(CNS)一体化有相当的困难。

另一方面,全球航空发展态势依然迅猛。东亚各国和新兴经济体的经济增长迅速,使得航空运输交通方式的地位跃升很快。中国不仅是全球第二航空大国,而且航空客运的运输量占到大交通份额的 30%以上,印度、印尼、泰国等亚洲发展中国家和人口大国航空运输业也增长迅速。全球其他地区同样保持了增长势头,美国和欧洲的航空业虽然受 2008 年的金融风暴冲击,但是航空旅行有很强的韧性[1],恢复时间较快。所以,总体上看全球航空运输总量在未来一段时间将会持续增长,波音预测[2]未来 20 年的旅客人数年平均增幅达到 4.6%,而空客[3]预测未来 20 年的年旅客运输总运输量(RPK)会达到 4.3%的增幅水平,按照 IATA 的估计,未来 20 年航空旅客运输量还将翻一番,这种持续增长将会给导航和空中流量管理增加困难。

另外,由于航空发展的不平衡,在全球范围内交通没有大范围拥堵的情况下局部航路和空域出现了比较严重的拥堵,其中一部分拥堵的航路和空域是在国内航线上,另一部分是在类似跨大西洋航线这种国际航线上。而国际航线的拥堵更需要各国协调解决。

因为有了新技术的帮助,人们已经开始了缓解空中交通拥堵的各种努力。比如跨大西洋航线的拥堵使得跨越北极的航线在卫星导航的帮助下得以开通。飞越新航线时已经启用新的标准,这又牵涉到如何与原来的系统相配合或者说如何将老的标准过渡(转换)到新标准的问题。

基于这些方面的考虑,国际民航组织认识到必须通过一个统一的平台来协调各国在导航问题上的立场,逐步推行新的航行系统,确保在新系统完成之前与目前系统的兼容性和进行顺利的转换。未来航行系统预计在 2035 年左右全面建成。

---

[1]　参见波音公司《2019—2038 年商业市场展望》。
[2]　同上。
[3]　参见空客公司《2019—2038 全球市场预测》。

二、未来空中航行系统概念

ICAO 很早以前就预见到了航空运输将会迅猛发展的趋势。因此在 1983 年 ICAO 建立了一个研究未来如何进行空中交通管理的委员会(后来正式定名为 FANS——代表未来空中航行系统特别委员会),研究和跟进空中航行服务现状和导航基础设施情况,应对在传统导航技术上存在的直线(视线)传送限制、声音通信系统限制、全球运行系统不同和导航基础设施缺乏等问题。

1991 年在第十次 ICAO 空中航行会议上,根据未来空中航行系统(FANS)特别委员会的建议,空中航行大会决定航空运输导航将逐渐从以地面设施为基础的导航系统(陆基系统)向大部分依赖卫星为基础的导航服务进行转变。并提出了 FANS 系统的关键概念,全面建立和推行"CNS/ATM 系统"。CNS/ATM 系统代表通信(communication)、导航(navigation)、监视(surveillance)和空中交通管理(air traffic management)一体化。CNS/ATM 是一种综合通信、导航和监视功能并具有现代化水准的、有效的、全球范围内的空中交通管理系统,是空中航行管理的新方法(见图 6-30),这种新方法将全面采用卫星信号作为管理方式。按照 ICAO 的解释,FANS 将是一个包含全球通信、导航和监视职能在内,具备现代、有效的空中交通管理系统能力的综合系统。

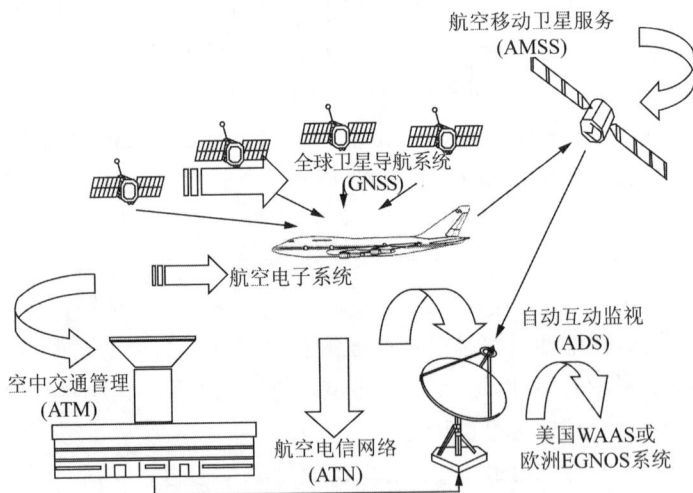

图 6-30 CNS/ATM 运行基本概念①

---

① 图片资料来源:ICAO 工作文件 Doc9750《CNS/ATM 全球航空导航规划》。缩写语说明,ADS:Automatic Dependent Surveillance;WAAS:Wide Range Augmentation System;EGNOS:European Geo-stationary Navigation Over-Lay Service;ATN:Aeronautical Telecommunication Network;AMSS:Aeronautical Mobile Satellite Service.

FANS 系统的发展经过了以下几个阶段：

1984—1988 年：第一阶段会议产生 FANS 系统概念。

1989—1993 年：第二阶段会议研究 FANS 需要的新技术。

1991—1992 年：第十次 ICAO 空中航行会议接受 FANS 概念并签署相关文件。

1994 年：ICAO 开始 FANS 概念推广和实施前准备。

2013 年：FANS 开始建设实施，预计 2030 年左右将基本建成。

CNS/ATM 系统的特点是：很好地发挥卫星系统和陆基导航系统的优势，能够覆盖全球任何一个点，不仅可以方便空中航行服务子系统本身，也帮助民用航空运输系统的其他各个组成部分（包括航空公司），形成一个可以共同操作的系统，通过空地数据链、数字技术和各种各样的自动设施实现全球航空服务的无缝链接。

新的 CNS/ATM 系统的优势是：可以改进信息的处理和传送。通过使用自动互动监视（ADS）系统扩展监视的范围和改进导航的准确性，从而进一步减少飞机的间距，增加空域的容量。

先进的 CNS/ATM 系统还可以通过增加地面计算机系统的使用来帮助解决空中交通拥堵问题。因为这些地面计算机系统可以通过数据链技术与飞机机载的飞行管理计算机（FMS）直接交换数据。通过分析各架飞机飞行计算机传送回来的飞行计划制定系统的飞行指挥方案。这些智能化的处理方法不仅可以给管制员提供快速地指挥空中交通的方案，同时还可以给空中交通管理者和空域使用者（飞行员）提供自动产生和发送的、不会引起冲突的指令，减少空中飞机之间可能出现的冲突。这样空中交通管理就可以更好地安排飞机按照更适合的飞行剖面进行飞行，从而帮助飞机运营商（航空公司）减少成本。

美国的下一代航行系统(NextGen)概念[1]

美国的 NextGen 概念从 2000 年开始研究，并在 2003 年通过国会以法案[2]的形式得以确认。2004 年，美国运输部宣布开始实施 NextGen 计划，力图通过多方协作，对航空交通系统进行持续的现代化，为未来几十年（至少 25 年）航空运输的良性发展打下基础。按照规划，NextGen 被分成多个阶段进行实施，到 2030 年应该能够基本实现其目标。

NextGen 计划（见图 6 - 31）：

---

[1] 参见美国联邦航空局网"what is NextGen"，https：//www.faa.gov/nextgen/。

[2] 参见美国法案 *VISION 100—CENTURY OF AVIATION REAUTHORIZATION ACT*（PUBLIC LAW 108 - 176—DEC.12，2003）。

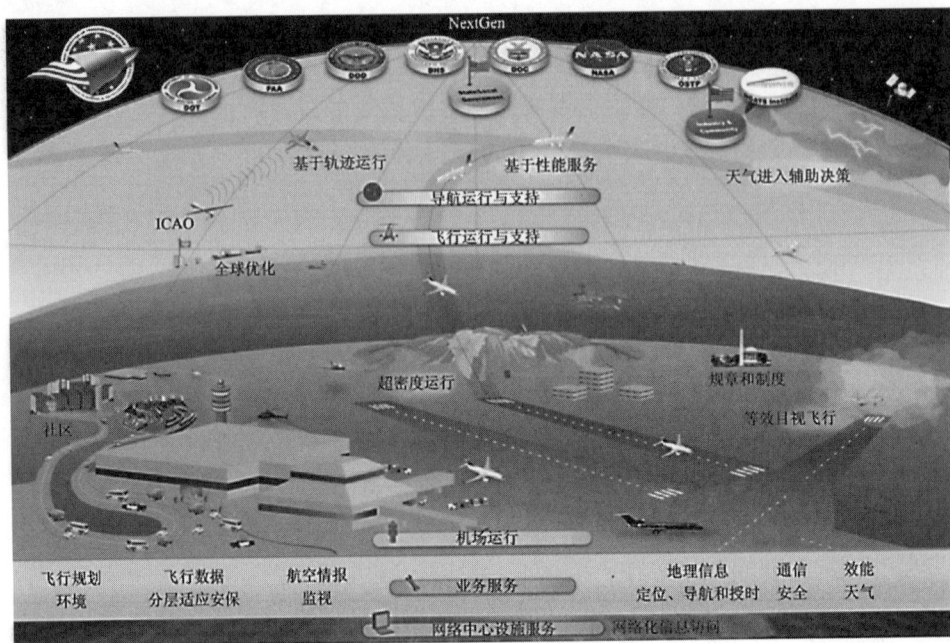

图 6-31 美国 NextGen 概念图①

① 使旅客和运营者都可以得到更好的旅行体验。

② 使飞行可以进一步节省燃油消耗。

③ 减少空中排放(航线更有效,直航更多)。

④ 使飞机飞行的间隔可以更小。

⑤ 减少空中拥堵。

⑥ 使空域系统和用户之间可以更好地进行沟通。

⑦ 使飞机机载设施技术得到进一步改进。

NextGen 系统中的重要技术②包括

(1) ADS-B(Automatic Dependent Surveillance-Broadcast),即"广播式自动相关监视"。作为监控系统的一部分比现在的雷达更加可靠和准确,可以通过卫星无线电信号和地面基站向空管和空域中其他用户播报飞机的速度、位置、航路等信息。

(2) SWIM(System-Wide Information Management),即系统全域信息管理。用于对多路通道信息进行更好管理,也用于控制数据的安全性和标准化。

---

① 图片资料转引自高海超,吴嘉慧.欧美下一代空管系统规划对比分析及启示[J].指挥信息系统与技术,2017,4(8).

② 参见 Balancecareer 网"The Basics of The NextGen",https://www.thebalancecareers.com/。

(3) Data Comm(Data Communication)，即数据通信。该系统为飞行员和管制员提供数字化格式的信息，可以在飞行员和管制员之间来回传送文本指令、进近程序和指引要求。

(4) ASIAS(The Aviation Safety Information Analysis & Sharing program)，即航空安全信息分析和分享项目。力图将所有的安全报告统合到一个系统中，以使各相关方更容易获得和更好分析。

(5) PBN 技术和减少间隔标准。PBN 技术在前面已介绍过，PBN(包括 RNP、RNAV)技术可以实现更精准航迹管理，ADS - B 技术则使得信息在所有相关者之间交流分享更加容易，这样可以在三个维度(排队间距、平行航路和进近、垂直间隔)实现间隔减少，增加容量。

(6) TBO(Trajectory - Based Operations)，基于轨迹的运行。在 ADS - B 系统建立后，由于飞机轨迹数据可以自动回传，管制员可以非常明确地知道飞机的航迹，因此不必再基于指令进行雷达管制，而可以直接管理其航迹。

(7) LVO(Low - Visibility Operations)，低能见度运行技术。在下一代航行系统中将普遍采用包括平显系统(HUD)、增强飞行视觉系统(EFVS)以及Ⅲ类 GLS 系统在内的新技术，这些技术可以支持飞机在低能见度下自动落地。

(8) FDE(Flight Deck Enhancements)，驾驶舱增强技术。在下一代航行系统中，飞行员的接口驾驶舱也将得到更多改进，如通过 TIS - B 和 FIS - B 飞行员可以得到快速更新的管制和气象信息；EFBs 系统则将各种信息进行电子化并综合；SVS(Synthetic Vision Systems)，合成视觉系统可以给驾驶舱提供三维虚拟外部地形地貌；AAtS(Airborne Access to SWIM)，机载全域信息管理系统可以让飞行员实时进入 SWIM 获得信息；ACAS - X(Airborne Collision Avoidance System，空中防撞系统)则可以与现在的 TCAS 一样进行防撞，但对飞行员的干扰会更少。

(9) NVS(The NAS Voice System，语音传送系统)则将更新语音传送基础设施，使得飞行员与地面交通管制之间的语音沟通更畅捷。

(10) CATMT(Collaborative Air Traffic Management Technologies)，合作式空中交通管理技术。可以促成空中交通管理人员之间更好地共享飞机航路、航线计划和有关拥堵、延误之类的信息，使空管人员真正像团队一样作战。

(11) CSS - Wx(Common Support Service - Weather)，或者称为 NNEW(NextGen Network Enabled Weather)，即整合气象服务。在 NOAA 系统帮助下，FAA 将把通过 NWP(NextGen Weather Processor)处理过的气象信息，提供给所有用户，实现标准化的气象信息服务。

(12) AIRE(Atlantic Interoperability Initiative to Reduce Emissions)，跨大西洋协同减少排放项目。通过在美国与欧洲之间的合作推动航空业寻找环境友好型的解决方案。

(13) 持续研究其他改进机场容量和运行的项目。

三、未来空中航行系统的子系统

1. 通信

与目前采用特高频(VHF)进行短程通信和高频(HF)频率进行远程通信的单一模式相比,FANS 模式 CNS/ATM 中的通信系统不仅会继续使用特高频和高频通信,引入卫星通信(航空移动卫星服务)进行数据和语音的传送,而且将开发二次监视雷达的 S 模式用作数据链接,并在地面采用航空电信网络(ATN)来连接所有的信息源,用大功率中央数据处理计算机来处理所有的通信信息(见图 6-32)。

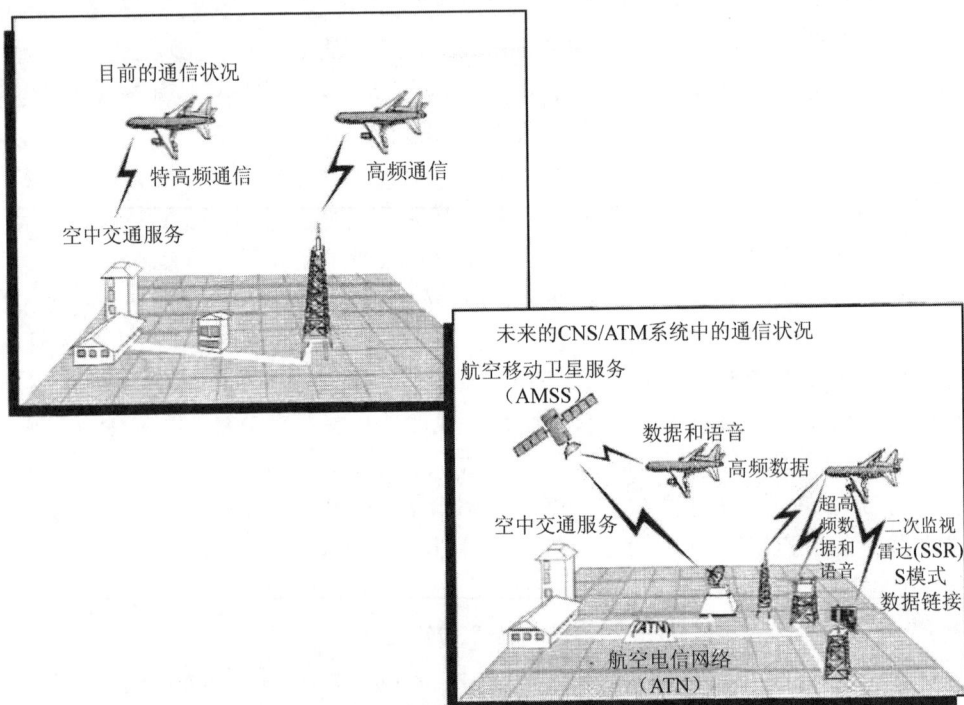

图 6-32　通信方式的比较

有了这个系统的帮助,日常的信息基本上都将通过数据链接直接进行传送,因此飞行员和管制员的工作负载大大减小。地面的气象情报、航行通告(NOTAM)和 ATS 信息也会自动更新。

归纳来说,未来空中航行系统中的通信方式的优势是

① 更直接和有效的空地链接。

② 数据处理方式得到有效改善。

③ 通道(波道或频道)堵塞情况会大大减少。

④ 信息沟通错误会大大减少。

⑤ 通信系统实现真正的互动。

⑥ 减少双方的工作负荷。

2. 导航

在导航系统的技术一节中,详细讨论了从指南针到卫星导航在内的各种导航方法的应用。纯粹从引导飞向目标的角度来考虑,这些方法都是能够实现的。但是如果增加对导航精确性的要求,会发现很多导航技术在飞机上运用是不适合的,比如罗兰(LORAN)导航。现在飞机上采用的进近和机场区域内导航技术主要是VOR/DME、NDB 和 ILS,而远程导航则通过地面的 VOR/DME、NDB、INS 与全球卫星导航系统(GNSS)的配合来完成。

正在使用的全球卫星导航系统实际上有两套。即美国的全球定位系统(GPS)和俄罗斯联邦的格洛纳斯系统(GLONASS)。GPS 系统由 24 颗卫星组成,GLONASS 也是由 24 颗卫星组成。未来,欧洲的伽利略系统和中国的北斗系统也将加入。准备使用 30 颗卫星的欧洲伽利略系统目前正在发展中,而中国的北斗系统已经发射 30 颗卫星组网成功进入应用。

未来空中航行系统对导航的规划是(见图 6-33):在 ICAO 的指导下,将目前拥有的卫星导航系统和即将发展成型的卫星导航系统一起整合,最终形成全球卫

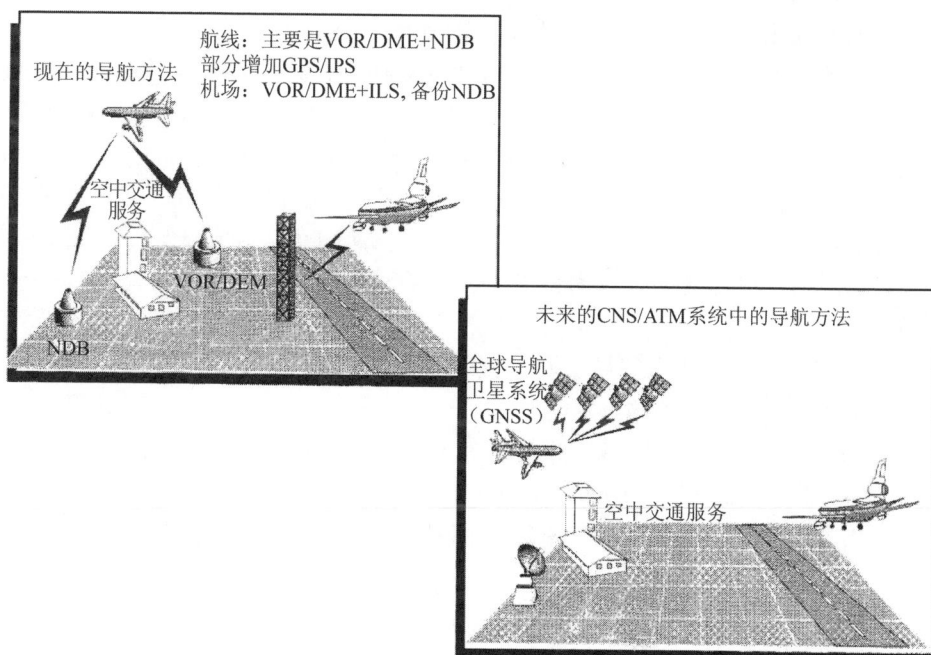

图 6-33　导航方式的比较

星导航系统(GNSS),使 GNSS 将能够产生足够快和足够精确的导航信息为安全航行服务。如果按照这种理想化的方向前进的话,地面导航设施将没有必要。但是目前的考虑是虽然最终不需要依赖地面导航设备进行正常导航,不过在过渡期内地面导航设备仍然必须作为备份导航设施予以保留。因为在没有确信 GNSS 能够不受干扰地运行之前(实际上欧洲伽利略系统就出现过严重的系统崩溃),做出放弃地面设备的决策是有非常大的风险的。

实现未来空中航行系统中的导航方式也会带来下列好处:

① 导航将实现真正全球范围全天候,并有更高综合度和可靠性。

② 四维导航精确度将得到提高。

③ 由于减少地面设备的投入而使总成本逐渐减少。

④ 机场和跑道的使用更加优化。

⑤ 在目前没有仪表进近的机场也能实现精密进近,减少了边远机场安装导航设施带来的沉重财务负担,提高了边远(无地面导航设施机场)机场的飞机处理能力。

⑥ 减小飞行员工作负荷。

3. 监视

目前的监视系统主要依赖一次和二次雷达。确实,采用这种方法完全可以确定飞机的方位,但是这种监视方法的最大缺陷是无法将独立的每架飞机的信息进行综合从而优化出能够避免飞机之间出现冲突的最优航迹。

在新的系统中,为了最大化地将飞机的位置监视信息进行共享,不仅采用了全球卫星导航系统,也采用了航空移动卫星服务的数据链技术、二次雷达监视系统、高频(HF)和特高频(VHF)数据链传送技术,这些技术与地面计算机联系在一起,形成了一个非常强大的位置报告和监视网络,这些数据可以同时供给各个用户使用(见图 6 - 34)。

特别值得一提的是关于自动相关监视(ADS)和广播式自动相关监视(ADS - B)系统的作用。

ADS 是一项将飞机上的导航和位置确定系统的信息提取出来并用数据链自动传给空中交通管制服务的技术[①]。

ADS - B 系统是扩展的 ADS 的工作模式。该系统能够自动地向正在工作的组件按时发送关于飞机识别号、飞机三维位置信息、飞行速度和其他如飞机飞行意图等在内的相关信息,同时发送的信息还会包括数据链同步和时段分配所要求的参数[②]。

---

① 参见国际空中交通管制员协会联盟(IFATCA)网 *A Beginner's Guide to GNSS in Europe* 1999,www.ifatca.org。

② 参考瑞典 CNS 网,http://www.cns.se/。

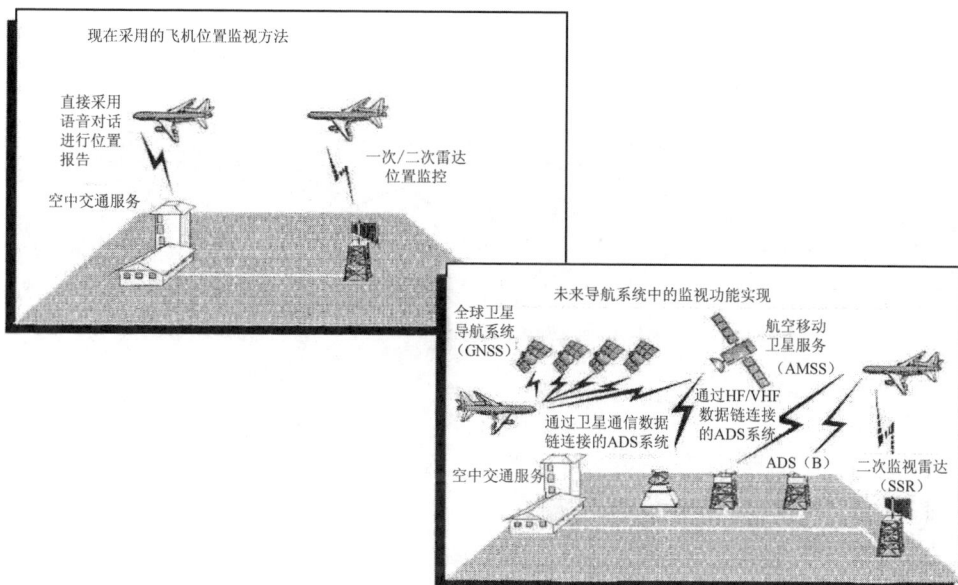

图 6-34　飞机监视方式的比较

　　ADS-B 的信息将通过区域内所有特高频数据链技术(VDL)模式 4 方式传送。地面站接收到 ADS-B 信息后,将信息首先进行格式转化,然后提供给地面的网络以用于监视。所有在该区域内的交通信息驾驶舱显示器(CDTI,是 ADS-B 的移动接收组件)通过数据链连接用于能够给飞行员显示 ADS-B 系统的监视状况。与 ADS-B 网络相关的各个地面用户也都可以在网络的任何地方登录查看监视信息。

　　改进后的飞机位置监视系统可以

　　① 减少位置报告错误。

　　② 在没有雷达覆盖的区域也能实现飞机监视。

　　③ 使监视成本减少。

　　④ 使管制员对飞机飞行剖面的改变响应更快。

　　⑤ 使管制员能够对飞机给出的指令执行情况进行有效监督。

　　⑥ 使紧急救助更容易实现。

　　ADS-B 也是中国民航局近年来重点推进的航行新技术之一。2017 年 4 月 28 日,中国民航在上海虹桥机场完成了首次 ADS-B IN(空空监视)技术演示飞行①,并开展 308 个 ADS-B 地面站建设和数据中心的全面建设。按照规划,中国

————————

①　参见中国民航局 2017-08-02 要闻《中国民航 ADS-B 运行实施研讨会在京召开》。

民航将按照无雷达覆盖地区优先、支线机场优先、高空优先(8 400 米以上)、洋区优先四原则①实现空域全覆盖,在 2020 年实现 ADS - B 系统全面运行,构建天、空、地一体化 ADS - B 运行体系(见图 6 - 35)。

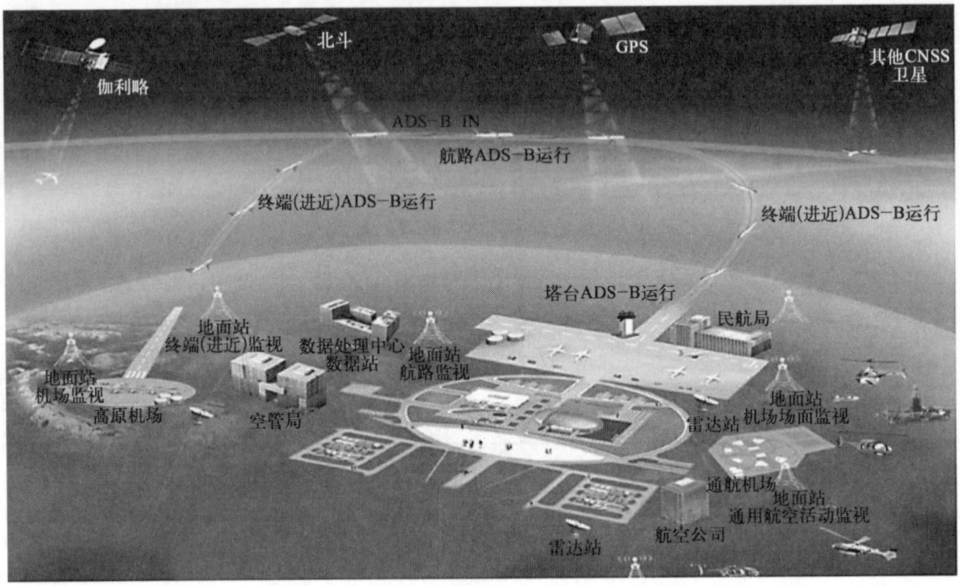

图 6 - 35   中国民航 ADS - B 运行体系规划②

4. 空中交通管理(ATM)

目前的空中交通管理系统是基于天空中飞行的飞机之间不能互相准确地探测相互位置,无法实现有效避让这个假设③而设计的,所以民用航空运输系统的大多数空域的控制和管理采用集中化的模式,即通过空中交通管制员实现飞机之间的安全间隔。

今天,各种先进技术的发展已经可以使飞机不仅能够判断自身的位置,同时也能通过相应的系统了解其他飞机所处的位置。特别是在未来空中航行系统(FANS)中,通过一系列技术的综合运用,即使在没有航行管制员的帮助下,对其他飞机的位置判断、速度判断也会非常准确,而且这种信息是在所有飞行的飞机中

---

①   参见中国民航局文件《中国民用航空 ADS - B 实施规划(2015 年第一次修订)》。备注:ADS - B in 指空空监视模式,ADS - B out 指地空监视模式。

②   图片资料来源:中国民航局文件《中国民用航空 ADS - B 实施规划(2015 年第一次修订)》。

③   在飞机防撞系统(TCAS)引入之前,飞机之间的相关位置确定是非常困难的。现在有了 TCAS 系统,飞机已经能够对入侵的危险飞机作出紧急避让。

同步送达的。这种飞机之间的相互"通知和交流",使我们可以重新考虑空中交通管理的总体概念,从而可以在某些空域内,将防止飞机发生冲突的责任从地面(管制员责任)转换到空中(机组责任)。这种变化将促使飞机飞行可以不受原有的航行管理方法的限制,飞行员可以自由选择他们的飞行航迹,从而迈向自由飞行的概念。

未来空中航行系统中的空中交通管理方式的优势是(见图6-36)

① 提高安全性。

② 增加系统容量,实现机场容量的优化使用。

③ 减少飞机延误。

④ 减少飞行运行成本。

⑤ 空域使用更高效、更灵活,飞机间隔减小。

⑥ 飞行计划更加动态化,使飞机的飞行剖面实现最优化。

⑦ 大大减少交通管制员的工作负荷,提高管制员的产出水平。

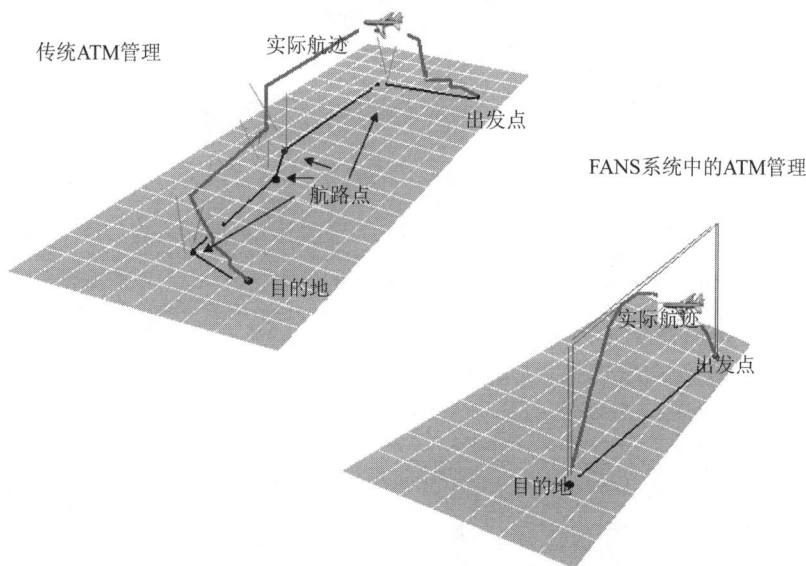

图6-36 未来导航系统成功实施后的空中交通管理帮助实现自由(最优)飞行

欧洲的下一代航行系统计划[①](SESAR)

2014年12月5日,欧盟运输专员布尔克(Violeta Bulc)宣布欧洲 SESAR 伙伴协议完成签署,欧洲下一代航行计划(SESAR)进入实质性发展阶段。

---

① 参见 SESAR 项目联合执行体网,https://www.sesarju.eu/vision。

SESAR是单一欧洲天空航行管理研究计划（Single European Sky ATM Research)的缩写。该计划的目标是通过定义、开发/验证、和部署①具有革命性的ATM技术和ANS运营解决方案,使空中航行系统的基础设施得到改善,现代化水平明显提高,协调性得到加强,从而大幅提高空中交通管制系统的表现,实现飞机在空域中不受限制地按照最佳轨迹飞行,也实现欧洲空域的一体化管理(见图6-37 SESAR概念图)。

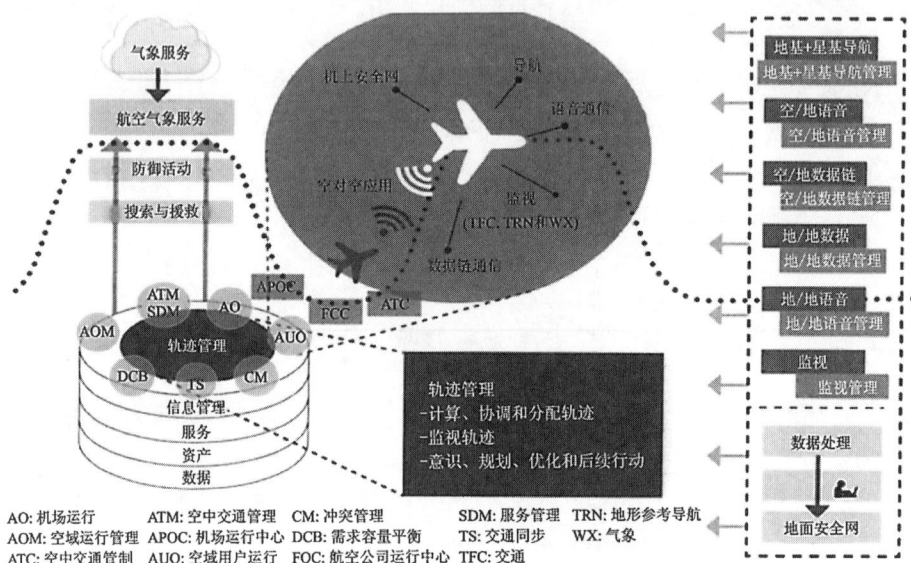

图6-37　欧洲SESAR概念图②

与美国NextGen设计的环境不同,由于欧盟由四十多个国家组成,要想达成一致意见需要更多工作,这也是SESAR计划启动得更晚的原因。SESAR瞄准2040年进行规划,分为四个有重叠的阶段。第一阶段,主要是解决现存的关键网络性能上的缺陷问题(见图6-38);第二阶段,建设部分基础设施,提升服务效率;第三阶段,通过全面虚拟化建设方案解决欧洲天空碎片化问题;第四阶段,全面建成欧洲一体化的数字天空(见图6-39)。

SESAR革命性的变革从五个方面入手:第一是空域的自动化(包括飞机和无人机),项目包括4D航迹、自我控制间距、ACAS-X防撞、可视化导航、涡流探测和避免,以及无人机探测和回避等;第二个方面是地面系统的自动化,项目包括复

①　参见SESAR项目总规划(Master Plan),https://www.sesarju.eu/masterplan。

②　图片资料转引自高海超,吴嘉慧.欧美下一代空管系统规划对比分析及启示[J].指挥信息系统与技术,2017,4(8).

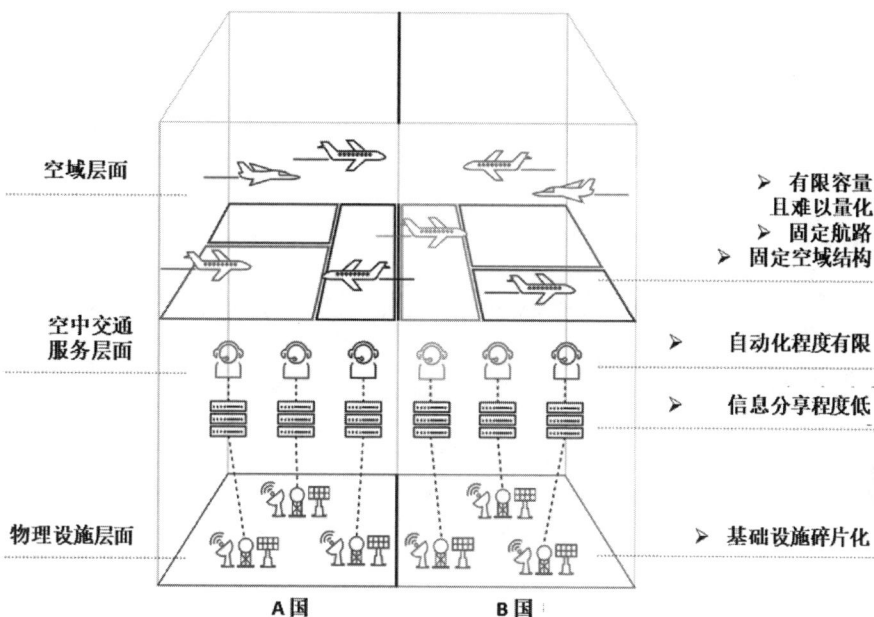

图 6-38 当前欧洲空中航行管理存在问题

空域层面

空中交通
服务层面

物理设施层面

A国 B国

> 有限容量
> 且难以量化
> 固定航路
> 固定空域结构

> 自动化程度有限

> 信息分享程度低

> 基础设施碎片化

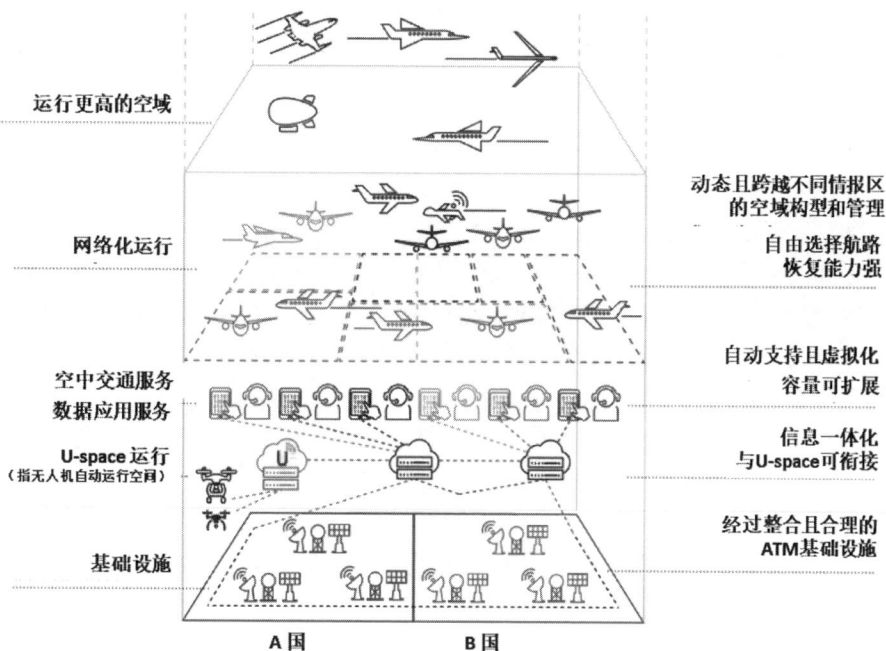

图 6-39 欧洲一体化数字天空目标

运行更高的空域

网络化运行

空中交通服务
数据应用服务

U-space 运行
（指无人机自动运行空间）

基础设施

A国 B国

动态且跨越不同情报区
的空域构型和管理

自由选择航路
恢复能力强

自动支持且虚拟化
容量可扩展

信息一体化
与U-space可衔接

经过整合且合理的
ATM基础设施

杂交通解决方案、跑道状态和道面管理、数字指令、4D 轨迹、智能排队,以及无人机的动态容量管理、自动防冲突技术等;第三是虚拟化方面,包括虚拟和增强现实进近和着陆助航、虚拟塔台、虚拟应急中心、服务中心,穿越国界时用的虚拟管理中心等;第四是连接性方面,包括对飞机驾驶舱的多路连接管理、宽带卫星通信、机场通信、地面通信,无人机指令和控制,无人机与无人机、无人机与机场之间的连接等项目;第五是数据分享方面的项目建设,包括飞行物管理、航空数字信息管理,云平台无人机信息管理等。

四、推进未来空中航行系统(FANS)建设的策略和路线图[①]

1. 系统建设的推进策略

为了推进未来全球空中航行系统,ICAO 制定了全球空中航行系统计划战略(GANP),该战略有一个分四步走[②]的策略,通过持续不断发展演进以达成愿景:

(1) 第一发展阶段: 实现数字化环境充裕的运行。

安全是我们的基本要求,也是优先考虑事项,由于空中航行资源有限,系统的容量取决于我们利用空中航行资源的能力。从目前看,要想提高这个系统的内部容量,增加更多航班,首先需要政府和整个航空业拥抱数字技术,建立一个更加可操作的数据环境,这样才能改进在目前这个信息缺乏的系统内出现的众多长时间等待、扇面过载、改航的问题,否则只能通过限制航班数的方法,来优化空中航行系统,保证安全运行。

(2) 第二发展阶段,(通过信息革命赋能)实现以时间为基础的运行。

所谓以时间为基础指的是信息集成的时效性。航空是全球化产业,航空的优势在于快捷。对于定期航班而言,客户满意度首先取决于准点率(安全是基础,不必再讨论),即可预测性。在第一个发展阶段进行数字化后,空中系统容量会有所增加,但还存在一个大问题,那就是各个空中航行服务提供者(简称 ANSP)和空域用户之间的决策是分开的,这种分割(各自为战)的决策可能存在不连贯性,或者互相矛盾,导致实际效率降低,成本增加;还会由于预测的互相矛盾产生不可预见的延误,从而影响旅客满意度。所以建立区域内高时效性的信息集成是在未来空中航行系统第二阶段要推进的工作重点。

(3) 第三发展阶段:(通过全域航空网络互联赋能)实现基于航迹的运行。

实现基于航迹的运行主要取决于我们对整个空域内所有航空器轨迹规划和计算的能力,要实现这个目标需要在三个方面进行改善。一是必须让所有空域使用者都在一个信息平台上进行操作和运算才能提供最优决策。专有航空设备的昂贵

---

① 参见 ICAO *Global Air Navigation Plan* (GANP)计划文件。

② 参见 ICAO《全球空中航行规划战略》(*Global Air Navigation Plan Strategy*)文件。

会限制很多用户的使用,导致 ANSP 给出的决策指令是次优的,或者未被优化的;二是要准确计算飞行轨迹,影响飞行的所有信息,特别是风力、湍流和气象条件数据必须能够进入轨迹运算系统;三是航迹优化必须在整个空域中实现,如果无法跨区域连接所有信息源就无法让 ANSP 和空域使用者规划他们的运行能力,所以建立全球航空互联信息网是非常重要的,可以减少运行成本,提高有效性。

(4) 第四发展阶段:建立聚焦商业/任务需求为核心的全面性能管理系统。

在全球移动旅客和货物不是我们的唯一目的。空域用户多元化、空中飞行器多样化、商业模式的差异化是未来航空的显著特征,这些变化将使得 ANSP 的决策变得异常复杂。如果没有决策过程的灵活性,更高的客户满意度是很难达成的。理论上,未来的 ANSP 应该能够满足不同用户在管理过程中提出的各种需求,这些需求包括空域使用者(直接客户和其利益相关者)按照其航空器性能要求预先规划的,也可能是根据运行的需要临时增加的。

2. 推进路线

为了推进未来航行系统的建设,ICAO 提出了一个模块化建设的概念,这个模块称为航空系统升级组块技术(Aviation System Block Upgrades, ASBU),将模块功能按照四个领域进行划分形成矩阵,建立起系统模块升级规划框架(见图 6 - 40),四个分类为机场运行、全球互联共用系统和数据、容量优化和灵活处理航班、高效

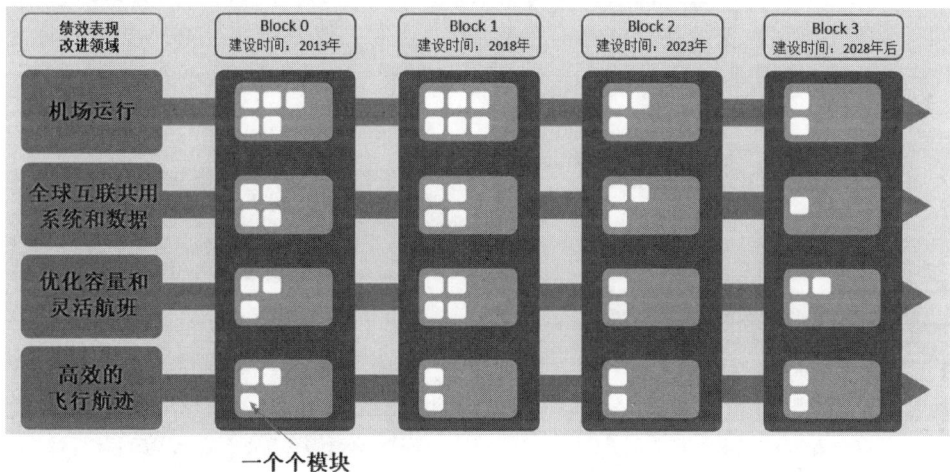

图 6 - 40　系统推进的 ASBU 概念框架①

① 参见 ICAO 工作文件 Doc 9750 号 *Global Air Navigation Plan*(第四版)。其中模块的编码方式为"B0/1/2/3-×××",B 指模块,0/1/2/3 指推进阶段,××× 指具体的模块技术缩写语,每一个模块包含的具体技术内容参见文件附录 2。

飞行航迹,这四个领域对航空绩效的改进是互相联系,形成一体的。用这种方式发展未来空中航行系统可以保证在维持和提高航空安全性的前提下,空中交通管理改进项目得到有效协调,影响未来航空有效性的障碍和环境收益可以以合理的代价得到解决。

需要说明的是,上述用 ASBU 框架描述的实施推进路线是以结果(什么设备在什么时间准备好)为导向的,这样有助于 ANSP 和空域使用者很清晰地对自己未来需要哪些装备进行规划。另外,GANP 规划是面向全球的,由于地区和国家之间的发展不平衡,这其中的很多模块可能是解决某些特定问题的,所以并不要求所有模块必须实施,各个地区和国家可以根据本地区、本国的实际运行需要来灵活选择,这也是模块化的优势。但也存在一种情况,即不平衡的发展导致了飞机从空域的一个区域到另一个区域运行困难的情况,这时可能会对具体模块何时和如何实施提出具体要求。

3. 系统建设将产生的成效预期

为评价未来空中航行系统的有效性,在系统设计时确定了 11 个关键绩效表现领域。由于未来空中航行系统的各个要素之间是互相关联的,因此每一个关键绩效指标都非常重要,但对于业内与业外而言,可能影响程度会不同,一些影响是显性的,或者说具有外部性,社会大众都能感受到;另一些是隐性的,即具有内部性,只有行业内的人们才会关注到。毫无疑问,外部性高的得到关注度会更大,所以我们将未来空中航行系统建设能够取得的 11 个方面的成效按照外部感受度高低分成三个层面(见图 6 - 41)。

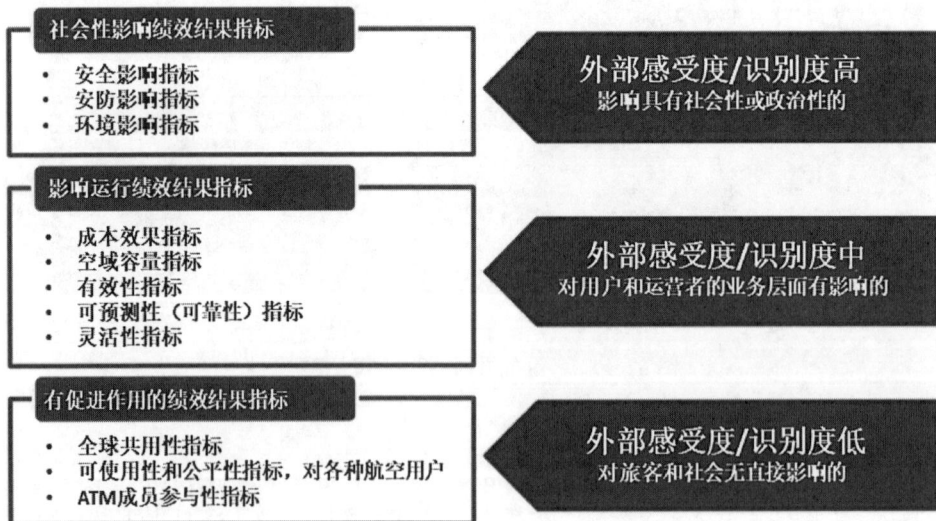

图 6 - 41　11 个衡量 GANP 绩效的指标

中国的下一代空中交通管理概念(CNATM)

　　中国民航是国际民航的重要组成部分,改革开放以来,中国民航一直保持高速发展并已跃居总运输量第二位。放眼未来,中国民航将随经济的发展继续以中高速增长,并且中国在2025年前后成为全球最大的航空市场。新一代空中交通管理系统的规划和建设总体战略目标是,适应中国民航又好又快发展的目标,满足航空运输需求的不断增长,保证航空安全和运行效率的全面提升,通过系统建设高适应性的、大容量的、系统结构化的具有中国特色的民航空管技术和设备体系,实现我空管技术和设施装备的全面跨越式发展,为实施民航强国战略提供技术支持和基础平台。中国民航在深入研究ICAO全球空管一体化要求和FANS系统构想的基础上,于2006年提出中国的新一代空中交通管理系统(CNGATM)运行概念[1][2]。希望通过20年的规划和建设,建成天、空、地一体化的中国民航空中交通管理运行模式和技术支持体系,提升空中交通服务水平,提高中国民航的安全保障能力和运行绩效水平。系统主要包括基于航迹的运行、协同交通流量管理、综合空域运行和场面运行能力建设四个方面(见图6-42)。

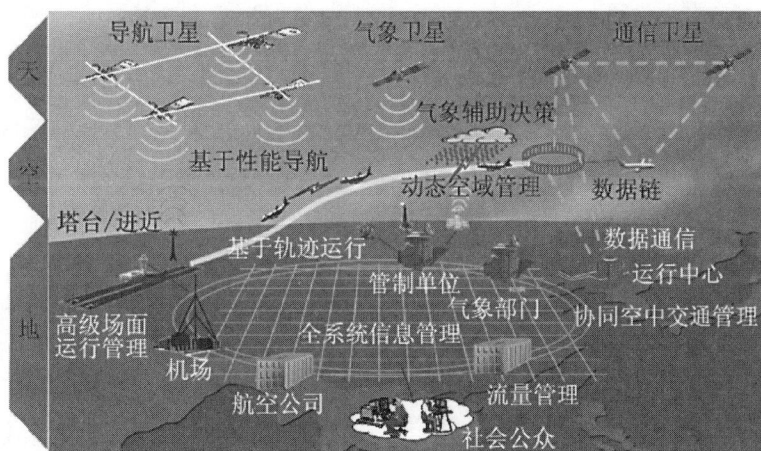

图6-42　中国的下一代空中交通管理概念图[3]

---

　　[1]　吕小平.中国民航新一代空中交通管理系统发展总体框架[J].中国民用航空,2007,8(80):24—26.

　　[2]　吕小平.空管新技术发展及我国对策[J].中国民用航空,2008,9:11—16.

　　[3]　图片资料转引自高海超,吴嘉慧.欧美下一代空管系统规划对比分析及启示[J].指挥信息系统与技术,2017,4(8):83—87.

第七章

民用航空运输的系统运行

第一节　运行准备、航班计划和销售

航空运输的工具和载体是飞机,所以要想全面地描绘民用航空运输系统的整体运行情况就必须从民用航空运输企业的成立、飞机购置、航线申请和航班计划说起。

2008 年之前,民航运输企业的成立和创办采用的是审批制①,《中华人民共和国民用航空法》(以下称《民航法》)颁布以后,民航运输企业运营方面的要求(即经营许可证审核和颁发要求)按《民航法》规定由民航局进行管理②,而企业本身的成立则只需要遵照《公司法》的要求。

《民航法》第八章"公共航空运输企业"第九十二条规定:企业从事公共航空运输,应当向国务院民用航空主管部门申请领取经营许可证。第九十四条则规定:公共航空运输企业的组织形式、组织机构适用公司法的规定。总体来说为了鼓励大众创业,企业的创立手续简化,但是由于民航是一个特殊行业,因此企业创立后在运营方面的要求较高。要想取得公共航空运输经营许可,《民航法》第九十三条

① 《民航法》颁发于 1995 年,2009 年第一次修订,后来多次修订,最新的修订版本为 2018 年版。

② 1985 年颁布的《国务院关于开办民用航空运输企业审批权限的暂行规定》要求,创办航空运输企业按照其经营范围的不同可分别由国务院、民航总局、省市政府批准。虽然《民航法》1995 年颁发,但实际上一直到 2008 年国务院才正式发文,废止 1985 年颁发的《国务院关于开办民用航空运输企业审批权限的暂行规定》。

中有三项硬性规定：一是有符合国家规定的适应保证飞行安全要求的民用航空器；二是有必需的依法取得执照的航空人员；三是有不少于国务院规定的最低限额的注册资本。《中国民航规章 201 部》（CCAR - 201）——《公共航空运输企业经营许可规定》①第二章第六条和第八条则进一步规定"设立公共航空运输企业应不少于 3 架购买或者租赁并且符合相关要求的民用航空器"且"不得为湿租"。

公共航空运输企业作为参与市场竞争的主体，还需要回避容易产生不正当竞争的相关情况和环境，因此 CCAR - 201 部规定将对申请筹建公共航空运输企业的申请人进行公示②。由于创办公共航空运输企业难度较大，为了避免久拖不决，浪费政府审查的公共资源，CCAR - 201 还规定经民航局认可的筹建公共航空运输企业的有效期限为 2 年，确需延长的，经申请可由民航局同意准予其延长 1 年筹建期，如仍无法完成的，将丧失筹建资格，且 2 年内不再受理其筹建申请（第十五条）。

另外，由于航空企业需要使用的空域资源牵涉国家主权问题，因此对企业法定代表人还有必须是中国籍公民的要求（第六条）。除此之外，获得审批通过的民航运输企业在开始运行后还需要接受按照 CCAR - 121 部《大型飞机公共航空运输承运人运行合格审定规则》的审查，如不能达到 121 部的运行标准，将被采取撤销许可③（减少航班、取消航线、停航飞机，直至中断所有航班运行资格）、行政处罚、行政强制等处罚措施。

1. 飞机购置

飞机是民航运输企业开展运营活动的基础，因此如前所述，CCAR - 201 部第二章"公共航空运输企业设立的条件"的第六条中规定成立公共航空运输企业有"不少于 3 架购买或者租赁并且符合相关要求的民用航空器"的基本要求，且其后第七条又规定，在筹建新的公共航空运输企业时，三架飞机的最低要求不得采用湿租我国现有公共航空运输企业或者外国公共航空运输企业飞机的形式获得。

这里专门点了湿租。实际上，飞机的取得有购置、融资性租赁和经营性租赁三种，在经营性租赁中又分为干租和湿租④两种不同。相比而言，湿租是航空企业取得飞机资金要求最低的一种方式。

航空业是一个周期性很强的行业。在周期的复苏和增长阶段，各个航空公司大量购进飞机，使得飞机生产商的生产计划大大超过其生产能力，在这种情况下，

---

① 参见《中国民用航空规章 201 部》——《公共航空运输企业经营许可规定》（CCAR - 201 - R1, 2018 修订）。

② 同上。

③ 参见《中国民用航空规章 121 部》（CCAR121 - R5）的 Y 章：罚则。

④ 干租是指只包括航空器本身使用的租赁协议。湿租是指按照租赁协议，承租人租赁飞机时携带出租人一名或者多名机组成员的租赁。

要想购置一架飞机不仅要付出很高的成本,而且往往要排队好几个月,甚至几年;而在周期的衰退和萧条阶段,每个航空公司都会努力减少飞机的保有量,从而降低运营成本,在这种情况下,市场上的飞机很难卖出。而飞机生产商在这时为了提高自己的生存能力,也会努力促销。所以,到底采取何种方式取得飞机也是一个重大问题,也可以说,对于航空运输企业,飞机的购置是一项重要的战略问题。飞机的购置不仅影响未来的市场定位,也在很大程度上影响航空运输企业的整体成本水平,因为与飞机购置直接相关的成本约占航空运输成本的 15%—25%,加上燃油成本也与飞机购置和机型选择有相关性,所以与飞机购置相关的总成本实际达到 50%—70%。

2. 航线申请

公共航空运输企业的任务是使用民用航空器从事旅客、行李、货物、邮件的运输并从中获取利润。而要使民用航空器开展运输活动就必须取得航线的经营权。

航线可分为国内航线和国际航线。国内航线是指运输的出发地点、约定的经停地点和目的地点均在同一国境内的航线。对于中国的国内航线而言就是指运输的出发地点、约定的经停地点和目的地点均在中华人民共和国境内的航线。以此类推,国际航线就是指运输的出发地点和其目的地点不在同一个国家内的航线。

国内航线和国际航线的管理方法是不同的。按照 CCAR-289TR《中国民用航空国内航线和航班经营管理规定》①的要求,中华人民共和国国内航线的经营许可管理统一由中国民用航空局负责,管理范围包括核准、撤销(第二章"国内航线经营许可核准管理")或登记、注销(第三章"国内航线经营许可登记管理")空运企业的航线经营许可,航线的监督管理职能由中国民航局和其授权的民航地区管理局共同负责。

国际航线的开辟则必须按照《国际航空运输协定》的要求在国与国之间进行航权的谈判。按照《芝加哥公约》的规定,第一航权和第二航权是安全运行的权力,只要是《芝加哥公约》的缔约国,就可以自动取得飞越权和过境权力,因此不需要进行谈判。航权谈判的主要内容是两国政府双方通过谈判开放相应的经济性权力(商业开发权)给对方。在双方政府达成航权协议后,各国的公共航空运输企业可以向各自国家政府的行业主管部门申请获得相应航线的承运权。

要想申请中国境内的国内航线,按照 CCAR-289TR《中国民用航空国内航线和航班经营管理规定》的要求,需要满足申请航线的基本条件并按照规定的申请程序进行申请。申请的基本条件②包括,符合中华人民共和国法律设立的公共航空运输企业;符合民航局安全管理的有关规定(包括补充安全运行合格审定需要合格),符合法律、行政法规和民航局规章规定的各项条件;符合航班正常、服务质量管理的有关规定;以及符合国家航空运输发展的宏观调控政策等。

---

① 参见《中国民用航空规章 289 部》(CCAR-289TR-R1),2006 年颁发。

② 参见《中国民用航空规章 289 部》(CCAR-289TR-R1)第八条。

是否需要申请某条航线是需要进行多方面考量的。一般来说,航线的申请需要考虑以下因素：一是市场需求。从企业运行的角度而言,开辟一条航线必须有市场需求①,这种需求既包括始发/目的地旅客产生的流量,也包括中转、联运和第六航权形成的需求。二是航线成本和市场类型。航线成本为是否开辟一条航线的重要因素,当然如果为了满足公司的战略性要求也有可能在一段时间内不考虑航线成本。三是为开辟此航线而需要的资源是否存在,如有否合适大小、合适航程、承担相应业载的机型。四是竞争对手和潜在竞争对手的状况。

3. 航班计划

取得航线许可以后的进一步工作就是航班计划,"航班"是指空运企业按规定的航线、日期、时刻经营的定期飞行活动②。航班计划就是公共航空运输企业按照其所拥有的航线量、飞机可利用时间、机组可利用时间及其他资源和保障能力合理安排,产生能够使收益最大化的航线、日期、时刻的组合。航班计划是一项有关公司运行和收益能力的综合性计划工作。

航班计划需要考虑的因素很多：既需要按照外部因素和内部因素来进行分类考虑,也需要按照运行因素和经济性因素来考虑。外部因素包括航线的市场状况、航线的容量、航线的长度和航线飞行是否具有的特殊性、航班起飞和落地机场的时刻、航班保障能力等,内部因素包括飞机的机队设置、舱位布局、飞机的可利用率、各类飞机运行人员的水平和搭配、飞机的维修周期等。如果按照运行因素和经济性因素来考虑,则在运行因素上主要考虑运行安全性和运行有效性。运行安全性指标包括：飞机业载和航程匹配、飞机运行航线的主要气象条件、空中交通管制和航路、机组时间限制、员工协议、机场限制等;运行有效性指标包括：旅客服务能力限制(量)、登机口距离、飞机停靠限制、地面设备限制、行李处理限制、地面操作人员和地面资源的使用、优质旅客服务的提供能力以及机场配合单位安检、移民局和海关的效率等。运行经济性则是考虑机队整体收益水平的影响因素和机队整体成本水平的构成情况,并进行综合优化。

另外,为了实现航班生产总体收益的最大化,航班计划还需要按照航线情况编制整体的航线网络布局。整体的航线网络布局不仅能够优化航班的载运率水平,同时也能很好地实现飞机的最佳衔接,提升飞机的利用率水平。航班计划安排中还有一个需要考虑的重要因素就是维修能力问题。维修能力将会影响到最短飞机停场(AOG)时

---

① 除市场需求开辟的航线外,其他原因开辟的航线也有可能。如按照 CCAR-289TR《中国民用航空国内航线和航班经营管理规定》的第五条(为了社会公共利益,民航总局指定空运企业经营特定的国内航线和航班时,被指定的空运企业必须执行)要求所开辟的航线。

② 参见《中国民用航空规章289部》——《中国民用航空国内航线经营许可规定》(CCAR-289TR-R1,2006年修订)。

间、最低航材准备水平、最大可提供飞机日利用水平。由于维修能力和维修成本控制本身是一个非常复杂的系统，今天越来越多的公共航空运输企业也开始把维修工作与地面操作工作一起寻求外包以减少维修成本的变动对公司财务状况引起的波动。

另外，气候转换，特别是季风对航班影响较大，因此中国的航班计划并不是一年一调整，而是一年两次调整，分别分为夏秋季和冬春季航班计划。夏秋季航班计划是指从当年三月份最后一个星期日至十月份最后一个星期六期间的航班安排和运行；冬春季航班计划是指从当年十月份最后一个星期日至翌年三月份最后一个星期六期间的航班安排和运行。而且按照 CCAR - 289TR(R1)《中国民用航空国内航线经营许可规定》第二十五条的要求，空运企业在航线经营换季时，应集中提交航线经营许可核准和登记申请，并应于该航季执行的 80 日前向民航总局或民航地区管理局报送区际或区内航线有关资料。

航班计划除了要精心地进行市场调研、多次进行可行性分析和采用高效实用的优化模型外，还需要进行大量的协调工作。特别是机场、空管和空军三个方面的外部协调工作极为重要。

首先是机场协调。机场的时段资源（Slot）是一种稀缺资源，今天全球大型的枢纽机场基本上都已"机"满为患，如何最有效地利用好公司获得的有限时段资源创造效益对很多航空企业来说可能是企业能否生存的关键。当然如果企业的市场拓展能力很强，那么在时段资源相对更宽松的夜间或者凌晨时间安排航班飞行则相对容易得多。如果企业的品牌吸引力或者竞争策略还能够比对手更有效一些，选择大城市的航班集中度较低的二线机场也不失为一个明智之举。

其次是空管协调。除了机场的容量紧张外，空域的容量，特别是繁忙航路上的空域和大型机场集中区域的进近管制空域也非常紧张。为缓解这种航路紧张的状况，国际民航组织致力于发展新一代的未来空中航行系统并已完成 RVSM（减小垂直飞行间隔）的工作，提升了航路的容量。但是考虑未来航空运输量的进一步增长，要想缓解空中容量的问题则还需要技术的进一步提升，而这种大幅提升还需要假以时日。航空运输企业在进行航班计划的过程中应该不断与航行管制部门进行协调和沟通，获得有用的反馈信息，力争减少由于航班计划的时间处在特定航路的空中流量最大时段而造成的延误问题。

第三是与空军的空域管理部门进行协调。根据 2001 年 7 月 27 日中华人民共和国国务院、中华人民共和国中央军事委员会令第 312 号颁发的《中华人民共和国飞行基本规则》第四条的要求，国务院、中央军事委员会空中交通管制委员会领导全国的飞行管制工作。在第三章飞行管制的第二十八条又进一步明确，中华人民共和国境内的飞行管制，由中国人民解放军空军统一组织实施，各有关飞行管制部门按照各自的职责分工提供空中交通管制服务。因此，民用航空飞行的航线和航路，特别是临时航线需要与空军的飞行管制部门进行协调。

4. 航班销售

航班计划产生并得到确认和批准后,就可以开始正式的销售工作了。

最早的机票销售是面对面的柜台销售,座位控制是人工负责的,每人负责一个航班,采用一张座位控制卡的方式,这张卡表明了该航班使用的机型和座位数,对应于每一个订座的旅客,座控人员必须在控制卡上进行标注。当时由于通信还不发达,如果是通过代理进行订票,则座位信息可能要等待几小时通过电报转到座控人员的手中。

1959 年,美利坚航空公司和 IBM 一起合作开发出第一代计算机订座系统SABRE,使航班机票的销售控制摆脱人工作操作进入一个新阶段。此后,以SABRE 为代表的全球分销系统(GDS)持续运行了近 30 年,直到 1993 年莫里斯航空开创了一种称为电子客票的新销售模式[1]。另外,20 世纪 90 年代以后的互联网的发展速度很快,越来越多的家庭拥有电脑,使电子零售商业(B2C)的业务发展迅猛,使销售逐渐从原来的单一模式和渠道扩展到今天以 GDS、互联网、呼叫中心三种平台共同销售的新模式。而近年来兴起的移动互联网技术又使大部分以互联网为平台的销售集中在移动终端上,大大方便了旅客的出行。同时销售代理也加大了科技应用,有实力的线下代理公司逐步发展为线上代理公司(OTA),并通过大数据应用、爬虫技术等,集中对各航空公司的服务产品进行比对,同时增加自己的增值服务,形成独特的服务体系。图 7 - 1 为机票销售网络和渠道示意图。

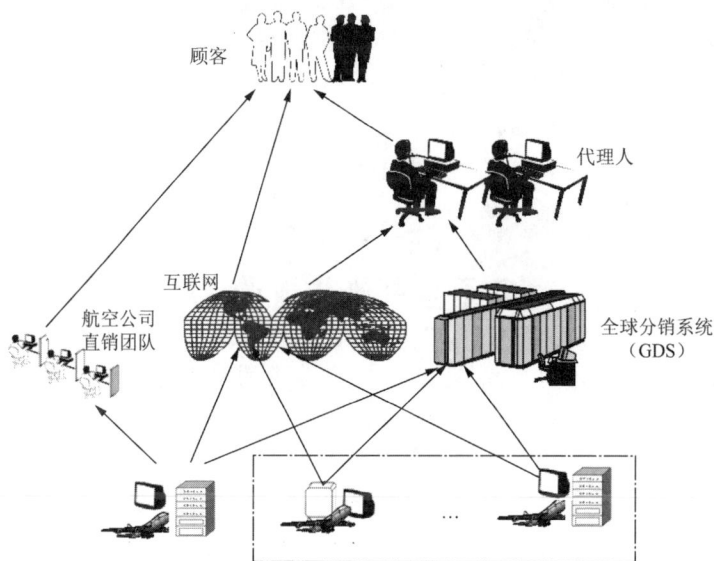

图 7 - 1　航空公司机票销售网络和渠道

① James Wynbrandt. *Flying High* [M]. New Jersey: John Wiley & Sons, Inc., 2004.

SABRE 和全球分销系统的发展

1955 年,美国的美利坚航空公司(AA)首先使用一种磁电管的储存设备(Magnetronic Reservoir)进行订座。该系统使用一个磁鼓记录器来储存旅客姓名,使代理人可以比较快速方便地查找航班的可利用座位信息。但是由于该系统储存容量有限,大量的除旅客姓名以外的其他旅客信息无法储存,所以航空公司还必须另外保留很多书面信息,这使得这个系统使用非常不方便。1957 年,美利坚航的总裁 C. R. 史密斯在坐飞机的时候偶然碰到 IBM 的销售和市场代表布莱尔·史密斯并就订座的问题进行了交流,美利坚航的总裁详细说明了公司碰到的订座方面的困难,并建议 IBM 和 AA 一起成立一个研发团队共同解决此问题。30 天后,IBM 正式做出答复同意共同开发。

于是 AA 和 IBM 一起组成了一个 75 人的研发团队,该团队的名称叫"半自动业务环境研究小组"(Semi Automatic Business Research Environment),简称 SABRE。1959 年在投资 3 000 万美元之后,该项研究获得成功。1960 年第一个 SABRE 订座系统安装到位于纽约州的布里亚克利夫曼纳的计算机上(Briarcliff Manor),并于 1962 年投入使用。1964 年整个网络系统完成,SABRE 成为最大的私人实时数据处理系统。

其后 SABRE 继续发展,1976 年 SABRE 系统开始辐射到代理人。1983 年 SABRE 系统扩展到加拿大,1985 年 SABRE 系统开始处理旅馆、租车服务,1994 年 SABRE 系统延伸到火车票预订服务。

今天,SABRE 已经发展成为一个航空市场综合服务解决方案、旅游市场综合服务解决方案和政府及其代理服务机构综合解决方案的大型供应商和数据处理商,成为全球最大的分销系统之一。

电子客票的几种形式

大多数航空公司走了与莫里斯航空及后来的捷蓝航空不一样的电子客票之路。

莫里斯航空发展电子客票的初衷就是为了脱离代理人的制约,因此该公司发展的电子客票业务就是以航空公司网站开始的直销,没有其他形式的电子客票。后来电子客票成为国际航协"简化业务"的一种标准,在行业内大力推广,由此,就像纸质机票一样,电子客票也发展出本票电子客票、BSP 电子客票和联运电子客票三种。

所谓本票电子客票,就是指从航空公司网站直接销售出去的电子客票;所谓

BSP 电子客票,是指由代理人、旅行社和其他代理机构通过全球分销系统的网络渠道销售出去的电子客票;另外,为支持航空公司之间的联运还有联运电子客票。

从航空公司的利益角度来说,成本最低的销售方式是本票电子客票;而成本最高的电子客票是 BSP 电子客票。因为正如前面所述的莫里斯航空一样,如果采用 BSP 电子客票,航空公司将受制于分销系统的网络并需要支付分销系统"订座费"和网络"通信费"。

第二节　民用航空运输的系统运行

民航运输系统是由民航当局、机场、航空公司和航行管制四大部分组成的,这四个组成部分互相依存,如果有任何一个组成部分不能正常运行,都将会影响整个系统的正常运行工作。而要研究民用航空运输系统运行的整体流畅性,最有效的办法就是研究一个航班从航班准备、进入运行到结束运行的整个过程。

一、航行前检查和准备

按照正常的作息时间,大多数旅客都习惯在早上八点钟以后出行,所以航空公司的第一个航班一般也安排在早上八点钟左右出港。

冬日早晨六点钟的时候,天还只是蒙蒙亮,在机场的各个岗位,人们已经开始忙碌起来。

最早到达机场的是飞机维修人员。虽然已经是早起之人,但是"莫道君行早,更有早行人",为了飞机的安全,在停机坪执勤的安保人员已经一夜无眠。飞机维修人员完成对飞机的外部检查后,与安保人员进行飞机交接,随后开始按照工作单的工作内容进行飞行前飞机的例行检查工作。当地面电源或者是辅助动力装置(APU)的启动声划破黎明的宁静时,机场协奏曲中的第一个音符开始奏响。

踏着"乐声"而来的是列队进场的飞行机组。随后,其他地面保障单位的人员也陆续到达现场。

第一个关键时刻——飞机飞行前通电检查

詹·卡尔松在他的《关键时刻》一书中这样定义①:"去年一年中,北欧航空公司总共运载了 1 000 万名旅客,平均每人接触 5 名员工,每次 15 秒。也就是说,这 1 000 万名乘客每人每年对北欧航空公司'产生'5 次印象,全年总共 5 000 万次。这 5 000 万次'关键时刻'决定了公司未来的成败。"因此他认为,航空公司雇员与

①　詹·卡尔松.关键时刻[M].韩卉,译.北京:中国人民大学出版社,2006.

乘客的每一次接触都是"关键时刻",不过在笔者看来,虽然服务非常重要,但航空主要是以其安全和迅捷而实现其竞争优势的,所以保证安全和正点的每个时刻都是更关键的时刻。

早上飞机的第一次通电检查就是飞机能否保证正常起飞的关键,因为飞机设备,特别是电子设备在断电和通电时具有不同的物理特性,这种物理特性随着温差的变大将受到更大的影响,这就使飞机在冬天过夜温度较低时,电子设备出现故障的可能性上升,所以电子设备的第一次通电将更多地决定电子设备的工作表现。飞行机组和维修人员一起进行飞行前准备时,除检查机械件的磨损、流体的渗漏外,主要是通过通电检查,以确定所有的电子设备都处在良好的工作状态。一旦发现不正常情况,机务人员可以利用早上准备的提前量,及时对故障进行处置。

在机场的候机楼,忙碌的情景也开始浮现。

我们知道,如果是一架只装载几十人的小飞机出港,那么办理登机手续不会是一个很大的问题。但是随着飞机越来越大,载客的人数越来越多。要办理一架载客300人以上的大飞机的乘机手续,特别是国际乘机手续时就需要很长的时间。因为办理登机手续时,不仅要根据旅客需求,指定相应的座位;还需要处理很多托运行李,可能还有很多超大或者超重行李;还有,根据不同国家的入境规定,可能还需要帮助旅客填写各种信息。比如飞往美国的航班就需要获得所有旅客的护照和签证信息并在起飞前上传到入境地。因为这些,候机楼登机手续一般也会在航班起飞前两小时开始办理。与之相配合,机场安检人员、海关和公安(边防检查)人员和其他候机楼服务人员也必须提前两小时到达自己的岗位。今天有了互联网自助值机的帮助,大多数旅客自主选择座位已是常态,因此机场值机区的紧张程度得到缓解,而未来,随着RFID技术的推广,相信行李自助托运也会更加普及。

同样,在运行控制中心,运行控制人员也在忙碌着。这个中心担负着两类任务:第一个任务是负责为飞机进行任务放行,即按照飞行任务调配合适的飞机,第二个任务是为特定任务飞行的飞行机组准备各种飞行资料。对于第一个任务而言,如果一个航空公司只有一架飞机,同时只执行一个航班,那么就没有调配可言。但是对于一个拥有几百架飞机、拥有多个飞行基地的大型航空公司而言,调配就非常重要,也会非常复杂。而第二个任务,即准备飞行资料的任务则更加复杂。一是要考虑飞机本身性能的问题;二是要考虑飞行的气候条件问题;三是要考虑可以利用的航路问题;四是要考虑整架飞机的载量问题。经过对这些因素的综合考量和计算,最后签派员可以给出飞机需要加多少油量、按照哪条航路来飞行、大致在什么时间到达等参数。并把这些性能计算和任务放行的清单交给飞行机组。

大型航空公司的运行控制中心除具有以上两种职能外,也会把飞行签派以外的诸如机务维修、地面保障、机组调配、载重平衡、食品配餐、物流运送等其他协调工作放在运行控制中心职能内,以此实现对内部的信息整合,对运行航班的统一调度指挥和集中管理,使生产运作流程更加合理、有效,达到提高整体运行效率的目的。

二、起飞前 30 分钟

当旅客完成乘机手续办理后可以进入候机楼内休息,待飞机准备妥当后可以开始登机。登机时间一般安排在起飞时间之前的 30 分钟内,登机手续最重要的一点是保证乘机的旅客能够到达其准备乘坐的飞机。对于大型载客率高的航班而言,要想准时完成登机将需要更多的时间,所以提前 45 分钟开始登机已是常态。

在大型机场,由于同时安排登机的航班会很多,因此航空公司需要采用有效的措施保证乘客能够各行其道,另外还要保证那些没有能够及时进行登机的旅客得到提醒。所以,航空公司或者航空公司的机场代理人会利用一套"离港系统"来负责安排和清点旅客。离港系统的客户端分别在乘机手续办理处和登机口,办理登机手续时,旅客和其乘坐的飞机上的座位信息被确认并打印成登机牌(包括网上自助值机形成的电子登机牌),经过登机口时,将登机牌进行扫描,可以比对旅客信息。一旦发现哪位旅客没有及时登机,系统将能够自动提醒。

旅客登上飞机后,飞机上的客舱乘务员也会核对旅客的数目。在机上核对旅客的数目不仅是为了保证旅客能够一个不落地登机,同时更是为了飞行的安全。根据国际民航运输的安保要求,如果一个旅客办理了托运行李和登机手续而未能登机或者办理了登机手续、已经登上飞机却又离开飞机,飞机必须进行货物清舱和客舱清舱的工作以防止爆炸品被带到飞机上,从而影响到飞行安全。

旅客到达客舱后应该按照指定的座位坐下并系上安全带,这也是为了飞行的安全。很多旅客上机后如果发现座位不满,喜欢随便找一个空位坐下,这是不符合飞机配平规定的。有关配平的问题在前面已经阐述过,这里再稍加阐述。很多旅客会提出一个问题,为什么我在别的某架飞机上坐在别的位置上怎么乘务员认为没有关系呢? 飞机配平不是说旅客绝对不可以移动到别的位置。一般而言,飞机配平都有一个配平区间,即重心在这个区间内变化的时候,飞机的升力是可以实现与之平衡的。但是,由于飞机型号的不同,飞机的装载量和装载位置的不同,飞机的重心位置或者配平区间都会受到影响。比如,一架飞机可能由于今天在某个货舱内有某件特别重的货物导致重心向某个方向移动,所以旅客装载必须全部靠前或者靠后,这种情况下旅客随意更换座位就可能导致整架飞机的重心超出可操纵的范围。对于部分飞机结构重心本身比较靠后的飞机,在货舱没有配载的情况下,旅客座位则是从前往后安排,这样才能使整机的重心在可以操纵的重心范围内。

关于机上应急出口座位安排的规定①

为了能够在紧急情况发生时及时撤离,机上应急出口位置的座位间距比较宽敞,因此很多人乘机时都希望能够乘坐这一排位置。但是按照CCAR-121部的要求,选择应急出口座位的旅客必须满足第121.593条中的能力规定并自愿承担相应职责。能力要求包括① 能够确定应急出口的位置。② 能够认出应急出口开启机构。③ 能够理解操作应急出口的指示。④ 能够操作应急出口。⑤ 能够评估打开应急出口是否会增加由于暴露旅客而带来的伤害。⑥ 能够遵循机组成员给予的口头指示或者手势。⑦ 能够收藏或者固定应急出口门,以便不妨碍使用该出口。⑧ 评估滑梯的状况,操作滑梯,并在其展开后稳定住滑梯,协助他人从滑梯离开。⑨ 能够迅速地经应急出口通过。⑩ 能够评估、选择和沿着安全路线从应急出口离开。同时,第121.593条还规定有以下几种情况之一的旅客不应该乘坐应急出口座位:① 该旅客的两臂、双手和双腿缺乏足够的运动功能、体力或者灵活性来操作应急出口门,导致应急出口门无法完全开启和固定,或者缺乏相应的能力来移除通向应急出口的障碍物和在应急逃离时帮助旅客②。② 不足15岁或者自身是需要协助的成年人。③ 缺乏阅读和理解本条要求的、由合格证持有人用文字或者图表形式提供的有关应急撤离指示的能力,或者缺乏理解机组口头命令的能力。④ 没有隐形眼镜或者普通眼镜以外的视觉器材帮助时,缺乏足够的视觉能力。⑤ 没有助听器以外的帮助时,缺乏足够的听觉能力。⑥ 缺乏足够的口头传达信息能力。⑦ 该旅客有其他责任而不适合履行该职责,例如要照料幼小的孩子等。

为了减轻飞行过程中,特别是起飞过程中的工作负荷,在起飞前还有一项工作需要完成,即在舱单(way bill,飞机载量的信息)送达和获得离港的飞行指令后,在飞行管理计算机上完成飞行计划的输入工作和备份飞行计划的输入工作。

---

① 参见《中国民用航空规章121部》——《大型飞机公共航空运输承运人运行合格审定规则》(CCAR-121FS-R5)。

② 包括10种情形,具体参见《中国民用航空规章121部》(CCAR-121-R5)第121.593条原文,(A) 向上、向旁边和向下达不到应急出口位置和应急滑梯操纵机构;(B) 不能握住并推、拉、转动或者不能操作应急出口操纵机构;(C) 不能推、撞、拉应急出口舱门操纵机构或者不能打开应急出口;(D) 不能把与机翼上方出口窗门的尺寸和重量相似的东西提起、握住、放在旁边的座椅上,或者把它越过椅背搬到下一排去;(E) 不能搬动在尺寸与重量上与机翼上方出口门相似的障碍物;(F) 不能迅速地到达应急出口;(G) 当移动障碍物时不能保持平衡;(H) 不能迅速走出出口;(I) 在滑梯展开后不能稳定该滑梯;(J) 不能帮助他人用滑梯离开。

三、起飞准备

飞行技术上的"起飞阶段"应该从飞机滑行到跑道上并开始加速算起。不过，在这一节中我们要从飞机关舱门开始，因为在飞行运行中，我们通常把关（客）舱门时间是否准时定义为航班出发是否准时的计算点。

旅客各就各位后，虽然客舱还刚开始进行一系列包括如何系好安全带，如何使用应急设备的"安全教育"，但是作为运行的重心，毫无疑问将转移到驾驶舱，因为关上客舱门就意味着真正的飞行阶段即将开始。

机长确认客舱门和货舱门（在内的所有舱门）都关好、登机梯（或桥）已撤离后发出请求起动发动机的指令。

机长和副驾驶的分工

民用公共运输飞机上一般至少配备有两名飞行员，其中一名指定为机长，另一名作为副驾驶。按照《民用航空器驾驶员、飞行教员和地面教员合格审定规则》[①]（CCAR-61）G章"航线运输驾驶员执照"的要求，除身体、年龄、文化水平、知识结构必须符合相应的要求外，航线运输驾驶员执照的申请人必须具有至少1500小时的驾驶员飞行经历时间（包括500小时转场飞行时间、100小时夜间飞行时间、75小时实际或者模拟的仪表时间，其中至少50小时是在实际飞行中的仪表飞行时间）；如果担任机长，则还需要至少250小时在飞机上担任机长或者在飞行检查员或飞行教员的监视下履行机长职责的飞行时间，其中担任机长的飞行时间至少为100小时。而《大型飞机公共航空运输承运人运行合格审定规则》[②]（CCAR-121）还补充规定了对大型公共运输飞机的飞行员的合格要求，这些要求在从第M、N、O章的121.381条到第121.480条内。其中第121.417条规定：对于大型飞机的机长，应当担任中型飞机机长飞行一年以上，相应机长飞行经历时间不少于300小时，且总驾驶员飞行经历时间不少于2200小时；对于最大起飞全重136吨（不含）以上的重型飞机，应当担任大型飞机机长飞行一年以上，相应机长飞行经历时间不少于500小时，且总驾驶员飞行经历时间不少于4000小时的额外要求。

按照《运行手册》要求，机长的职责是在飞行期间负责飞机的安全运行以及机上乘客和货物的安全。而副驾驶职责则是在执行飞行任务期间，协助机长实施安全飞行。在飞行中，机长将有权发布命令，并给机组人员进行任务分配；而副驾驶

---

① 参见《中国民用航空规章61部》（CCAR-61-R5），2018年11月16日第五次修订。
② 参见《中国民用航空规章121部》（CCAR-121-R5）。

如果认为机长的工作出现失误或可能导致失误的发生,应及时提出意见或建议。

具体到飞行操作程序上,一般又将飞行员按照主要操作者还是配合操作者来区分,分为主操纵飞行员(把杆的飞行员,简称 PF)和监控飞行员(不把杆的飞行员,简称 PM),并由机长负责决定角色划分。但不论机长是否处在主操纵飞行员的角色,机长都具有最后决断权。监控飞行员通过对照检查单,采用"标准喊话"方式提醒主操纵飞行员采取动作,主操纵飞行员听到"标准喊话"后采取动作,并回应动作的结果以反馈给监控飞行员对照检查。

第二个关键时刻——起动发动机

发动机是飞机的心脏,是飞机的重要组成部分。在飞机的正常飞行中,发动机不仅提供给飞机足够的推力,同时也提供给飞机电力、供给空调和增压需要的空气以及提供液压压力源。

现代运输飞机大多数都采用涡轮喷气发动机作为核心机的各类发动机,这些发动机包括涡轮螺旋桨发动机、涡轮风扇发动机、涡轮喷气发动机和涡轮桨扇发动机,其中最常用的是涡轮风扇发动机。根据涡轮风扇发动机的风扇涵道排气量与核心涵道排气量的大小,可以分为高涵道比涡轮风扇发动机、中涵道比风扇发动机和低涵道比风扇发动机,这些发动机在 0.7—1.2 马赫数——即所谓的高亚音速飞行状态下具有较好的经济性。

发动机起动是通过外力带动发动机旋转,使发动机产生足够的空气压力,然后通过燃油燃烧保持自身旋转的一个过程。发动机起动方式可以有两种,即电起动和气起动,大多数大功率飞机发动机都采用气起动。而气起动方式中又可以分为外接气源起动、APU 气源起动和交叉发动机气源起动。

由于起动发动机的气源压力会根据外界条件的变化而变化,因此发动机起动的时间也会有所变化,这种变化导致了发动机起动过程的不稳定,而不稳定的起动过程使发动机起动时可能面临转速悬挂、发动机超温、发动机过热、起动机无法脱开等故障,使发动机起动环节成为飞行运行的一个"关键时刻"。

发动机起动阶段成为关键时刻还有一个重要原因就是飞机的大多数设备将进行电源供电方式的切换,需要动力的其他系统也从发动机得到动力供给进行工作。飞机的电源供应切换会检验更多的电子设备和用电设备的工作状况,动力的提供可以使各个系统进入工作状态。因此,飞行员必须密切监视发动机起动过程和起动换电后出现的各种状况,及时处理出现的问题。

很多飞机都装有反推装置,这些反推装置在万一需要的时候也可以进行飞机倒滑。但一般来说,由于倒滑存在危险,所以在起动了发动机后,如果飞机是停靠在无法直接滑行的位置,则多半采用牵引车将飞机从停机位推出到滑行位。起动完成后,一般飞机也已经推到滑行位,地面机务人员与机组确认飞机和发动机处在正常工作状态后,飞机与牵引车脱开,机务人员拔下与飞机连接的耳机,指挥飞机开始滑行。

除了得到地面机务维修人员的滑行指令外,飞机滑行还需要得到机场飞行区地面活动管理部门(有时是塔台交通管制部门代为管理)的许可。滑行指挥会给出飞机从目前滑行位到达飞机起飞跑道所需要经过的详细路线(机场跑道、滑行道及其标志见图 7-2 和图 7-3)。在大型机场,由于出港飞机多,滑行可能也需要排队;或者由于飞机起飞的跑道可能需要穿越其他跑道,这时候,滑行指令可能就会分段给出。

图 7-2　跑道和滑行道道面图

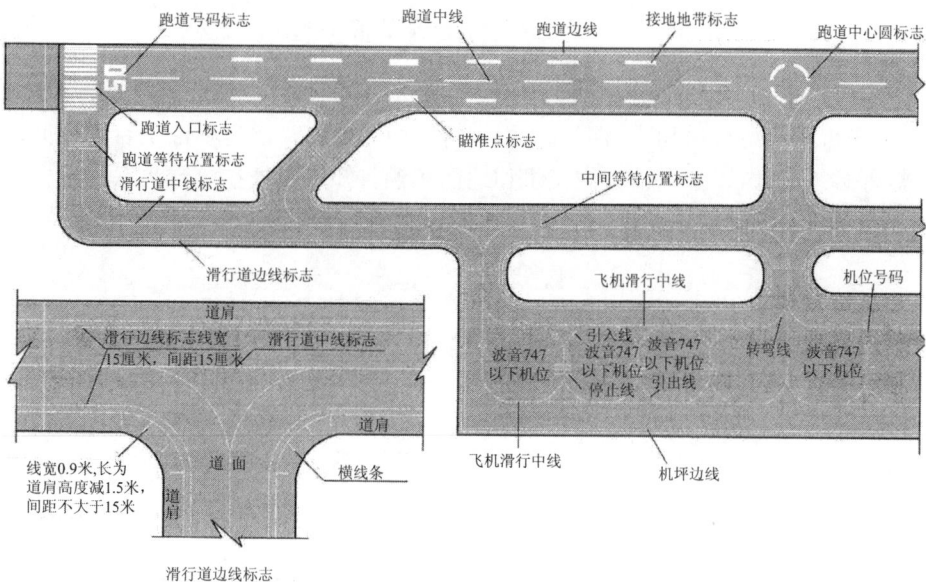

(a) 机场道面标志

(b) 指令标志

(c) 障碍物标志

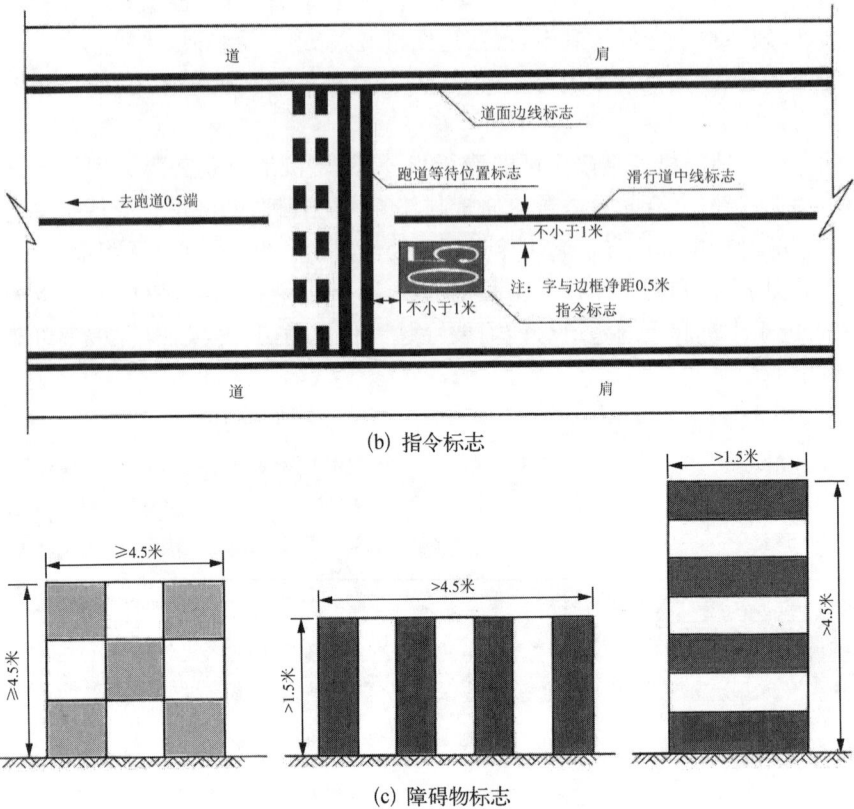

图 7-3　跑道、滑行道及场区内的各种标志①

　　飞机在白天滑行时跟着地面上标定的滑行线路前行,在低能见度或者夜间滑行时,飞机跟着滑行道和联络道上的引导灯和引导标志。但是不论是否在夜间,滑行灯都必须打开,以指示给其他飞机和地面车辆告知本机处在滑行状态。

　　当飞机最终被允许从起飞等待点离开进入跑道,则意味着飞机开始进入起飞阶段。

飞机的起飞形态准备

　　在正常飞行过程中,飞机的巡航速度的选择基本上是处在最佳升阻比速度附近,因为在最佳升阻比速度附近,不仅可以取得足够的升力,同时飞机的阻力较小,需要的动力较小,飞行的经济性较好。但是,不难发现,正常巡航速度与起飞速度

_____

①　参见王维.机场飞行区管理和场道施工[M].北京:人民交通出版社,2007.

相比存在着较大的差距,所以虽然正常巡航速度状态下,飞机形态产生的阻力较小,但是由于升力的大小是速度的平方的函数,所以以同样的形态,但是却低得多的速度飞行(起飞速度),将不足以产生克服飞机重力的升力。

为了弥补速度过小带来的升力不足的影响,按照升力的计算公式 $Y = 1/2(\rho v^2 CS)$(C 为升力系数,S 为产生升力的面积),升力还可以通过增加升力系数和提高产生升力的面积两种方法来弥补。实际飞机设计上,通常通过放襟翼和缝翼的方式来实现。因此,在向着起飞跑道进发的滑行过程中,飞机还需要做好起飞襟翼和缝翼的位置设定。

另外,起飞时除了要考虑升力与重力的大小之外,还必须充分考虑重心力矩和各升力的力矩是否能够平衡,以确定飞机是否有足够的操纵性,这种力矩的平衡能力主要看飞行控制面配平,一般以水平安定面配平居多。所以起飞形态准备也涉及水平安定面配平是否设置在合适的范围内的问题。

当然,起飞形态还要检查那些增加阻力的设备是否收藏到位,因为起飞时起落架放下位和襟、缝翼的放出已经大大增加了飞机的阻力,飞机无法承受更多的阻力。

四、起飞阶段

当飞机滑行到起飞等待位时,飞机的指挥权已经转移到塔台管制。机场塔台是机场附近区域内的制高点,从塔台上向下望去,机场各个角落的情况一览无余。塔台上配备有高倍望远镜,在需要的时候,可以负责监视机场区域的障碍物。随着地面监视雷达的应用,即使在能见度很低的天气条件下塔台也可以方便地知道地面车辆和飞机的移动情况。

当确认天气符合起飞标准,并且既没有即将落地的飞机,也不会受已经离场的前面起飞的飞机的尾流影响时,塔台将给出起飞指令。指令不仅包括允许起飞的许可,也包括跑道上实时的风速、风向,同时也会指导飞机在离地后飞向出港的航路。

飞机进入跑道,对准跑道中心,发动机轰鸣声越来越强,飞机开始起飞滑跑。

起飞简令——机组协调配合的依据

在飞行中,飞行机组的密切配合是飞行安全的重要保证。虽然人类的认知能力经过漫长的发展已经具有很高的综合能力,但是由于人类感觉器官的局限性,对知觉对象进行解释的模糊性,反应能力的滞后性使得飞行员对故障的识别、分析判断和纠正措施跟进上都存在明显的不足,所以需要采用团队合作的方式来更好地解决问题。而为了实现团队高效配合,必须有一个(团队)双方都能识别的规则。

这个规则应该能够用职业化的语言、职业化的行为模式进行反映。起飞简令就是形成团队合作规则的办法之一。

在飞行准备的时候,当机长掌握了包括起飞指令、天气情况、配载情况等数据在内的所有信息后,机长应该综合这些信息形成对本航班起飞可能遇到的问题和情况的一个基本判断,根据这个判断与副驾驶一起研究找出解决问题的备选方案并在机组成员中达成一致。因此起飞简令(Take - off Briefing,也可以称为起飞前讲评)就是综合信息、达成一致并对可能采取的行动进行通报的过程。

起飞简令一般至少包括以下几个方面的内容:一是需要特别关注的几个速度值的计算结果,如V_1、V_R、V_2值,并确认在飞行仪表的相应设定上是一致的,因为速度是飞行安全的重要保证。二是关于飞行高度和离港路线的陈述和确认,通常包括高度表的设定、离港程序的对照、初始爬升高度的要求。三是本次飞行可能碰到的特殊情况或者作为本次机长需要副驾驶给予特别配合的地方。比如在低能见度下的起飞就特别需要观察跑道中心灯,在大侧风条件下起飞滑跑时要注意修正方向等。最后还要从副驾驶处得到反馈,确信在出现这些情况的时候副驾驶给予你需要的和正确的帮助。

两种起飞方式——滑跑起飞和刹车起飞

在飞机滑跑起飞的过程中,通常会出现两种起飞方式,一种称为滑跑起飞(Roll-out Take-off),一种称为刹车起飞(Brake-on Take-off)。

在早期飞行中的大多数情况下,飞行员一般都采取刹车起飞。所谓刹车起飞就是指飞机滑行到起飞位置后,不马上松刹车滑跑起飞,而是刹车停留,将发动机马力(发动机转速)增加到起飞推力(发动机速度达到起飞推力的转速)并稳定工作后松开刹车起飞。刹车起飞的好处是可以最大限度地利用全跑道起飞,并且由于在起飞前已经经历了最大推力状态的稳定运转和检查,所以减少了出现中断起飞的可能性。

与刹车起飞相比,大多数涡轮风扇发动机飞机都采用滑跑起飞的方式。所谓滑跑起飞就是在飞机进跑道后,不作停留,直接一边滑跑,一边继续加速到最大起飞推力状态的起飞方式。滑跑起飞的前提是发动机的推力裕度较大,当然滑跑起飞与刹车起飞相比,可以更好地提高跑道使用的效率,增加机场的容量。

1. 起飞滑跑第一阶段

飞机第一阶段的起飞滑跑也可以看作是低速滑跑阶段,即飞机从速度为零加速到某个特定的低速定义值(通常不超过80海里每小时)之间。起飞第一阶段的特点是:在该段速度内的任何时间如果飞机系统或者发动机出现故障,由于飞机滑跑的速度较小,飞行员可以将飞机从容地减速停在跑道上。所以,当主操纵飞行员(PF)正在操纵飞机时,监控飞行员(PM)应该密切地监视飞行仪表以确定飞机各系统的工作情况,一旦发生故障,应立即报告给主操纵飞行员,使其中断起飞过程,滑行回到维修机坪进行维修。所以在这个阶段,任何飞行系统故障都会通过飞机警告系统给出警告信息。

这一阶段的"标准喊话"包括飞机各系统工作状态、发动机推力情况、飞机滑行速度、滑跑方向等。

2. 起飞滑跑第二阶段

当飞机速度超过 80 海里每小时(第一阶段的特定速度值)后,飞机进入高速滑跑阶段。在高速滑跑阶段,飞行员必须更密切地关注飞机的滑跑轨迹,防止飞机滑偏,同时随着速度增大,中断起飞所需要的滑跑距离也越来越长,直到速度达到 V_1 值时,剩余跑道的长度正好用于为该型机从 V_1 速度减速为零所需要的减速距离(对于使用该机型的验证跑道而言)。所以,V_1 速度又称为决断速度,达到 V_1 速度前的滑跑是起飞滑跑的第二阶段。

因为起飞滑跑第二阶段速度较大,错误操作的后果更严重,所以在起飞第二阶段内,如果出现小的不直接影响飞机飞行和操纵的系统故障就应该被抑制以防止干扰飞行员的注意力。同时主操纵飞行员和监控飞行员都应该密切监视飞机状态,主操纵飞行员要把握好飞机的滑跑方向,监控飞行员应该及时提醒飞行速度并注意飞行系统是否有故障,因为这个阶段出现的故障警告应该是比较严重的故障,而由于滑跑速度快,机长只有很短的时间来决断飞机应该继续起飞还是应该中断起飞。

一旦监控飞行员用"标准喊话"提示"V_1"(速度达到 V_1),则意味着飞机必须起飞。

3. 起飞滑跑第三阶段和起飞离地

飞机到达 V_1 速度时,表示即使此时飞机出现一些故障(包括一台发动机失效),飞机继续起飞的风险将小于飞机中断起飞的风险。不过 V_1 速度并不表示飞机可以拉杆抬前轮离地,抬前轮离地的速度是 V_R。虽然在速度计算时,很多飞机在很多情况下,V_1 与 V_R 相等,但概念上这两个速度是不同的。V_R 代表飞机已经取得足够升力可以离开地面的速度。

由于升力与飞机的迎角有关,速度到达 V_R 时,飞机还会继续在跑道上滑跑。当飞行员拉杆使升降舵偏转出现升降舵上的升力力矩小于机翼升力产生的向上力矩时,机头开始抬起,前轮脱离跑道。而随着前轮抬起,飞机的迎角增大,升力也进一步增大,使得飞机又可以进一步增大初始爬升角,当迎角增大到使其当前升力完全超过飞机重力时,飞机脱离跑道升空。

速度、高度与飞行安全

速度和高度是飞行安全的两个重要指标。特别是离地面较低的情况下,速度和高度是安全的决定性因素,因为有了高度,飞机可以通过损失部分高度向下俯冲来获得速度。同样,有大速度的支持,飞机可以通过拉升来牺牲部分速度,获得高度。

在飞机刚脱离地面的时候,因为当前形态下的飞行速度还没有达到安全飞行速度,同时飞行高度也不足以给飞机的机动操作提供保护,所以飞机的任务是继续加速和爬高。但是加速和爬高都需要推力来支持,当发动机推力不足,出现需要在进行加速和爬高之间作取舍时,有什么原则呢?

V_1速度(也称决断速度),在飞机离地后就失去意义。当飞机在空中飞行时,最重要的速度是飞机安全速度、抖杆速度(失速预警速度)和失速速度(见图7-4)。这三个速度在飞行仪表上会给出明显的指示。安全速度表示可以按照正常操作程序进行飞行的最低速度,抖杆速度代表大约1.1倍的失速速度(根据各型飞机的形态不同而不同),表示飞机速度已经进入警告区。在装有抖动装置的驾驶杆操纵的飞机上,一个偏心马达带动驾驶杆抖动,给飞行员提供警告,如飞机还配备有自动油门系统,则此时飞行控制计算机会自动接通自动油门(或者自动推力)系统,使发动机增加推力保持速度。如果速度继续下降,则到了失速速度的范围。失速速度是一条红色警告线,飞机降低到失速速度将导致飞机由于升力不足而直接下坠,运输飞机的机动性和操纵性较稳定性差,一般来说进入失速后改出更加困难。

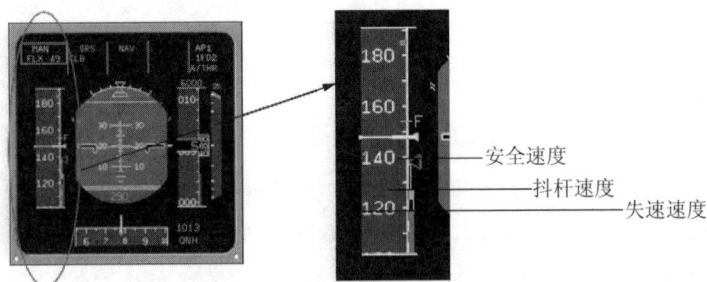

图7-4 速度标带和不同速度限制指示

根据速度和高度之间的相互关系,如果在初始离地状态出现飞机发动机动力不足的情况,飞机必须稳定保持在抖杆速度以上为前提然后爬高。一旦出现速度继续下降的情况,就必须通过牺牲高度来增速,否则在低高度出现失速就会使飞机完全失去操纵性,导致机毁人亡的后果。

现在飞机的自动系统越来越先进,飞行计算机会自动计算当前重量和相应飞机形态下的各个速度,同时提供保护,使我们的飞行越来越安全。

4.起飞后初始爬升阶段

机场跑道的设计规定,越过跑道端口的高度不能低于 35 英尺,所以当飞机超过 V_2 速度并成功爬高到 35 英尺以后就进入了起始爬升阶段。由于 35 英尺的高度仍然很低,飞机不具有足够的机动性,所以飞机仍然需要直线继续爬高。只有当飞机获得离地 400 英尺以上的高度时飞机才具有安全的机动性。

如何尽快爬高呢? 爬高的重点就落在了减小阻力上。在爬升状态,由于速度基本上保持在最低安全速度(大于或等于 V_2)的水平,所以任何飞机增升翼面的改变都可能导致升力的急剧下降。在起始爬升阶段,增升装置,如襟翼和缝翼必须保持不变,为了换来更大的推力进行爬高,应该马上收起起落架。

飞机继续爬高到 400 英尺,这个高度已经可以进行安全的机动飞行,这时如果在飞行计划中准备了离港路线,那么飞机可以接通自动驾驶仪跟着飞行管理计算机计算的剖面进行飞行。如果离港航线有变化,则可以从原来与塔台管制员联系切换到与离港进近管制员联系以取得最新的指令。

当飞机爬高到 1 500 英尺时,飞机发动机的推力可以从"起飞推力"位置调整到"爬升推力"位置,起飞阶段结束。

正常起飞阶段的"标准喊话"见图 7-5。

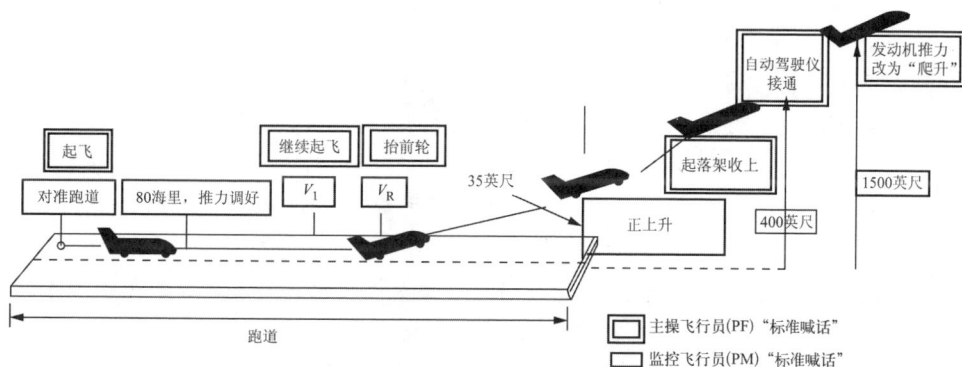

图 7-5　正常起飞阶段的"标准喊话"

五、航行阶段

飞机起飞是开始空中旅程的第一步,能否让旅客的空中旅行得到欢乐和幸福的体验,不仅依赖飞行员精湛的技艺,同时也取决于在一个航班上的所有(临时)团队成员是否能够共同努力,互相支持。

1.起飞后的后续工作

飞机在很短的时间内就完成了起飞过程。1 500 英尺以后,发动机推力减小到"爬升推力"位置,进入了航线爬升阶段。

但是不要忘记到现在为止,除起落架和发动机以外,飞机的襟翼、缝翼及其他系统设置还仍然保持在起飞形态。

首先是襟翼、缝翼。前面已经讨论过,襟翼、缝翼的作用是增加起飞升力,而升力与速度有关,所以当速度增大时襟翼、缝翼应该收上。在飞机上升到1 500英尺以后,飞机的高度已经处在安全飞行的状态,所以如果不是急于避让进港的飞机或者尽快加入航线而需要快速上升的话,加速是主要问题。当飞机从起飞状态改为爬升状态时,飞机的迎角减小,爬升梯度下降。由于此时起落架已经收上,飞行速度增加很快,当速度分别达到收襟翼安全速度和收缝翼安全速度时,襟翼和缝翼可以及时收上。

另外,还有一项要做的工作是,进行"起飞后检查"。在飞行的每个阶段除了有特定的"标准喊话"外,还配有专门的书面检查单用于对照检查需要完成的每项工作是否完成。所以和起动前检查单、起动后检查单、起飞前检查单一样,起飞后也有相应的检查单用于检查需要执行的动作是否已经全部完成。

返　　航

飞行的安全性非常高,这样高的安全性不仅是通过飞机系统的设计和完善来取得的,同时也是通过在飞行的全程中持续不断地对飞行状态进行评估并及时采取纠正措施而获得的。飞行依靠的是科学,飞行来不得半点侥幸。而在起飞后需要做的安全评估就是如果碰到了天气原因或者飞机的系统故障是否应该返航。

一般来说,由于在起飞前已经对最近的一段时间内的天气情况进行了了解,所以不太可能刚起飞就因天气原因返航。通常情况是在飞往目的地的途中,由于目的地的天气出现较大的变化导致无法落地,而又找不到更适合的备降场时才会返航。更多的返航原因是飞机系统出现较严重故障,或者飞机的某个系统故障又碰到了需要使用该系统的特殊天气,如气象雷达故障而航路上有雷雨或者结冰现象。

除了飞离机场再返航的情况外,如果碰到的是发动机火警、发动机失效等有关发动机的故障时,飞机将改变飞行程序节约发动机的工作时间并尽快返场落地。为发动机失效而设计的单发程序一般要求飞机离地后只爬升到1 000英尺(安全高度)就将剩余发动机的推力从"起飞推力"位(连续工作不能超过5分钟)降到"最大连续推力"位置(连续工作时间不限的最大推力位),以确保剩余发动机能够持续到飞机返场落地。

大型飞机起飞后要马上返航落地还会碰到一个"减重"的问题。因为飞机起飞的时候承受的重力加速度值(g值)比落地的时候飞机产生的重力加速度值更小,所以在结构设计承受的载荷不变的情况下,就出现允许使用的"最大起飞重量"大于允许使用的"最大着陆重量"。而这部分差值通常都是预留给远程飞行的燃料装载使用。所以,如果这类飞机起飞后需要马上返场落地,则还需要飞到固定的放油区排放一部分燃油,减轻重量后才能回到机场落地。

另外,飞机起飞的时候,为了使空港区域内的其他飞机能够更容易识别,飞机的至少一个着陆灯应该保持在"开"位,待飞机上升到超过 10 000 英尺的高度后再关闭。着陆灯除了有防撞作用外,这种高强度灯还能起到驱鸟的作用。在湖区或者湿地附近的区域,很多飞翔性能好的鸟类都能够飞行到上万英尺高度,当然,航线上也可能碰到能够飞到两万英尺以上正在迁徙的候鸟,但毕竟种类更少,概率要小得多。同时,起飞后检查单还包括一项非常重要的工作,就是高度表的调整和转换。

高 度 表 调 定

与飞机飞行有关的高度有四个概念,即以海平面标准气压值(温度 15 摄氏度,气压 29.92 英寸汞柱)为参照系的压力高度,它是飞机相对于海平面的真实高度(真高,简称 STD ALT),一般通过静压孔感觉到的空气压力与一个固定压力值比较获得。二是修正海压高度,是近似真高,即以特定地形(比如机场)高度为参照对象调定的高度,简称 QNH。如在起飞时,不论机场的实际气压为多少,QNH 调定为与当时机场的海拔高度值相同高度。三是场压高度(QFE),即飞机相对于某个机场(一般是起飞机场或者目的地机场)的高度,如在起飞机场使用 QFE 时,调定高度表为零高度即可。四是无线电高度,即飞机与当时飞机所飞行位置的正下方地形面的相对高度,是通过无线电高度表测量出来的。

当飞机飞抵机场或者飞离机场时,由于最重要的一点是要知道飞机与机场的相对高度,这样才能保证飞机有足够的安全高度,所以在机场区域一般使用机场的高度作为参照物,而能够反映与机场高度关系的高度调定类型有 QNH 和 QFE 两种,因此既可以选定 QNH 方法,也可以选取 QFE 高度,但是由于不同参照系得出的高度是不一致的,所以每一个机场都必须规定一个参照系。当飞机加入航路飞行的时候,由于同一航路上会有来自不同机场、飞向不同机场的很多飞机,所以,如果仍然使用某一机场作为参照就会出现飞行高度冲突的问题,这时候的解决方案是大家都选定标准海平面气压作为参照系。而将 QNH/QFE 压力转换成标准气压高度(或者反过来转换)的动作就称为"高度表调定"。无线电高度表主要配合近地警告系统使用,以保持飞机与地面障碍物之间有足够的安全间隔。

当飞机加入航路,飞行就进入了巡航状态。巡航状态并不意味着飞机不会改变高度。在航路上,飞机一方面可能由于某个高度层的间距不够,需要等待进入下一高度层,另一方面也可能存在飞机自身的爬升能力不够,需要按照阶梯爬升的办法逐步进入新的高度层的问题。但是不论是哪一种情况,与起飞状态相比,飞机爬升的梯度小得多,因此不会影响到空中服务。

在航路飞行时,飞行管制按照飞行情报区(FIR)的概念逐步从一个飞行情报区飞向另一个飞行情报区,这些对飞行情报区进行管制的部门称为区域管制中心。

2. 空中服务

根据各个航空公司的定位不同,每个航班中提供的服务也不同。低成本航空公司可能只提供一杯免费的饮料,而高端航空公司将提供从饮食服务到娱乐服务不等的各种内容的服务。

但是空中服务中有一项服务是最基本的,那就是提供足够多的水和含水的饮料。在高空中,由于飞机能够通过增压保持飞机客舱压力高度在一个比较低的水平(通常为−300—8 000 英尺①),从而提供与地面没有多大区别的压力环境;飞机也可以按照人体需要的温度提供空调;但是,因为飞机的空调系统提供的是纯"干燥"空气,所以飞机客舱内无法调节湿度到合适的水平;而事实上,由于飞机空调不仅供应客舱,还要供给电子舱进行冷却,如果空气是潮湿的,反而会影响设备的工作,所以长时间飞行时,身体会感觉到异常干燥。而保持人体湿润的唯一办法就是饮用水或者含水的饮料来补充。

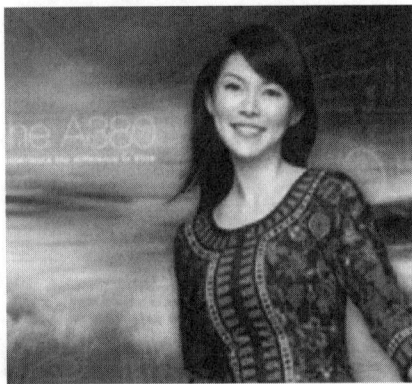

图 7 - 6
身着马来沙笼可芭雅服装
(Sarong Kebaya)出现在新加坡
航空广告片中的新加坡空姐②

关于空中乘务员的职责在运行中也提到过,与空中服务相比,航班运行必须配备最基本数额的空中服务员的原因是为了在紧急情况出现时能够帮助旅客顺利地从机上撤离。所以,即使是不提供很多服务的低成本航空公司也必须配备与运行要求的最低数额相等的乘务员。当然,如果航空公司定位在高端旅客上,那么通常一个航班上的乘务员数目会超过运行最低要求的数额。

与欧美航空公司相比而言,亚洲航空公司更注重空中服务,其中最具代表性的是新加坡航空公司的服务。事实上,新加坡航空公司乘务员的形象——新加坡姑娘(见图 7 - 6)早已

① 负 300 英尺,指飞机增压后客舱压力比海平面的压力还要高。

② 图片资料来源:新加坡航空网,http://www.singaporeair.com/。新加坡姑娘代表亚洲价值观和盛情,她是亲切的、热情的、温和的以及优雅的表现。它是新航服务承诺及优异质量的完美的人性化表现。"新加坡空姐"的形象于 1994 年作为第一个商业人物陈列在伦敦的杜莎夫人蜡像馆。

经超出其机上服务的含义,成为一个品牌的象征。

在与传统航空公司的竞争中,低成本航空公司更着力减少服务的成本,但这并不意味着不提供机上服务。实际上,除了水和饮料以外,低成本航空公司也提供包括从快餐到美酒的各种餐饮服务和机上"大片""游戏"在内的娱乐服务,只不过这些服务将不再是免费服务,而是需要收取费用的。低成本航空公司甚至从机上免税品销售中得到启示,开始成立机上商店,而且销售业绩也非常不错。这种探索和实践反过来也对传统航空公司施加影响,今天与机场开办的各式各样的商业服务相对应[1],航空公司也在利用自己飞机上的这块阵地开拓更广阔的利润空间,传统航空公司也不例外[2]。

3. 航路天气与绕航

飞机在空中飞行也有类似地面一样的道路,简称航路。按照《中华人民共和国飞行基本规则》[3]第十五条和《中国民用航空空中交通管理规则》[4]第九十七条的要求,中国境内的航路宽度为 20 千米,其中心线两侧各 10 千米;航路的某一段受到条件限制的,可以减少宽度,但不得小于 8 千米。在航路方向改变时,则包括航路段边界线延长至相交点所包围的空域。航路中心线为两个地面导航设施的直线连接线,或者在使用区域导航(RNAV)[5]时,为参照地面助航设施而确定的两个点之间的连线。

同样,虽然飞机在天空中飞行不会碰到像地面一样的有形的山峰和河流,但是空中也有很多难以逾越的障碍。在接近地面的高度,最危险的是雷暴和风切变。雷暴是大气层中不稳定气流(如锋面、气旋和槽)发展而来的,通常是由于暖湿气流被锋面抬升到达温度更低的高空,从而冷凝成雨滴和冰粒(反映为积云),当雨滴和冰粒逐渐长大时,锋面无法托住,从而造成下降气流的产生(云内密度高),形成雷暴。当雷暴因为下雨或者通过其他方式接触地面后(如龙卷风),雷暴逐渐消失。最强烈的雷暴是由冷锋或飑线激发的。这种雷暴会发展成旋球状积雨云、漏斗状云和龙卷。

大范围的雷暴一般伴随有可见的恶劣的天气现象,所以容易发现。但是雷暴

---

① 2017 年,机场渠道出售的免税品销售额约为 383 亿美元,占全部免税品销售的 56%。参见广发证券行业研究报告。

② 参见 Statista 网,https://www.statista.com/。数据显示 2018 年全球航空辅助收入已达到 92.9 亿美元,成为重要的利润支撑点。

③ 参见中华人民共和国国务院令第 312 号《中华人民共和国飞行基本规则》,2001 年 7 月 27 日颁布。

④ 参见《中国民用航空规章 93 部》——《民用航空空中交通管理规则》(CCAR－93TM－R5,2017 年修订),中国交通运输部令 2017 年第 30 号颁布,2018 年 5 月 1 日起执行。

⑤ 参见本书第六章相关内容。

原因(三种原因,分别是雷暴、逆温层和急流)引起的风切变却更难预测,特别是在近地(300米以下)状态,快速强烈的下沉气流会与地面撞击后转向与地面平行而变成为水平的、风向以撞击点为圆心而四面发散的可变水平风向风,这就是风切变。当飞机进近到着陆时,如果下滑通道正好通过这种下降气流(风切变中称为微下冲气流,Micro Downburst),在进入的时候会出现升力突然增加(相对速度突然增大),飞机向上偏离原来的下滑道。如果这时候采取修正动作期望回到下滑道,就有可能正好碰上顺风气流(出微下冲气流区时),使飞机与气流的相对速度突然降低,导致飞机升力迅速丧失,从而出现飞机突然的非正常下降,偏离原有的下滑轨迹。如果飞机高度很低时,有可能造成无法改变的失速,导致机毁人亡的后果。

与较低高度的雨雪风霜现象相比,高空主要碰到的是盛行风①、晴空颠簸和航路结冰现象。风是地球表面气体受太阳辐射变热后,压力不一致而引起的。温度提高时,气体会膨胀,产生上升运动,因此出现了低压区,如果温度下降,气体就会收缩,压力增大(高压区)。另外由于地球的自转和气体的黏性又会出现近地球表面的气体与地球的转动速度更接近、远离地球表面的气体与地球速度更不一致的现象,而且赤道上空与南北极上空由于地球自转角速度相同、点速度不同的影响,气体(相对于地球)转动的速度也不同。这种地球自转产生的地球表面的点速度的不同与大气空气压力的梯度力产生了盛行风(大气环流)。然后加上海陆分布、大陆地形等因素的影响,又形成了以一年为周期的大范围的季风(对流)现象。这种季风对飞机长航线的续航时间影响较大。

相比于稳定的季风而言,在高空更危险的是晴空颠簸和结冰。颠簸主要是强风吹过山峰引起的旋转气流变化,在影响严重的地区,这种颠簸会从地面一直延续到对流层顶部。如果空气中湿度足够的时候,就会出现云,这种云标志着山岳波的波峰。如果空气湿度不够就不会产生云,但是在强风影响的高空槽急流的弯曲处就会出现所谓的晴空颠簸(CAT)。颠簸发生剧烈时,飞机必须通过爬高或者绕航来避让。

关于空中结冰,大多数人的概念是只有在云层中才有可能出现。实际上,结冰的条件只有两个,一是有潮湿空气的存在,二是温度足够低。事实上,空气中都存在一定比例的水分。像明冰和毛冰,就是由于云中存在较大的水滴,而在结冰温度范围时出现的。另外,那些散在高空,看上去很轻、很漂亮的薄云或白云也有水分,只不过它的水分凝成的水滴很小,但是只要温度适合,一样能结出雾凇般的冰;此外,当飞机在很高很冷的高空下降到相对温度更高的大气层中时,原来不饱和的空气在更冷的温度下就出现饱和,因此就在飞机温度低的外表吸附上了一层水汽并

---

① 何光勤,赵东升.中国民航飞行签派员执照考试教程[M].成都:西南交通大学出版社,2005.

凝结成冰,当然这层冰很薄,相当于霜。

　　天气对飞行的影响非常大,雷暴和风切变自不必说,高空结冰和颠簸也会严重影响飞行。因此,飞机上装备有相应的探测设备,以保护飞机不进入这些区域。雷暴和晴空颠簸可以用气象雷达进行探测(见图7-7),风切变也可以通过多普勒雷达和表面风测定来判断,针对结冰则使用结冰探测器和除冰装置。但是,即便如此,为了保证飞行的安全,在不能确信的情况下飞机将选择最安全的方法来飞行,这种最安全的方式就是避让。

图 7-7
在飞行仪表上显示的
雷达探测到的雷雨图

巡　　航

　　如果是短程航线,飞机起飞后巡航时间会非常短,像航程在一个小时以下的很多国内航班基本上其爬升顶点就是其下降起点,这样的短程航班飞行员总体上一直处在紧张状态中。但是对于远程航线而言,巡航时间会比较长,不过千万不要以为巡航时间比较长,就可以放松警惕。

　　远程长航线在起飞到达巡航高度以后,应该按照《大型飞机公共航空运输承运人运行合格审定规则》(CCAR-121FS-R5)P章“机组成员值勤期限制、飞行时间限制和休息要求”中第481—495条相关规定做好机组分工和换组工作。因为在远程航班运行中,每个驾驶员在飞行中将应当有机会在经批准的休息设施或休息区得到休息。

　　在巡航中,执勤的飞行员必须监控飞机系统的技术状态,与飞越的管制区进行联系取得新的指令;而且还应该关注高度表调定(包括备用高度表)是否准确和符合本飞行情报区的规定;根据航路的天气,特别是航路风向状况判断巡航推力调定是否合适、巡航高度和航路是否需要改变、燃油预测是否符合剩余的航线要求;还要检查随着油量的减少对飞机配平有无影响,要把飞机导航系统与地面提供的VOR/DME信号进行对照检查以确保其准确性。

　　对于远程国际航线飞行来说,还有两点是需要特别关注的:一是时差问题,二是过境其他国家飞行时的沟通问题。虽然航班上始终使用的是格林尼治时间,但是在向目的地机场通报到达时间时一般采用当地时间,而各地的时差是不同的,特别是在很多国家还有夏令时的问题。过境其他国家的通信也是一个比较大的问题,每年由于沟通不畅、理解错误产生的航空事故和事件不在少数。国际航空采用英语作为标准通话,但由于各国飞行员和管制员的口音不同、流利程度不同、使用的术语有差异使得彼此的理解依然相当困难。因此国际民航组织在2008年开始实施英语通话新标准(ICAO 英语工程),CCAR-61《民用航空器驾驶员合格审定规则》①(最新为 2018 年 11 月修订的 R5 版)规定在使用英语通信区域,每位飞行员的英语通话能力都应该达到国际民航组织工作级(4 级)标准,以有效降低由于语言沟通能力产生的飞行错误问题。同时在技术上,未来空中航行系统将会把更多的指令信息通过数据链技术在地面管制员与飞行员之间进行传递。

六、归航阶段

当飞机在 3 万英尺左右的高空进行巡航时,下降的准备工作在离目的地大约还有 150 海里的时候就应该开始。

从巡航高度到着陆机场的整个过程可以分为高高度下降、1 万英尺以下下降到进近、进近到着陆三个阶段。

1. 高高度下降

民用飞机的空气动力性能很好。一般而言,在双发不提供动力(假设关闭双发动机)情况下,飞机也具有良好的滑翔性能。飞机可以依靠下降高度来保持需要的速度,特别是以能够产生最佳升阻比系数的飞行速度下降时滑翔性能更佳。当然,滑翔距离取决于飞机总重,飞机越重,滑翔距离越短。但通常在一台发动机失效(指双发动机的飞机)的情况下,从正常巡航高度飘降②到单发飞行高度的距离不会小于 100 海里,更不用说在所有发动机都正常工作的情况。

从经济性角度来考虑,如果飞机能够利用最小马力飞更远的航线当然是更经济的飞行。不过,出于对航路容量的考虑和对旅客时间价值的考虑这个速度可能就太慢了,另外飞机的飞行速度慢也意味着飞机的可用率会受到影响,航空公司的产出也会受到影响。所以准确地说什么时间开始下降高度也是一个综合的考量,飞行员不仅可以通过飞行管理计算机计算出航线飞行最少的油量要求、最短飞行时间要求,也可以通过飞行管理计算机计算出什么时间下降最省油、什么时间下降最快或者根据公司政策取一个最合适的值。但无论何时开始下降,根据驾驶舱资源管理中的"位置意识"(situation awareness,也译为"情景意识")的要求,想在前面是必要的,所以,在飞机离目的地 150 海里左右的时候就必须开始考虑飞机下降的问题了。

下降意味着要着陆,但着陆首先要看天气情况。如果目的地机场的标准不符合着陆要求,那么可能就意味着转航或者返航,在这种情况下就没有考虑下降高度的必要。

---

① 参见《中国民用航空规章 61 部》——《民用航空器驾驶员合格审定规则》(CCAR-61-R5,2018 年 11 月修订)。

② 飘降是指在发动机动力不足的情况下,保持最平滑的下降梯度到达下一个飞行高度的操作办法。飘降速度一般为该机型的光洁形态下的最佳升阻比速度。

　　当获得目的地机场的天气情况、所使用跑道和进近程序后,机组之间还必须进行一些有关如何配合操作的讨论,机长通过进近简令(approach brinefing)应该明确告知副驾驶需要如何支持和配合,这些任务完成后才可以开始正常的下降。

客舱高度和压耳朵

　　在早期不增压的飞行中,飞机升空后,随着飞行高度逐渐增加,客舱内的气压逐渐下降、空气密度也越来越稀薄,当高度升至海拔 4 000 米以上时,人就有较严重的缺氧表现。而且随着飞行高度的继续增加,除出现吸氧不足的问题外,还会出现无法抵御低气压的干扰问题。也就是说,在高高度,即使提供呼吸氧气,但是由于身体中压力高,外界压力低,内外压差过大导致身体出现一系列问题。

　　客舱增压是在 1947 年开始的,通过在飞机上安装涡轮压气机,源源不断地给客舱提供压缩空气使客舱"增加压力",从此客机的飞行高度才突破原先最高为海拔 6 000 米的飞行升限向上攀登。不过,虽然客舱可以增压,但是客舱增压受到飞机结构的影响,内外压差越大,结构设计强度越大,重量也越大。所以飞机增压既要考虑旅客的舒适性也要考虑飞机飞行的有效性。一般来说,飞机客舱压力能够保持在海拔 2 400 米高度的压力水平附近,人体就可以获得相当的舒适度。因此,现代飞机把增压到 2 400 米海拔高度的气压作为客舱压力的设计值。即飞机巡航高度为 10 000 米时,实际客舱内的压力相当于海拔 2 400 米(8 000 英尺)左右的高度(见图 7-8)(波音 787 飞机设计了更低的座舱高度。在额定巡航高度,客舱压力为 6 000 英尺高度压力水平)。

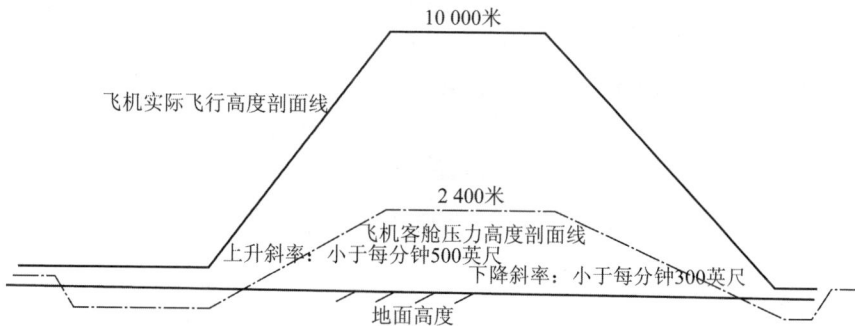

图 7-8　飞机增压曲线变化与飞机高度上升的关系

　　客舱增压不仅保持了空气的压力,同时也保证了客舱内得到外界新鲜空气。在安装有涡轮发动机的飞机上,涡轮发动机的压气机可以提供给座舱内所需要的增压空气;如果是活塞式发动机飞机,则需要加装一台涡轮增压器用于客舱增压。进入的新鲜空气量的多少一般按照保证大约每三分钟左右全部更新一次客舱空气的流量计算。

人除了对当前客舱的压力值敏感外,还会对环境压力变化的速度敏感。如果飞机从海平面高度的压力一下变成海平面 2 400 米的高度,则由于人体内部压力大而外部环境压力小又来不及调节产生膨胀;反之产生压缩。

人体对正压差和负压差的承受能力和敏感性也不同。一般来说,忍受正压差的能力要稍大于忍受负压差的能力。比如,大多数人在飞机爬升时随着飞机的爬升,客舱压力的下降(大于每分钟 500 英尺压力高度变化值),身体(正的内外压差)不太会感觉到不适应。而如果下降速度稍大,即客舱压力增大速度加快,身体(负的内外压差)就会出现明显的不适,而其中尤以"压耳朵"现象明显(大于每分钟 300 英尺压力高度变化值)。所以为加快身体内外压差平衡,乘客可以使用来回张嘴闭嘴的动作或者嚼点口香糖使耳鼓膜内外的气压尽快平衡,以减轻这种症状。

下降前的客舱准备

虽然客舱乘务员会让旅客尽早地获得关于到达目的地的时间信息和转机信息,但是由于飞行中变化的因素很多,实际上到达时间可能会发生变化。但是当飞机确定地准备下降和进近的时候,到达目的地的时间应该已经不远。

到达目的地的时间信息也会很快地告知地面的各个相关部门。第一时间知道这些信息的当然是航行管制和运行控制,通过航行管制和运行控制,信息很快被传达到与该航班有关的所有在机场工作的业务单元上。

机上乘务员也很快"听"到了要下降的消息,这个消息是从机上广播中一声清脆的铃声传过来的。虽然飞行机组和客舱机组之间通话的次数很少,但是他们之间用非常默契的铃声和灯光指示来传递信息。比如,下降前的一声铃响、起飞前的两声铃响、落地前的一声铃响和应急出口灯的点亮。

下降前,机上服务工作必须全部得到完成。下降过程中飞机的前倾会带来散落在客舱内的物品的不正常移动,下降过程中的失重现象也会使旅客拿不稳手中的饮料,大坡度快速下降时在客舱内走动更是危险的举动。

2. 一万英尺以下下降到进近

当飞机下降到过渡高度层以下或者 1 万英尺以下的时候,飞机就进入了进近管制的范围,进近管制的终点是飞机到达落地方向跑道的延长线上并建立起落地形态(也称到达或者进港)。为了建立稳定的着陆形态以便于进近,通常规定在到达最后进近点时(或者之前),高度必须与规定的最后进近点高度相同,飞机必须建立着陆形态(襟翼、缝翼已经设置到位)并稳定进近(速度、俯仰姿态变化不大)。同样在建立着陆形态的时候,飞机必须及时调整速度和发动机推力,调整速度的程序与起飞时相反,即待相应形态建立后,再调整速度到相应值,直到飞机速度调至最后进近速度(根据机型不同,落地载重量不同,一般在 130—160 海里每小时之间)。

当飞机高度下降后,飞机遭受地形的影响更大。在机场建立的时候,由于机场有净空条件的要求,所以在机场范围内、在给定的机场(如机场范围内地形差异大,则分为扇区①)安全高度上飞行是安全的,而超出机场净空区域外,机场规定的最低下降高度可能是不安全的。因此飞机进港必须按照规定的线路进行,以保证飞机下降高度的过程中,其航迹一直是在受到保护的无障碍空域范围内。在一个机场的进港航路固定后,为了简化和更有效地实现地面与空中的沟通,通常会用一个代码来代表这种进港路线,这种标准化的进港路线图称为 STAR(Standard Terminal Arrival Route)。

进港路线(STAR 见图 7-8)引导飞机到达最后进近点(FAF),而在最后进近

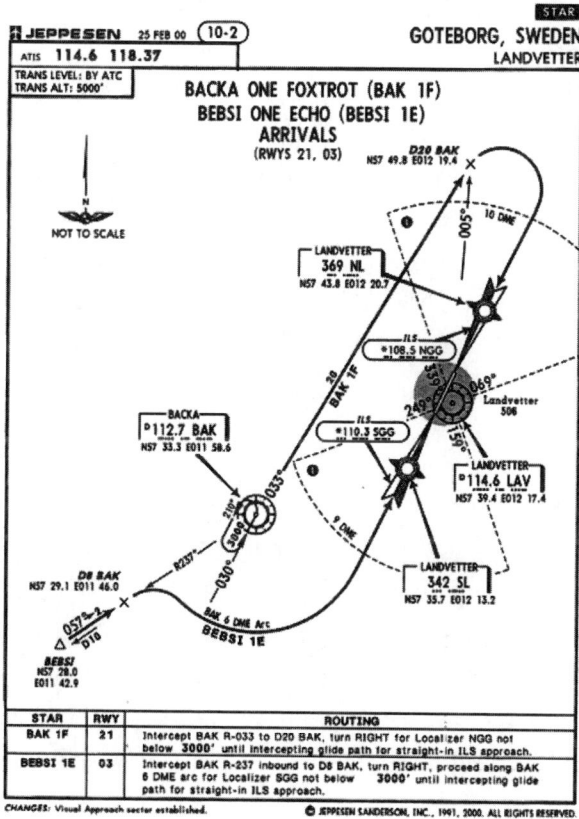

图 7-9　标准进港路线图(STAR)②

---

①　当机场范围内的各个方向的安全高度不同时,一般以机场参照点为中心画圆,按照不同方位标出每个区域内的安全高度,这就变成扇区安全高度。

②　图片资料来源:杰普逊航图。

点时,塔台控制将会指定以某种方式截获从跑道发出的指引信息使飞机最后进近到落地。飞机的进近可以分为仪表进近和目视进近两类。仪表进近就是按照导航仪表给出的指引进行进近,而目视进近就是按照可视的地面地标进行进近。

仪表进近类型通常又可分为 NDB 进近、VOR/DME 进近、ILS 进近(LOC 进近)、MLS 进近和 GBS 进近方式[1]等。其中 NDB 进近、VOR/DME、LOC 进近这些只有横向(方向)指引的进近形式称为非精密进近,而 ILS、MLS 以及 GBS 进近方式既可以给出横向(方向)指引,也可以给出纵向指引(剖面制导),故称为精密进近。

目视进近则主要强调机场区域的能见性,"能见度"是一个非常重要的指标。在目视进近时,如果不能看到机场跑道或者规定的特定机场参照物时,就判断飞机仍处在"不能见"状态,飞机下降的高度就会受到限制。由于这个原因,在一年的大多数时间(如云底高较低、水平雾、下雨等情况),很多机场都会不适合做目视进近。

3. 进近到着陆

在低能见度下飞机落地必须严格按照仪表进近图进行。当飞行员未能获得相应跑道的导航信号时,进近管制可以根据机场周围的净空条件,给出一个以机场区域安全高度为参照高度的飞机下降高度。但如果飞机要从此高度继续下降并着陆,则需要找到一个相对于降落方向跑道的参照点,明确飞机处在正确的下降位置点。因为只有围绕该参照点下降高度并在该点截获导航信号后沿着指引的方向继续下降才是安全的,这种指明飞机截获导航信号并落地的航图称为仪表进近图。

"穿 云 图"

仪表进近图还可以称为"穿云图"[2]。为什么叫"穿云图"呢?我们知道,雨云离地面的高度一般都较低,当飞机沿着进港航路飞行时,飞机仍然在云上非能见飞行,无法看清在云下的机场、跑道以及障碍物。但是到目前为止,飞行员必须最终能够看见跑道才能在跑道上着陆,因此如何从云上穿越云层到达云下是非常重要的一步,而能够离开云上"穿云"的条件是飞行员必须能够判断飞机在机场内的适合位置并能够得到足够保护。所以这种按照仪表指示的位置来操作并从云上到达云下的飞行图也称"穿云图",而"穿云图"的最典型代表就是修正角进入进近的方式。

---

[1] 指用 GNSS 信号(各种卫星信号,包括美国全球定位系统、俄罗斯格洛纳斯卫星系统,欧洲伽利略系统,中国北斗系统)为指引的进近方式,如 RNP 等。

[2] 参见 2001 年 7 月 27 日中华人民共和国国务院令第 312 号公布的《中华人民共和国飞行基本规则》。

按照飞越最后进近点的方式,仪表进近的切入又可以分为直线(直接)进入和修正角进入(见图 7-10)。在早期导航设备准确度不高的情况下,每一架飞机都必须先飞越最后进近点之后才能下降高度,加入特定进近方式。如果在到达最后进近点之前飞机高度还比较高,则需要以最后进近点为等待点先在较高高度加入等待,然后按照等待图(Holding Pattern)逐步下降高度,当高度与最后进近点高度相同时再按照直接进入程序进行进近。今天,因为导航设备的性能改善,在很高的高度和很远的距离,飞机就可以依赖飞行管理计算机计算出进近的最佳线路,所以大多数的进近不再需要采用修正角的方法。这样使得更多飞机可以按照到达的顺序直接进近到落地,提高了空域使用的效率。

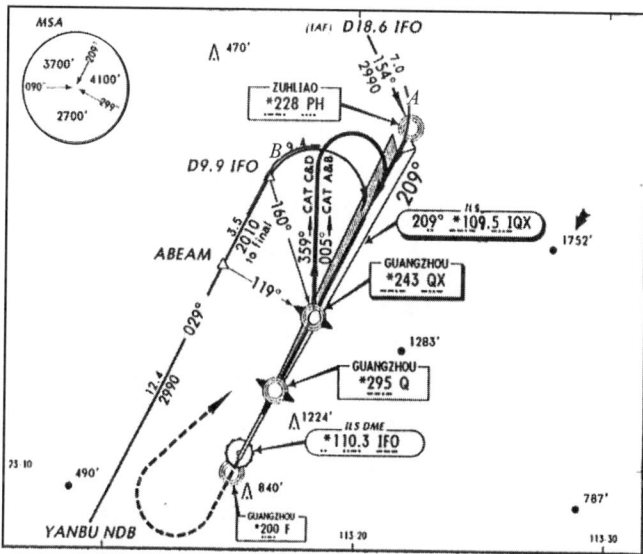

图 7-10　修正角进入(C 线)和直接进入(A、B 线)①

当在最后进近点建立起着陆形态,截获着陆导航信号,速度调定到接地速度的时候,飞机从最后进近点开始最后进近②。截获着陆导航信号和建立着陆形态也是管制工作从进近管制转移到塔台管制的切换点。在最后进近的阶段,飞行员要着重做好对飞机姿态、飞行速度和高度、机场跑道上空的飞行活动的监视和监听。因为在近地状态,飞机不仅对风的变化、对地形干扰的敏感性增强,同时由于机场区的活动更加繁忙,飞机之间的飞行间距减小,所以飞行冲突的可能性增加。在这

---

① 图片资料来源:杰普逊航图。

② 指采用精密进近方式。非精密进近会采用阶梯下降,并在最低下降高度上看到跑道后,建立最后的着陆形态,人工操纵飞机落地。

个阶段,机组的分工合作也显得更加重要,这时,主操纵飞行员(PF)将密切监视与飞行姿态有关的信息,监控飞行员(PM)将负责与塔台的联络工作,监视飞机前方的航道情况和寻找跑道。

当监控飞行员清楚地看见机场跑道引进灯光或者机场跑道的时候,"看见跑道、航迹正常"的"标准喊话"将会提示主操纵飞行员从驾驶舱仪表转移到目视进近信号上来。在跑道信号得到证实后,机长将决断并发出"飞机落地"的指令。200、100、50、40、30英尺,主操纵飞行员略略抬起机头,20、10英尺,随着主起落架实实地压着跑道,飞机反推轰鸣声响起、扰流板打开、飞机在跑道上开始滑跑减速。

复 飞

并不是每个到港的飞机都能成功着陆的。不能着陆的原因有两种,一是天气恶劣,即使使用了精密进近程序进近,但是飞机在最低下降高度(决断高度)无法"找到"跑道,因此无法着陆。另一种情况是,飞机采用适用的进近程序,已经看到跑道,在进行着陆的过程中发现飞机姿态不好、操纵困难或者跑道上有飞机没有及时撤离跑道或者跑道上出现其他障碍物造成飞机虽然成功进近但是无法成功着陆的情况。对这两种情况的立即处理措施都是马上拉升,按照航图上公布的(或者塔台给出的)复飞程序飞离跑道区,然后按照给定的进近程序重新进行下一轮的进近。但是,这两种情况导致复飞后最后的结果可能不同。前一种情况称为"失去进近"(Missed Approach),后一种情况称为复飞(Go-around)(见图7-11)。当飞机失去进近时,指在当前天气条件下,采用当前的进近方法可能是不妥当的,如果能够找到比这种进近方法更精密的进近方法(即最低下降高度或者决断高度更低)替代则飞机再次进近和着陆是可能的,否则飞机只能返航或者转航到其他机场;而复

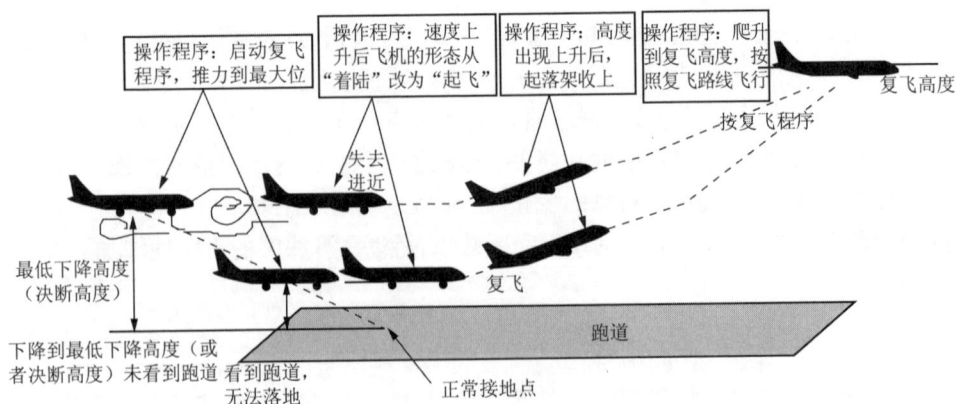

图7-11 复飞程序图

飞则意味着没有天气原因的影响,但有可能是因为该次进近的主要导航设备准确度不够造成偏差或者其他一些人为因素(如跑道上的障碍物)产生影响,因此可以在该机场实施再次进近以期实现落地。

当飞机减速到滑行速度时,飞机可以转弯退出跑道。在比较繁忙的机场,由于飞机转 90 度的弯需要更小的速度,退出跑道的时间更长,所以往往专门设计了与跑道方向夹角较小的快速退出道以提高跑道的使用率。

飞机退出跑道后,一方面负责操纵的飞行员会采用转弯装置开始滑行飞机,同时辅助操纵的飞行员会迅速恢复飞机的形态到地面正常位,并与地面指挥中心联系取得滑行指令。

在滑行道的出口,一辆引导车已经闪着黄色灯光等待飞机的到来。这种车有个俗称叫"跟我来"(Follow Me,见第四章图),因为虽然飞行员手中都有机坪停机位置图,但地面的保障单位还是希望尽可能地减少飞行人员的工作量,将飞机快速引导到其停机位,因为在停机位附近,包括维修、客服、行李和货物装卸、机舱清洁、飞机加油、安保在内的所有的地面人员都已经到位,正在欢迎航班的到来。

着陆后的安全问题

相对于空中的谨慎细致,很多旅客都不太重视飞机着陆后的地面安全防护。在着陆前,客舱乘务会反复广播在着陆过程中旅客需要注意的事项。在飞机减速到滑行速度时乘务员会再次广播请求大家在座位上坐好直到飞机完全停止才站起来清理行李和走动,但这种劝告似乎总是没有多大的效果。

事实上,飞机在地面滑行时站起来走动的危险丝毫不比空中下降时站起来走动的危险性低。除了接地的一刹那飞机会有明显的大姿态变化外,载客飞行的飞机在空中的绝大多数飞行阶段都相当的平稳,而落地后由于滑行需要的转弯多、刹车多,大机场滑行需要穿越的道口也多,在飞机惯性的影响下,姿态反而会出现扭动和摇摆,因此随意在客舱中站立和走动是很危险的。统计数据也证明,一般飞行事件中的轻伤大多来源于旅客不听劝阻,在空中颠簸阶段不系安全带和在地面滑行中站立和走动引起。即使是飞机进入最后停机位,如果发动机没有停下,则仍然有可能继续滑行,而哪怕很慢的速度滑行,如果飞行员急踩刹车都会造成很大的前冲惯性,造成人员受伤。

七、航行结束后的检修工作

一架飞机、一个航班进港只意味着这个航班的结束,并不意味着所有工作的结束。目前,为了使航空业的商务运行足够有效,一架中程航线的飞机必须至少每天飞满 10 小时以上才有可能赢得利润,所以飞机必须按照航班的编排一个接一个地持续飞行。并且,为了最大可能地提高日利用率,在两个航班之间,飞机在地面停场的时间还应该足够短。

按照俗语,两个航班之间的间歇称为"短停"(Stopover)。短停的目的是为飞机能够重新获得有效商载,当然在获得商载的同时,也必须增加更多的油量和补给。在某些远程航线上,如果由于飞机一次加油的油量不足以抵达目的地,而需要在中途停留加油的短停,也称为"技术经停"。经过短停或者技术经停的飞机稍事歇息后又迈上了新的征程。

当一架飞机完成其一天安排的所有航班后,飞机进港停靠在维护机坪,等待修理和维护。

与汽车运行以千米数衡量其技术状况的方法不同,衡量飞机的技术状态使用的是飞机的飞行时间数和飞机的"起落"或者"循环"数。因为飞机在空中的三维运动受到横向、纵向和垂直方向的多个力的影响使飞机系统的运行状况无法用千米数来描述。飞机的技术状态更多地取决于飞机和其系统有多少次在极限状况下运行。飞机的极限状态包括飞机起落架承受最大的载荷力、飞机增压系统承受最大的内外压差等。不难发现,这些极限状态不论一次飞行时间有多长,在一次飞行中只会出现一次,这就是"起落"的概念。对于发动机而言,如果是正常飞行,使用最大发动机推力的机会也只有一次,但是如果有复飞情况,则发动机可能被再次强制工作到最大推力状态,所以在一次飞行中就不只有一个循环;而且在地面状态,发动机也可以通过"试车"被强制到最大推力状态下工作。因此发动机不能与飞机采用同一个"起落"的概念,而使用一个称为"热循环"的概念来确定发动机的技术状态。

使用带来损耗,有了损耗就需要维修,飞机也不例外。在第四章"航空公司的架构和运行"我们提到了根据机械件、电气部件和电子件的分类不同其故障模式也不同,所以需要采用不同的手段进行维修。通常的维修手段有三类:一类是定期维修,解决按照时间产生磨损的机件的维修问题;第二类是视情维修,解决没有明显故障和损耗规律的机件维修问题,即增加检查频度经常验证机件是否处在正常的工作状态,一旦发现机件性能变化,及时维修;第三类是状态监控,此类机件也没有明显的故障规律,但是有很好的跟踪手段随时跟踪其工作状态以确定其工作情况从而决定是否需要修理。

根据三种维修方式可以编制出相应的维修方案,其中第一和第二类维修都可以按照时间来界定并制定好相应的工作单,第一类是拆换,第二类是检查。所以航空维修就分出"航前维护"(每天第一个航班飞行前对飞机的隔夜技术状态进行检查)、"短停维护"(对一个航班回来后特定项目进行一次检查)、"航后维护"(对一天航班中经历的问题进行回顾和评估)、"A 检"(根据飞行一个周期后一些机件需要更换和维护的最低时限值），以及更高级别的"B检"（以飞行两个周期时间为准，通常欧美飞机不设计该周期）、"C检"（四个或者更多周期的飞行后的一次重要检查）和"D检"（根据飞机机体结构需要维修的时限）。

状态监控的工作则更加灵活，特别是随着飞机系统的数字化，这些系统能够将自身的工作情况数据保留和记录在系统内，维修人员通过对系统数据的分析来确定飞机及其系统的工作情况是否正常。读取系统数据的时间间隔可以按周、按日、按航班，在装有卫星数据传送技术或者VHF数据传送技术的飞机上，如果地面也有相应设施的话，可以在飞行的任何阶段读取到系统数据进行分析，以监控飞机和系统的工作状态。

旅客出行时间的选择决定了飞机的飞行时间和航班编排，而航班编排又决定了维修时间。所以当飞机执行完最后一个航班，旅客渐行渐远的时候，机坪夜色下，飞机维修的部分人群才刚刚迈上岗位。

独立的第三方维修机构(MRO)

传统上而言，飞机维修是航空公司的一个重要业务单元，飞机维修成本也是航空公司成本的重要部分。不过，由于飞机维修所包含的专业领域之广，维修深度差异之大，使越来越多的航空公司感觉到，建立独立的航空维修机构将既有利于航空公司对运行成本进行控制，也有利于航空维修机构独立开展业务，深化和提高维修水平。因此，逐渐地，除了航空公司全资或者合资建立的维修机构以外，完全的第三方维修机构开始出现。

今天维修机构主要分为以下几类：

① 以航线维护工作为主的维修机构。

② 以结构维修为主的维修机构。

③ 发动机维修机构。

④ 部、附件维修机构。

尤其是部、附件维修机构，由于飞机部、附件系统多、种类多，维修机构也特别多。

与机务人员一样持续在深夜工作的人群还有航行管制人员、运行控制人员和国际航线上的飞行员。今天，不仅在一望无际的空中找不到明显的黑夜与白天的分别，而且在航行管制（区域管制）和运行控制中心那灯火通明的大厅，也无法找到黑夜与白天的界限。

大型的拥有全球航线的航空公司今天不仅没有了时间概念，也没有了空间概念，人们惊呼全球化已经深入到我们生活的每个方面。对于航空业而言，全球化是不争的事实。人们虽然有不同的肤色、操不同的口音,但是他们能够用同样的语言(Skytalk)来进行对话。在航空公司的引领下,航空业的各个组成部分密切配合、互相帮助,才能真正实现高标准、高效率的飞行运行。

航班的正常运行需要民航运输各个系统的人员通力配合,图 7-12 给出的是航班运行各个阶段参与保障的主要子系统。

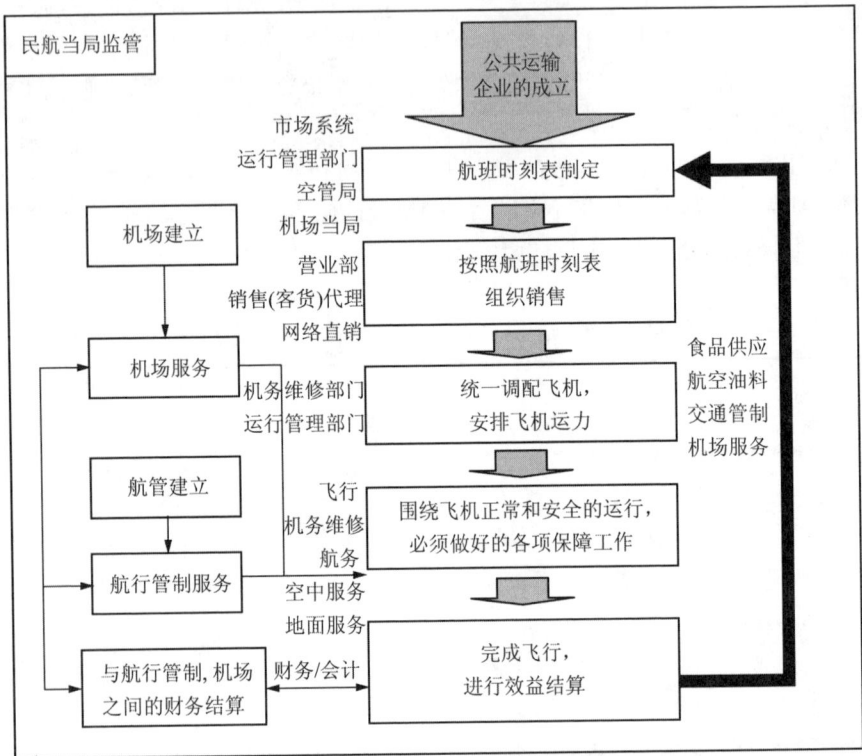

图 7-12　围绕航班运作而展开的航空运输系统的运行

第三节　航班延误和解决办法

航空运输的突出竞争优势应该是快捷、舒适。周恩来总理在 1957 年 10 月 5 日①对中国民航局关于中缅航线通航一周年报告的批示中就提出了:"保证安全第一,改善服务工作,争取飞行正常"的民航建设指导方针。60 多年来,经过一代又一代民航人的不懈努力,中国民航在航班量快速上升的基础上,不仅飞行安全保障

---

①　当代中国编委会.当代中国的民航事业[M].北京:中国社会科学出版社,1989.

能力得到有力提升,同时飞行正常性水平也大幅提高(见图7-13,航班量和正常率通常是一对矛盾),接近欧美航空业的正常性水平。

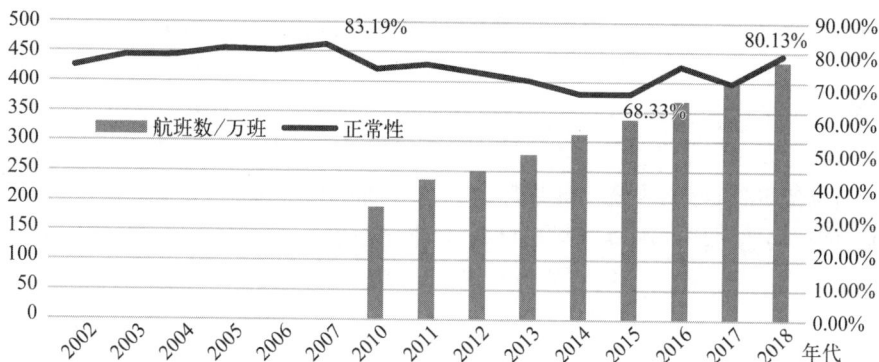

图7-13　中国民航航班数与正常性水平变化趋势

但是,民航运输的运行正点率与旅客希望的理想水平还远有差距。虽然在国际远程航线上,与水运相比,航空优势特别明显,航空已经是人们出行的首选交通运输方式;不过,在中远程国内航线上,特别是在铁路比较方便的城市对之间,航空没有明显优势,在某些高铁特别发达的地区航空的优势还在下降,其重要原因之一就是航班的正点率不如铁路高。所以,航空服务要想保持竞争力,其中很重要的问题就是如何提高航班的正常性。延误也是一个国际性问题,特别是近年来,随着全球经济的上升,全球主要机场的容量和空域的容量都在上升,造成了延误次数大大上升,全球各国的航班正点水平都在80%左右。中国民航近年来下大力气系统性地抓航班正常性工作,克服了各种困难,取得了可喜成绩,在前些年70%左右水平徘徊基础上迈上了一个新台阶,2018年航班正常率突破80%,达到80.13%,2019年全年继续冲高,达到81.65%。主流航空公司方面,根据福布斯发布的2018年全球统计数据[1]显示,全球十大航空公司中[2],达美航空航班正常性最高,为83.08%。

正常性,就是我们说的正点问题,是快捷性在多大程度上能得以保证的重要指标,也是满意度的一个重要来源。不正点(延误)产生的原因有很多,既有因气象条件恶劣、飞机突然故障等不可控原因引起的航班延误,也有因为空中流量拥堵、机场设施不到位、航班计划安排不合理引起的延误,还有因为旅客晚到出现的延误,这些延误给人们的出行带来一些意想不到的麻烦和损失。

---

① 参见福布斯网公布的正点率数据,https://www.forbes.com/。

② 以2018年末机队数进行排名(注意:由于大的航空集团旗下企业众多,股权模式多样,所以各机构排队和统计口径会存在差异)。东航2019年的正常性为81.94%。

一、航班延误的主要原因

民航管理机构一般把延误分为四类,即天气原因、公司运行原因、其他用户占用(通常是军事活动影响),以及空管调配(航路或机场拥堵引起的)延误。如果把公司运行原因再细化,一般前三项原因为因前序延误产生的顺延、飞机故障原因(工程技术)延误和公司计划原因延误(指航班编排时衔接时间不够产生延误)。而顺延原因主要是一架飞机延误后,公司没有足够的飞机备份调换造成的,因此和计划原因类似,可以统称为公司计划原因延误。所以综合来看,气象原因、公司计划调配原因、其他用户占用、空管调配和工程维修原因为排名前5位的延误因素。

图7-14是一家主力航空公司延误原因的统计分析。

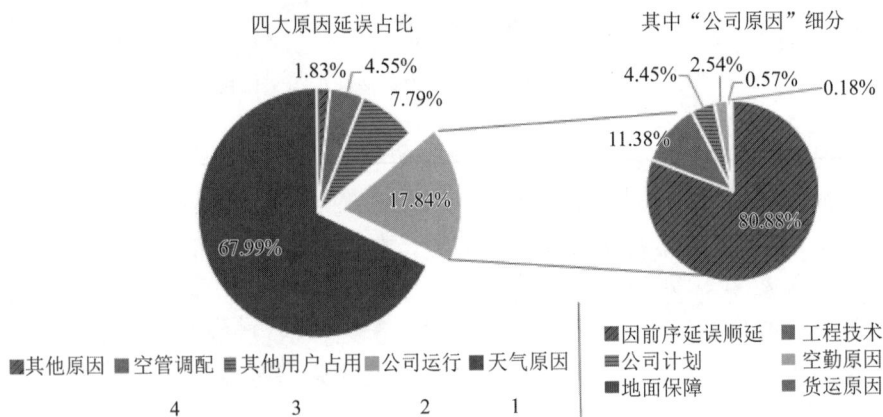

图7-14 航班延误统计分析①

1. 气象条件与延误

人类文明虽然已经在地球上存在5 000年,但是人类对于我们所处的地球及其自然环境的认识还很不全面,更不用说全面把握,气象变化就是航空正点飞行必须面对的一个很重要的难题。

飞机起降依靠的是空气动力,而空气动力特性与气象条件息息相关,同样,机场地面的天气状况也对飞机起降有很大的影响。气象条件因素包括云、雨、雪、风、霜、雾、霾、雹、高温、冰冻等,但按照飞机敏感度的因素分类一般为能见度影响,跑道道面湿滑度影响,雷电影响,冰的影响,大气温度、密度影响和风、湍流的影响。

第一个影响飞行的气象指标是能见度。能见度是指人体肉眼能够看清的距离,由于飞机要在跑道上高速滑跑,所以最重要的是在跑道上的能见度情况,简称

---

① 数据来源:中国东方航空公司。

跑道视程(RVR)。如果 RVR 很低,则飞机在跑道滑跑时可能由于无法看清而冲出跑道。在极端的浓雾下,由于滑行道上的标志无法看清,飞机连滑行也是禁止的。同样,飞机着陆时,为了能看清跑道,也必须有一定的能见度要求。

能见度下降可能会由于大雾或是霾引起,也可能是暴雨和大雪引起。在某些情况下,也有可能是其他烟雾直接引起,比如稻秸焚烧或者火山灰等。

解决能见度不足而造成的航班延误主要是依靠导航技术。在没有飞机导航仪表(最简单的仪表为 NDB)以前,通常飞行员需要 5 千米以上的能见度才能落地。有了飞行导航仪表做参照后,对天气的容忍度提高,如具有非精密进近的仪表导航,能见度在 3 千米左右的范围,驾驶员就能操纵飞机落地,而有了精密进近的导航技术,如盲降(ILS,也称仪表着陆系统),在能见度 1 千米以内飞机就能够进行落地。安装有二类或者更高级别的盲降设备时,能见度要求可以下降到 800 米。而从很多新飞机的设计来看,已经可以完全在 0(小于 50 米)能见度状态下实现落地。当然从安全角度考虑,完全的“盲降”(0 能见度下着陆)还需要更多的技术支持和实践的检验。

另外能见度是一个水平可视度的概念,实际上飞机在三维空间中飞行,还需要垂直方向的能见度。一般对垂直能见度影响最大的是云底高。雨云的高度很低,如果是山区的机场,则雨云可能直接贴着地面,造成无法看清地面的障碍物。

第二个影响飞行的气象指标是风的大小和方向。微风吹过的时候大概只有 1—3 米/秒,而当台风来临的时候,最大的地面风可以达到 25—30 米/秒,当然龙卷风的中心风力就更大。另外,风随着离地高度的增加,风力还会继续加大。由于飞机的升力是依靠飞机与空气之间的相对运动速度来产生的,因此正常情况下,风向比风速对飞行的影响更大。比如,在起飞和着陆阶段,一般都选择迎风,这样可以减少飞机的滑跑长度,尽快使飞机起飞/着陆。

风向与跑道平行的风可以通过选择不同的起飞和落地方向来避开风的负面影响,而侧风对飞机的影响就更难避免。大侧风情况下为了使飞机顺利着陆,一般飞机需要从迎着风向飞行的航向改为带着一个向迎风面的压杆动作(机翼带坡度下垂)加上方向舵的反向修正(见图 7-15)。风向越大,则向来风面压杆的角度越大。到足够大的风速时,可能会造成在起落架未着地的情况下,翼尖擦地。所以,各型飞机的侧风限制值一般会大幅低于其迎风方向的风速限制值。为减少风向的影响,在风向多变的地区,机场可以通过修建交叉跑道以使得侧向风最小。

风速对飞行也会造成影响,停在机坪内的飞机会因为大风而被侧向吹翻,在航路上的大顶风会造成航路时间过长,导致飞机续航能力不够而无法安排飞行。最可怕的是风向和风速都可变的风,风切变就是一种风向和风速变化都很大的风。近地状态下的风切变极其危险,现在很多飞机都配备有风切变预警系统,机场也会通过多普勒雷达的监视给航班提供预警信息。

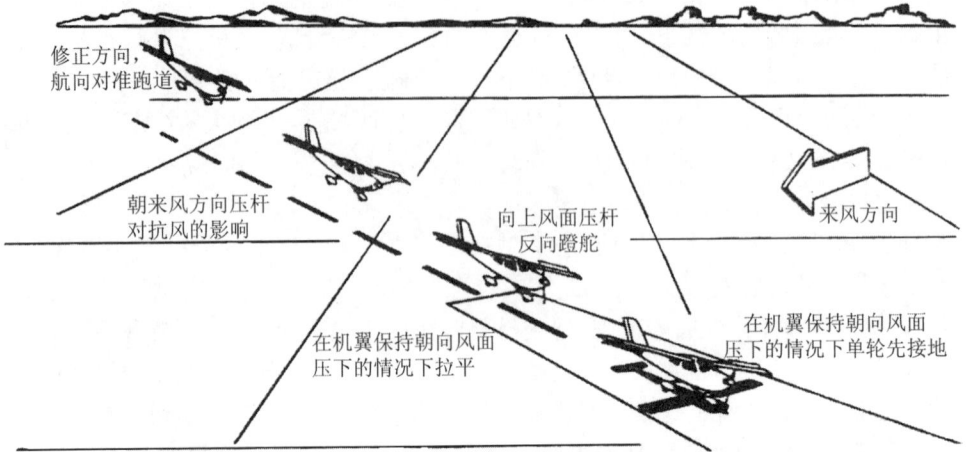

图 7-15　有侧风情况下的进近到落地(迎风一侧机翼位置很低)

　　第三个影响飞行的天气状况是冷天气条件下的冰。冰是湿度加温度共同作用的产物,冰的影响也分为地面结冰和航路结冰。地面结冰包括在飞机机身、机翼空气动力面上、操纵面上结的冰和地面轮胎及刹车装置结冰。空气动力面上的冰会严重影响升力的产生,事实上,一层非常薄的霜就足以影响飞机的升力。而结构比较单薄的操纵面上的厚冰也会损坏操纵面结构。有冰就需要除冰,地面状态下,采用加温后的除冰液喷洒在飞机机身上可以有效除冰并能提供 15—30 分钟不等的防冰时间(根据除冰液的类型不同)。如果飞机不能在这个时间段内起飞,则需要重新除冰。虽然繁忙机场可能因为排队时间过长出现需要再次除冰、延误飞机的情况,但是由于冰对飞行安全的危害性,宁愿延误也必须彻底清除。

　　相对来说,航路结冰的情况大家可能就不太熟悉。随着高度每升高 1 000 米,空中温度下降 6 度。由于结冰需要潮湿空气和结冰温度两个指标,所以在一万多米的高空由于空气干燥通常即使温度很低也不会结冰,而一年中的大多数地区即使湿度很大,但地面温度很高也不会结冰。但是在湿度比较高的云层中,只要温度足够低,就会结冰。

　　轻度或者中度的结冰情况一般通过飞机自身的防冰和除冰设备都可以解决。现代运输飞机的翼面一般采用高温空气进行除、防冰,玻璃材料部分则多采用电加温。但是在出现重度结冰的时候,飞机本身的防除冰设备可能不能及时对新结冰进行清除。在这种情况下,最好的办法是逃离结冰区域。如果知道起飞后的飞行航路结冰严重,则应该推迟起飞。

　　第四个对飞机飞行影响较大的天气因素是跑道污染。跑道污染可能是跑道结冰,也可能是跑道积水或者积雪。跑道道面滑行时的摩擦系数发生明显改变的情况称为跑道污染。毫无疑问前面说的跑道结冰情况会带来污染,连续暴雨造成跑道积水使轮胎产生滑水效应也是跑道污染,下雪天,湿雪得不到及时清除更是污染。

除了以上四个对飞机飞行影响较大的天气因素外,雷电和高温也是非常恶劣的天气情况。雷电会击伤飞机,使飞机磁化。虽然飞机本身带有放电刷,可以在云层中飞行时将飞机机身累积的一部分电荷放到空中,但是在大面积雷雨内,雷电产生的几万伏甚至几十万伏高压电会直接击伤飞机,直至机毁人亡。

高温环境下发动机的推力会减小,但是单独的、在燃油闪点温度以下的高温对飞机的损害不算太大。如果在海拔较高的地区,高温则会加剧空气密度的下降,导致发动机推力大幅度减小,使飞机无法按照原来的载量飞行,严重的时候会导致失去商载能力而被迫延迟航班。

以上列举的是我们经常碰到的一些影响飞行正常的天气情况,总的来说,一部分天气现象是比较明显的、可见的,如雨雪雾雹霾等,对于这些天气现象产生的延误,旅客比较容易理解;另一部分天气现象不太明显,比如结冰、风和颠簸的问题,特别是航路结冰,旅客是根本无法察觉的,所以旅客比较难以理解。

对天气情况的预测已经有了很大的改善,所以航班可以选择在更安全的气象条件下飞行,但是有些气象条件我们虽然能够预测,但却无法克服,所以只能采用延误航班的方法来加以避免。

2. 公司计划与延误

排在航班延误第二位的是公司计划。很多人会有一种错误的理解,以为公司计划造成的航班延误就是航班计划部门没有排好班。其实不是那么简单的事情。公司计划原因延误航班既包含了纯粹由于航班计划部门排班的衔接不当原因造成的延误,也包括运行过程中前一个航班因为其他原因延误而带来的后续航班延误的问题,而后续航班的延误一般都归纳为公司计划原因延误。

按照民航各个保障单位的保障能力,根据机型大小、载客和载货量的多少,一般对每架飞机在两个航班之间停留在地面上的"短停"时间有相应规定。在保障能力强的情况下,小飞机可以按照 30 分钟的时间来安排,一般中型飞机按照 45 分钟左右来安排,而大型飞机、长航线飞机则经常按照 60 分钟以上来安排。

由于飞机停留在地面上不能给航空公司带来任何效益,所以航空公司必须尽量减少飞机停场时间,提升每架飞机的日利用率,特别是低成本航空公司减少飞机单位小时成本的最有效办法就是增加飞机日利用率。提高飞机日利用率和减少飞机停场时间靠整体管理水平的提升和保障能力的提升。30 年来,中国民航的飞机日利用率已经从 20 世纪 90 年代初的平均 7 小时左右上升到 10 小时左右。由于飞机各个经停站点保障能力的不同(有些站点能够在规定时间内完成保障,有些就比较困难),标准经停时间的安排会使飞机在一部分保障能力较弱的机场运行时造成延误。

公司计划延误还经常是因为前一个航班晚到造成的后续航班延误。在可使用飞机数目可以充分保障的情况下,理论上不会造成后续航班延误。因为当任何一架飞机晚到时,我们都可以用备份飞机来解决。但事实上,飞机的高成本使每个航空公司都不可能通过准备更多运力备份来解决此延误问题。航班晚到的原因除了飞机没有正常起飞外,还与航路天气(绕航)、航路上的盛行风(长航线顶风飞行和顺风飞行,飞行时间相差很大,如冬季太平洋上的盛行风使上海飞洛杉矶只需要10 小时左右,而回程逆风则可能需要 14 小时)以及航路是否拥堵、机场是否流控都有关。

由此看出,公司计划作为第二大延误原因实际上却是包括了很多错综复杂的原因,要想解决此原因的延误,必须从整个系统的运行能力提高为着眼点。虽然单纯采用增加备份飞机的数目毫无疑问可以减少公司计划原因引起的延误,但是航空公司的成本却会因此而上升。而且如果备份飞机的增加布局不合理,则帮助提升正点率的效果也不大。

3. 流量控制与延误

流量控制原因延误也称空中交通管制原因延误。不过按照流量控制的阶段,一般可以分为机坪流量(停机位、停机桥缺乏)控制、机场起降(时段缺乏)流量控制和航路、空中走廊流量控制三类。流量控制原因延误经常发生在繁忙机场和繁忙航路,特别是近二十年来我国北京、上海、广州三大机场飞行流量年平均增幅达10%,在空域资源和航管能力没有明显提升的情况下,即使机场得到快速扩容,由于空域繁忙,仍然会造成延误。

因空中交通管制造成的航班延误也十分常见。在机坪流量控制,机场起降流量控制和航路、空中走廊流量控制三者中,以机场起降能力导致的流量控制延误最多。主要原因是国内机场大多数只有一条跑道,有两条跑道以上的机场由于平行跑道间距较小,可能不适应同时着陆和同时起飞的需要。在拥有多跑道的机场(上海、北京、广州等大型机场都有 2 条以上跑道)也会由于空中管制指挥的复杂性大大增加,从而影响实际跑道的使用。

航路、空中走廊的拥堵则主要发生在机场密度很高的地方。美国的东部机场密度很高,单纽约城就有三个民航机场。我国的珠三角地区在 500 千米范围内的机场密度也非常高,不仅有香港、广州、深圳三大繁忙的国际机场,还有厦门、珠海、汕头、梅州等众多的中小型机场,所以拥堵主要发生在航路和空中走廊上。

机场停机位、登机桥缺乏造成的机场拥堵状况一般较少发生,因为在机场设计时已经考虑到机场的流量扩展。不过,如果机场设计增长量的预测与实际增长量的情况差距较大的话,也有可能发生。另外一种情况是,由于周边其他原因影响使得很多航班必须在一个机场备降时,则小机场往往缺少足够的机场停机位和登机桥位而造成延误。特殊天气现象,比如 2008 年初的大雪造成很多停机坪大面积积雪而无法得到及时清理的时候,虽然机场已经开放,但还是会出现停机位紧张造成的延误。

寻找流量控制的解决方案一直是空管局的焦点。机坪流量影响可能只在极个别地区发生,但机场起降容量和航路、空中走廊的问题将是未来快速发展的世界航空市场和中国航空市场必须长期面对的。经过国际民航和各国民航的共同努力,航路上缩小垂直高度间隔(RVSM)工作已经取得成效,缓解了航路、空中走廊的部分压力。而机场起降时段的流量问题还需要依靠更新的技术进行综合解决,国际民航组织的未来空中航行计划(FANS)也包括了对此问题的解决方案。

4. 工程技术与延误

工程技术原因(飞机维修原因)引起延误的飞行量随着飞机技术的进步已经大幅下降。早期的飞机由于设计存在的缺陷和维修技术的不足,在使用中故障率非常高。今天,不仅飞机的应用技术有了更高的可靠性,而且维修技术也得到了很大的发展,使维修也能够更快捷、更准确。

但是机务维修仍然面临如何快速提供保障的任务。飞机作为一项非常复杂的系统工程的产物,飞机上的零部件数以百万计,大的飞机系统也有几十个,光安装的计算机就有几十部,航线可更换组件(LRU)也数以千计,如果其中一个零部件出现问题,要在最短的时间找出该元件并彻底排除并非易事。

所以,维修原因引起的延误虽然少,但是可能会影响较大。原因是:第一,维修原因(飞机故障)引起的延误时间长。全民航统计的飞机平均延误时间大约在0.5小时以内,而故障引起的工程技术原因延误时间通常要大大超过该平均时间。第二,维修原因引起的故障延误时间很难确定,所以客服部门对飞机延误后的后续服务安排比较困难。飞机故障的系统复杂程度不同,需要用来查找故障的时间也不同,同一系统出现的故障现象相同但故障机理可能不同。不同机务人员根据其技术水平的不同,查找故障和排除故障的时间也不同。而每架飞机要安排的航班都很多,从维修(或者航空公司)层面来说也是希望飞机能够尽快恢复,所以在对飞机进行初步检查和判断后,一般会先给一个小故障排除(如重新上电检查,计算机快速更换)所需的时间值,不会一次性给出非常长的排故时间,所以反映到旅客获得的信息上面可能就是航班被一推再推,引起旅客不满。第三,机务原因引起的延误经常发生在航空公司基地站以外的航站,所以对旅客服务带来更大的挑战。因为相对来说,外站的深度维修能力较低,为航空公司提供机务维修代理服务的机场维修服务部门由于其维修人员掌握的机型杂、深度浅、排故的经验少,所以更难及时排除故障,通常还需要与基地站的机务维修技术部门取得联系,故花费的时间更长。

当然,工程技术原因引起的故障随着维修技术的发展还会继续减小,最新使用的通过卫星实时传送数据的技术就可以将飞机在飞行过程中各系统工作数据反馈到地面,以便于及时发现问题,及时拿出解决方案。

5. 禁航与延误

在我们统计中还有一类是"其他原因",包含的因素很多,禁航是其中之一。禁航一般由两类原因引起,一是航路活动引起的禁航;二是机场活动引起的禁航。

首先看航路活动引起的禁航。在第六章中我们已经阐述了各国具有不同的空域管理模式,如美国和加拿大采取的是联邦政府统一管理的模式,法国和英国是军民共管的模式,俄罗斯是以军队为主的管理模式,中国则采用军队总管、民航协同的管理模式。由于空域资源的有限性,在军用和民用的共同发展中有时存在着矛盾,虽然在划定的民航航线和民用机场区域内民航可以实施自主管理,但是一方面由于很多军用和民用机场相距不远,军机训练可能会与民机使用空域出现重叠;另一方面,军机进行调配飞行、转场飞行所经过的航路也会与民机所用航路出现交叉;还有导弹部队和高炮部队训练也需要使用一定范围的空域;有时人工降雨活动也会造成局部区域、局部时段禁飞和绕飞,这些多种因素的组合使得在特定时段和特定空域内民航必须采取避让和禁航措施。

第二种禁航是由于机场维修和本场活动引起的禁航。不论军用还是民用,国内大多数机场一般只有一条跑道,所以如果出现跑道需要大修的情况,可能会导致航班停运或者在部分时段禁航。同样,军民合用机场在某些情况下,也会由于军事训练需要而中断或者推迟民航飞机的起飞和降落。另外,在某些国家和某些城市,由于居民对机场的噪声敏感性,也可能在入夜的时段采取宵禁措施(比如华盛顿特区的 KDCA 机场,由于起飞延长线端连着白宫,所以该方向起飞不仅设置有减噪声程序,而且还有宵禁)。

解决禁航问题需要很好地协调国家的国防建设和经济发展的各项要求。实际上,民用航空在很多国家也具有准军事化的性质。如在第一次世界大战后,由于德国为战败国,不被允许发展军用飞机,所以德国采取支持发展民用运输机的战略。这些民用运输机在战时可以快速转型为军用飞机,提高了国防建设的效率。但是,在和平时期,空域应该向民用航空运输倾斜,为国家的经济建设服务。

6. 旅客与延误

其他原因中还要提到的一个因素是旅客原因。

随着经济发展,普通老百姓选择飞机作为出行交通工具的越来越多,由于很多旅客对机场通行流程不熟悉或者理解不够,加上机场的布局设计和设施不够人性化,民航部分系统的管理不到位,致使由于旅客原因发生延误时而有之。常见的因旅客原因导致航班延误的现象有以下几种:第一,对登机程序不熟悉。虽然民航有标准化的服务流程,但是具体到每个机场可能还是存在着差异。比如,国内多数机场只有一个候机楼,所以一般不会出现走错候机楼的问题,而上海、北京等很多大型机场现在有两个甚至多个候机楼的情况。另外一个城市多个机场在国外也很普遍，目前上海、北京都已经有两个机场在使用，如果不仔细检查起飞航班从哪个机场出发，就可能无法及时到达。还有，候机楼内办理登机手续柜台设置也不同，大多数机场是设置在候机楼大厅，但一些大机场为了中转方便，则往往开设在登机桥口，当然也有两个地方都设的。第二，证件不符或者携带违禁物品。证件检查是安保的重要工作，也是提高飞行安全的有效方法。出发前缺乏足够的准备导致到达安检口才发现没有带好有效身份证件是常见的问题；而相比证件来说，安保工作的需要使得飞机上可以托运和随身携带的危险品种类日益减少也使得很多旅客不适应。第三，中途终止旅行后不通知民航有关部门。很多旅客没有意识到，旅客购票的过程就是与航空公司订立合同的过程，而当旅客经过登机手续的办理，特别是踏上航班后，该航空公司已经开始履行与该旅客所签订的协议工作。因此不论从安全上来说，还是从合同履行义务上来说，旅客都必须听从航空公司的安排。如果旅客需要改变或者中止旅行，实际上牵涉到合同变更，必须要通知航空公司。第四，在飞机上谎报险情。个别旅客缺乏理性，法律意识淡薄，喜欢出风头或者逞能，虽然身上没有携带危险品，但是因一时兴起，谎报险情，影响航班的顺利进行。

　　针对旅客原因引起的延误问题的解决，我们既要看到民航运行中某些客观存在的缺陷，通过在新机场的建设中考虑更多人性化的设计，在现有的候机楼中增设引导标志等，提高民航系统运行的水平，同时也要做好旅客的劝诫和教育工作，希望旅客在不熟悉情况的时候，多问多咨询。部分一时难以解决的问题一是希望能够得到旅客的谅解，二是旅客应该采取更理性的行动，在不满意的时候可以采取投诉、起诉的办法而不是冲动地采取一些行动，导致航班延误。另外，航空公司也在主动解决由于旅客原因引起的延误，一是允许弃程改签，特别是在航班密度很高的大城市之间，主力航空公司通常有多班公交化航班，误机的旅客可改签到后续航班上，二是各个航空公司之间通过达成协议互相签转，减少对旅客的影响。不过要提醒的是，改签和弃程的时间点对当班航班正常性有很大影响，特别是有托运行李且已完成装载时弃程和改签几乎就确定无疑地会延误航班，所以希望旅客尽量减少这种临时的变更。当然，旅客自身原因进行改签和弃程还会产生一定改签费、退票费损失。

为送父上飞机买票再退票，差点造成航班延误①

　　2007年11月29日，一名男子周先生为了亲自送老父上飞机，采取了先购票混上飞机，然后借口开溜退票的招数，因为他知道起飞前可以免费退票。然而他的小

---

①　参见民航资源网2007年12月3日报道，http://news.carnoc.com/。

聪明却引起了不小的麻烦,按照民航安全法规,航班需要清舱处理,因此差点造成航班延误。

当天中午11:45左右,从深圳飞往贵阳的CZ3435航班旅客正在登机,每上来一位旅客,乘务长就会按一下计数器。当按到50人时,一位30岁左右的男子和一位60多岁的老人登上飞机。乘务员连忙过来搀扶老人坐在前舱,并帮老人安放好行李。这时该男子跟老人说了两句什么,然后转身朝客舱外面走去。乘务长拦住他询问,他说有一个手提包丢在安检口了,乘务长连忙嘱咐赶紧去拿,并告诉他航班快要起飞了。而该男子一去不复返,乘务长知道共有136名旅客,但在现在只到了135人,这让她非常着急。就在航班快要关舱门时,地面工作人员赶过来说有一名旅客退票了,航班只有135名旅客。如果是火车等其他交通工具,这种情况也就无所谓。但是,乘务长此时却知道情况非常不妙,因为这名男子已经登上了飞机,然后中途离开,按照民航安全法规,这是不允许的。如果旅客实在有特殊原因取消乘机,为了防止不法分子故意将危险物品遗留在飞机上,那么所有旅客都必须确认自己的行李走下飞机,让机组和空警进行仔细清舱,然后让旅客带着行李重新过安检登机。135名旅客的航班如果清舱处理,那么飞机至少得延误1小时,同时还会引起后续航班连锁延误,后果非常严重。乘务长一边将情况通知机长和地面指挥中心,一边找到刚才那位老人沟通。因为该男子一直在说谎,他跟乘务长说是手提包丢在安检口,但当他被地面工作人员拦住时,却说他没有登上飞机,在廊桥上接到一个特急电话,要取消乘机。因此,乘务长必须尽快了解该男子取消乘机的真正原因,同时要了解该男子与老人的关系,确认老人不是被骗或被胁迫的。老人说该男子是他的儿子,他只是为了亲自送他上飞机,才购票进来然后出去退票的,老人还为他儿子能想出这么好的办法而洋洋得意,直夸儿子聪明。这让乘务长和空警都哭笑不得。这时,地面服务处也联系到了该男子,他也终于承认混上飞机只是为了送老父,经过调阅他的乘机资料,证明他与老人都是姓周,但是否父子关系一时不能确认。现在到底要不要清舱处理?如果不清舱,就得确认该男子没有将物品遗留在飞机上。这时负责安排老人就座的乘务员非常肯定地说,她当时看到老人和该男子只拿一只包,此外别无他物,包还是她帮忙放在行李架上的。最后请示公司值班领导,决定只对客舱前部该男子到过的范围进行清舱,没有发现可疑物品。地面指挥中心下达了放行指令,航班按时起飞。并于13:50安全抵达贵阳。

旅客因为各种原因需要中断旅程的情况很多,但是登机后一去不复返的情况比较少见,这种情况不但违反了民航安全法规,而且很可能造成航班延误,给其他旅客出行带来不利影响。实际上,很多航空公司都推出了"无人陪伴老人(儿童)"服务项目,家人只需在购票时作出申明,到机场办理无陪手续,即可放心将老人交给地面服务员,从地面到空中再到目的机场,老人都会享受无微不至的服务。

除了以上列举的六种延误原因外,与飞行(场区)环境相关、旅客流程相关以及运行保障相关的其他各个环节也有可能造成延误。与环境相关的如强烈的无线电通信干扰信号、广告气球非法升空、机场周边居民放风筝、鸽子乱飞等都会导致飞机无法正常运行;与旅客流程相关的如严格安全检查,在美国发生"9·11"事件后,世界各国民航的安检措施空前严格,安全检查细致入微,不仅要求脱鞋脱袜,而且按照民航局下发的《关于对旅客随身携带液态物品乘坐民航飞机加强管理的公告》,加强液态物品检查,使安检速度缓慢,造成旅客可能不能正常登机;与运行保障相关的如人员和货物装载临时调整导致平衡装载图必须重做,行李装载没有能够及时进舱等。而且随着行业的发展,专业人才的缺乏,特别是飞行员的缺乏和飞行员值勤时间限制导致飞行员的临时调配困难也可能造成延误等。

二、延误解决的原则

前面已经谈到了各种延误原因和可能采取的一些措施。延误不仅影响旅客的出行,也损害航空公司的企业形象和经济效益,同时也对机场产生压力,因此延误对各方而言都是有百害而无一利的。但是航班延误却又是我们必须面对的,航班延误不仅是一个现实性的问题,也是一个增长性的问题,还是一个全球性的问题。所以解决延误问题也需要采取发展的眼光,既需要通过技术的改进,也需要抓好系统的效率提升,还需要得到旅客的配合,这样才能取得比较好的结果。

从技术方面来说,随着飞机导航和飞行技术的进一步提升,影响飞行的天气条件会不断减少,而未来导航系统(FANS)的实施也将可以满足更多的航班运行需求。

从系统的协调配合来说,航空公司将进一步提升自身的管理水平,使运行控制工作能够更加有效,同时也可以通过适当增加备份运力的方法减少延误;机场通过改扩建,在容量提升方面得到不断改善;空管可以主动作为,通过航路优化、时段利用优化,用 A‐CDM 等协同决策工具精细化管理,实现航班的快速疏通。

最后是做好与旅客的沟通,特别是通过告知正确的信息以取得旅客的理解,同时安排好延误旅客的后续行程,并按照适当的标准进行补偿。

国外对航班延误的处理和解决办法[①]

在世界航空业中,航班延误是一个普遍的现象,这一问题在航空业高度发达的欧美国家同样比较严重。例如根据美国运输部的资料,2000 年上半年美国 10 家主要航空公司 26.4% 的定期航班出现延误、取消或改变飞行目的地;2001 年同期

---

① 卢伟、范虹.借鉴国外解决航班延误的办法[J].国际航空,2004(12).

的数据为 22.6%。而"9·11事件"的出现导致机场的安检措施进一步增强,加剧了航班的延误、取消或改变目的地的现象。

但是,航班延误现象并不是平均分布的。美国运输部的数据表明,美国 10 大航空公司 67% 的航班集中在 30 个主要机场,所以这些机场的延误现象最为突出。比如,按照美国联邦航空管理局的统计,全美范围内各机场航班总体正点率约为 80%,但芝加哥奥黑尔国际机场的航班正点率仅为 62%。

对延误原因的分析发现,延误既来自民用航空市场的运输量出现的长期快速增长的态势,也是现有的基础设施(如机场跑道、候机楼等设施)的增长速度大大落后于运输量的快速增长的矛盾而导致的。

航班延误的解决方法主要从两方面来考虑,一方面促使航空公司主动地采取措施来减少航班延误;另一方面要有效提高各方的协调性,以系统地解决整个航空体系中存在的问题。

从航空公司方面来说,最重要的是提高其管理能力、提升运行效率。在目前航空业高速发展的态势下,航空公司存在着比较大的资源压力来满足旅客需要,这是造成航班延误的根源。在短期内虽然能够通过提高管理能力减少部分航班延误,但长期看,却是要解决"发展速度"和"发展质量"的协调性问题。在没有协调解决之前,可能更多地只能通过减缓发展速度来提升发展质量。

解决延误问题的第二个方法是搞好系统各方的协调。根据区域内的机场容量水平,各航空公司在一个统一的平台上(国际机场可以通过国际航空运输协会 IATA,国内机场可以通过中国民航运输协会 CATA,也可以通过政府)对所需要进行安排的航班进行协调。当然,由于各方利益的不同,协调难度很大,可能还需要加入行政干预的手段,因此长期来看,解决航班延误需要更多地采取"一揽子方案"。

第八章 民用航空运输业走向未来

成功学大师吉姆·罗恩说过这样一句话：大多数人高估了他们在一年内能做的事情，而低估了他们在十年里能做的事情。

如果我们将这一点引申得更广泛一点，可以说，人们总是低估未来的发展潜力。从 1895 年英国科学院的院长凯尔文宣称"会飞的机器是一项永远不可能实现的技术"到 1899 年美国专利局局长查尔斯·杜埃认为"所有能够发明的都已经发明了"并因此而辞去专利局局长的位置这两个事实不难印证这一点。因为仅仅过了不到十年，莱特兄弟历史性的飞行(1903 年)就打破了他们的论断。

类似的论断和预测还在继续。比如，人们曾认为，人类超过音速在物理学上是不可能实现的，因为他们相信，如果那样做的话，飞机会爆炸；飞行物脱离地球，摆脱地心引力和跨越热障是不可能，因为那样会烧得一干二净；人类飞到没有重力、没有空气的太空是不可能的，因为那里没有生命，只有灵魂。但是所有的预言一个个破灭。现在的记录是：1947 年 Bell x-1 成功超越音速，1957 年苏联成功发射人造地球卫星，1961 年尤里·加加林成为第一个太空人，1969 年"阿波罗 11 号"成功登月。

不用太多的例证，人类文明的五千年超越了地球进化的几亿年。我们有理由相信，只要人类存在，进步的阶梯将一直延续。

一、曲折中前行

在本书的第一版出版的时候，人们正充满期待地等待两种革命性机型的到来，那就是波音公司的 B787 和空客公司的 A380(如图 8-1 和图 8-2)。A380 首先登上舞台，第一架 A380 于 2007 年 10 月 15 日交付给其首个用户新加坡航空。还清晰记得其从新加坡到悉尼的商业首航秀的座位是通过竞拍来进行销售的，那是个特别红火的日子,其超级头等舱的双人床空间竟拍了一百万美元。而当人们的记忆还没有褪去的时候,2019 年这架首航的 A380 却在其正值壮年之际,走完了它的生命历程,在法国塔布卢德机场(Tarbes Lourdes airport)被分解。这是多么令人唏嘘啊! 同样,B787 的道路也不平坦,经历了多次延期交付后,最终于 2011 年 9 月 26 日在美国西雅图埃弗雷特波音工厂向全日空完成了第一架 B787‐8"梦幻客机"的交付。但好景不长,B787 在其接下来的一年多飞行时间内不断出现复合材料脱层问题、驾驶舱风挡玻璃裂痕问题、计算机系统误报故障问题,更严重的是两次出现电瓶起火导致客舱冒烟问题。终于,2013 年 1 月 16 日,美国联邦航空局不得不宣布暂时停飞所有波音 787"梦幻客机"。

图 8‐1　最大载客量可达 840 人的 A380①

图 8‐2　翱翔的波音 B787②

但只要人类存在,探索和前行的勇气永远不灭。B787‐8 之后,经过改进的 B787‐9 和 B787‐10 型飞机陆续推出,在市场取得很好的效果。而空客公司继 A380 之后,全新推出的 A350‐900 飞机即与波音公司的 B787‐9 在同年(2013 年)完成首飞,2014 年 12 月完成首架交付。其 A350‐1000 型飞机(见图 8‐3)也

---

①　图片资料来源:空客公司网。
②　图片资料来源:波音公司网。

于 2018 年实现首架交付(见表 8 - 1 A350 - 1000 和 B787 - 10 两个竞争机型的参数对照)。

图 8 - 3　A350 - 1000 展翅飞翔

表 8 - 1　A350 - 1000 和 B787 - 10 飞机参数①

机　　型	B787 - 10	Airbus A350 - 1000
座位数	330	287 - 440
机　长	68.27 m	73.79 m
翼　展	60 m	64.75 m
高　度	17 m	17.08 m
最大起飞全重	254 000 kg	319 000 kg
航　程	6 345 nm②	7 950 nm
选装发动机	GEnx - 1B / RR Trent 1000	RR Trent XWB

二、值得期待的中国元素

2017 年 5 月 5 日在人声鼎沸的浦东机场,万众瞩目中,首架中国自行研制、具有完全自主知识产权的大型喷气式客机 C919(见图 8 - 4),在上海浦东国际机场第四跑道一跃而起直上云霄。C919 的首次蓝天之旅,只是一次短途飞行,却是中国航空工业史上值得铭记的重要时刻,蓝天上多了一款属于中国的完全按照世界先

---

①　参见波音公司和空客公司相关飞机数据。

②　nm 表示海里,1 nm≈1.853 2 km。

进标准研制的大型客机,中国航空业者几十年的大飞机梦终于实现,由此这一天成为中国民航史上"最大、最显著的里程碑"。

图8-4　中国商飞C919①

C919首航仅半个月之后的5月22日,中国商飞对外宣布,中国商飞公司与俄罗斯联合航空制造集团的合资企业——中俄国际商用飞机有限责任公司(CRAIC)在上海正式挂牌成立。远程大型宽体飞机CR929(图8-5为其概念机模型)开始研发。中国大踏步向世界民航高端制造业迈进。

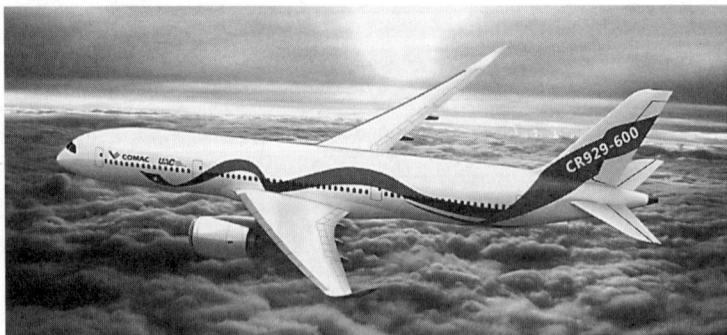

图8-5　中俄远程宽体客机CR929概念机②

三、面向未来的其他解决方案

在安全、经济、适用的大众航空运输继续拓展的同时,围绕满足新时代需求而

---

① 图片资料来源:中国商飞公司网,http://www.comac.cc/。
② 同上。

开展的智能化、个性化的飞行器研究也有了新的进展。

1. 大型远程载运无人机

由于智能技术的发展,无人机的进步非常迅速,今天小型、近程无人机已遍布世界的每个角落。中国是年产无人机最多,也是使用无人机最多的国家,顺丰、京东都已加入使用无人机开展快递工作的业务中。小型无人机一般采用轻质材料制造旋翼,配有 GPS 自控导航系统、各种传感器以及无线信号发收装置。无人机具有 GPS 自控导航、定点悬浮、人工控制等多种飞行模式,可以集成三轴加速度计、三轴陀螺仪、磁力计、气压高度计等多种高精度传感器和先进的控制算法,适合作为近程精准送货。

大型远程无人机技术也日渐成熟,由于需要飞行更高的高度、更远的航程,牵涉到与目前采用航行管制的民用飞机及军机在同一空域如何协同的问题,因此在民用领域一时还难以大规模应用。但是在军机领域,无人机已成为一支重要的空中力量,如美国"全球鹰"无人机(见图 8-6),起飞重量超过 3 500 千克,空中续航时间可达 42 小时,飞行高度超过 2 万米,最大不加油航程可达 2.25 万千米。中国"彩虹"系列无人机、"翼龙"系列无人机也有非常不错的性能,其中已列装并出口的翼龙Ⅱ型无人机升限可达 9 000 米,最大续航时间 20 小时,最大飞行速度 370 千米/小时,最大起飞重量超过 3 000 千克(其中最大外挂重量达到 480 千克)①。2018 年 11 月在中国国际航空航天博览会上展出的彩虹七型无人机(见图 8-7)起飞重量更是可以达到 13 000 千克以上,且更大型的无人机也在研制中。我们相信,由于载运无人机具有很多优势,用途非常广泛,如果能够像欧洲的 SESAR 空中航行计划那样在未来的空域管理中更好地兼容无人机和有人飞行飞机,那么无人机必然会得到更大的发展。

图 8-6　美国空军的"全球鹰"全球无人机②

①　呼涛.解码中国自主研制"翼龙"无人机[J].科技中国,2017(2).
②　图片资料来源:格鲁门公司网,https://www.northropgrumman.com/。

图8-7　参加珠海航展的彩虹七型隐形无人机[1]

2. 大型电动推进飞机的研制[2]

2015年4月22日,低空飞行的"阳光动力2号"(见图8-8)掠过蓝天,年近六旬的瑞士人贝特朗驾驶世界最大的太阳能飞机来到环球飞行的第6站——中国。这架翼展与波音B747相当的飞机是最大的太阳能飞机,它集合了薄膜光伏电池、碳纤维材料、飞控设计、高效电机等多项世界顶尖技术[3],在充满小型电动无人机的世界里,这个大家伙可以算是一个奇迹。

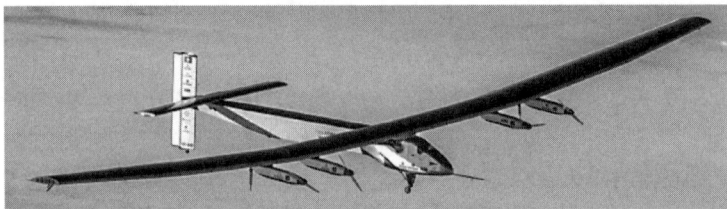

图8-8　阳光动力2号飞机[4]

当然,大型的以电力作为主要动力飞行的飞机研究也一直在进展中。为减少石油为燃料的飞机发动机尾气排放对大气环境的影响,以及减少机场附近的噪声影响,美国国家宇航局(NASA)一直在探索大型飞机采用电力推进的可行性及模型研究,这里说的电力推进系统(EAP)既包括纯电力,也包括混合推进动力。大型EAP的研究还需要克服高能密度电动马达、软质磁性材料、超导导线、高能密度变流机开发等方面的技术瓶颈。NASA预计在2025年左右这些模块基本能开发成型,并投入对EAP飞机的测试中,期望2035年EAP(见图8-9)飞机能够实现运营。

---

① 图片资料来源:中国日报网新闻《国际市场首款大型隐身军用无人机彩虹-7将亮相珠海航展》(2018-11-5)。

② 参见NASA网,网址:https://www1.grc.nasa.gov/。

③ 张晔.阳光动力2号的"政产学研结合"启示[J],青海科技,2016.6.

④ 鹏飞.阳光照耀、梦想飞扬——"阳光动力2号"中国行[J],太阳能,2015.5.

图 8-9　NASA 设计的未来 EAP 飞机

3. 超音速飞机和高超音速飞机

由于速度对战争的重要性,超音速战斗机非常普遍,高超音速战斗机也一直在持续研究和开发中。但进入过商业运营的超音速运输飞机则只有协和号(苏联也制造了图-144 超音速飞机,总共飞行 102 次,未载客飞行)。自协和飞机以后人们判断在未来的一段时间内不太会出现大的超音速飞机,这是因为大的超音速飞机有更多的技术和环境问题难以解决。因此即便如美国,除非得到特许,一般禁止速度超过 1 马赫的商业运输飞机在大陆上的机场着陆①。但考虑到在各大洲之间长达十余个小时的飞行时间仍然偏长,美国 FAA 与 ICAO 的航空环境保护委员会一起一直在为未来的超音速飞机及其动力装置开发国际噪声和排放标准。

超音速商业飞机开发也在持续进行中,目前开发中的超音速飞机有 Aerion 公司(位于内华达州,与空客公司合作)的 AS-2 公务机(1.4 马赫,航程 7 780 千米,见图 8-10),Spike 空天公司(位于波士顿)的 S512 公务机(1.6 马赫,航程 11 500千米),布姆技术公司(Boom Technology,与波音公司合作)开发的 XB-1 型客机(见图 8-11)。如果 XB-1 开发成功,那么该飞机将是继协和后又一款客机型超音速飞机。该机将由三台 GE 公司的 J85-21 发动机驱动,巡航速度约为 2.2 马赫(比协和号快 10%)。布姆公司称 XB-1 使用了复合材料,要比协和飞机更加高效,该设计团队的成员来自 NASA、SpaceX 公司和波音公司。布姆客机预计翼展18 米,可载运 55 名旅客及 6 名机组,航程大约 16 700 千米。

---

① 参见美国联邦航空局网"Supersonic Flight",https://www.faa.gov/。

图 8 - 10   Aerion 公司的 AS - 2①

图 8 - 11   Boom 技术公司的 XB - 1②

至于 5 倍音速以上的高超音飞机,如果采用压缩空气与燃料混合燃烧方式来产生推力,通常需要涡轮喷气发动机和冲压发动机两种发动机的配合,造成系统过于复杂,因此载运型的高超音速飞机动力系统更有可能倾向于选取火箭发动机来推进,而如果采取火箭发动机则与空天飞机的概念相差不大。由于这些综合因素,目前高超音速客机的研究进展不多,仍停留在概念机的研究上。图 8 - 12 显示的为 2018 年波音公司展示的一款高超音速运输飞机的概念机(Hypersonic Transport Plane),该机设计时速为 5 马赫,洛杉矶飞到北京只需要 2 小时。

4. 空天飞机

技术的不断进步增大了人类活动的空间,也提高了我们实现更多梦想的可能。继航天飞机和运载飞船之后,可以重复利用的空天飞机的出现为更多人进入外太空、探索月球、甚至是火星之旅提供了可能。空天飞机通过进入外太空、在外太空飞行、然后再入大气层返回这样一个过程使我们从地球一端到达其远端的时间更

①   图片资料来源:Luxatic 公司网,https://luxatic.com/。

②   图片资料来源:NewAtlas 公司网,https://boomsupersonic.com/。

图 8-12　波音客运高超音速飞机(概念机)①

短,速度更快。如果经济性成本能够让更多人得以承受的话,这种令人激动、令人神往的旅行一定可以激发更多民众的热情。

空天飞机集航空和航天于一体,定位能够在高于 30 千米(30 千米以内是航空)高度的平流层和低于 100 千米以下(100 千米以上为航天定义的外太空)的大气层边缘之间的飞行。空天飞机具有多种选项,它可以垂直起飞,也可以像普通飞机一样水平起飞,通过不断加速冲出大气层并进入地球轨道,成为航天飞行器;而返回大气层后,便像普通飞机一样在机场着陆,成为自由地往返天地之间的运输工具。空天飞机方案也可以按照功能进行细分,一种是专门用作跨洲际飞行的与高超音速飞机相似的运输机,能以 5 倍左右的音速在 30 000 米高空及以上做巡航飞行,跨越太平洋也就是个把小时的事儿,可以大大改变人类远程运输的面貌;而另一种则为"跨大气层飞行器",不但可做轨道飞行,也可以在次轨道上做气动力机动,再回升到轨道上并以轨道速度航行,这种空天飞机在未来的空中旅游市场极有前景②。

目前正在开发的空天飞机包括埃隆・马斯克旗下公司的 Space X 空天飞机,美国空军的 X37-B 空天飞机,和美国私人企业内华达山脉公司(Sierra Nevada Corporation)开发的追梦者(Dream Chaser)空天飞机。Space-X 飞机在 2019 年 3 月 2 日使用二级猎鹰火箭成功进行发射进入太空,并于 3 月 8 日返回地球;X37-B 无人空天飞机(更接近航天飞机)也于 2019 年完成第五次空中测试并于 2019 年 10 月 27 日返回地球;追梦者则是更接近高超音速飞机的空天飞机,目的是用于在天地之间进行载人和载货运输,该机的原型机于 2017 年 11 月完成首飞(追梦者飞机原型机见图 8-13)。

---

①　图片资料来源:飞机和飞行员网,https://www.planeandpilotmag.com/。

②　温济聪.空天飞机:独特潜质备受关注[N].经济日报,2014-05-21.

图 8-13　内华达山脉公司的"追梦者"空天飞机①

四、未来面临的其他问题

1. 面向小型无人航空器系统(UAS)和遥控驾驶航空器系统(PRAS)的国际民航飞行规则的制定②

无人机一般包括小型无人航空器系统(UAS)和遥控驾驶航空器系统(RPAS)两种。UAS 的使用在全球正以前所未有的速度增长,但相对而言,UAS 飞行高度低、距离近,主要影响空港和城市周边空域。RPAS 则一般比无人航空器更大更先进,会侵入 IFR 规则飞行下的所有空域。有鉴于此,为了在确保安全的同时促进航空业的发展,UAS 和 PRAS 必须作为空中交通管理系统中的一个常规部分在全球运行中获得支持。因此,国际民航需要制定出适当且全球统一的法规框架,以建立具有指导性的全球基线,实现与 VFR(目视飞行规则)和 IFR(仪表飞行规则)的融合。ICAO 已经开始对 PRAS 操作员(遥感驾驶员)提出进行资格认证要求,这些要求将在国际民航公约的附件 1"人员执照的颁发"中得到体现,并于 2022 年左右开始执行。

2. 环保问题③

1992 年联合国里约环境与发展大会通过的《二十一世纪议程》中,正式提出了"环境友好的"(Environmentally Friendly)理念,在发展产业中必须贯彻无害环境的(Environmentally Sound)要求概念。2015 年《巴黎(气候)协定》确定了雄心勃勃的 2050 碳排放零增长计划。ICAO 积极响应倡议,提出了"国际航空碳抵消和减排计划"并经过理事会通过后增补为国际民航公约附件 16"环境保护"的一部分(第 IV 卷:《国际航空碳抵消和减排计划》,即 CORSIA 第一版),该附件于 2018 年 10 月 22 日生效,并于 2019 年 1 月 1 日开始适用。

---

① 图片资料来源:Space 公司网,https://www.space.com/。

② 参见 ICAO《2018 年年度报告》——《新出现的航空问题》。

③ 参见 ICAO《2018 年年度报告》——《国际民航组织战略目标的进展》。

　　碳排放计划将对未来民航发展产生重大影响,未来各国及各国际组织将就碳排放计划、碳排放测算、碳排放交易、碳排放减排援助等出台相关管理方案、管理技术方法和工具推动碳排放目标的实现,其中碳抵消和减排计划二氧化碳测算和报告工具(CERT)已获得理事会的批准。碳排放计划既牵涉到生物燃料一类的"可持续航空燃料"的开发问题,也牵涉到传统化石燃料的效率提升问题,还牵涉到未来新的燃料技术的可行性研究问题,国际民航组织将持续跟进并更新航空代用燃料全球框架(GFAAF)。

　　另一个涉及环保问题的是噪声,面对未来为了满足快速旅行需求而发展的超音速飞机噪声问题必须制定相应的标准。这项工作将按照航空环境保护委员会(CAEP)确定的技术上可行、经济上合理、对环境有利,和各因素相互依存的原则,通过开展对超音速航空器的飞行形态和性能的研究,做好噪声分析,以期在 2027年左右建立统一的标准。

五、最后的话

　　民用航空运输提供了一个快捷的、可通达世界的交通网络,并拉动经济增长,创造就业岗位,以及便利国际间的贸易和旅游,是世界经济中的重要力量。根据国际民航组织的统计[1],以 2017 年为例,全球民航共有 1 303 个航空公司、3 759 个机场、31 717 架飞机、170 个导航提供商(运营者),全年共飞行了 4 190 万个航班,运输了 41 亿名旅客和价值 6 万亿美元的货物。更重要的是,全球民航保有了 6 550万个工作岗位,直接和间接产生了 2.7 万亿美元的经济价值活动。最近的预测显示,在可以预见的未来,航空业将会继续它强劲的增长势头。为了支持一个安全、可靠、高效,经济上可行并且对环境负责的航空业的持续发展,一方面需要国际社会达成广泛的发展共识,另一方面需要积极解决现存民航体系中的各种问题,在基础设施、运行系统和运营程序上持续加大投资。所有这些不仅需要民航运输系统的各主体尽心竭力,也需要国际民航组织的支持与指导,更重要的是需要所在国家的高度重视,把航空作为国家发展计划的重要组成部分。

---

　　[1]　参见 ICAO《空中航行计划战略》(*ICAO Global Air Navigation Plan Strategy*,GANP)。